Hanoi
Seiten 156–181

Südliches Zentralvietnam
Seiten 106–123

Ho Chi Minh City
Seiten 56–87

VIS-À-VIS

VIETNAM
& ANGKOR

VIS-À-VIS

VIETNAM & ANGKOR

DK
London • New York • München
Melbourne • Delhi

DK | Penguin Random House

www.dorlingkindersley.de

Produktion Dorling Kindersley India, Delhi
Managing Editor Aruna Ghose

Texte Claire Boobbyer, Andrew Forbes, Dana Healy, Richard Sterling

Fotografien Demetrio Carrasco, David Henley, Chris Stowers

Illustrationen Gary Cross, Surat Kumar Mantu, Arun Pottirayil, Gautam Trivedi, Mark Warner

Kartografie Uma Bhattacharya, Mohammad Hassan, Casper Morris

Redaktion und Gestaltung
Dorling Kindersley India, Delhi: Priyanka Thakur, Shahnaaz Bakshi, Kavita Saha, Arunabh Borgohain, Jyoti Kumari, Jayashree Menon, Asavari Singh, Shipra Gupta, Taiyaba Khatoon, Vinod Harish
Dorling Kindersley Ltd., London: Douglas Amrine, Jane Ewart, Scarlett O'Hara, Kate Poole, Kathryn Lane, Ros Walford, Gadi Farfour, Kate Leonhard, Natasha Lu, Louise Daily

Titel der englischen Originalausgabe
Eyewitness Travel Guide *Vietnam & Angkor Wat*
Zuerst erschienen 2007 in Großbritannien
bei Dorling Kindersley Ltd.
A Penguin Random House Company

Für die deutsche Ausgabe

Ein Unternehmen der Penguin Random House Group

Aktualisierte Neuauflage 2017 / 2018

Programmleitung Dr. Jörg Theilacker, DK Verlag
Projektleitung Stefanie Franz, DK Verlag
Projektassistenz Antonia Wiesmeier, DK Verlag
Übersetzung Jürgen Scheunemann, Berlin
Redaktion Dr. Gabriele Rupp, München
Schlussredaktion Philip Anton, Köln
Umschlaggestaltung Ute Berretz, München
Satz und Produktion DK Verlag
Druck Vivar Printing Sdn Bhd, Malaysia

ISBN 978-3-7342-0150-9
7 8 9 10 11 20 19 18 17

Dieser Reiseführer wird regelmäßig aktualisiert. Angaben wie Telefonnummern, Öffnungszeiten, Adressen, Preise und Fahrpläne können sich jedoch ändern. Der Verlag kann für fehlerhafte oder veraltete Angaben nicht haftbar gemacht werden. Für Hinweise, Verbesserungsvorschläge und Korrekturen ist der Verlag dankbar. Bitte richten Sie Ihr Schreiben an:

Dorling Kindersley Verlag GmbH
Redaktion Reiseführer
Arnulfstraße 124 • 80636 München
travel@dk-germany.de

◀ **Die Bucht von Halong in Nordvietnam** ***(siehe S. 186–188)***

◀◀ **Umschlag: Ausgedehnte terrassierte Reisfelder im Nordosten Vietnams**

Inhalt

Glimmende Weihrauchspiralen in der Thien Hau-Pagode ***(siehe S. 74)***

Vietnam stellt sich vor

Fischer bei der Arbeit im Mekong-Delta ***(siehe S. 88–105)***

Holzhütten inmitten von Reisfeldern bei Son La *(siehe S. 198f)*

Die Regionen Vietnams

Skulptur in der Dieu De-Pagode *(siehe S. 142)*

Skulpturen in der Thien Hau-Pagode *(siehe S. 74)*

Abstecher nach Angkor

Zu Gast in Vietnam

Grundinformationen

Kuriose Stilmischung: Cao Dai-Tempel, der Sitz des »Heiligen Stuhls« *(siehe S. 78f)*

VIETNAM STELLT SICH VOR

Vietnam entdecken

Die folgenden Touren wurden so zusammengestellt, dass man möglichst viele Sehenswürdigkeiten in einem zeitlich begrenzten Rahmen sehen kann. Bei den ersten zwei Touren handelt es sich um zweitägige Aufenthalte in Vietnams größten Städten: Hanoi und Ho Chi Minh City. Dazu gibt es Vorschläge zur Verlängerung des Aufenthalts. Bei der dritten Tour handelt es sich um eine zweiwöchige Reise, die an allen Hauptsehenswürdigkeiten zwischen den beiden Städten entlang dem Highway 1 vorbeiführt. Der Trip beginnt in Hanoi und beeinhaltet etliche UNESCO-Welterbestätten wie Hue und Hoi An sowie Badeorte wie Nha Trang und Mui Ne und endet in Ho Chi Minh City.

Bucht von Halong
Eine Bootsfahrt in der beeindruckenden Bucht *(siehe S. 186–188)*, die voller aufragender Felsen ist, ist ein unvergessliches Erlebnis.

Zwei Wochen von Hanoi nach Ho Chi Minh City

- Bewundern Sie in der **Bucht von Halong** die bizarre Landschaft mit den Kalksteinfelsen.
- Entdecken Sie in der alten Kaiserstadt **Hue** das Erbe der Nguyen-Dynastie.
- Spazieren Sie in den engen Gassen der Altstadt von **Hoi An** und lassen Sie sich Kleidung schneidern.
- Erkunden Sie die Cham-Ruinen bei **My Son** und bewundern Sie die bemerkenswerten Skulpturen.
- Genießen Sie ein Seafood-Gericht und die verlassenen Strände nahe **Quy Nhon**.
- Machen Sie von **Nha Trang**, einem der schönsten Badeorte, eine Bootsfahrt zu den Inseln vor der Küste.
- Gehen Sie Kitesurfen und genießen Sie die Strände und Dünen von **Mui Ne**.

Legende

Zwei Wochen von Hanoi nach Ho Chi Minh City

Hue
In der Stadt, die für ihr reiches kulturelles Erbe bekannt ist, gibt es viele Überreste alter Paläste, Grabmäler und Tempel.

◀ **Historisches Bild über die Reiskultivierung in Tonkin**

Mui Ne
Die Sanddünen von Muin Ne *(siehe S. 110f)* sind perfekt für Wanderungen, an den fantastischen Stränden kann man kitesurfen und schwimmen.

My Son
Die archäologische Stätte *(siehe S. 134–136)* ist voller Tempelruinen und bietet einen Einblick in die Kultur der Cham.

Zwei Tage in Hanoi

Hanois Sehenswürdigkeiten befinden sich in erster Linie in der Altstadt, im Französischen Viertel und rund um den Ba Dinh-Platz. Das macht es sehr einfach, die Tempel, Museen und Märkte zu Fuß zu erkunden.

- **Anreise** Hanois Noi Bai Airport liegt 35 km nördlich der Stadt. Ein Taxi braucht 45 Minuten ins Zentrum, mit Minibussen und öffentlichen Bussen ist man über eine Stunde unterwegs.
- **Weiterreise** Regelmäßige Inlandsflüge verbinden Hanoi mit Ho Chi Minh City und anderen Großstädten.

Erster Tag

Vormittags Beginnen Sie den Tag mit einer Fahrt über den **Hoan Kiem-See** *(S. 164)*. Passieren Sie die Brücke The Huc zum Tempel Den Ngoc Son, der auf einer Insel im See steht, und sehen Sie zu, wie Einheimische vor den Altären Duftstäbchen entzünden. Spazieren Sie dann am See entlang, vorbei an Menschen, die Tai Chi praktizieren, und jungen Leuten, die Wahrzeichen wie Thap Rua oder den Schildkrötenturm malen. Gehen Sie gen Norden in die **Altstadt** *(S. 160f)*, in der es etliche Sehenswürdigkeiten zu entdecken gibt, darunter das interessante Memorial

Die Ein-Säulen-Pagode in Hanoi *(siehe S. 169)* steht in einem Teich

House Museum, den eleganten **Bach Ma-Tempel** *(S. 162)*, der dem Schutzgeist der Stadt geweiht ist, das Quan Chuong-Tor und den **Dong Xuan-Markt** *(S. 162)*, den ältesten und größten der Stadt.

Nachmittags Sehen Sie sich das **Sofitel Legend Metropole Hotel** *(S. 166)*, das luxuriöseste Hotel der Stadt mit weiß gewaschenen Mauern und grünen Fensterläden, an, bevor Sie um die Ecke zur **Oper** *(S. 166)* mit ihrer imposanten Fassade gehen. Dieser Architekturstil setzt sich im **Nationalmuseum für Vietnamesische Geschichte** *(S. 166f)* fort, dessen Äußeres fast so eindrucksvoll ist wie die umfangreiche Sammlung von Artefakten im Inneren. Verbringen Sie hier mindestens ein bis zwei Stunden, bevor Sie zum **Hoa Lo-Gefängnismuseum** *(S. 165)* gehen, früher von GIs »Hanoi Hilton« genannt. Nach einer Stunde an diesem furchtbaren Platz sollten Sie die **Botschafter-Pagode** *(S. 165)* mit ihren Buddha-Statuen aufsuchen.

Zweiter Tag

Vormittags Besuchen Sie zuerst das **Ho Chi Minh-Mausoleum** *(S. 169)* am Ba Dinh-Platz und zollen Sie Vietnams größtem Helden Respekt. Die Steinblöcke des Mausoleums bilden einen harten Kontrast zum **Wohnhaus** *(S. 169)*, in dem Ho über ein Jahrzehnt lang gelebt hat. Gehen Sie danach zur **Ein-Säulen-Pagode** *(S. 169)*, die in einem Lotosteich steht. Planen Sie viel Zeit für die **Zitadelle von Hanoi** *(S. 172)* ein, die erst seit Kurzem für Besucher zugänglich ist. Nachdem Sie sich über die Geschichte der Stadt informiert haben, besuchen Sie entweder das **Vietnamesische Museum für Militärgeschichte** *(S. 168)* oder das **Vietnamesische Museum für Schöne Künste** *(S. 168)*.

Nachmittags Besuchen Sie die Anlage des **Tempels der Literatur** *(S. 170f)*, Hanois ältestes und populärstes Baudenkmal. Bewundern Sie die schönen Gebäude wie Khue Van Cac und den Konfuzius-Tempel im Herzen des Areals. Nehmen Sie von hier ein Taxi zum **Ethnologischen Museum** *(S. 176)* mit interessanten Exponaten zu den verschiedenen in Vietnam lebenden Ethnien. Alternativ können Sie sich am riesigen See **Ho Tay** *(S. 172)* den Quan Thanh-Tempel und die Tran Quoc- und Kim Lien-Pagoden ansehen, die alle am Seeufer stehen.

Tipp zur Verlängerung
Machen Sie einen Tagesausflug zu den alten Pagoden von **Thay** und **Tay Phuong** *(S. 177)*, die berühmt sind für ihre Statuen und Holzschnitzereien.

Die nüchterne Fassade des Mausoleums von Ho Chi Minh *(siehe S. 169)*

Zwei Tage in Ho Chi Minh City

Ho Chi Minh City, das von den Einwohnern immer noch Saigon genannt wird, ist Zentrum der vietnamesischen Wirtschaft. Die lebendige Stadt wird von einer Mischung chinesischer, französischer und amerikanischer Einflüsse bestimmt.

- **Anreise** Der Tan Son Nhat Airport liegt 7 km nördlich des Stadtzentrums. Ein Taxi braucht etwa eine halbe Stunde ins Zentrum, während der Rushhour länger.
- **Weiterreise** Regelmäßige Inlandsflüge verbinden Ho Chi Minh City mit Hanoi und allen anderen Großstädten in Vietnam.

Erster Tag

Vormittags Beginnen Sie den Tag am Lam Son-Platz im Herzen Saigons, an dem das neoklassizistische **Stadttheater** *(S. 62)* zwischen den berühmtesten Hotels der Stadt steht: dem **Continental** *(S. 62)* und dem **Caravelle** *(S. 62)*. Gehen Sie dann einen Block westwärts und bewundern Sie die Fassade des **Sitzes des Volkskomitees** *(S. 63)*, früher bekannt als Hôtel de Ville. Zwei Blocks nordwärts steht die **Kathedrale Notre Dame** *(S. 64)* mit ihren Doppeltürmen, die das Stadtbild bestimmen – eines der Wahrzeichen von Ho Chi Minh City. Verbringen Sie den restliche Vormittag im ausladenden **Palast der Wiedervereinigung** *(S. 65)*, ein bedeutendes Symbol der vietnamesischen Geschichte.

Nachmittags Besuchen Sie das **Museum für Kriegsrelikte** *(S. 69)*, das den Horror des Vietnamkriegs wiederaufleben lässt, vor allem den Konflikt mit den USA. Die meisten Besucher verlassen das Museum etwas verstört. Gehen Sie deshalb zur Aufmunterung danach zum **Ben Thanh-Markt** *(S. 70)* und kaufen Sie ein paar Souvenirs wie Porzellan oder

Das Fliesendach der Quan Am-Pagode *(siehe S. 74)* in Ho Chin Minh City

bunte Stoffe, aber nicht zu viel, sonst wird es anstrengend, sie zum letzten Stopp des Tages zu tragen, dem **Bitexco Financial Tower** *(S. 63)* und dem Saigon Skydeck. Genießen Sie den fantastischen Panoramablick und zählen Sie, wie viele Sehenswürdigkeiten Sie von hier oben sehen.

Zweiter Tag

Vormittags Besuchen Sie die **Jadekaiser-Pagode** *(S. 66f)* mit vielen Sehenswürdigkeiten auf einem relativ kleinen Areal, darunter die Halle der Zehn Höllen, ein Frauenraum und ein Schildkrötenteich. Sehen Sie sich in diesem Teil der Stadt auch den **Le Van Duyet-Tempel** *(S. 68)* an, der General Le Van Duyet, einem Nationalhelden Vietnams, gewidmet ist. Legen Sie auf dem Weg zurück ins Zentrum einen Stopp im **Museum der Geschichte Vietnams** *(S. 65)* ein und erfahren Sie mehr über die Landesgeschichte. Erholen Sie sich danach im Botanischen Garten und **Saigon Zoo** *(S. 65)* gleich nebenan.

Nachmittags Gehen Sie in den Distrikt 5 der Stadt, auch als **Cholon** *(S. 72f)* bekannt, die größte Chinatown im ganzen Land. Tauchen Sie ein in den **Binh Tay-Markt** *(S. 75)* und seinen frenetischen Handelsgeist, bevor Sie sich in den Seitenstraßen die alten Tempel ansehen. Verpassen Sie nicht die **Quan Am-Pagode** *(S. 74)*, Heimstatt vieler Gottheiten, oder die **Thien Hau-Pagode** *(S. 74)* mit wunderschönen Friesen. Beenden Sie den Tag mit einem Besuch von Distrikt 11 und der friedvollen **Giac Vien-Pagode** *(S. 75)*, einem der ältesten Tempel von Ho Chi Minh City.

Tipp zur Verlängerung
Machen Sie einen Trip zu den **Cu Chi-Tunneln** *(S. 76)*, einem guten Beispiel für vietnamesische Findigkeit, und zum **Cao Dai-Tempel** *(S. 78f)*, Zentrum der Religion des Caodaismus.

Die Kathedrale Notre Dame *(siehe S. 64)* in Ho Chin Minh City

Zwei Wochen von Hanoi nach Ho Chi Minh City

- **Anreise** Ankunft am Noi Bai Airport in Hanoi und Abreise am Tan Son Nhat Airport in Ho Chi Minh City.
- **Weiterreise** Schließen Sie sich einer Tour von Hanoi zur Bucht von Halong an. Mieten Sie dort ein Auto mit Fahrer für den Rest der Tour. Mit dem Zug kommt man von Hanoi nach Ho Chi Minh City, Hue und Nha Trang, aber nicht an Orte wie My Son und Mui Ne.

Erster Tag: Hanoi

Spazieren Sie durch die Gassen von Hanois **Altstadt** *(S. 160f)*, wo die bunt bestückten Läden und das Marktgeschrei der Verkäufer eine interessante Mischung bilden. Besuchen Sie das Memorial House Museum, wo Sie ein typisches Röhrenhaus sehen, und gehen Sie danach durch die Straßen der Umgebung, in welchen spezielle Produkte angeboten werden, etwa die Hang Gai- oder die Silk-Straße. Gehen Sie nach dem Mittagessen zum **Hoan Kiem-See** *(S. 164)*, bewundern Sie die Brücke The Huc und den Tempel Thap Rua auf einer Insel im See. Tauchen Sie danach ins Französische Viertel ein mit Sehenswürdigkeiten wie der **Oper** *(S. 166)* und dem **Nationalmuseum für Vietnamesische Geschichte** *(S. 166f)*, »Erbstücke« aus der kolonialen Vergangenheit.

Zweiter und dritter Tag: Bucht von Halong

Fahren Sie zur **Bucht von Halong** *(S. 186–188)* und verbringen Sie die Nacht in dieser fantastischen Landschaft mit Kalksteinfelsen, die aus dem smaragdfarbenen Wasser der Bucht ragen. Machen Sie einen Ausflug mit dem Kajak oder erforschen Sie Höhlen.

Vierter und fünfter Tag: Hue

Widmen Sie einen Tag der **Kaiserstadt** *(S. 144–147)* im Herzen der Zitadelle von Hue, die von 1802 bis 1945 Vietnams Hauptstadt war. Verpassen Sie nicht den Thai Hoa-Palast mit dem Thronsaal, die schön restaurierte The Mieu und die Neun Dynastischen Urnen, von der jede mehr als zwei Tonnen wiegt. Beenden Sie den Tag mit einem Dinner kaiserlicher Küche. Machen Sie am zweiten Tag einen Bootsausflug auf dem **Parfümfluss** *(S. 152)* und besuchen Sie einige der **kaiserlichen Grabmäler** *(S. 149)*. Die eindrucksvollsten Grabmäler sind die von Tu Duc und Minh Mang.

Sechster Tag: Danang

Fahren Sie am Morgen zu den Marmorbergen südöstlich von **Danang** *(S. 138)*, genießen Sie den Blick die Küste entlang und entdecken Sie in den zahlreichen Höhlen Schreine. Fahren Sie danach zurück in die Stadt und besuchen Sie das **Museum der Cham-Skulpturen** *(S. 138)* mit herausragenden Beispielen der Steinmetzkunst der Cham-Zivilisation. Machen Sie am Abend einen Spaziergang am Ufer des Han und bewundern Sie die neue, feuerspuckende Drachenbrücke.

Siebter Tag: Hoi An

Für viele Vietnam-Besucher ist ein Spaziergang durch die **Altstadt von Hoi An** *(S. 130–132)* das Highlight ihres Aufenthalts. Hier beeindruckt eine Kombination aus ornamentierten Pagoden, interessanten Museen und alten Häusern. Lassen Sie sich in einer der Boutiquen ein Kleidungsstück schneidern und genießen Sie die kulinarischen Köstlichkeiten.

Stufen führen zur Thien Mu-Pagode am Parfümfluss in Hue *(siehe S. 148)*

Achter Tag: My Son

Verbringen Sie den Tag in **My Son** *(S. 134–136)*, einst das religiöse Zentrum der Cham-Kultur. Die Ruinen erinnern an Angkor Wat in Kambodscha, obwohl ein Großteil der Stätte von US-Bomben zerstört wurde. Viele der Ziegeltürme sind überwachsen und verleihen dem Ort eine mystische Atmosphäre. Sehen Sie sich die Gruppen B und C an, die am besten erhalten sind. In den Gebäuden D1 und D2 sind einige interessante Skulpturen zu sehen.

Blick auf den Tempel Thap Rua *(siehe S. 164)* im Hoan Kiem-See, Hanoi

Blumenbeete vor der eleganten Kathedrale von Nha Trang *(siehe S. 112)* mit dem markanten Glockenturm

Neunter Tag: Quy Nhon
In **Quy Nhon** *(S. 122f)*, einer großen Hafenstadt mit breiten Stränden, können Sie das »richtige« Vietnam kennenlernen. Besuchen Sie den **Thap Doi Cham** *(S. 123)*, einen Doppelturm der Cham, am westlichen Stadtende, genießen Sie Seafood und fahren Sie gen Süden zu Bilderbuchstränden.

Zehnter und elfter Tag: Nha Trang
Vietnams beliebtester Ferienort **Nha Trang** *(S. 112–115)* bietet nur wenige Sehenswürdigkeiten. Beginnen Sie bei der gotischen **Nha Trang-Kathedrale** *(S. 112)*, bevor Sie den Hügel hinaufsteigen zur **Long Son-Pagode** *(S. 112)*. Besuchen Sie danach das **Oceanographic Institute** *(S. 114)* in Cau Da und machen Sie später einen Stopp bei den **Po Nagar Cham-Türmen** *(S. 113)*. Verbringen Sie den Nachmittag am Strand, genießen Sie Seafood, kalte Getränke oder eine Massage. Besuchen Sie abends einige der Bars. Machen Sie am nächsten Tag eine Bootsfahrt zu den vor der Küste liegenden **Inseln** *(S. 115)*, gehen Sie Schnorcheln oder genießen Sie die Sonne. Beenden Sie den Tag mit einem Besuch des Aquariums und Getränken an einer schwimmenden Bar.

Zwölfter und 13. Tag: Mui Ne
In weniger als zwei Jahrzehnten hat sich **Mui Ne** *(S. 110f)* mit seinem 20 Kilometer langen Strand von einem kleinen Fischerort zu einem wichtigen Ferienzentrum entwickelt, das Nha Trang den Rang ablaufen will. Verbringen Sie den Vormittag mit Surfen oder Kitesurfen. An den Stränden werden auch Kurse für Anfänger angeboten. Besuchen Sie dann die enorm hohen Sanddünen, wo man sehr gut »Schlitten fahren« kann. Verbringen Sie den Rest des Tages am Strand oder besuchen Sie ein Spa.

Einer der schönen Po Nagar Cham-Türme *(siehe S. 113)* in Nha Trang

14. Tag: Ho Chi Minh City
Besuchen Sie den **Palast der Wiedervereinigung** *(S. 65)* und erfahren Sie mehr über die letzten Tage des Vietnamkriegs. Gehen Sie danach zur **Dong Khoi** *(S. 60f)*, der Hauptstraße der Stadt, und sehen Sie sich die **Kathedrale Notre Dame** *(S. 64)* und das **Hauptpostamt** *(S. 64)* an, die an die koloniale Vergangenheit erinnern. Gehen Sie die Dong Khoi hinunter Richtung Saigon-Fluss und machen Sie einen kurzen Abstecher zum **Sitz des Volkskomitees** *(S. 63)*. Kaufen Sie in den Läden an der Dong Khoi ein paar typische Souvenirs und genießen Sie ein Mittagessen in einem der vielen eleganten Restaurants. Fahren Sie danach in den 49. Stock des **Bitexco Financial Tower** *(S. 63)*, wo das Saigon Skydeck einen phänomenalen Blick auf das Stadtzentrum bietet. Beenden Sie den Tag bei einem Drink in der Saigon Saigon Bar im **Caravelle Hotel** *(S. 62)*.

Tipp zur Verlängerung
Machen Sie eine Tour durch das **Mekong-Delta** *(S. 88–105)* und verbringen Sie einen Tag bis eine Woche mit der Erkundung von Märkten, Plantagen und Khmer-Pagoden.

Vietnam auf der Karte

Die Sozialistische Republik Vietnam (Cong Hoa Xa Hoi Chu Nghia Viet Nam) erstreckt sich in tropischen Breiten, elf Grad nördlich des Äquators. Das Land grenzt an China, Laos und Kambodscha und nimmt eine Fläche von 331 690 Quadratkilometern ein. Die 3260 Kilometer lange Küste Vietnams reicht vom Südchinesischen Meer bis zum Golf von Tonkin. Die rund 92 Millionen Einwohner (88 Prozent Vietnamesen, daneben 53 ethnische Minderheiten) leben in 58 Provinzen *(tinh)* und fünf zentral verwalteten Städten *(thanh pho)*. Hanoi ist die Hauptstadt, Wirtschaftsmetropole Ho Chi Minh City.

Weitere Zeichenerklärungen *siehe hintere Umschlagklappe*

CHINA
Cao Bang
Nanning Wuxu
Nanning
G75
G7211
Lang Son
Bac Kan
Thai Nguyen
Noi Bai
Hanoi
Halong City
Cam Pha
Haiphong
Nam Dinh
Thanh Hoa
Golf von Tonkin
Hainan
Vinh
Dong Hoi
Dong Ha
Hue
Phu Bai
Da Nang
Danang
Hoi An
Tam Ky
Quang Ngai
Pakxe
Plei Kan
VIETNAM
Sa Huynh
Kontum
Pleiku
Quy Nhon
Mekong
Tuy Hoa
Buon Ma Thuot
Gia Nghia
Dalat
Cam Ranh
Nha Trang
Lien Khuong
Dong Xoai
Di Linh
Phan Rang-Thap Cham
Bien Hoa
Mui Ne
Phan Thiet
Ho Chi Minh City
Tan An
My Tho
Vinh Long
Can Tho
Soc Trang
Bac Lieu
Vung Tau
Phu Quy
Con Dao
Südchinesisches Meer
0 Kilometer 200
Legende
Autobahn
Hauptstraße
Eisenbahn
Staatsgrenze
Südostasien
CHINA
BHUTAN
NEPAL
TAIWAN
INDIEN
MYANMAR
Hanoi
BANGLADESCH
LAOS
VIETNAM
THAILAND
PHILIPPINEN
KAMBODSCHA
Ho Chi Minh City
SRI LANKA
BRUNEI
MALAYSIA
SINGAPUR
INDONESIEN
OST-TIMOR

Ein Porträt Vietnams

Üppig begrünte Berge, traumhafte Strände, historische Pagoden und der Reiz einer geheimnisvollen und faszinierenden Kultur locken alljährlich Millionen Besucher nach Vietnam. Das Land und seine Tourismusindustrie erleben heute dank wirtschaftlicher Reformen einen enormen Aufschwung. Vietnam hat den Krieg hinter sich gelassen und rückt immer weiter von kommunistischen Überzeugungen ab.

Vietnam erstreckt sich im südöstlichen Zipfel der indochinesischen Halbinsel an den warmen Gewässern des Südchinesischen Meers. Im Westen, hinter der 1100 Kilometer langen Truong Son-Gebirgskette, liegen Laos und Kambodscha, im Norden China. Vietnam selbst ist lang und schmal – an der schmalsten Stelle gerade mal 50 Kilometer breit. Die ausgedehnte Küstenlinie verläuft vom Golf von Tonkin im Norden bis zum Golf von Thailand im Süden.

Vietnamesen teilen ihr Land in drei Regionen auf: Der Norden, das fruchtbare Delta des Roten Flusses (Song Hong oder Hong Ha), ist an drei Seiten von Bergen eingerahmt und wird von der reizvollen Hauptstadt Hanoi geprägt. Die lange Zentralregion lädt mit ihren malerischen Stränden und der alten Kaiserstadt Hue sowie dem Wirtschaftszentrum Hoi An und der großen Hafenstadt Danang ein. Hier sieht man noch Spuren der Demilitarisierten Zone (DMZ). Der Süden mit seinen Hochplateaus rund um Pleiku und Dalat ist etwas breiter. Im äußersten Süden liegen die Wirtschaftsmetropole Ho Chi Minh City und das Mekong-Delta. Dieser von Palmen und vielen Kanälen geprägte Landstrich ist die fruchtbare Reiskammer Vietnams.

Die geografische Vielfalt Vietnams spiegelt sich in den 54 ethnischen Gruppen wider. Die größte davon, Kinh oder Viet, macht 88 Prozent der 94 Millionen Einwohner aus. Kinh leben vor allem in den Tiefebenen entlang der Küste und an den großen Flüssen.

Boote auf dem Parfümfluss (Song Huong) nahe Hue *(siehe S. 152)*

◀ **Straßenküche in Hoi An** *(siehe S. 128–133)*

Hmong-Frauen im nördlichen Hochland

Die meisten ethnischen Minderheitsgruppen mit ihrer ganz eigenen Geschichte, Sprache und Kultur haben ihre Heimat im nördlichen und zentralen Hochland. Hoa, chinesischstämmige Vietnamesen, leben in den Tiefebenen und Großstädten, während Cham und Khmer in den südlichen Küstenebenen und im Mekong-Delta heimisch sind.

Vietnamesische Kultur

Die vietnamesische Gesellschaft ist von jeher hierarchisch als Patriarchat strukturiert und orientiert sich stark am Konfuzianismus. Familie und die Pflichten der Kinder gelten als äußerst wichtige Tugenden, Respekt gegenüber Älteren und der Wert von Bildung sind ebenso entscheidend. Die Rolle der Frau hat sich seit der Emanzipation im kommunistischen Staat zwar verbessert, doch trotz Gleichberechtigung in der Gesellschaft bleibt das Leben der Frauen oft nur auf den Haushalt beschränkt.

Die vietnamesische Kultur fasziniert nicht zuletzt wegen der viele Jahrhunderte andauernden Einflüsse fremder Kulturen. Rund 1000 Jahre chinesischer Herrschaft haben ihre Spuren hinterlassen: Vietnamesen haben einige Traditionen, Sitten und Architektur übernommen. Doch das Verhältnis zu China bleibt schwierig, denn Vietnam lehnt jede politische Beeinflussung durch den mächtigen Nachbarn im Norden strikt ab. Der Einfluss der Franzosen, die Saigon nach einer Hinrichtungswelle von Katholiken eroberten und dann das Land besetzten, ist weniger stark. Doch koloniale Spuren zeigen sich bis heute in Architektur und teilweise im Essen.

Einige im Ausland lebende Vietnamesen, auch *Viet Kieu* genannt, die den kommunistischen Norden in den 1950er Jahren und den Süden nach 1975 als Flüchtlinge verließen, kehren heute wieder zurück und bringen westliche Kultur ins Land. Die ältere Generation besucht zwar die frühere Heimat, in der eben jene herrschen, die sie ins Exil trieben, eher selten. Doch andere machen hier Geschäfte oder entdecken ihre familiären Wurzeln.

Französisches Baguette

Tourismus und Medien spielen bei der Verwestlichung der vietnamesischen Kultur eine enorm wichtige Rolle. Das zeigt sich vor allem bei Jugendlichen in den Großstädten: Alle lernen Englisch, Smartphones sind allgegenwärtig, Jeans und Designerkleidung fast schon Standard. Noch in den 1990er Jahren galt Vietnam modisch als einfallslos, heute ist es ein Shopping-Mekka für schicke, ausgefallene Designermode, Accessoires und Deko-Artikel. Junge vietnamesische Frauen lieben westliche Kleidung, bei Festen und in Schulen sieht man sie jedoch auch im traditionellen *ao dai*, der engen Hose mit dem langen Oberteil.

Vietnamesin mit traditionellem *ao dai* und Schal

Aufwendig geschnitzte Drachensäulen schmücken die Quan Am-Pagode in Ho Chi Minh City *(siehe S. 74)*

Religion

Im Kommunismus wurde offiziell der Atheismus gepredigt, doch heute gibt man sich pragmatischer, und so leben alte Religionen und Traditionen wieder auf. Typisch für Vietnam war lange Zeit Tam Giao, eine Mischung auf der Grundlage der drei Religionen Buddhismus, Taoismus und Konfuzianismus. Dazu kamen die Ahnenverehrung sowie eigene Naturreligionen und Hindu-Traditionen aus dem alten Champa. In Vietnam findet man eine große katholische Minderheit und eher eigenwillige Religionen wie den Caodaismus *(siehe S. 27)* und Hoa Hao. Alle Glaubensrichtungen werden toleriert – solange sie nicht die Macht der Partei infrage stellen.

Buddhistischer Mönch

Sprache und Literatur

Vietnamesisch *(tieng Viet)* ist die Landessprache und für 86 Prozent der Bevölkerung Muttersprache. Bis etwa 1000 n. Chr. gab es keine Schriftsprache, erst im 11. Jahrhundert wurde ein System namens *chu nom* auf der Grundlage chinesischer Schriftzeichen eingeführt. Im 17. Jahrhundert entwickelten europäische Missionare eine romanisierte Schrift, *quoc ngu*, die bis heute trotz zahlreicher Dialekte als Schriftsprache verwendet wird. Vietnam blickt auf eine reiche literarische Tradition in chinesischer Sprache *(chu nom)* und *quoc ngu* zurück. Das größte literarische Werk ist ein lyrisches Epos: *Die Sage von Kieu* wurde vom Mandarin und Gelehrten Nguyen Du (1766–1820) als klassische Moralgeschichte verfasst. Ebenso berühmt sind die Gedichte einer hochgestellten Konkubine, Ho Xuan Huong (1772–1822). Dank der allmählichen politischen Liberalisierung entsteht eine neue Literatur über einst verbotene Themen, die auch persönliche Probleme behandelt. Bao Ninh ist ein populärer Autor, dessen *Sorrow of War* als Antikriegsroman gilt. Andere zeitgenössische Schriftsteller sind Pham Thi Hoai, Nguyen Huy Thiep und Duong Thu Huong.

Wirtschaftlicher Aufschwung

Vietnam war früher eines der ärmsten Länder, erlebte aber in den 1990er Jahren einen einzigartigen wirtschaftlichen Aufschwung. Auslöser dafür waren die *doi moi* (Wirtschaftsreformen) von 1986, die erstmals gestatteten, Unternehmen zu gründen, die kollektivierte Landwirtschaft abschafften und die Liberalisierung vorantrieben. Vietnam konnte stolz sein auf seine nach China am zweitstärksten wachsende Wirtschaft Asiens.

Die jährlichen Wachstumsraten lagen seit 2005 bei über sieben Prozent, erst 2008 gingen sie zurück. Noch 1993 stufte die Weltbank 58 Prozent der Vietnamesen als arm ein. Im Jahr 2008 war diese Zahl bereits auf unter 16 Prozent gesunken.

Motorräder und Hochhäuser in Ho Chi Minh City

Dennoch bleibt die Landwirtschaft mit fast 50 Prozent aller Beschäftigten und einem Großteil aller Exporte das wirtschaftliche Rückgrat des Landes. Heute ist Vietnam einer der größten Reisexporteure der Welt: eine erstaunliche Leistung für ein Land, das noch in den 1980er Jahren von Hungersnöten geplagt wurde. Auch die Industrie hat sich enorm entwickelt: Der Bergbau ist nach wie vor ein wichtiger Wirtschaftsfaktor, es kam jedoch auch die Förderung von Öl, Gas und Kohle hinzu. 2013 lag das Bruttoinlandsprodukt pro Kopf bei fast 2000 US-Dollar. Auf dem internationalen Parkett hat Vietnam ebenfalls große Fortschritte gemacht: Es wurde 1995 Vollmitglied der ASEAN und 2006 der WTO.

Die Tourismusindustrie trägt ebenfalls dazu bei, die gute wirtschaftliche Entwicklung beizubehalten. Im Jahr 2015 besuchten fast acht Millionen Menschen Vietnam, doppelt so viele wie zehn Jahre zuvor.

Reisanbau, Vietnams wichtigster Agrarzweig

Regierung und Politik

Vietnam ist ein Ein-Parteien-Staat, der von der Kommunistischen Partei Vietnams regiert wird. Von 2006 bis 2016 waren Nguyen Tan Dung und Truong Tan Sang Ministerpräsident und Präsident der Sozialistischen Republik Vietnam, seit 2016 ist Nguyen Xuan Phuc Ministerpräsident und Tran Dai Quang Präsident. Die Ämter werden alle fünf Jahre vom Nationalkongress besetzt. Grundsätzlich gibt sich die Partei autoritär, politischer Widerstand wird nicht geduldet. Doch seit Einführung einer eingeschränkten freien Marktwirtschaft wagt sich die Partei an erste Reformen. Gleichwohl wird sie von Korruption geprägt, die den Wandel hemmt. Deshalb schreiten wirtschaftliche Reformen im Eiltempo voran, während politische Rechte hinterherhinken. 2008 wurden Journalisten inhaftiert, die über Korruption berichtet hatten, ab 2009 wurden Websites von sozialen Netzwerken geblockt. Ausländische Journalisten wurden aufgrund von Berichten über Menschenrechtsverletzungen abgeschoben. Trotzdem ist der Wunsch nach politischem Wandel weitverbreitet, denn die Bevölkerung hat verstanden, dass eine größere politische Mündigkeit nicht nur wünschenswert, sondern entscheidend für die Zukunft des Landes ist.

Umweltschutz

Trotz zunehmenden Wohlstands bleibt Vietnam ein armes Land mit hohem Bevölkerungswachstum und begrenzten Ressourcen. 2020 wird es doppelt so viele Vietnamesen wie Thailänder geben – aber nur knapp halb so viel landwirtschaftliche Nutzfläche wie in Thailand. Nach einer Untersuchung des World Conservation Monitoring Center gehen jährlich 30 000 Hektar Wald verloren. Schon der Vietnamkrieg hat mit Bomben und Entlaubungsmittel die Waldbestände reduziert. In den 1980er Jahren ließ die Regierung große Flächen abholzen, die dann jedoch nie als Ackerland genutzt wurden.

Glücklicherweise sieht die Zukunft für die vietnamesische Natur heute besser aus. Jedes Jahr werden neue Gesetze zum Schutz der Wälder und bedrohten Tierarten aufgelegt, getreu Ho Chi Minhs Maxime von 1962: »Wald ist Gold.« Auch der Tourismus hat zum Umweltschutz beigetragen, da sich die neue Einnahmequelle als weitaus profitabler erweist als die Jagd oder der Holzschlag.

Warenvielfalt im Kunsthandwerksladen, Hoi An

Tourismus

Als sich Vietnam Anfang der 1990er Jahre dem Tourismus öffnete, kamen viele Besucher wegen der Geschichte des Vietnamkriegs. Die Vietnamesen haben sich seitdem sehr bemüht, stattdessen die Schönheiten ihres Landes in den Vordergrund zu rücken. Pagoden und die einst verblichene französische Kolonialarchitektur erstrahlen in neuem Glanz. Die meisten Hotels und Restaurants sind privatisiert und geben ihr Bestes, um in einem zunehmend harten Wettbewerb zu bestehen. Das Straßen- und Bahnnetz muss zwar verbessert werden, Flughäfen und Airlines bieten jedoch einen hohen Standard.

Der Tourismus ist seit den 1990er Jahren stetig gewachsen, Millionen Besucher kommen wegen der historischen Monumente und Traumstrände, wegen Shopping-Möglichkeiten, exquisiter Küche und Gastfreundschaft. Nicht zuletzt durch den Tourismus entdeckte Vietnam seine Traditionen in Musik, Tanz und Theater neu. Feste wurden wiederbelebt, Künste wie das Wasserpuppen-Theater sind heute so beliebt wie früher.

Hien Lam-Pavillon in der Zitadelle von Hue ***(siehe S. 147)*****, eine der größten Besucherattraktionen Vietnams**

Landschaften, Flora und Fauna

Vietnam ist eines der ökologisch vielfältigsten Länder Asiens mit unterschiedlichsten Lebensräumen: Von den Gebirgsregionen im Nordwesten über die Tiefebenen der Küste und das Hochland im Zentrum zu den Deltas des Roten Flusses und des Mekong. Besonders faszinierend sind die Nationalparks in Nordvietnam mit ihrer großen Tier- und Pflanzenvielfalt *(siehe S. 205)*. Zugvögel und einheimische Arten beobachtet man am besten im Mekong-Delta *(siehe S. 101)*, die Inseln sind teils von traumhaften Korallenriffen umgeben *(siehe S. 194)*.

Legende

- Flussdelta
- Zentrales Hochland
- Zentrale Küste
- Nördliche Gebirgsregion

Flussdeltas

Das weite Delta des Roten Flusses ist das Herz Nordvietnams, der Süden des Landes wird von den nährstoffreichen Schlammböden des Mekong-Deltas geprägt. Beide Regionen sind die Reiskammern Vietnams. Am Roten Fluss herrscht Landwirtschaft vor, während das Mekong-Delta auch artenreiche, endlose Marschlandschaften und Mangrovenwälder aufweist.

Rote Mangroven fallen wegen ihrer Wurzeln auf, die sich über dem Wasserspiegel wölben und vielen Arten, etwa kleinen Fischen, Vögeln und Reptilien, Lebensraum bieten.

Der bedrohte Saruskranich lebt fast ausschließlich in den Graslandschaften des Mekong-Deltas. Die größte Population des seltenen Vogels existiert heute im Nationalpark Tram Chim.

Die Großaugen-Bambusotter ist ein kleines, in Bäumen lebendes Jagdtier, das Echsen, Nager und Vögel mit seinem Gift lähmt und tötet.

Zentrales Hochland

Die Topografie der bergigen Zentralregion reicht bis an die südlichen Ausläufer der Gebirgskette Truong Son und umfasst zerklüftete Bergspitzen im äußersten Westen und fruchtbare Plateaus im Landesinneren. In der roten Vulkanerde bei Pleiku und Kontum gedeihen Kaffee, Tee und Gummipflanzen, während die Berge von Dschungel bedeckt sind.

Asiatische Elefanten wurden in der Forstwirtschaft eingesetzt, sind heute aber bedroht. Der Nationalpark Yok Don *(siehe S. 122)* ist ein wichtiges Schutzgebiet.

Der Blauglockenbaum ist ein Laubbaum in Vietnam und Südchina. Zu Beginn des Frühjahrs trägt er violette, fingerhutähnliche Blüten.

Der Nebelparder, ein Verwandter des urzeitlichen Säbelzahntigers, weist Ovale auf gelb-braunem Fell auf, hat einen buschigen Schwanz und kurze Beine.

Schmetterlinge

Überall in Vietnam schwirren farbenprächtige Schmetterlinge durch die Lüfte – von den Riesenfaltern auf Azaleen in Stadtparks bis hin zu ganzen Schwärmen, die alljährlich im April und Mai im Nationalpark Cuc Phuong *(siehe S. 197)* zu sehen sind. Im nordvietnamesischen Nationalpark Tam Dao leben über 300 verschiedene Arten, im Nationalpark Cat Tien *(siehe S. 81)* etwa 440 Arten. Besonders die englischen fantasievollen Namen entsprechen der Schönheit der Tiere: White Dragontail, Red Lacewing, Purple Sapphire, Peacock Pansy und Jungle Queen.

Schwalbenschwanz

Cethosia cyane (Leoparden-Netzflügler)

Precis almana

Delias pasithoe

Küsten der Zentralregion

Die nördliche Zentralregion Vietnams besteht aus einem sehr lang gestreckten, schmalen Landstreifen küstennaher Tiefebenen am oft unruhigen Südchinesischen Meer. Das Land ist nicht so fruchtbar wie die Deltagebiete, begeistert aber durch Traumstrände, vor allem bei Nha Trang *(siehe S. 115)* im Süden der Zentralregion.

Die Dreistreifen-Scharnierschildkröte, eine äußerst bedrohte Tierart, lebt in den Gewässern Zentral- und Nordvietnams.

Der Braunliest ist doppelt so groß wie der gewöhnliche Eisvogel. Er stößt einen schrillen Laut aus und hat einen großen roten Schnabel. Die leuchtend blauen Flügel- und Schwanzfedern bilden einen hübschen Kontrast zur weißen Brust.

Die Kokospalme findet man überall in Vietnam. Sie liefert viele Produkte – die Frucht dient als Nahrung, das Holz für den Bootsbau, die Palmwedel als Dächer, die Kokosfasern für Matten.

Nördliche Gebirgsregion

Gebirgszüge umschließen im Norden das Delta des Roten Flusses an drei Seiten. Die schroffen, gezackten Felsspitzen türmen sich über Tälern auf – die unzugänglichsten Gebiete Vietnams. Die bewaldeten Hänge im Nordwesten waren lange Zeit eine unberührte Naturlandschaft, die heute durch Straßenbau, Holzschlag und Besiedlung bedroht ist.

Der Glockenblütige Rhododendron wächst selbst an den felsigen Hängen des Truong Son-Gebirges. Die Blüten sind schön, aber giftig.

Der Asiatische Schwarzbär oder Kragenbär ist ein nachtaktiver Allesfresser und kaum zu erspähen. Man erkennt ihn an seinem glatten, schwarzen Fell und dem weißen, v-förmigen Brustfleck.

Der Bären- oder Stummelschwanzmakak ist ein Primat aus Nordvietnam. Er wiegt bis zu zehn Kilogramm und kann bis zu 30 Jahre alt werden.

Ethnische Gruppen

In Vietnam leben 54 offiziell anerkannte ethnische Volksgruppen. Dabei machen die Kinh, die ursprünglichen Viet südchinesischer Abstammung, 86 Prozent der Bevölkerung aus. In den Tiefebenen der Küste sowie am Roten Fluss und am Mekong teilen sie sich das Land mit den Hoa, den ethnischen Chinesen, sowie den Khmer und den Cham. Rund weitere 50 Minderheiten leben verstreut im nördlichen und zentralen Hochland mit jeweils eigenen Sitten, Trachten und Sprachen. Volksgruppen des Nordens, etwa die Thai und Hmong, stammen aus China, die im zentralen Hochland meist aus Vietnam.

Brautpaar der Viet Kinh im *ao dai*, der traditionellen Seidenkleidung

Die Khmer stammen aus Kambodscha und halten an vielen alten Bräuchen wie dem Prathom Sva Pol (Affentanz) fest. Er wird zum Fest Oc Om Boc *(siehe S. 37)* getanzt, die Tänzer tragen dabei exotische Masken und imitieren Affenverhalten.

Babytragetaschen sind praktisch, um das Baby gleich nach der Geburt überallhin mitzunehmen.

Bei den Bahnar im zentralen Hochland spielt sich das kulturelle Leben im *nha rong*, dem Gemeinschaftshaus, ab. Die Bauten mit den auffallenden Spitzdächern werden mit Gongschlägen, Tanz und Reiswein eingeweiht.

Verteilung der Volksgruppen

Legende

1 Khmer
2 Cham Balamon
3 Cham Bani
4 K'ho/Lat
5 Ede/Rhade
6 Jarai
7 Bahnar
8 Mnong
9 Bru
10 Muong
11 Schwarze Thai
12 Blumen-Hmong
13 Rote Dao

Kinh/Viet machen rund 86 Prozent der Bevölkerung aus.

Cham-Muslime *(Cham Bani)* sind Anhänger einer Variante des schiitischen Islam. Das Freitagsgebet wird von 50 Geistlichen gesungen. Sie tragen weiße Sarongs und bedecken ihre kahl rasierten Köpfe mit einem Turban.

Die Bru siedeln im zentralen Hochland und gehören der Mon Khmer-Gruppe an. Sie leben vom Nassreisanbau und spielen eine lebendige Volksmusik. Die Bru rauchen sehr gern Tabak, oft sieht man Erwachsene wie Kinder mit einer Tabakspfeife im Mund.

Mnong-Stammesangehörige, einst als Elefantenhalter und -ausbilder berühmt, rauchen seit jeher gemeinschaftlich Tabak in Wasserpfeifen. Heute sind Männer wie Frauen der matrilinearen Volksgruppe für herausragende Korb-, Textildruck- und Schmuckarbeiten bekannt.

Als Kopfschmuck tragen die Frauen der Schwarzen Thai einen schwarzen Turban mit leuchtenden Stickereien.

Die bevorzugte Kleidung der Thai-Frauen besteht aus einem engen Röhrenrock, einer Schärpe und einer engen Bluse mit Silberknöpfen.

Thai

Die Thai sind die zweitgrößte ethnische Gruppe Vietnams. Sie werden nach der Farbe ihrer Trachten sowie den ersten Siedlungen am Schwarzen bzw. Roten Fluss in schwarze, weiße und rote Untergruppen eingeteilt. Die Schwarzen Thai gelten als die wirtschaftlich erfolgreichste Gruppe und bewirtschaften im Hochland des Nordwestens sehr fruchtbare Reisfelder. Bildung ist bei ihnen äußerst wichtig, zugleich sind sie tief in ihrer Kulturtradition verankert. So glauben sie an Geisteranbetung, singen uralte Volkslieder und halten an jahrhundertealten Tanztraditionen fest.

Die Frauen der Blumen-Hmong tragen mehrere Lagen reich verzierter Kleidung aus farbenfrohen Stoffen und verzieren diese mit aufwendigen Stickereien *(siehe S. 202)*.

Die Roten Dao sind eine Untergruppe der Dao in Nordvietnam. Sie verdanken ihren Namen den leuchtend roten Turbanen der Frauen, die sich Kopf und Augenbrauen rasieren. Die Dao gelten als tüchtiges Bergvolk, das Ackerbau, Webkunst und Papierherstellung betreibt. Sie verfügen über eine vielfältige Literatur, die in einer abgewandelten Form chinesischer Schriftzeichen verfasst wird.

Die Muong sind zu Recht wegen ihrer Webkünste berühmt. Die Webstühle aus Bambusholz stehen meist im Schatten ihrer strohgedeckten Pfahlbauten.

Religionen

Die drei wichtigsten Glaubensrichtungen Vietnams sind Buddhismus, Taoismus und Konfuzianismus, die man Tam Giao, »Drei Lehren« oder »Dreifache Religion«, nennt. Auch einheimische, heute blühende Glaubensformen wie Ahnenverehrung, Geister- und Dämonenglaube und die Vergöttlichung vietnamesischer Nationalhelden sind weitverbreitet. Dazu kommen der Caodaismus als junge, eklektische Religion im Süden, viele christliche Gemeinden, eine kleinere Hindu-Gruppe und die muslimischen Cham.

Die drei großen religiösen Weisen Konfuzius, Buddha und Laotse

Tam Giao

In Vietnam hat sich der Mahayana-Buddhismus eng mit dem chinesischen Konfuzianismus, einem ethischen Regelwerk, sowie dem Taoismus Chinas verbunden: Alle drei Lehren zusammen heißen Tam Giao. Vietnamesen sind Mahayana- und Theravada-Buddhisten.

Bodhisattvas, von Mahayana-Buddhisten angebetet, sind Dai The Chi Bo Tat (Gott der Macht), Thich Ca (historischer Buddha) und Quan Am (Gnadengöttin).

Der Theravada-Buddhismus will den Lehren Buddhas besonders streng folgen. Er wurde von Kaufleuten aus Indien nach Vietnam gebracht. Die Mönche tragen safrangelbe Roben und singen aus den Schriften des *Tripitika*, eines Bestandteils des buddhistischen Kanons.

Der chinesische Weise Konfuzius (551–479 v. Chr.) wird seit Jahrhunderten verehrt. Seine Lehre definiert einen ethischen Kodex, der unter anderem die Treue und den Respekt zum Staat und zur Familie beinhaltet. So schafft der Konfuzianismus die Basis für überaus komplexe Familienhierarchien.

Glimmender Weihrauch, eigentlich eine buddhistische Praxis, spielt im Ritus des Tam Giao, für die Götteranbetung und Ahnenverehrung, in Cao Dai-Tempeln und in Kirchen eine wichtige Rolle.

Familiengräber sieht man überall zwischen Reisfeldern. Die Viet-Religion ist familienorientiert, daher wirkt diese Nähe zu den Vorfahren beruhigend und symbolisiert Kontinuität. Die Tradition geht auf den Konfuzianismus zurück.

Laotse, ein chinesischer Philosoph des 6. Jahrhunderts v. Chr., erkannte Tao (»der Weg«) als natürliche Quelle allen Lebens und als Bewahrer von Stabilität. Im Taoismus geht es darum, dem richtigen Weg zu folgen, um in Harmonie mit der Welt zu leben.

Caodaismus

Der von dem vietnamesischen Beamten Ngo Van Chieu 1926 begründete Caodaismus (»Höchster Geist«) interpretiert Inhalte des Tam Giao neu und verbindet sie mit Aspekten des Katholizismus. Grundlage der Religion ist der Glaube an »göttliche Stellvertreter«, die in Séancen mit Priestern Kontakt aufnehmen. Schutzheilige sind Johanna von Orléans, Louis Pasteur und Charlie Chaplin. Es gibt ca. drei Millionen Gläubige.

Cao Dai-Priester tragen gelbe, blaue und rote Roben als Symbol für Buddhismus, Taoismus und Konfuzianismus sowie hohe Mitras mit dem göttlichen Auge.

Gottesdienste im Cao Dai-Tempel *(siehe S. 78f)* sind dank der farbenfroh bekleideten Gemeinde inmitten der drachengeschmückten Säulen ein Fest für die Augen.

Das allsehende göttliche Auge erschien Ngo Van Chieu erstmals in einer Vision. Das Cao Dai-Kultsymbol schwebt in einem Dreieck und ist in allen Tempeln sichtbar.

Ahnenverehrung und Geisterbeschwörung

Rituale in Gedenken an die Vorfahren und zur Besänftigung der Geister werden überall in Vietnam betrieben und sind eine vierte, inoffizielle Form des Tam Giao. Die Ahnenverehrung hat chinesische Ursprünge, die Geisterbeschwörung ist eine Tradition Südostasiens. Buddhismus und Konfuzianismus lehnen Letztere zwar ab, haben sie in Vietnam aber nie unterbinden können.

Ahnentafeln folgen dem konfuzianischen Glauben an kindliche Treue. Sie hängen in den meisten Haushalten sowie Tempeln und zeigen Bilder und Darstellungen der Verstorbenen. Davor stehen Opfergaben mit Obst, Blumen, Dufttee – und sogar Zigaretten und Alkohol.

Geistergeld, oft nachgemachte US-Dollar, wird durch Verbrennen den Vorfahren geschickt – zusammen mit anderen nützlichen Dingen aus Papier, etwa Autos, Fernseher und Häuser.

Der Animismus basiert auf dem Glauben, dass Schutzgeister in Steinen, auf Feldern, in Wäldern und anderen leblosen Dingen wohnen. Vor allem die Bergstämme Vietnams bauen den Geistern kleine Hütten und bringen ihnen darin Opfer dar.

Andere Religionen

Die vielen Volksgruppen Vietnams spiegeln sich in einer vielfältigen Religionswelt wider. Dazu zählen auch neun Millionen Christen, über 90 Prozent davon katholisch. Das Christentum verbreitete sich in Vietnam durch europäische Missionare im 16. Jahrhundert. Eine eher unbekanntere Religion ist Hoa Hao im Mekong-Delta. Diese Religionsrichtung mit circa eineinhalb Millionen Mitgliedern folgt einer strengen Auslegung des Buddhismus und war im Vietnamkrieg wegen ihrer militanten Ablehnung des Kommunismus bekannt. Varianten des Hinduismus und Islam sind die Religionen der Cham an der Zentralküste bzw. im Mekong-Delta.

Kathedralen und Kirchen der christlichen Gemeinden findet man überall in Vietnam.

Musik und Theater

Vietnam blickt auf eine lange und reiche Musik- sowie Theatergeschichte mit einheimischen und ausländischen Elementen zurück. Die Musikstile spielen in den vielen verschiedenen Formen des Theaters eine entscheidende Rolle. Dazu zählen Volkslieder, Klassik, Kompositionen für den Hof und die einzigartigen Liebeslieder der Volksgruppen. Ohne dieses vielfältige, in der Kultur Vietnams tief verankerte Erbe wäre hier kein Fest denkbar.

Ein Musiker spielt das *dan bau*, ein einsaitiges Instrument

Traditionelle Musik

Die traditionelle vietnamesische Musik umfasst mehrere Genres, darunter Hof-, Tempel-, Zeremonien-, Kammer-, Volks- und Theatermusik. Ausländische Einflüsse wie die chinesische Operntradition und indische Rhythmen aus dem Cham-Reich wurden übernommen und zu einem eigenständigen Musikstil geformt. Charakteristisch für vietnamesische Musik ist Pentatonik (Fünftonmusik) im Gegensatz zu den im Westen üblichen acht Tönen.

Quan Ho sind aus dem 13. Jahrhundert stammende Gesangswettbewerbe, die bei Frühlingsfesten eine wichtige Rolle spielen. Bei den volkstümlichen Gesängen singen junge Männer- und Frauengruppen in einem stilisierten Werben umeinander im Wechsel.

Hat Chau Van ist eine Mischung aus rhythmischen Gesängen und Tänzen, die einem von seiner Seele getrennten Menschen helfen sollen. Diese Kunst geht auf Beschwörungsgesänge religiöser Rituale des 16. Jahrhunderts zurück.

Dan day – eine rechteckige Laute mit drei Saiten und langem Hals.

Trong de – eine mit einem Hartholzstock gespielte Trommel.

Phach – ein Holzinstrument, das an spanische Kastagnetten erinnert.

Ca Tru oder Hat A Dao ist Kammermusik. Bei dieser Form der Unterhaltung für wohlhabende Männer spielen Frauen das *phach* und singen dazu. Die Kunst blühte im 15. Jahrhundert auf, geriet im Kommunismus aber in Vergessenheit. 2009 wurde Ca Tru von der UNESCO als immaterielles Kulturerbe der Menschheit anerkannt.

Nhac Tai Tu ist eine Form der Kammermusik, die zum *Cai luong*-Theater erklingt. Die abgebildeten Instrumente sind das *dan tranh* (links), eine Zither mit 16 Saiten, das *dan nguyet* (Mitte) und die Flöte (rechts).

Musikinstrumente

Die Vietnamesen verfügen über verschiedene einheimische Instrumente, die aus Naturmaterialien wie Holz, Tierhörnern, Bambus, Steinen und Schilf hergestellt werden. *Dan nguyet*, die mondförmige Laute, spielt man seit dem 11. Jahrhundert. Beim *dan bau* ist eine Saite, die mit einem Holzplektrum gezupft wird, über einen Klangkörper gespannt. Das *dan ty ba* ist eine birnenförmige Gitarre, das *dan trung* ein Xylofon aus Bambus. Dazu gibt es etliche Arten von Gongs *(cong chien)* und verschiedene Trommeln *(trong)*.

Theaterstile

Vietnam hat eine große Tradition verschiedenster Theaterstile, die alle mit Musik, Gesang und Tanz einhergehen. Die Darstellungen variieren je nach Publikum: So ist cheo *Volkstheater mit moralischer Botschaft für ländliche Gemeinden, während* roi nuoc *(Wasserpuppen) als Spektakel zum Ende der Ernte aufgeführt wird.* Tuong *oder* hat boi, *die klassischen Formen, entstanden zur Unterhaltung des königlichen Hofes, und* cai luong, *eine modernisierte Form des* tuong, *war das Schauspiel für die Intellektuellen in den Städten.*

Roi nuoc ist eine einzigartige Kunstform, in der Wasser als Bühne dient *(siehe S. 163)*. Die bunten Figuren der Puppenspieler, begleitet von Trommeln und Knallkörpern, erzählen Volkstümliches und Sagen, von der Vergangenheit und vom Alltag.

Tuong oder Hat Boi, von der chinesischen Oper geprägt, verwendet stilisierte Gesten und Symbole, um Gefühle und Figuren darzustellen. Es thematisiert konfuzianische Tugenden wie Mut und Frömmigkeit, Treue zum König und den Kampf gegen das Böse.

Das aufwendige Tuong-Make-up, die Kostüme und das Bühnenbild folgen herkömmlichen Regeln. Die Schminke hilft dabei, eine Rolle zu formen: So symbolisiert ein rot bemaltes Gesicht Treue und Mut, während ein weißes Gesicht für Grausamkeit und Boshaftigkeit steht.

Cai Luong (»Erneuertes Theater«) entstand Anfang des 20. Jahrhunderts in Südvietnam und ist vom französischen Theater in Form von Sprechszenen beeinflusst. Es ist weniger stilisiert als klassisches Theater und greift gesellschaftliche Probleme wie Korruption oder Alkoholismus auf.

Schauspieler in Hofkostümen, Hue

Cheo (Volkstheater) hat seine Ursprünge bei den Reisbauern am Roten Fluss. Die Stücke werden meist unter freiem Himmel vor dem Versammlungshaus des Dorfes mit viel Gesang, Tanz, Lyrik und Improvisationen aufgeführt.

Hofmusik und Tanz

Die Unterhaltung für das höfische Publikum Vietnams basierte auf der Musik des chinesischen Kaiserpalasts. Die Hofmusik, *nha nhac*, entstand im 13. Jahrhundert und erreichte ihre Blüte in der Nguyen-Dynastie *(siehe S. 45)*. Die von Tänzen begleitete Musik wurde bei Zeremonien wie Krönungen oder Begräbnissen, aber auch bei religiösen Festen gespielt. Mit dem Ende der Monarchie geriet *nha nhac* in Vergessenheit, erlebt aber seit Kurzem eine Renaissance. Seit 1996 wird sie an der Kunsthochschule von Hue unterrichtet. 2003 nahm sie die UNESCO in die Liste der »Meisterwerke des mündlichen und immateriellen Erbes der Menschheit« auf.

Traditionelle Tänzerinnen

Architektur

Die vielen Invasoren Vietnams hinterließen überall im Land ihre eigenen Architekturmerkmale. Einheimische Stile, etwa in Form der Röhrenhäuser und der einstöckigen Pagode, findet man deshalb neben von fremden Stilen geprägten Gebäuden. Die historischen Bauten an der Zentralküste verraten den Einfluss der alten Cham-Kultur, chinesische Elemente spiegeln sich in den Pagoden von Hanoi und Hue wider, und Frankreich steuerte seine Kolonialarchitektur bei.

Diep Dong Nguyen – ein altes Röhrenhaus in Hoi An

Pagoden

Pagoden sind meist einstöckige Bauten auf Holzsäulen. Darüber erheben sich weit hinausragende Konstruktionen aus Holzbalken und ein Ziegeldach mit nach oben geschwungenen Dachtraufen. Das Innere besteht aus einer vorderen, einer zentralen und der Hauptaltar-Halle, meist aufsteigend hintereinander gebaut. Oft gehören ein heiliger Teich, ein Glockenturm und ein Garten dazu, außerdem viele Symbole, vor allem chinesische Figuren.

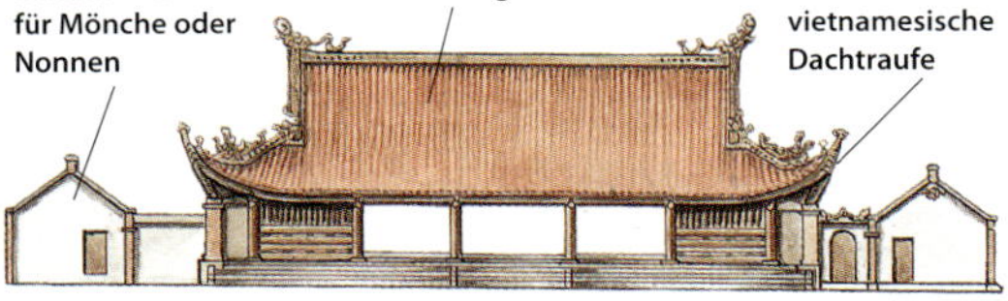

Die Thay-Pagode in Hanoi steht auf einem Steinfundament, darauf tragen Hartholzsäulen das Gewicht des Baus. Das niedrige Steildach hat verzierte Dachtraufen mit Drachen als Endpunkten. Drehbare Holzsprossengitter lassen frische Luft herein.

Die Ein-Säulen-Pagode in Hanoi stand ursprünglich auf einer einzigen Holzsäule mitten in einem Teich. 1954 brannte die Pagode teilweise ab, heute ruht sie auf einer Betonsäule.

Die Tran Quoc-Pagode in Hanoi ist ein herausragendes Beispiel einer einstöckigen Pagode, die um steinerne Stupas gebaut wurde. Die wahrscheinlich älteste Pagode Vietnams entstand im 6. Jahrhundert unter Kaiser Ly Nam De am Ufer des Roten Flusses und wurde nach Ho Tay *(siehe S. 172)* versetzt.

Thanh long (Drache) wird in der Mythologie Chinas und Vietnams mit königlicher Macht, Wohlstand, Langlebigkeit und Glück assoziiert. Dekorative Drachenmotive sind daher in Pagoden und Tempeln weitverbreitet.

Mehrstöckige Pagoden sind eine chinesische Tradition. Sie laufen oben meist spitz zu, auf den Dächern liegen Terrakottaziegel.

Zitadellen

Die bedrohlich wirkenden, imposanten Zitadellen Vietnams wurden als Bollwerke gegen menschliche Feinde und spirituelle Bedrohungen errichtet. Dafür kombinierte man chinesische Bauelemente wie riesige, rechtwinklige und zinnenbewehrte Steinmauern mit Feng-Shui-Prinzipien. Die französische Festungsarchitektur steuerte massive Mauern hinter Wassergräben, Türme, zinnengeschützte Wälle und fünfeckige Bastionen bei.

Das Hien Nhon-Tor der Zitadelle von Hue ist ein gutes Beispiel für chinesisch-vietnamesische Zierkunst im Einklang mit französischer Militärarchitektur: Das Tor weist verzierte Türme, aber auch zwei Plateaus für Soldaten auf.

Das Ngo Mon-Tor der Zitadelle von Hue ist aus dicken Steinmauern nach Feng-Shui-Prinzipien mit fünf Eingängen erbaut. Das mittlere Tor war dem Kaiser vorbehalten, die anderen Torbogen für die Mandarine des königlichen Hofes bestimmt.

Französische Architektur

Hanoi, im 19. Jahrhundert die Hauptstadt von Französisch-Indochina, verwandelte sich durch den Bau von französischen Landvillen, Verwaltungsgebäuden nach Pariser Vorbildern und französisch-gotischen Baudenkmälern, etwa der Kathedrale von Hanoi.

Das Staatliche Gästehaus Hanois war früher der französische Gouverneurssitz, ein wunderschönes, restauriertes Kolonialgebäude mit einem reich verzierten schmiedeeisernen Eingang.

Der Präsidentenpalast in Hanoi (1900–06) ist der vollkommene französische Kolonialbau, mit großer Freitreppe, schmiedeeisernen Toren, Filigranarbeiten und Kolonnaden. Der Palast liegt inmitten großzügiger Gärten und Obstplantagen.

Röhrenhäuser und ihre heutige Erweiterung

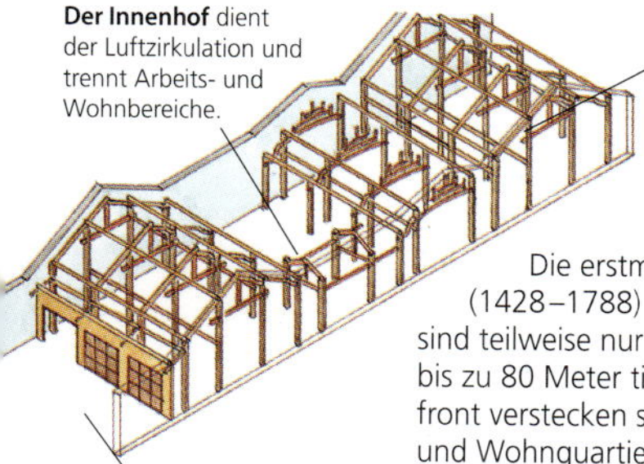

Die erstmals in der Le-Dynastie (1428–1788) erbauten Röhrenhäuser sind teilweise nur zwei Meter breit, aber bis zu 80 Meter tief. Hinter der Ladenfront verstecken sich Arbeitsräume, Höfe und Wohnquartiere, oft durch einen Flur verbunden. Heute baut man die Häuser auf den schmalen Grundstücken zu hohen »Raketenhäusern« in die Höhe.

Farbenfrohe schmale Wohnhäuser in Hanoi

Tet Nguyen Dan (Tet-Fest)

Das »Fest des Ersten Tages«, Tet Nguyen Dan, ist das wichtigste vietnamesische Fest und feiert den Beginn des neuen Mondjahres. Tet ist ein Frühlingsfest der Wiedergeburt sowie Erneuerung und dient der Danksagung sowie Ahnenverehrung. Die Vorbereitungen beginnen eine Woche vor Tet: Dann zahlt man seine Schulden, säubert die Gräber der Ahnen, dekoriert die Häuser mit Pfirsichblüten oder Kumquatbäumen und bringt dem Jadekaiser *(siehe S. 66f)* Opfer dar. Das dreitägige Neujahrsfest selbst wird im Familienkreis begangen mit aufwendigen Festessen, Geschenken und guten Wünschen.

Traditioneller Schmuck mit Kumquatbäumen zum Tet-Fest

Ahnenverehrung

Die vietnamesische Ahnenverehrung erreicht ihren Höhepunkt, wenn die Geister der verstorbenen Familienmitglieder die Lebenden besuchen. Die Ahnen werden mit Gebeten, Speisen und symbolischen Geschenken aus Papier, etwa Geldscheinen, Kleidung und Uhren, gelockt.

Eine schillernde Blumenpracht schmückt Straßen und Märkte. Pfirsichblütenzweige, Symbol für Reichtum und Wohlbefinden, sind bei der Dekoration von Häusern und Läden am beliebtesten.

Familienkapellen oder -altäre sind ein wichtiger Bestandteil jeden vietnamesischen Haushalts. Sie zeigen Bilder der Vorfahren und Namenstafeln. Davor stellt man Weihrauchstäbchen, Blumen sowie Opfergaben wie Reis, Obst und Alkohol.

Weihrauchstangen spielen in den Festriten eine wichtige Rolle. Der duftende Rauch steigt bis in den Himmel empor und lockt die Vorfahren zum Feiern herab. Stangen jeder Größe werden in Dörfern hergestellt, in der Sonne getrocknet und in den Städten zum Kauf angeboten.

Die Gräber der Vorfahren liegen in Vietnam meist inmitten von Ackerflächen. Zum Tet-Fest säubert man die Grabstätten der Ahnen und bringt Opfergaben dar, damit die Geister der Verstorbenen Frieden finden.

Spezialitäten zum Tet-Fest

Das Tet-Fest ist ohne bestimmte Schlemmereien nicht denkbar. Familien sparen dafür das ganze Jahr lang, und die Festgelage sind ihr Geld wert: Schwein, Ente und Hühnchen gehören dazu, kräftige Reissuppen und riesige Mengen klebriger Reis. Danach gibt es saftige Tropenfrüchte, vor allem Wassermelonen mit ihrem Glück verheißenden roten Fruchtfleisch.

Traditionelle Tet-Süßigkeiten sind kandierte Früchte, Kokosnuss, Lotossamen und Süßigkeiten mit Puffreis und Ingwer. Allerdings sieht man immer häufiger auch westliche Schokolade und Konfekt auf den Märkten.

***Banh tet*-Zutaten zum Einwickeln**

Banh chung und banh tet sind typische Leckereien aus Klebreis, Sojabohnenpaste und fettem Schweinefleisch. Alles zusammen wird in kleinen Päckchen aus Bananenblättern gekocht und mit Bambusfäden verschnürt.

Tet-Feierlichkeiten

Das Neujahrsfest wird heute, nach den eher mageren Jahren im »strengen« Kommunismus, wieder ausgelassen, fröhlich und traditionell gefeiert. Ganze Gemeinden kommen wie schon vor Jahrhunderten bei Musik, Gesang und Tanz, Märkten, Prozessionen und Spielen zusammen. Die Jugendlichen freuen sich ebenfalls auf Tet: Sie treffen sich heute bei den Festen zum ersten Flirt.

Schach mit menschlichen Figuren wird nur zu Tet gespielt. Die Spieler sollen jung und attraktiv sein – und möglichst in den letzten Wochen kein Pech oder Unglück erlebt haben.

Bit mat dap nieu, das Zerschlagen von Töpfen, ist ein traditionelles Spiel, bei dem man schrille Masken trägt und versucht, blind mit einem Holzstock Tongefäße zu treffen.

Umzug mit Feuerwerkskörper

Der Drachentanz ist eine uralte chinesische Tradition zur Begrüßung des neuen Jahres. Junge Männer tanzen mit einem Drachen, dem Symbol für Glück, ausgelassen und mit lautem Trommelstakkato durch die Straßen und vertreiben dabei böse Dämonen.

Tet-Feuerwerkskörper

Raketen und Knaller gehörten früher zum Tet-Fest einfach dazu, doch seit 1994 sind sie aus Sicherheitsgründen untersagt. Stattdessen fährt man Imitate durch die Gegend. Knallerei soll die bösen Geister vertreiben, aber gegenwärtig verbietet das Gesetz selbst das Abspielen von CDs mit Knallgeräuschen.

Das Jahr in Vietnam

Die meisten traditionellen vietnamesischen Feste sind stark von chinesischen Kulturtraditionen geprägt und folgen dem Mondkalender, der nur 29,5 Tage im Monat zählt. Deshalb fallen die Feste auch jedes Jahr auf ein anderes Datum. Weltliche Feiertage folgen dagegen dem westlichen Kalender und erinnern oft an die jüngere Geschichte des Landes. Mit der Liberalisierung der vietnamesischen Wirtschaft und Gesellschaft haben viele Feste in den vergangenen 20 Jahren eine erstaunliche Renaissance erlebt, vor allem Feiern für die königlichen Dynastien Vietnams. Sie werden von Gebeten für die Vorfahren, farbenprächtigen Paraden, Festivitäten, Gesang und Tanz geprägt. Neben den landesweiten Feiertagen finden vor allem im Delta des Roten Flusses viele lokale Feste statt. Die ethnischen Volksgruppen im Norden sowie die Cham und die Khmer im Süden des Landes haben wiederum ihre eigenen Feste.

Frühling (Feb – Apr)

Der Frühling gilt als Zeit der Erneuerung und Wiedergeburt – in Vietnam die festlichste Jahreszeit. Die Feier eines neuen Mondjahres, Tet *(siehe S. 32f)*, leitet eine Reihe fröhlicher Feste überall im Land ein.

Erster Mondmonat

Tet Nguyen Dan *(Ende Jan – Feb)*. Das Tet genannte Neujahrsfest ist die wichtigste vietnamesische Feier. Man dekoriert Häuser und Straßen mit Lichtern und bunten Blumen, Straßenstände verkaufen traditionelle Speisen, Familien beschenken sich. Das Fest dauert nur drei Tage, aber viele Geschäfte bleiben eine Woche geschlossen.

Gründungstag der Kommunistischen Partei Vietnams *(3. Feb)*. Der Feiertag erinnert an die Gründung der Partei durch Ho Chi Minh im Jahr 1930.

Tay Son-Fest *(Anfang Feb)*, Distrikt Tay Son, Provinz Binh Dinh. Eine Woche lang wird mit Elefantenparaden, Trommelwettbewerben und Kampfsportvorführungen der Tay Son-Aufstand im 18. Jahrhundert gefeiert.

Yen Tu-Fest *(Mitte Feb – Ende Apr)*, Berg Yen Tu *(siehe S. 189)*. Die Feier ehrt die buddhistische Sekte Truc Lam. Pilger erklimmen den Berggipfel, entzünden Weihrauch und meditieren in den Pagoden.

Lim-Fest *(Mitte Feb)*, Dorf Lim, Provinz Bac Ninh. Das Fest wird 14 Tage nach Tet gefeiert und ist vor allem wegen der *quan ho* (Volkslieder) bekannt: Männer und Frauen in Volkstrachten tragen sich gegenseitig improvisierte Lieder vor, oft mit Witz und Schlagfertigkeit. Außerdem gibt es Ringkämpfe und Weberei-Wettbewerbe.

Parfümpagoden-Fest *(Feb – Mai)*, Parfümpagode *(siehe S. 196f)*. Die malerische Umgebung gilt als Buddhas Himmel. Drei Monate lang pilgern Tausende zur Pagode, um das religiöse Fest würdig zu begehen.

Frauen in traditioneller Tracht singen beim Lim-Fest *(Mitte Feb)*

Viele Blumen gehören zum Tet-Fest *(Ende Jan / Feb)* dazu

Zweiter Mondmonat

Hai Ba Trung-Fest *(Anfang März)*, Hai Ba Trung-Tempel *(siehe S. 167)*, Hanoi. Das Fest ehrt die mutigen Trung-Schwestern mit einer Prozession, bei der ihre Statuen feierlich vom Tempel zu einem zeremoniellen Bad im Roten Fluss getragen werden.

Ba Chua Kho-Tempelfest *(März)*, Ba Chua Kho-Tempel, Co Me, Provinz Bac Ninh. Gläubige versammeln sich am Tempel, bitten die Göttin Chua Kho um Glück und borgen sich in einem symbolischen Ritual Geld von ihr.

Dritter Mondmonat

Thay-Pagodenfest *(5. – 7. Apr)*, Thay-Pagode *(siehe S. 177)*, Provinz Ha Tay. Die Gläubigen beten zum Schutzpatron der Wasserpuppen, Tu Dao Hanh, der in der Thay-Pagode Bud-

Opferspeisen für Chua Kho beim Ba Chua Kho-Tempelfest ***(März)***

dhist wurde. Zwei Tage lang wird Wasserpuppen-Theater aufgeführt.

Hon Chen-Fest *(Anfang Apr)*, Hon Chen-Tempel *(siehe S. 152)*, Hue. Das alle zwei Jahre im dritten und siebten Mondmonat gefeierte Fest geht auf ein altes Cham-Fest zurück und ehrt die Göttin Thien Y A Na. Das farbenprächtige Spektakel besteht aus einer Bootsprozession auf dem Huong Giang (Perfume River) und der Inszenierung von Massenbildern.

Thanh Minh *(Anfang Apr)*. Das in ganz Vietnam gefeierte Fest ehrt die Verstorbenen und schenkt den Geistern der Toten Opfergaben. Gräber werden repariert und sorgfältig gesäubert.

Hung-Könige-Tempelfest *(Apr)*, Tempel der Hung-Könige *(siehe S. 177)*, Provinz Phu Tho. Drei Tage Feiern mit Prozessionen, Opern in Den Ha und *xoan* (Gesängen) in Den Thuong.

Zu Thanh Minh ***(Apr)*** **werden Gräber geputzt und geschmückt**

Befreiungstag *(30. Apr)*. Feier zur Befreiung Saigons am 30. April 1975.

Sommer (Mai – Juli)

Die Sommersonnenwende wird Anfang Juni gefeiert, in einer feuchtwarmen Jahreszeit, in die einige der wichtigsten vietnamesischen Feiertage fallen.

Vierter Mondmonat

Tag der Arbeit *(1. Mai)*. Tausende von Arbeitern feiern mit Paraden in allen Städten die internationale Solidarität der Arbeiterklasse.

Ho Chi Minhs Geburtstag *(19. Mai)*. Dieser eigentlich weltliche Feiertag ist ein fast religiöses Ereignis, da Ho Chi Minh wie ein gottähnlicher Nationalheld verehrt wird.

Buddhas Geburtstag *(28. Mai)*. Auch als Le Phat Dan bekannt. Laternen hängen zur Feier von Buddhas Geburtstag, der Erleuchtung und seines Todes an Tempeln und Häusern.

Tra Co-Dorffest *(30. Mai–7. Juni)*, Hai Ninh-Viertel, Provinz Quang Ninh. Das Bauernfest im äußersten Nordosten dreht sich um Schweinezucht, Kochwettbewerbe, traditionelle Spiele und Tänze.

Astrologie in Vietnam

Der Tierkreis wiederholt sich alle zwölf Jahre. Jedes Jahr symbolisiert ein Tier. Der Mondkalender teilt die Zeit in Zyklen von 60 Jahren *(hoi)* auf, die jeweils aus fünf zwölfjährigen Tierzyklen bestehen.

Hahn *(dau)* 2017, mutig und entschlossen, oft auch ichbezogen und prätentiös.

Hund *(tuat)* 2018, hat oft Glück, ist loyal und sympathisch.

Schwein *(hoi)* 2019, ist ehrlich, geduldig, steht für männliche Zeugungskraft.

Ratte *(ty)* 2020, als Glücksbringer sehr beliebt.

Büffel *(suu)* 2021, bringt Reichtum durch harte Arbeit.

Tiger *(dan)* 2022, warmherzig, aber bedrohlich; angesichts von Gefahr mutig.

Katze *(meo)* 2023, gilt als ruhig, realistisch, intelligent und künstlerisch.

Drache *(thin)* 2024, königliches Symbol, steht für das männliche Element Yang.

Schlange *(ty)* 2025, rätselhaft, weise; lebt gern gut.

Pferd *(ngo)* 2026, symbolisiert Freiheit und Zuversicht.

Ziege *(mui)* 2027, steht für Kreativität und guten Geschmack.

Affe *(than)* 2028, vielseitig, aber boshaft. Erfinder, Unterhaltungskünstler, Vertreter alles Geistreichen.

Als königliches Symbol ziert der Drache Paläste und Gräber

Prozession am Nationalfeiertag *(2. Sep)*, Quoc Khanh in Hanoi

Fünfter Mondmonat

Tet Doan Ngo *(Anfang Juni)*. Das taoistische Fest fällt auf den fünften Tag des fünften Mondmonats und heißt auch »der Doppelfünfte« oder »Tötung der inneren Insekten«. Es feiert die Sommersonnenwende, die heißeste Zeit des Jahres, wenn sich die durch Insekten übertragenen Krankheiten häufen. Mit Opfern bittet man um Gesundheit.

Chem-Tempelfest *(Mitte Juni)*, Dorf Thuy Phuong, Distrikt Tu Liem, Hanoi. Fest, das zu Ehren von Ly Ong Trong, einem großen Krieger des 3. Jahrhunderts, abgehalten wird. Drachenbootrennen, Freilassung von Tauben und rituelle Waschung der Tempelstatuen.

Sechster Mondmonat

Dad Xa-Dorffest *(9./10. Juli)*, Distrikt Tam Thanh, Provinz Phu Tho. Das Fest erinnert mit Bootsrennen auf dem Song Da (Schwarzer Fluss) an den Sieg von General Ly Thuong Kiet über die Chinesen im Jahr 1075.

Tam Tong-Fest *(Juli)*, Distrikt Vinh Loc, Provinz Thanh Hoa. Tam Tong hat kein festes Datum, wird aber stets zur Zeit der Dürre gefeiert.

Herbst (Aug – Okt)

Im Süden bleibt es heiß und feucht, der Norden wird kühler und angenehmer. Die herbstliche Laubpracht bietet die ideale Kulisse für die Feste im Norden.

Siebter Mondmonat

Hon Chen-Fest *(Anfang Aug)*, Hon Chen-Tempel *(siehe S. 152)*.

Trung Nguyen *(Mitte Aug)*. Das nach Tet wichtigste Fest Vietnams entstammt dem Taoismus, hat aber zur selben Zeit auch ein buddhistisches Pendant, das Vu Lan-Fest. Angeblich wandern an diesem Tag verirrte Geister aus der Unterwelt über die Erde. Mit dem Verbrennen von Papiergeld versucht man sie zu besänftigen.

Le Van Duyet-Tempelfest *(Ende Aug – Anfang Sep)*, Le Van Duyet-Tempel *(siehe S. 68)*, Ho Chi Minh City. Am Fest zum Todestag von Le Van Duyet beten Gläubige an seinem Mausoleum für gute Ernten, Sicherheit und Glück. Dazu gibt es traditionellen Tanz und Gesang.

Achter Mondmonat

Nationalfeiertag *(2. Sep)*. Der Nationalfeiertag erinnert an Ho Chi Minhs Verkündung der Unabhängigkeit im Jahr 1954 und wird in Hanoi mit fröhlichen Paraden auf dem Ba Dinh-Platz gefeiert.

Do Son-Büffelkampf-Fest *(Anfang Sep)*, Do Son, Provinz Haiphong. In einer Prozession werden sechs speziell trainierte Büffel feierlich zum Kampf in die Arena geführt. Verloren hat der Büffel, der als erster wegrennt – ein sehr kurzes Spektakel, denn abends werden die Tiere geschlachtet und verspeist.

Trung Thu oder Mittherbst-Fest *(Mitte Sep)*. Der auch als »Kinder-Mondfest« bekannte Tag ist ein buntes Fest mit vielen Feiern und Partys für Kinder: Sie bekommen neues Spielzeug, Festmasken und frisch gebackene Mondkuchen. Laternenprozessionen, Spiele und Kampfsport-Shows gehören dazu.

Verzierte süße Mondkuchen für das Trung Thu-Fest *(Ende Dez)*

Wal-Fest *(Sep)*. Die Anbetung der Wale ist eine in den Cham- und Khmer-Kulturen verwurzelte Tradition. Viele Menschen bringen an Tempeln Opfergaben dar. In Phan Thiet *(siehe S. 110)* nehmen auch die Chinesen an den Prozessionen teil.

Do Son-Büffelkampf-Fest *(Sep)* in Haiphong

Cham-Tänzer und Musiker feiern das Kate-Festival *(Sep/Okt)*

Kate-Festival *(Sep/Okt)*, Po Klong Garai-Türme, Phan Rang-Thap Cham *(siehe S. 111)*. Das zehntägige Fest folgt dem Cham-Kalender und ist die wichtigste Feier der hinduistischen Cham-Volksgruppe. Hunderte von Gläubigen schreiten in farbenprächtigen Prozessionen mit volkstümlicher Musik hinauf zu den Türmen und ehren dort ihre Götter, Herrscher und Nationalhelden.

Neunter Mondmonat

Keo-Pagode-Fest *(Mitte Okt)*, Dorf Vu Nhat, Provinz Thai Binh. Mit viel Pomp und Getöse wird drei Tage lang des Todestags des buddhistischen Mönchs Duong Khong Lo (1016–1094) gedacht. Höhepunkt der vielen religiösen Rituale ist eine aufwendige Prozession. Daneben gibt es Koch-, Trompeten- und Trommelwettbewerbe.

Konfuzius' Geburtstag *(Ende Okt/Anfang Nov)*. Der Konfuzianismus ist als Prinzip staatlicher Verwaltung während der kommunistischen Zeit zwar verschwunden, aber Konfuzius wird bis heute verehrt. Am »Tag des großen Lehrers« finden in vielen Tempeln Zeremonien mit Weihrauch und Gebeten für den Weisen statt.

Winter (Nov – Jan)

Der Norden, in dem die meisten traditionellen Feste wurzeln, ist nun kalt und regnerisch, sodass in dieser Jahreszeit nur wenige Feste stattfinden.

Zehnter Mondmonat

Oc Om Boc-Fest und Ngo-Bootsrennen *(Mitte Nov)*, Soc Trang *(siehe S. 100)*. Das Khmer-Fest feiert den Mond. Dorfbewohner bringen Reis, Bananen und Kokosnüsse in Tempeln dar und hoffen auf reiche Ernte und Fischfänge. Highlights sind die *Ngo*-Kanurennen mit Booten aus Vietnam und Kambodscha. Jedes Boot wurde aus nur einem Baumstamm gebaut.

Nguyen Trung Truc-Tempelfest *(Ende Nov)*, Dorf Long Kien, Distrikt Cho Moi, Provinz An Giang. Der Tempel ist dem gottgleichen Nationalhelden Nguyen Trung Truc (1837–1868) gewidmet, der die antifranzösische Bewegung in Südvietnam anführte. Bootsrennen und Schachwettkämpfe sorgen ebenso für Unterhaltung wie das Theaterspektakel, bei dem das französische Schiff *Espérance* durch Nguyen Trung Truc und seine Partisanenkämpfer versenkt wird.

Festlich verpackter Weihrauch, Kerzen und Geld für die Ahnen

Elfter Mondmonat

Dalat-Blumenfest *(Dez)*, Dalat *(siehe S. 118–120)*. Das am Ufer des Sees Xuan Huong gefeierte Fest präsentiert die vielen schönen Blumenarten, die im kühlen Hochland rund um Dalat gedeihen. Zusätzlich zur Blumenschau gibt es Musik, Tanz und viele farbenfrohe Laternen.

Trung Do-Fest *(Ende Dez)*. Das Fest erinnert an den Viet-Kämpfer Ly Bon, der im Jahr 542 n. Chr. einen erfolgreichen Aufstand gegen die Chinesen anführte und sich später selbst zum Kaiser Li Nam De ernannte. Bei den ausgelassenen Feiern werden traditionelle Ballspiele wie *phet* gespielt.

Weihnachten *(25. Dez)*. Im vorwiegend buddhistischen Vietnam lebt auch eine große christliche Gemeinde, die Weihnachten mit voller Hingabe feiert. Vor allem in den Großstädten sind die Straßen und Geschäfte mit Lichtern, Kunstschnee und glänzenden Christbaumkugeln geschmückt.

Zwölfter Mondmonat

Neujahrstag *(1. Jan)*. Erst seit Kurzem dringt Neujahr nach dem westlichen Kalender ins Bewusstsein der Vietnamesen – nicht zuletzt, weil es zum öffentlichen Feiertag erklärt wurde. Dennoch ist das westliche Neujahr weit davon entfernt, dem Tet-Fest auch nur annähernd an Bedeutung gleichzukommen.

Feiertage

Neujahr *1. Jan*
Tet Nguyen Dan *17.–29. Jan* (2017); *15.–17. Feb* (2018)
Gründungstag der KP Vietnams *3. Feb*
Tag der Hung-Könige *6. Apr* (2017); *25. Apr* (2018)
Tag der Befreiung von Saigon *30. April*
Tag der Arbeit *1. Mai*
Ho Chi Minhs Geburtstag *19. Mai*
Nationalfeiertag *2. Sep*

Klima

Vietnam hat zwar ein tropisches Klima, aber zwischen Norden und Süden sowie den Küsten und dem Hochland gibt es deutliche Unterschiede. Generell bringt der Monsun zwischen Mai und Oktober schwere Regenfälle, dafür ist es von November bis Februar eher trocken. Mit Temperaturen bis zu 35 °C und 80 bis 100 Prozent Luftfeuchtigkeit kann es zwischen Februar und April unangenehm heiß werden. Im Süden bleibt es fast immer warm und schwül, nur in der Regenzeit sind Niederschläge häufig. Die Küste Zentralvietnams wird zwischen Juli und November von Taifunen heimgesucht, die Winter (November bis März) sind hier oft regnerisch und kühl. Auch im Norden sind die Winter kalt und nass, auf dem Fansipan liegt mitunter sogar Schnee. Dafür sind hier die Sommer warm und schwül.

Legende

- Heiße, feuchte Sommer, kalte, trockene Winter, mitunter Frost
- Milde, feuchte Sommer, kalte, regnerische Winter mit Schnee
- Kühl-regnerische Sommer, kühle, trockene Winter mit etwas Regen
- Warme, feuchte Sommer, kühle Winter mit etwas Regen
- Heiße und trockene Sommer, kühle, regnerische Winter
- Stets gemäßigtes, trockenes Klima mit kurzem Wintermonsun
- Warme Sommer mit viel Regen, kühle, trockene Winter
- Heiß-feuchte Sommer, warme, trockene Winter mit Regen
- Heiße Sommer mit viel Regen, warme, feuchte Winter

0 Kilometer 200

Lao Cai

Monat	Apr	Juli	Okt	Jan
°C (max.)	30	33	28	21
°C (min.)	23	25	20	13
Sonne	5,2 Std.	4 Std.	4,5 Std.	4,7 Std.
Niederschlag	52 mm	38 mm	81 mm	20 mm

Son La

Monat	Apr	Juli	Okt	Jan
°C (max.)	21	23	19	19
°C (min.)	13	18	13	5
Sonne	5,8 Std.	3,8 Std.	5,0 Std.	4,3 Std.
Niederschlag	279 mm	209 mm	38 mm	12 mm

Chau Doc

Monat	Apr	Juli	Okt	Jan
°C (max.)	35	32	30	31
°C (min.)	24	23	24	21
Sonne	5 Std.	4 Std.	7 Std.	8 Std.
Niederschlag	70 mm	190 mm	230 mm	10 mm

Früher Morgen am schwimmenden Markt Cai Rang in Can Tho

Hanoi

Monat	Apr	Juli	Okt	Jan
°C	27	32	28	19
	21	26	23	13
	2,4 Std.	3,9 Std.	4,7 Std.	1,2 Std.
	81 mm	323 mm	99 mm	20 mm

Halong City

Monat	Apr	Juli	Okt	Jan
°C	26	31	26	18
	20	23	21	13
	2,7 Std.	2,6 Std.	5,4 Std.	1,8 Std.
	72 mm	516 mm	1 mm	27 mm

Hue

Monat	Apr	Juli	Okt	Jan
°C	31	34	29	27
	22	24	22	17
	6,1 Std.	6,2 Std.	3,6 Std.	2,7 Std.
	21 mm	171 mm	578 mm	99 mm

Durchschnittliche Tageshöchst-temperatur

Durchschnittliche Tagestiefst-temperatur

Durchschnittliche Sonnenscheindauer

Durchschnittliche monatliche Niederschläge

Pleiku

Monat	Apr	Juli	Okt	Jan
°C	32	28	28	27
	10	20	18	14
	8,2 Std.	5,2 Std.	7,1 Std.	8,2 Std.
	52 mm	290 mm	6 mm	3 mm

Nha Trang

Monat	Apr	Juli	Okt	Jan
°C	35	30	31	31
	25	24	23	16
	8,3 Std.	8,7 Std.	6,1 Std.	5,9 Std.
	8 mm	58 mm	141 mm	19 mm

Ho Chi Minh City

Monat	Apr	Juli	Okt	Jan
°C	34	32	31	32
	25	24	25	22
	6 Std.	4 Std.	6 Std.	8 Std.
	51 mm	295 mm	260 mm	14 mm

Die Geschichte Vietnams

Die Ursprünge Vietnams liegen im Dunkeln, hierüber erzählen vor allem Sagen. Doch später einsetzende Aufzeichnungen erzählen die Geschichte eines über Jahrhunderte hinweg von fremden Invasoren heimgesuchten Volkes. Nach einem Jahrtausend chinesischer Besatzung beginnt Ende des 10. Jahrhunderts Vietnams Unabhängigkeit. Von der französischen Kolonialherrschaft im 19. Jahrhundert bis hin zur Wiedervereinigung im Jahr 1975 zeigt sich Vietnams ungebeugter Wille zur Autonomie und Freiheit.

Schon vor über 5000 Jahren bauten die Viet den ersten Reis an und siedelten im fruchtbaren Land rund um das heutige Guangxi und Guangdong in China. Doch die Viet mussten vor ihren Nachbarn im Norden, den chinesischen Han, nach Süden fliehen. Dort ernannte sich ihr Führer zum Viem De, dem »Roten Kaiser des Südens«, und gründete das Reich Xich Qui im Delta des Roten Flusses. In diese Epoche fallen der erste Staat der Viet und die erste aufgezeichnete Trennung von China.

Der Sage nach heiratete De Minh vom Reich Xich Qui eine Bergfee, und ihr Sohn, Kinh Duong, vermählte sich mit der Tochter des Drachenherrn des Meeres. Dieser Ehe entsprang Lac Long Quan, der als erster König Vietnams gilt. Um den Frieden mit den Chinesen zu festigen, nahm er die Prinzessin Au Co zur Frau, eine wunderschöne chinesische Unsterbliche, die ihm 100 Söhne gebar. Lac Long Quan schickte seine Frau mit 50 dieser Söhne in die Berge und blieb mit den anderen 50 am Meer. So entstand das vietnamesische Volk, eine Hälfte lebte im Hochland, die andere im Delta des Roten Flusses. Lac Long Quan zog seinen ältesten Sohn als künftigen Monarchen der Kinh oder Viet auf und gab ihm den Namen Hung Vuong. Er war der erste Herrscher der legendären Monarchie der Hung-Könige. Van Lang, der Sitz ihrer Dynastie, lag in Phu Tho am linken Ufer des Roten Flusses, 80 Kilometer nordwestlich des heutigen Hanoi. Die Funde antiker Bronzetrommeln aus Nordvietnam und Südchina entstammen der Dong Son-Kultur, die mit dieser Dynastie in Zusammenhang steht.

Ära der Hung-Könige

Schenkt man den Volkssagen Glauben, dann herrschten 18 Hung-Könige 150 Jahre lang. Im dritten Jahrhundert v. Chr. jedenfalls begann der Niedergang von Van Lang. Im Jahr 258 v. Chr. stürzte Thuc Phan, König von Au Viet, einem gegnerischen Reich im Norden, den Hung-König und gründete den neuen Staat Au Lac mit einer Hauptstadt bei Co Loa in der Nähe Hanois. Au Lac gilt als erster vietnamesischer Staat, Thuc Phan ernannte sich zum König und regierte als An Duong Vuong.

9000–6500 v. Chr. Jungsteinzeit

1000 v. Chr. Entwicklung des Nassreisanbaus und der Bronzegießerei in Van Lang

400–100 v. Chr. Dong Son-Kultur

551–479 v. Chr. Konfuzius in China

258–208 v. Chr. Aufbau der Hauptstadt von Au Lac bei Co Loa

9000 v. Chr. | **5000 v. Chr.** | **1000 v. Chr.** | **500**

Steinzeitrelikt

6500 v. Chr. Früher Ackerbau

2879 v. Chr. Gründung des halbmythischen Reichs Van Lang

2361 v. Chr. Vermuteter erster Kontakt Chinas mit Van Lang

Bronze-Krieger der Dong Son-Kultur

258 v. Chr. Gründung des Königreichs Au Lac

◀ **Bei der Eroberung von Hong Hoa erkundeten die Franzosen das Gebiet mit festgetäuten Fesselballons, 1884**

China und Vietnam

Die vietnamesische Geschichte wurde sehr lange Zeit durch die Nähe zu China geprägt. Im Jahr 207 v. Chr. eroberte der abtrünnige chinesische General Trieu Da das Königreich Au Lac und vereinte es mit seinen eigenen Gebieten in Südchina. Das von ihm gegründete Königreich Nam Viet mit der Hauptstadt bei Fanyu in der heutigen chinesischen Provinz Guangdong markiert den Beginn einer 1000-jährigen Besetzung: Vietnam wurde chinesischer Vorposten in Südostasien.

Nam Viet war eine Mischung aus China und Vietnam: Die herrschende Westliche Han-Dynastie (206 v. Chr. – 9 n. Chr.) sah in der Region südlich des Yangzi zwar nur ein unwichtiges Randgebiet, dennoch wurden Nam Viet die Werte und die Lebensweise der Han-Kultur aufgezwungen. 111 v. Chr. erkannten die Nachfahren von Trieu Da die Oberhoheit des Kaisers Wudi (reg. 141–87 v. Chr.) an, das Königreich wurde ein Vasall der Westlichen Han und die Viet-Gebiete damit in die chinesische Provinz Giao Chi eingegliedert.

Statue eines Han-Kriegers

Nach und nach übernahmen die Viet viele Aspekte der chinesischen Kultur, vom Konfuzianismus, Taoismus und Buddhismus bis zur Idee der Bildung. Doch immer gab es auch Widerstand gegen die chinesische Oberhoheit: 40 n. Chr. führten zwei adelige Viet-Frauen, die Trung-Schwestern *(siehe S. 167)*, die erste und berühmteste Rebellion an: Sie ernannten sich zu Königinnen eines unabhängigen Reichs mit einer Hauptstadt in Me Linh. Doch schon drei Jahre später waren die Gebiete wieder unter chinesischer Kontrolle.

Trotz aller Aufstände blieb die chinesische Herrschaft für weitere 900 Jahre stabil. Ab 679 n. Chr. war Vietnam nur noch ein Anhängsel der Tang-Dynastie (618–907 n. Chr.). Das Land hieß An Nam (»Befriedeter Süden«). Tong Binh am Ufer des Roten Flusses in der Nähe des heutigen Hanoi diente als Hauptstadt.

Die Trung-Schwestern im Kampf gegen Chinesen

Geburt der Dai Viet

Die 1000 Jahre fremder Besetzung endeten 938 n. Chr., als Ngo Quyen, einer der vietnamesischen Nationalhelden, die Schwächephase der chinesischen Tang-Dynastie nutzte. Er ließ eine Barriere aus Pfählen ins Flussbett des Bach Dang schlagen und vernichtete eine chinesische Flotte auf ihrem Weg den Fluss hinauf bei Haiphong. Nach seinem Sieg krönte er sich zum König Ngo Vuong der Dai Viet und verlegte die Hauptstadt von Dai La, der Tong Binh-Festung, zurück nach Co Loa, 1000 Jahre davor Sitz des ersten freien Reichs Au Lac.

208 v. Chr. Hauptstadt nach Fanyu in Guangdong verlegt

1. Jh. n. Chr. Han-Oberherren führen chinesische Kultur in Nam Viet ein

40 Aufstand der Trung-Schwestern

2. Jh. Gründung des Cham-Königreichs

Cham-Skulptur

200 v. Chr. | **100 v. Chr.** | **0** | **100** | **200** | **300**

111 v. Chr. Nam Viet durch Han-Kaiser Wudi erobert

43 Chinesische Rückeroberung

1 n. Chr. Gründung des Funan-Königreichs

4. Jh. Cham-Hauptstadt Singhapura

Funan-Schmuck

Ruinen in My Son ***(siehe S. 134–136)*****, dem religiösen Zentrum der Cham im 4. bis 13. Jahrhundert**

Funan und Champa

Die chinesisch orientierte Viet-Kultur blühte im Delta des Roten Flusses, gleichzeitig entstanden im Süden zwei von Indien beeinflusste Königreiche, Funan und Champa. Funan gilt als Vorläufer des mächtigen Khmer-Reichs und entstand wahrscheinlich im 1. Jahrhundert n. Chr. im Mekong-Delta. Auf dem Höhepunkt seiner Ausdehnung erstreckte es sich über weite Teile Kambodschas und die Ostküste Thailands. Gründer war ein indischer Kaufmann, der einer Legende nach die Tochter einer *naga* (Schlangengottheit) heiratete.

Zwischen dem 2. und dem 6. Jahrhundert brachten es die Herrscher Funans durch Handel bis China, Indien und Rom zu großem Reichtum. Doch gegen Ende des 6. Jahrhunderts mussten sie den Khmer weichen, dem Königreich von Chen La. Es lag weiter landeinwärts und war daher weniger stark Angriffen durch Javanesen und Überflutungen ausgesetzt. Von Funan geblieben sind nur Ruinen der Hafenstadt Oc Eo bei Rach Gia sowie einige Exponate in Museen.

Statue aus der Oc Eo-Epoche

Die ersten Spuren des Königreichs von Champa stammen von 192 n. Chr., als Siedlungen der Cham – die wohl aus Java stammten – auch an der Zentralküste Vietnams entstanden. Auf dem Höhepunkt ihrer Macht kontrollierten sie das gesamte Gebiet von Vinh bis zum Mekong-Delta. Sie betrieben einen schwunghaften Seehandel, Sklaven und Sandelholz waren die wichtigsten Exportgüter.

Um 800 n. Chr. sahen sich die Cham einer zunehmenden Bedrohung durch das Khmer-Königreich von Angkor und die Ausdehnung der Viet nach Süden ausgesetzt. Ihre Lage verschlechterte sich, und 1471 versetzten die Viet den Cham den Todesstoß. Champa wurde auf ein kleines Territorium von Nha Trang nach Phan Thiet reduziert, das der König und viele seiner Untertanen mit ihrer Flucht vor den Vietnamesen nach Kambodscha 1720 aufgaben.

400 | 500 | 600 | 700 | 800 | 900

5. Jh. Funan-Königreich von Khmer erobert

544 Ly Bon-Aufstand

6. Jh. Tong Binh mit wichtiger chinesischer Festung Dai La verstärkt

618–907 Herrschaft der Tang-Dynastie, Hauptstadt wird nach Tong Binh verlegt; Vietnam heißt An Nam, »Befriedeter Süden«

Königin Wu Zetian, Tang-Dynastie

7. Jh. Cham-Hauptstadt Indrapuram

8. Jh. Dammsystem im Roten Fluss durch Chinesen verstärkt und ausgebaut

907 Sturz der Tang-Dynastie

938 Unabhängigkeit unter König Ngo Vuong der Dai Viet

945 König Ngo Vuong stirbt

979 Viet breiten sich nach Süden aus

Der Tempel der Literatur, Hanoi, ist ein Ort der Lehre

Dai Viet-Reich

Ngo Vuong starb 945, und die Unabhängigkeit des Viet-Reichs war erneut durch den Kampf zwischen rivalisierenden Feudalherren bedroht. Glücklicherweise vereinte Dinh Bo Linh, der mächtigste Kriegsherr, das Land 968. Er nannte es Dai Co Viet und gab sich den Titel Tien Hoang De. In der kurzlebigen Dinh-Dynastie (968–980) machte er sein Reich erneut zu einem Vasallenstaat Chinas, um einer Invasion zu entgehen. Doch 979 erkämpfte sich Le Dai Hanh den Thron, gründete die Frühe Le-Dynastie (980–1009) und setzte die Eroberung von Champa fort.

Ly-Dynastie

Die folgende Ly-Dynastie (1009–1225) gilt als erstes völlig unabhängiges vietnamesisches Reich. Gründer war Ly Thai To. 1010 verlegte er die Hauptstadt wieder nach Dai La in Tong Binh und gab ihr den vielversprechenden Namen Thang Long (»Steigender Drache«; *siehe S. 164*). Thang Long sollte 800 Jahre lang Vietnams Hauptstadt bleiben. Der Buddhismus wurde zur Staatsreligion, und unter der Herrschaft von Ly Thai To richtete sich die Verwaltung nach den Prinzipien des Konfuzianismus. Die Dynastie verwandelte Vietnam in eine starke, autonome Nation, auch wenn diese im chinesischen Kulturkreis verblieb. Vietnam hatte eine Zentralregierung, ein kodifiziertes Rechtssystem und ein stehendes Heer. An der Spitze stand ein absoluter Monarch.

Tran-Dynastie

Die Tran-Dynastie (1225–1400) führte eine Landreform durch und wehrte Mongolenangriffe ab. 1288 zerschlug der vietnamesische Nationalheld Tran Hung Dao in der zweiten Schlacht am Fluss Bach Dang eine bedrohliche Mongoleninvasion, indem er, dem Vorbild von Ngo Quyen folgend, Pflöcke ins Flussbett rammte. Gleichzeitig dehnte sich Vietnam nach Süden bis nach Hue aus.

Nguyen Trai, Berater von Tran Hung Dao

Spätere Le-Dynastie

Zwar fielen 1407 die Ming in Vietnam ein, wurden aber 1428 unter Le Loi während der Lam Son-Rebellion zurückgeschlagen. Nach diesem Triumph mussten die Chinesen Dai Viet als unabhängig anerkennen. Le Loi begründete die spätere Le-Dynastie (1428–1788). Sein Nachfolger, Le Than Ton, schlug die Cham 1471 und weitete sein Reich südlich bis nach Qui Nhon aus: Vietnam war nun eine bedeutende Macht Südostasiens.

Statue des Amitabha Buddha, Ly-Dynastie

1009–1225 Ly-Dynastie

1225–1400 Tran-Dynastie

Der mongolische Herrscher Kublai Khan

1000 | 1100 | 1200 | 1300

1010 Ly Thai To gründet Hauptstadt in Thang Long

1070 Tempel der Literatur errichtet

Metallpflöcke zum Aufreißen von Schiffsrümpfen, verwendet in der Schlacht von Bach Dang

1288 Tran Hung Dao besiegt Mongolen am Bach Dang

Zerrissene Nation

Die Le-Dynastie dehnte sich zum Missfallen der regionalen Fürsten immer weiter aus. 1527 griff Mac Dang Dung, ein Höfling der Le, nach der Krone. Ab 1539 teilten sich zwei Clans die Macht: die Trinh und die Nguyen. Für mehr als zwei Jahrhunderte lang blieb das Land geteilt, die Nguyen bauten ihre Hauptstadt Hue weiter aus und konkurrierten mit der Trinh-Hauptstadt Thang Long. Unter den Nguyen begann die Eroberung des südlichen Kambodscha, und mit der Einverleibung der Khmer-Siedlung Prey Nokor, dem späteren Saigon, auch des Mekong-Deltas.

Schrein für Quang Trung, Führer der Tay Son-Rebellion

Erste Europäer

1545 gründeten Portugiesen die ersten europäischen Manufakturen in Vietnam. Zunächst halfen sie den Nguyen-Fürsten beim Bau einer Gießerei und bei der Waffenherstellung, unterstützten später aber wegen des Gewürzhandels auch die Trinh. Die Niederländer und im 17. Jahrhundert schließlich die Franzosen folgten als wichtigste Handelsmächte. Auch Missionare erkundeten das Land. Einer der wichtigsten war Alexandre de Rhodes (1591–1660), ein französischer Jesuit, der Tausende von Einheimischen vom Christentum überzeugte, bis er aus dem Land gejagt wurde. Schon damals begann das französische Interesse am Reichtum Vietnams.

Tay Son-Aufstand

Der jahrelange Bürgerkrieg und das brutale Regime der Trinh und Nguyen führten 1771 zum Ausbruch der Tay Son-Rebellion. Sie wurde von drei Brüdern angeführt, denen es dank der Unterstützung durch Kaufleute und Bauern 1783 gelang, die Nguyen zu stürzen. Der letzte Herrscher, Nguyen Anh, floh ins Ausland und bat um französische Hilfe. 1786 besiegten die Tay Son die Trinh, China reagierte mit einer Invasion, doch der bedeutendste unter den Tay Son-Brüdern schlug sogar die Chinesen und ernannte sich zum Kaiser Quang Trung. Er starb im Jahr 1792.

Sieg der Nguyen-Dynastie

Nguyen Anh kehrte 1788 in seine Heimat zurück und eroberte mithilfe des französischen Missionars Pigneau de Behaine (1741–1799) Saigon. Nach dem Tod von Quang Trung besiegte Nguyen Anh auch die Tay Son im Norden. 1802 machte er Hue zur neuen Hauptstadt und sich selbst zum ersten König der Nguyen-Dynastie.

Ngo Mon-Tor, Hue-Zitadelle, erbaut unter Nguyen-Kaiser Gia Long

1428–1788 Spätere Le-Dynastie

1516 Ankunft portugiesischer Seefahrer

1539–1787 Trinh Nguyen-Kriege

1627 Ankunft des französischen Missionars Alexandre de Rhodes

Säbel, Tay Son-Aufstand

400 | 1500 | 1600 | 1700 | 1800

407–28 Ming-
kkupation

1471 Le-Sieg über Champa, Cham gehen nach Süden

Terrakotta-Skulptur, Trinh-Dynastie

1680–1757 Nguyen-Eroberung des Mekong-Deltas

1771–92 Tay Son-Aufstand

1802–1902 Nguyen-Dynastie, Hue

1832 Mit der Nguyen-Dynastie endet die Autonomie der Cham

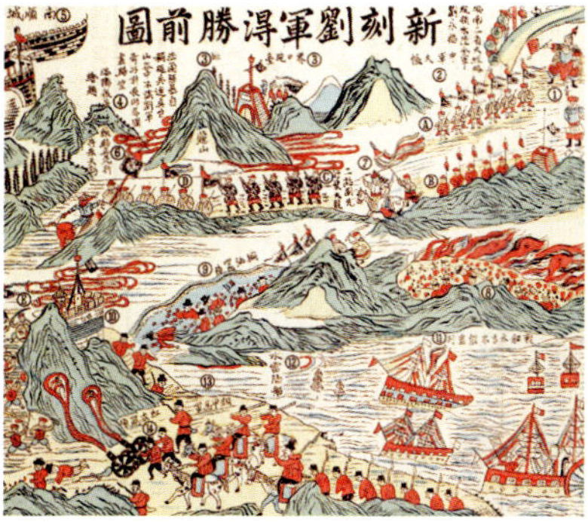

Frankreichs Truppen in der Bucht von Haiphong, 1884

Kolonialmacht Frankreich

Nguyen Anh gab sich den Titel Gia Long, ein Symbol für die Vereinigung Vietnams, zusammengesetzt aus den alten Namen für Ho Chi Minh City und Hanoi, Gia Dinh und Thang Long. Der mächtige König starb 1820.

Sein Sohn Minh Mang (reg. 1820–41) erbte nicht nur den Thron, sondern auch die französische Einflussnahme. Doch anders als sein Vater begegnete er den Franzosen nicht in Dankbarkeit, sondern mit Ablehnung und erließ Gesetze gegen die Ausbreitung des Katholizismus. Sein Sohn Thieu Tri (reg. 1841–47) und dessen Nachfolger Tu Duc (reg. 1847–83) setzten diese Politik fort.

Die antifranzösischen Gesetze brachten Politiker in Frankreich dazu, eine »zivilisierende Mission« zu fordern. Frankreich nutzte die Hinrichtung von Missionaren 1858/59 als Vorwand, um Danang zu besetzen. Zwei Jahre später eroberten französische Truppen Saigon und zwangen 1865 Tu Duc, die Kolonie Cochinchina zu gründen. 1883 kontrollierte Frankreich Vietnam und deklarierte Annam und Tonkin zu Protektoraten. Tu Duc starb 1883, seine Nachfolger waren Marionetten Frankreichs, das Kambodscha und Laos besetzte und 1887 die Indochinesische Union mit der Hauptstadt Hanoi schuf.

Kolonialzeit

Paul Doumer (1897–1902), der französische Gouverneur Indochinas, erinnerte an An Nam, den »Befriedeten Süden« des 7. Jahrhunderts, und bemerkte: »Als Frankreich nach Indochina kam, waren die Annamiten reif für ihre Unterwerfung.« Die Geschichte sollte ihn korrigieren, doch viele Jahrzehnte litten die Vietnamesen unter französischen Steuern, Staatsmonopolen auf Salz, Alkohol und Opium sowie der *corvée*, einer Zwangsarbeit. Frankreich beutete die Kaffee- und Gummiplantagen sowie die Mineralvorkommen aus. Doch mit der deutschen Besetzung Frankreichs im Zweiten Weltkrieg und dem Vichy-Regime änderte sich dies: In Indochina kollaborierte das deutschfreundliche Regime Restfrankreichs mit Japan und lieferte Vietnam der Unterdrückung und Ausbeutung aus.

Paul Doumer, französischer Gouverneur

Kommunistischer Widerstand

Zu Beginn des 20. Jahrhunderts entstanden überall in Vietnam Unabhängigkeitsbewegungen. Die chinesische Revolution 1911 stärkte auch die Vietnamesen, die

1820–41 Kaiser Minh Mang erlässt antifranzösische Gesetze

1832 Letzte Gebiete der Champa vernichtet

1858–59 Frankreich erobert Danang

1865 Cochinchina wird französische Kolonie

1883 Frankreich gründet Protektorate von Annam und Tonkin

1887 Frankreich gründet Indochinesische Union mit Vietnam, Laos und Kambodscha

1890 Geburt von Ho Chi Minh bei Kim Lien

1820 | 1835 | 1850 | 1865 | 1880

Kaiser Minh Mang

Nationalpartei Viet Nam Quoc Dan Dang (VNQDD) entstand nach dem Vorbild der chinesischen Partei Kuomintang. 1930 ließ Frankreich den Vorsitzenden der VNQDD, Nguyen Thai Hoc, sowie zwölf seiner Parteifreunde hinrichten. Elf Jahre später kehrte Ho Chi Minh *(siehe S. 173)*, der Vordenker der Unabhängigkeit Vietnams, aus dem Exil zurück. Er gründete die vietnamesische Unabhängigkeitsliga, die Viet Minh, und organisierte die Nationalbewegung. Im März 1945 riss Japan die Kontrolle über Vietnam an sich. Doch Ho Chi Minh und die Viet Minh-Truppen hatten bereits Gebiete im äußersten Norden unter ihre Kontrolle gebracht und rückten gen Hanoi vor. Japan kapitulierte am 15. August 1945, am 2. September erklärte Ho Chi Minh auf dem Ba Dinh-Platz in Hanoi ein unabhängiges Vietnam.

Ho Chi Minh *(links)* mit Militärs in Dien Bien Phu, 1953

Erster Indochinakrieg

Nach der Befreiung Frankreichs von der deutschen Besetzung wollte Charles de Gaulle die französische Macht auch in Indochina festigen und schickte Truppen nach Vietnam: Dieser Schritt führte 1946 zu einem Aufstand in Hanoi und dem Ausbruch des Indochinakriegs. Die Viet Minh-Kräfte operierten unter General Vo Nguyen Giap aus Viet Bac heraus und konnten weite Teile des Landes unter ihre Kontrolle bringen. Die Franzosen hielten sich jedoch in Hanoi, Saigon und vielen großen Städten. Ho Chi Minh warnte die Franzosen 1946, sie könnten »zehn meiner Männer umbringen für jeden Franzosen, den wir getötet haben. Aber selbst dann werdet ihr verlieren und ich gewinnen.« 1954 schlugen die Viet Minh die Franzosen in Dien Bien Phu *(siehe S. 199)*. Die USA finanzierten zu dieser Zeit bereits 80 Prozent der französischen Kriegsausgaben.

Auftakt zum Vietnamkrieg

Auf der Genfer Konferenz 1954 einigten sich Frankreich, Großbritannien, die USA und die UdSSR darauf, Vietnam am 17. Breitengrad zu teilen. Die Teilung wurde ohne Mitsprache der Vietnamesen vorgenommen. Der Norden wurde zur (kommunistischen) Demokratischen Republik mit der Hauptstadt Hanoi unter Führung von Ho Chi Minh, der Süden die (antikommunistische) Republik mit der Hauptstadt Saigon unter Führung von Ngo Dinh Diem, einem Verbündeten der USA.

Viet Minh-Soldaten greifen Dien Bien Phu an

Postkarte aus Französisch-Indochina

1910 | 1925 | 1940 | 1955

1911 Ho Chi Minh reist nach Paris und tritt 1920 der Kommunistischen Partei bei

1924 Ho Chi Minh wird Agent der Comintern

1930 Ho Chi Minh gründet in Hongkong die Kommunistische Partei Indochinas

1940 Frankreich deutsch besetzt; Vichy-Regime

1945 9. März, japanischer Coup gegen die Franzosen; 15. August, Japan kapituliert

1945 Nguyen-Kaiser Bao Dai dankt ab; Ho Chi Minh ruft Unabhängigkeit aus

1946 Erster Indochinakrieg beginnt

Bao Dai (rechts) mit General Navarre

1954 Frankreich in Dien Bien Phu vernichtend geschlagen

Vietnamkrieg

Schon ab 1954 wurde das südvietnamesische Regime unter Präsident Diem von den USA politisch und finanziell am Leben erhalten. Er ließ Kommunisten und Buddhisten verfolgen, während aus Nordvietnam Katholiken in den Süden fliehen mussten. Vietnam war ein Pulverfass, schließlich intervenierten die USA. Gleichzeitig verbündete sich Nordvietnam mit China und der UdSSR. 1960 gründete sich die Nationale Befreiungsfront, der Vietcong, mit dem Ziel, das Land zu vereinen. Im selben Jahr kamen die ersten US-Militärberater nach Südvietnam: Damit begann der 15 Jahre lange, in Vietnam »Amerikanischer Krieg«, in den USA »Vietnamkrieg« genannte bewaffnete Konflikt.

Guerillakrieg
Der Vietcong und die verbündete nordvietnamesische Armee bauten simple, aber tödliche Sprengfallen.

US-Soldaten in Reisfeldern, Mekong-Delta
Im Jahr 1967 kämpften eine halbe Million US-Soldaten in Vietnam, die meisten von ihnen waren junge Männer, die lediglich ein Jahr Wehrpflicht ableisteten. Die meisten GIs waren unerfahren, kämpften in unbekanntem, schwierigem Terrain, schlugen sich durch Reisfelder und Sümpfe und verfolgten einen oft unsichtbaren Feind. Spezialeinheiten unternahmen fünftägige, gefährliche Kampfmissionen durch Dschungel- und Sumpfgebiete.

Tonkin-Zwischenfall (1964)
Die USA beschuldigten Nordvietnam, die USS *Maddox* mit Torpedobooten angegriffen zu haben. Präsident Johnson nahm dies zum Anlass für den Armeeeinsatz und die Bombardierung Nordvietnams.

Erbarmungsloser Luftkrieg
Die US-Luftwaffe und ihre südvietnamesischen Verbündeten setzten gegen ihre Feinde verschiedene Chemiewaffen ein, darunter weißen Phosphor. Ein US-Flugzeug bombardiert hier Danang, 1966.

Ho Chi Minh-Pfad
Diesen verborgenen Pfad *(siehe S. 155)* mit seinen schmalen Wegen nutzten kommunistische Truppen zum Vormarsch aus dem Norden nach Saigon.

1954 Genfer Indochina-Konferenz bestätigt die Teilung Vietnams

1960 Kommunisten gründen Nationale Befreiungsfront Südvietnams

Der Präsident Südvietnams, Ngo Dinh Diem, 1958

1965 Erste US-Kampftruppen in Vietnam. US-Luftwaffe startet die Bombardierung Nordvietnams

1955 | 1960 | 1965

Der buddhistische Mönch Thich Quang Duc verbrennt sich 1963 aus Protest gegen das Diem-Regime

1963 Diem stirbt bei Attentat durch südvietnamesische Generäle

1964 Ein nordvietnamesisches Torpedoboot greift angeblich US-Zerstörer im Golf von Tonkin an

Tet-Offensive (1968)
Die längste und blutigste Schlacht war die Tet-Offensive im Januar, als kommunistische Truppen die Kaiserstadt Hue eroberten und sie trotz ständiger Angriffe 25 Tage mit großen Verlusten für beide Seiten hielten.

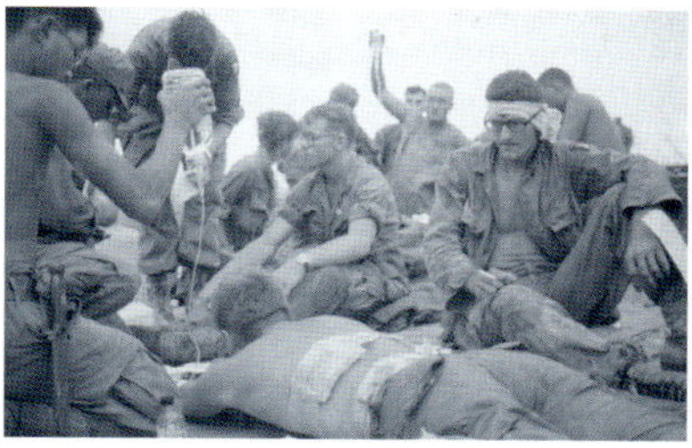

Hamburger Hill (1969)
Am 10. Mai griff das 101. US-Luftlandebataillon den vom Vietcong gehaltenen Hügel Ap Bia bei Laos an: In zehn Tagen kamen 46 US-Soldaten um, 400 wurden verletzt. Der Hügel wurde als »Hamburger Hill« berüchtigt.

Napalmbomben
Napalm ist eine hochgiftige, aber effektive Brandwaffe aus geliertem Benzin. Napalmbomben töteten Tausende Vietnamesen. Dieses Foto junger Opfer ging im Juni 1972 um die Welt und führte in den USA zu einem Stimmungsumschwung gegen den Krieg.

Antikriegsproteste
Ende der 1960er und Anfang der 1970er Jahre wurde die Antikriegsbewegung wie in den USA überall auf der Welt stärker. Das Foto zeigt eine Demonstration vor der US-Botschaft in London.

Paris Peace Accords (1973)
Vertragsunterzeichnung durch Henry Kissinger und Le Duc Tho am 23. Januar. Daraufhin verließen US-Truppen Vietnam, der Norden gab 500 GIs frei.

29. April 1975
Die letzten Amerikaner mussten per Hubschrauber aus Saigon auf US-Kriegsschiffe im Südchinesischen Meer evakuiert werden, während die Stadt bereits von kommunistischen Truppen erobert wurde.

68 Tet-Offensive im Jan/Feb; s Massaker von My Lai *ehe S. 123)* erschüttert die ltöffentlichkeit

Denkmal für das Massaker von My Lai

1973 Unterzeichnung eines Waffenstillstands; erster US-Truppenabzug

Antikriegssticker der 1970er Jahre

1970

1975

1969 Tod Ho Chi Minhs; Nixon schlägt Friedensgespräche vor

1972 USA bombardieren Hafen von Haiphong

1975 Süden kapituliert vor Norden; provisorische Regierung

1971 *New York Times* veröffentlicht Auszüge der »Pentagon-Papiere« zur US-Verwicklung im Krieg

1971, Antikriegsdemonstrant mit Vietcong-Fahne auf einer Statue am Capitol Hill

Wiedervereinigung und Isolation

Nach Ho Chi Minhs Tod und dem Sieg Nordvietnams 1975 wurde Le Duan, Generalsekretär der Kommunistischen Partei, neuer Machthaber. Seine Vision sollte die starre Regierungspolitik des nächsten Jahrzehnts prägen. Im Juli 1976 wurde Vietnam offiziell wiedervereint und die Sozialistische Republik Vietnam ausgerufen. Sechs Monate später, auf dem Vierten Parteikongress, beschloss man die weitere Zwangsverstaatlichung von Industrie, Handel und Landwirtschaft im Süden. Die Vertreter des südvietnamesischen Regimes mussten lange Strafen in Umerziehungslagern verbüßen. Saigon benannte man in Thanh Pho Ho Chi Minh (Ho Chi Minh City) um. In Cholon *(siehe S. 72f)* und im ganzen Süden beendete die Unterdrückung der Privatwirtschaft den Handel, der weitgehend von den chinesischstämmigen Hoa betrieben wurde. 1977 begann der Exodus: Viele Vietnamesen, sogenannte »Boat People«, flohen ins Ausland. Das im Jahr 1975 von den USA verhängte Handelsembargo verschärfte den wirtschaftlichen Niedergang.

Vietnamesische Truppen verlassen Kambodscha, 1989

»Boat People« auf der Flucht nach Manila, 1978

Auch politisch ging es bergab. 1976 fielen die Roten Khmer des Pol-Pot-Regimes Kambodschas mit chinesischer Unterstützung immer wieder in Vietnam ein. Die Vietnamesen schlossen daher 1978 einen Sicherheitspakt mit der UdSSR. Anfang 1979 schlug China mit einer Invasion in Nordvietnam zurück, zerstörte einige Provinzhauptstädte und zog sich wieder zurück. Die Isolierung Hanois von China und den westlichen Staaten trieb das Land in ein engeres Bündnis mit der UdSSR. Doch Anfang der 1980er Jahre stand das verarmte Vietnam kurz vor dem Kollaps.

Erneuerung

Mit dem Tod von Le Duan begann 1986 eine Erneuerung: Nguyen Van Linh, ein Südvietnamese, wurde Parteiführer. Der Sechste Parteikongress verabschiedete die sogenannte *doi moi* (wörtlich »Erneuerung«, konkret Öffnung des Wirtschaftsmarkts) und machte den Weg frei für allmähliche wirtschaftliche und sozialpolitische Reformen unter der Kommunisti-

1975 Wiedervereinigung von Nord und Süd im Kommunismus

1976 Gründung der Sozialistischen Republik Vietnam

1978 Vietnam greift Kambodscha an, Sturz der Roten Khmer

1979 Angriffe Chinas auf Nordvietnam

Pol Pot, Diktator Kambodschas

1986 Tod von Le Duan; Beginn der *doi moi*

Le Duan

1989 Vietnamesische Truppen ziehen aus Kambodscha ab

1994 Ende des US-Embargos

1995 Vietnam in der ASEAN; diplomatische Beziehungen zu den USA

1976 | 1980 | 1984 | 1988 | 1992 | 1996

schen Partei. Das Ende der UdSSR 1991 beschleunigte die Liberalisierung, denn Vietnam verlor seinen Verbündeten und Geldgeber. Vietnam musste sein Verhältnis zu China verbessern, engere Beziehungen zu seinen Nachbarn in Südostasien eingehen und sich dem Westen öffnen.

Der Erfolg stellte sich ein: 1994 beendeten die USA ihr Handelsembargo und nahmen ein Jahr darauf volle diplomatische Beziehungen zu Hanoi auf. Im selben Jahr trat Vietnam als Vollmitglied der Association of Southeast Asian Nations (ASEAN) bei. 1997 wurde die liberale Wirtschaftspolitik mit der Wahl des innovativ denkenden Tran Duc Luong zum Präsidenten und von Phan Van Khai zum Premierminister bestätigt.

Tran Duc Luong mit US-Präsident Bill Clinton

Aufschwung

Seit dem Jahrtausendwechsel hat Vietnam einen bemerkenswerten Wandel vollzogen. Der Besuch von US-Präsident Bill Clinton im Jahr 2000 zeigte, wie rasch sich das Verhältnis zwischen den früheren Feinden normalisierte. Ein Jahr darauf markierten auch die Normalisierung der Handelsbeziehungen zwischen Washington und Hanoi sowie die Wahl von Nong Duc Manh zum Generalsekretär der Kommunistischen Partei, das wichtigste Amt noch vor dem des Präsidenten und des Premierministers, diesen Wandel. Der Politiker gilt als Modernisierer, der bei seiner Wahl versprach, sich auf die wirtschaftliche Entwicklung zu konzentrieren und korrupte Bürokratie zu bekämpfen. 2006 und 2011 wurde Nguyen Tan Dung, der jüngste Premierminister des Landes, durch die Nationalversammlung bestätigt. Sein erklärtes Ziel war es, »das Land nachhaltig zu entwickeln«, und in den Folgejahren konnte er auch Teile dieses Vorhabens verwirklichen.

Seitdem entwickelte sich Vietnam wirtschaftlich mit am schnellsten in Asien. 2010 strömten viele internationale Marken auf den vietnamesischen Markt. Der Bau moderner Wolkenkratzer verändert die Skyline von Saigon. Der Unwille, diese Reformen weiterzutreiben, führte jedoch zu einer Schrumpfung der Wirtschaft und sozialen Spannungen. 2011 kam es als Reaktion auf Polizeibrutalität und groß angelegten Landraub seitens der Regierung zu einigen Aufständen und Protestbekundungen gegen die politische Führung. Doch trotzdem genießen die meisten Vietnamesen heute mehr Freiheit als alle ihre Vorfahren.

Modernes Vietnam: Hochhäuser in Ho Chi Minh City

2001 Nong Duc Manh wird Generalsekretär der Kommunistischen Partei

2005 Premierminister Phan Van Khai in den USA

2008 Hohe Inflation wirkt auf Wirtschaftswachstum

2010 US-Außenministerin Hillary Clinton bekundet Unterstützung für Vietnam bei Grenzstreitigkeiten mit China

2012 Vietnam inhaftiert den amerikanischen Demokratie-Aktivisten Nguyen Quoc Quan als politischen Häftling

)00 | 2004 | 2008 | 2012 | 2016 | 2020

)0 Besuch US-Präsident Clinton; tnams Börse d eröffnet

2003 Erstes US-Kriegsschiff besucht HCMC

2006 Nguyen Tan Dung Premierminister und Nguyen Minh Triet Präsident

2016 Nguyen Xuan Phuc wird Minister-, Tran Dai Quang Staatspräsident

2012 Aktivistin Bui Thi Minh Hang kommt in Umerziehungslager

2012 Spannungen zwischen Vietnam und China eskalieren

DIE REGIONEN VIETNAMS

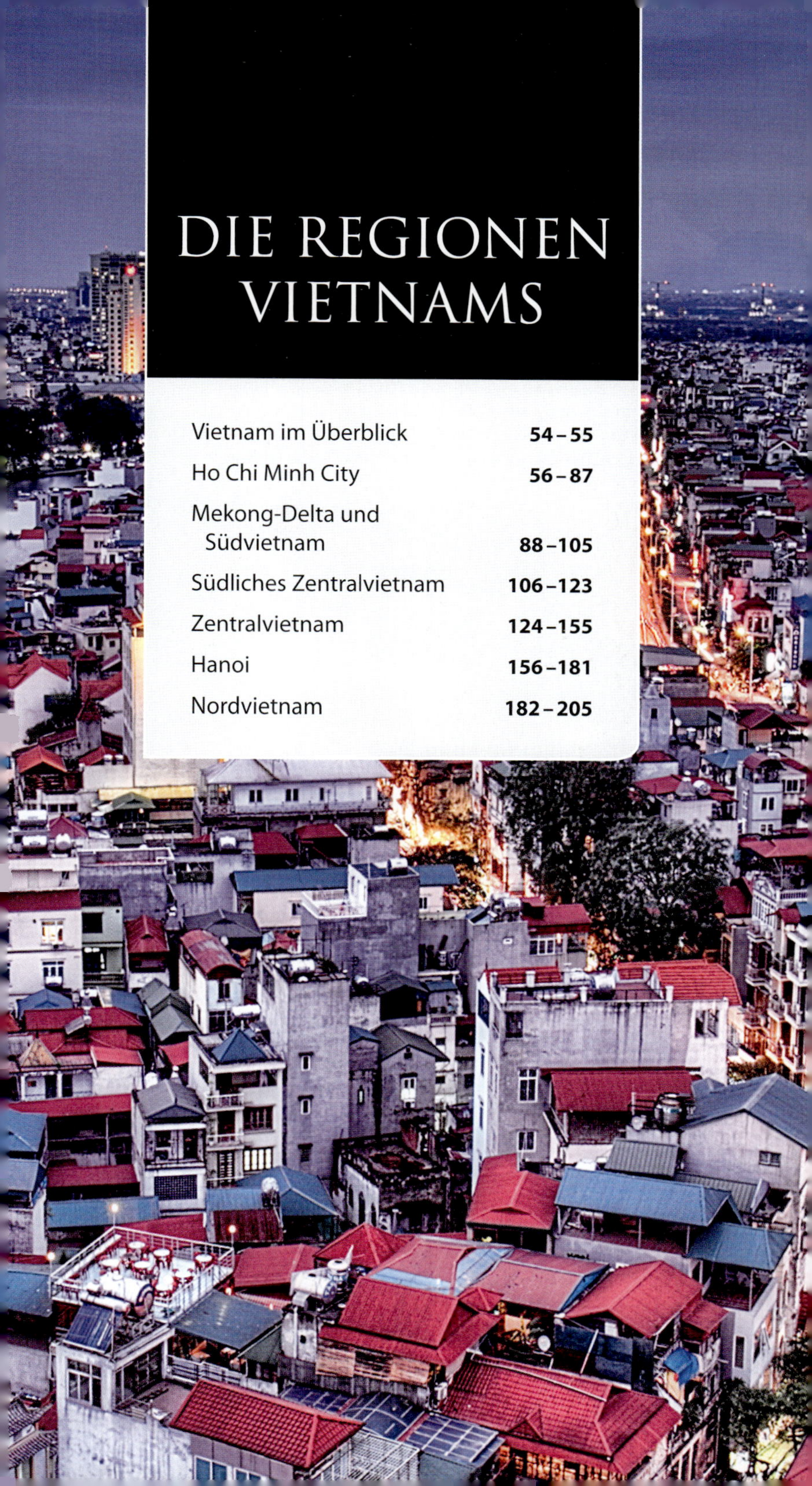

Vietnam im Überblick

Vietnam ist ein schmales, lang gestrecktes Land mit einer erstaunlich vielfältigen Landschaft: romantische, einsame Täler im Nordwesten, hohe Berggipfel und Hochebenen im zentralen Gebirgszug und tropische Traumstrände an den Küsten im Süden. Der mächtige Rote Fluss (Song Hong) im Norden und der Mekong im Süden speisen zwei äußerst fruchtbare Flussdeltas mit unzähligen Seitenarmen, üppigen Wäldern und Kanälen sowie endlosen Reisfeldern. Ebenso vielfältig sind die Kunst und Kultur Vietnams, wie sich in den Museen, in der französischen Kolonialarchitektur Hanois, in den Kaiserpalästen des alten Hue sowie in den eleganten Restaurants in Ho Chi Minh City zeigt. Dieses Buch gliedert Vietnam in sechs Regionen, jede davon ist mit einer Farbe codiert.

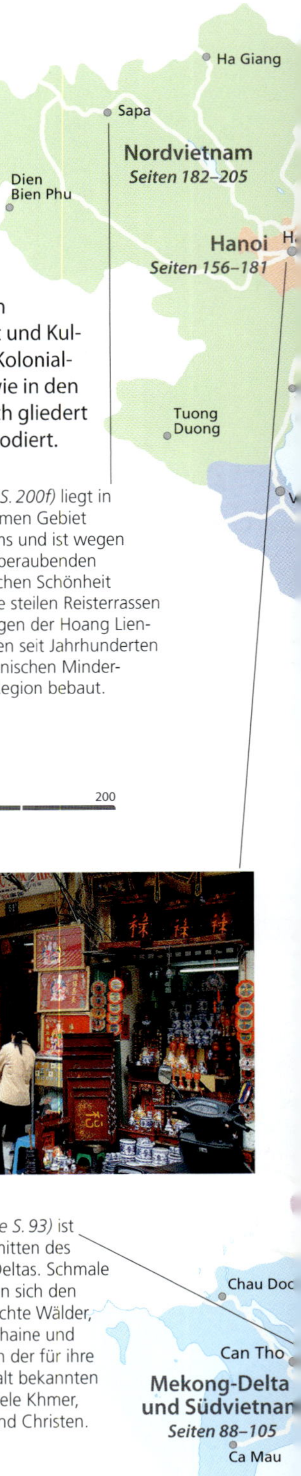

Sapa *(siehe S. 200f)* liegt in einem einsamen Gebiet Nordvietnams und ist wegen seiner atemberaubenden landschaftlichen Schönheit bekannt. Die steilen Reisterrassen an den Hängen der Hoang Lien-Berge werden seit Jahrhunderten von den ethnischen Minderheiten der Region bebaut.

Hanois Altstadt *(siehe S. 160f)* umfasst das einzigartige Geschäftsviertel. Früher hieß es »Viertel der 36 Gassen«, von hier wurde im 13. Jahrhundert der Palast beliefert. Heute werden in den farbenprächtigen, schillernden Marktstraßen Seide, frischer Kaffee, bunte Laternen und vieles andere mehr angeboten.

Tra Vinh *(siehe S. 93)* ist eine Stadt inmitten des fruchtbaren Deltas. Schmale Kanäle bahnen sich den Weg durch dichte Wälder, Kokospalmenhaine und Obstgärten. In der für ihre Religionsvielfalt bekannten Stadt leben viele Khmer, Buddhisten und Christen.

◀ **Blick auf den See Ho Tay in Hanoi** ***(siehe S. 172)*** **bei Sonnenuntergang**

Der Hien Lam-Pavillon in der Zitadelle von Hue *(siehe S. 144–147)* ist auch als »Palast der Glorreichen Ankunft« bekannt. Der filigrane Tempel mit seinen drei Dächern ist das höchste Gebäude der Kaiserstadt. Er erhebt sich über den großen Neun Dynastischen Urnen.

Die Po Nagar Cham-Türme *(siehe S. 113)* entstanden im 8. Jahrhundert und zählen zu den wichtigsten Cham-Stätten. Diese wunderschönen Ruinen in Nha Trang bieten einen faszinierenden Einblick in die Architekturstile des einst mächtigen Cham-Reichs.

Mui Ne Beach *(siehe S. 110f)* ist mit zwölf Kilometer Länge einer der schönsten Strände südlich von Nha Trang. Zwischen Oktober und Februar eignet sich das Wetter gut zum Surfen. Morgens beginnt der Tag im Dorf Mui Ne mit den lauten Rufen der Fischhändler.

Der Dachgarten des Rex Hotel *(siehe S. 64)* ist eines der beliebtesten Restaurants in Ho Chi Minh City. Von hier hat man eine spektakuläre Aussicht auf das bunte, faszinierende Treiben in den Straßen der Innenstadt.

Ho Chi Minh City

Die größte Stadt und das Wirtschaftszentrum Vietnams entwickelt sich zur Vorzeigemetropole des Landes. In der vor Lebensfreude sprühenden Ho Chi Minh City gibt man sich weltoffen, hört Popmusik und trinkt französischen Wein. Inmitten der Hoteltürme, Shopping-Center und Restaurants erinnern alte Pagoden und Kolonialbauten an eine wechselvolle, lebendige Geschichte.

Vor vielen Jahrhunderten bauten die Khmer hier ein Fischerdorf, das sich zum Handelsposten entwickelte. Im 18. Jahrhundert wurde die nun Saigon genannte, zur Festung ausgebaute Stadt Provinzhauptstadt der Nguyen-Dynastie. Ab 1862 kontrollierte die französische Kolonialmacht Saigon, das jetzt Hauptstadt des französischen Cochinchina war. Aus dieser Zeit stammt ein Großteil der Infrastruktur und Architektur, Saigon galt damals als das »Paris des Fernen Ostens«. Viele Bauten sind bis heute gut erhalten. 1954 wurde Saigon zur Hauptstadt Südvietnams ausgerufen *(siehe S. 47)*, 1975 endete hier mit dem Einmarsch der nordvietnamesischen Armee der Vietnamkrieg. Saigon wurde von den neuen Machthabern in Thanh Pho Ho Chi Minh umbenannt.

Heute verändert sich Ho Chi Minh City dank der wirtschaftlichen und kulturellen Liberalisierung in einem atemberaubenden Tempo: Die Metropole mit knapp acht Millionen Einwohnern modernisiert und erfindet sich praktisch jeden Tag aufs Neue und war lange das Industrie-, Entertainment- und Gourmetzentrum Vietnams. Selbst der Name Saigon wird wieder oft benutzt. Schicke internationale Restaurants und Cafés öffnen an jeder Ecke, Bars und Clubs bieten ein vibrierendes Nachtleben. Zentrum des Geschehens ist die Gegend um Dong Khoi *(siehe S. 60f)* und der Rest von Distrikt 1, die dank historischer Architektur, interessanter Museen, eleganter Läden und Cafés Besucher anziehen. Es ist ein aufregendes Viertel, in dem sich die Einheimischen auf Motorrädern durch die Massen schlängeln.

Ein großes Porträt von Ho Chi Minh überblickt die Halle des Hauptpostamts

◀ **Mönche beim Gebet im Cao Dai-Tempel *(siehe S. 78f)*, Südvietnam**

Überblick: Ho Chi Minh City

Ho Chi Minh City (Thanh Pho Ho Chi Minh) ist mit knapp acht Millionen Einwohnern das größte Ballungsgebiet Vietnams, unterteilt in 17 Stadtbezirke/Distrikte *(quan)* und fünf Landbezirke *(huyen)*. Das Zentrum (das alte Saigon) erstreckt sich um die Dong Khoi-Straße im ersten Distrikt und bietet elegante Geschäfte, Restaurants und Museen. Hier findet man französische Kolonialarchitektur, etwa das Stadttheater, die Kathedrale Notre Dame und das Hauptpostamt. Nördlich davon liegen Wohnviertel und die Jadekaiser-Pagode. Im Westen lockt Cholon, wo die chinesischstämmigen Hoa leben. Hier stehen einige der ältesten Pagoden der Stadt.

Sehenswürdigkeiten auf einen Blick

Kirchen, Tempel und Pagoden

- 8 Kathedrale Notre Dame
- 12 *Jadekaiser-Pagode S. 66f*
- 13 Le Van Duyet-Tempel
- 14 Vinh Nghiem-Pagode
- 17 Xa Loi-Pagode
- 18 Mariamman Hindu-Tempel
- 21 Nghia An Hoi Quan-Pagode
- 22 Thien Hau-Pagode
- 23 Quan Am-Pagode
- 25 Phung Son-Pagode
- 26 Giac Vien-Pagode
- 27 Ein-Säulen-Paode von Thu Duc
- 30 *Cao Dai-Tempel S. 78f*

Historische Sehenswürdigkeiten und Gebäude

- 4 Sitz des Volkskomitees
- 6 Bitexco Financial Tower
- 9 Hauptpostamt
- 28 Cu Chi-Tunnel

Theater

- 2 Stadttheater

Museen und Paläste

- 5 Ho Chi Minh City-Museum
- 10 Palast der Wiedervereinigung
- 11 Museum der Geschichte Vietnams
- 15 Museum für die Frauen Südvietnams
- 16 Museum für Kriegsrelikte
- 20 Museum der Schönen Künste

Strände, Quellen, Naturschutzgebiete und Berge

- 29 Nui Ba Den
- 33 Ho Coc Beach
- 34 Heiße Quellen von Binh Chau
- 35 Nationalpark Cat Tien

Kleinstädte und Märkte

- 19 Ben Thanh-Markt
- 24 Binh Tay-Markt
- 31 Vung Tau
- 32 Long Hai

Hotels

- 1 Caravelle Hotel
- 3 Continental Hotel
- 7 Rex Hotel

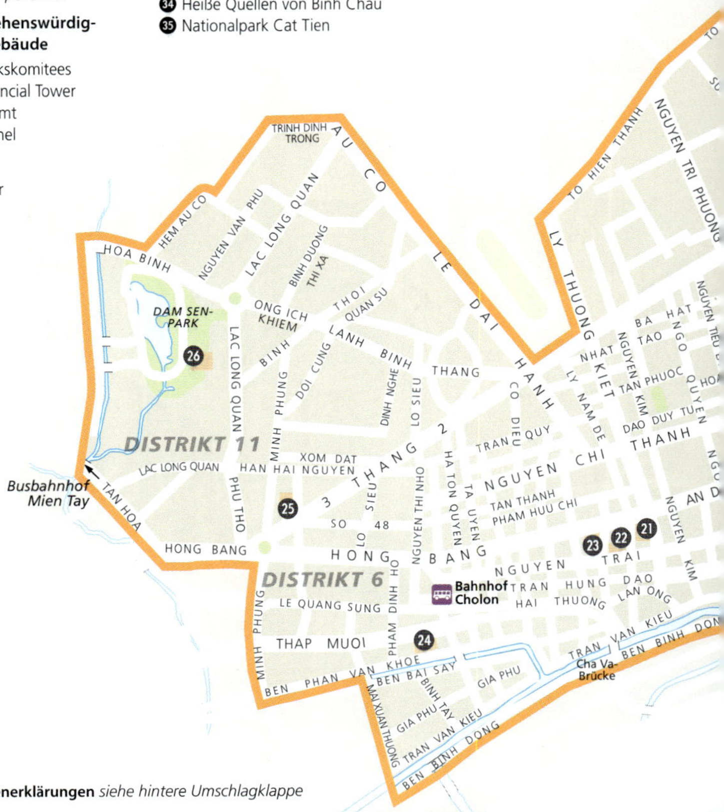

Weitere Zeichenerklärungen *siehe hintere Umschlagklappe*

Legende

- Autobahn
- Hauptstraße
- Nebenstraße
- Eisenbahn

In Ho Chi Minh City unterwegs

Dong Khoi und Cholon sind so klein, dass man sie bequem zu Fuß erkunden kann. Das beliebteste Verkehrsmittel in Ho Chi Minh City ist das *Honda om*, ein Motorradtaxi. Kaum eine Fahrt zu einem beliebigen Ziel im Stadtgebiet kostet damit mehr als ein paar US-Dollar. Mittlerweile sind auch Funktaxis leicht zu bekommen. Die meisten Reisebüros organisieren für Besucher Ausflüge zu entlegenen Stadtgebieten.

Stadtplan Ho Chi Minh City *siehe Seiten 82–87*

Im Detail: Dong Khoi

Die Gegend rund um die Dong Khoi-Straße ist sicher das pulsierendste Viertel von Ho Chi Minh City. Die Straße erlangte unter dem Namen Rue Catinat schon in der französischen Kolonialzeit Berühmtheit: Luxushotels, elegante Boutiquen und gemütliche Cafés lagen hier direkt neben Bars und Bordellen. Kein Wunder, dass der Roman *Der stille Amerikaner* von Graham Greene hier spielt. Mit der Ausgelassenheit war es unter den Kommunisten vorbei, doch seit der wirtschaftlichen Liberalisierung 1986 erlebt das Viertel mit gehobenen Hotels, Restaurants und Designerläden eine Wiedergeburt. Nirgendwo sonst im Land vibriert das Großstadtleben so wie hier und erinnert an Ho Chi Minh Citys historischen Ruf als »Paris des Fernen Ostens«.

Dong Khoi, von der Diamond Plaza ***(siehe S. 255)*** **aus gesehen**

❾ ★ Hauptpostamt
Das labyrinthartige Gebäude ist eines der schönsten französischen Kolonialdenkmäler der Stadt. Sitzbänke in der kühlen Halle laden zur Erholung von der Hitze draußen ein.

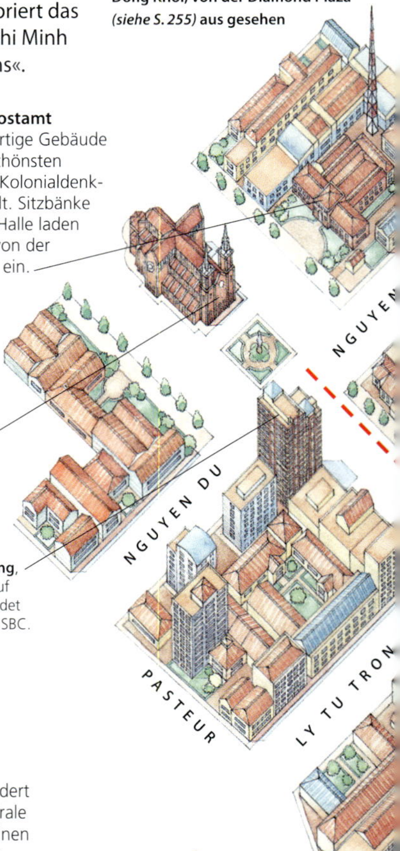

Im Metropolitan Building, in dem man sich gern auf einen Kaffee trifft, befindet sich der Hauptsitz von HSBC.

❽ ★ Kathedrale Notre Dame
Im späten 19. Jahrhundert baute man die Kathedrale aus einheimischen Steinen und verkleidete sie mit roten Keramikfliesen aus Frankreich. Die Marienstatue auf der kleinen Grünanlage davor stammt aus den 1950er Jahren.

❹ Sitz des Volkskomitees
Das ursprüngliche Hôtel de Ville (Fertigstellung 1908) wurde als Saigoner Rathaus dem Pariser Hôtel de Ville nachempfunden. Es ist eines der fotogensten Kolonialgebäude der Metropole.

Lower Dong Khoi
In diesem Gebiet haben sich die schicksten Boutiquen von Ho Chi Minh City angesiedelt. Neben bekannten internationalen Designern wie Louis Vuitton *(links)* findet sich hier auch die lokale Marke Khaisilk.

0 Meter 150

Zur Orientierung

❸ Continental Hotel
Das im französischen Kolonialstil errichtete Hotel ist eine Oase mitten im Trubel der Stadt. Im Atrium trifft man sich zum Nachmittagstee oder hat ein Rendezvous in ruhiger, entspannter Atmosphäre.

Legende
— Routenempfehlung

Das Vincom Shopping Center (Vincom Towers) ist eines der größten modernen Shopping-Center in Vietnam, in dem auch viele Importmarken angeboten werden.

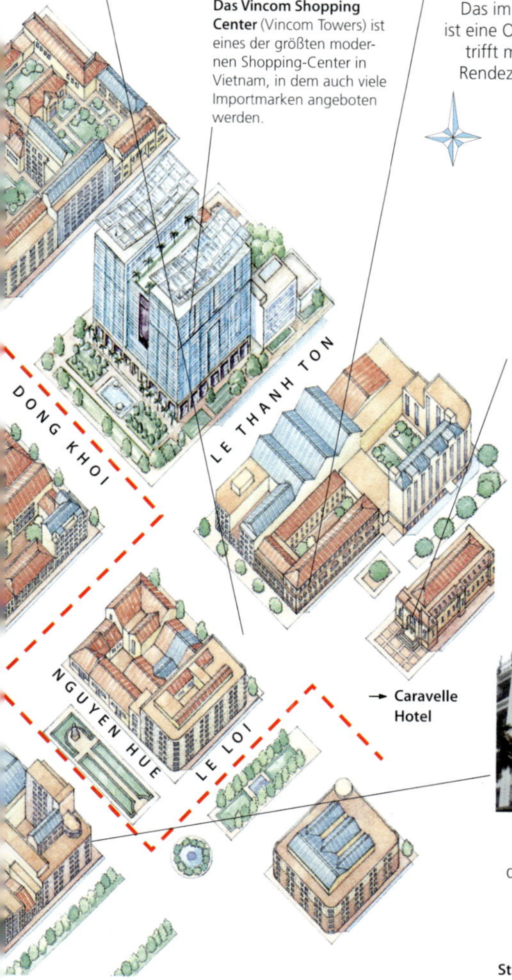

→ **Caravelle Hotel**

❷ ★ Stadttheater
Das reizvolle, neoklassizistische Theater war zur Kolonialzeit als Opernhaus das Zentrum der französischen Gesellschaft.

❼ Rex Hotel
Während des Vietnamkriegs war das Hotel ein legendärer Journalistentreff. Heute ist es eines der bekanntesten Wahrzeichen. Von der Dachbar hat man eine tolle Aussicht.

Stadtplan Ho Chi Minh City *siehe Seiten 82–87*

1 Caravelle Hotel

19–23 Lam Son-Platz, Distrikt 1.
Stadtplan 2 F3. (08) 3823 4999.
tägl.
caravellehotel.com

Als das Caravelle Hotel an Weihnachten 1959 eröffnete, war es mit zehn Stockwerken der höchste Bau Saigons und wurde von der Presse wegen der zentralen Klimaanlage und der schusssicheren Fenster gefeiert. Das geschah in weiser Voraussicht, denn während des Vietnamkriegs war das Hotel Mittelpunkt für Diplomaten und Journalisten *(siehe S. 48f)*. Australien und Neuseeland unterhielten hier ihre Botschaften, bekannte Medien wie die *Washington Post*, *New York Times*, *Associated Press* und viele andere hatten hier ihre Büros. Die Journalisten scherzten damals, dass sie den ganzen Krieg bequem von der Dachbar aus verfolgen könnten. Damit war es nach dem Fall Saigons 1975 vorbei. Die Regierung übernahm das Hotel und ließ es nach aufwendiger Renovierung 1998 wiedereröffnen.

Heute ist das Caravelle Hotel mit seinem neuen, marmorverkleideten Hotelturm das beste Luxushotel der Stadt. Frühere Gäste erkennen es vielleicht kaum wieder, doch die Dachbar und ihre geschwungenen Balkonecken schweben wie früher über dem alten Flügel. Es ist der schönste Ort, um einen Cocktail zu trinken.

2 Stadttheater

7 Lam Son-Platz, Kreuzung von Le Loi und Dong Khoi, Distrikt 1.
Stadtplan 2 F3. (08) 3829 9976.
variierend.
hbso.org.vn

Der herausragende französische Kolonialbau, in dem das Stadttheater (Nha Hat Thanh Pho) zu Hause ist, wurde 1899 als Konzerthalle erbaut (bis heute spricht man vom Opernhaus) und diente 1956 als Sitz der südvietnamesischen Nationalversammlung.

Fein gearbeitete Statuen am Dach des Theaters

Eine elegante Treppe führt zum Eingang, den zwei riesige wie griechisch-römische Göttinnen geformte Säulen rahmen. Geflügelte Figuren und feine Ornamente verzieren die Dachtraufe. Auf dem Gelände stehen Statuen und Brunnen.

Innen ist der Bau nicht so reich verziert, bietet aber gleichwohl einen sehr eleganten Rahmen für traditionelles vietnamesisches Theater oder westliche klassische Dramen und eine regulär stattfindende einstündige Kulturshow. Das Programm ist außen an der Kasse angeschlagen.

Gemütliches Abendessen im Innenhof des Continental Hotel

3 Continental Hotel

132–134 Dong Khoi, Distrikt 1.
Stadtplan 2 F3. (08) 3829 9201.
tägl.
continentalsaigon.com

Mit seiner herrschaftlichen Fassade gilt das Continental als Grande Dame unter den Hotels aus der Kolonialzeit. Das Hotel gruppiert sich um einen Hof, dessen Frangipani-Bäume Schatten bieten. Innen kann man die mit roten Teppichen ausgelegten alten Böden aus tropischen Hölzern bewundern. Überhaupt hat das Continental seinen Charme und alten Glanz bewahrt und auf eine historisierende Modernisierung verzichtet.

Seit der Eröffnung 1886 kann man eine illustre Gästeschar verzeichnen. Während des Vietnamkriegs wohnten im Continental berühmte Journalisten wie Walter Cronkite (1916–2009), der hier seine Zeit an der Bar mit dem Spitznamen »The Continental Shelf« verbrachte. Andere prominente Gäste waren Schriftsteller wie André Malraux (1901–1976) und W. Somerset Maugham (1874–1965), doch erst Graham Greene (1904–1991) machte das Hotel mit seinem Roman *Der stille Amerikaner* (1955) berühmt. Greene wohnte hier monatelang, um die Atmosphäre angemessen schildern zu können.

Die elegante, weihnachtlich geschmückte Lobby des Caravelle Hotel

Hotels und Restaurants in Ho Chi Minh City *siehe Seiten 236f und 246f*

❹ Sitz des Volkskomitees

Kreuzung Le Thanh Ton und Nguyen Hue, Distrikt 1. **Stadtplan** 2 E3.
● für Besucher.

Das vom französischen Architekten P. Gardes entworfene und 1908 eingeweihte Hôtel de Ville (Rathaus) der französischen Kolonialzeit gehört zu den meistfotografierten Gebäuden der Stadt. Bei Ho Chi Minhs Unabhängigkeitserklärung und der Gründung des provisorischen Verwaltungskomitees für Südvietnam 1945 versammelten sich hier, im Zentrum der Stadt, Tausende von Menschen, um zu feiern.

Bei der Planung des zweistöckigen Gebäudes orientierte man sich am 20 Jahre davor fertiggestellten Hôtel de Ville (Rathaus) von Paris. Mit seinen zwei Flügeln rund um eine Zentralhalle, dem Uhrenturm, dem roten Ziegeldach und vor allem mit der üppig verzierten cremefarbenen Fassade mit Arkaden macht der Bau deutliche Anleihen beim europäischen Zuckerbäckerstil. Doch trotz dieser »fremden« Architektur harmoniert er hervorragend mit dem Stadtbild, besonders wenn er abends in beeindruckender Illumination erstrahlt.

Leider können Besucher die mit Kronleuchtern prunkenden Innenräume nicht besichtigen. Am Platz vor der Haupthalle steht eine Statue von Ho Chi Minh, der ein Kind im Arm trägt.

Der Sitz des Volkskomitees erinnert an europäischen Zuckerbäckerstil

Foto von der Eroberung Saigons (1975) im Ho Chi Minh City-Museum

❺ Ho Chi Minh City-Museum

65 Ly Tu Trong, Distrikt 1.
Stadtplan 2 E4. ☎ (08) 3829 9741.
◯ 8–17 Uhr.
W **hcmc-museum.edu.vn**

Die frühere Residenz des französischen Generalgouverneurs sieht wie viele Bauwerke der Stadt so aus, als stehe sie in Frankreich. Das Stadtmuseum mit Zierleisten und Kolonnade ist imposant. Die Hallen mit hohen Decken und Lüstern sind ein beliebtes Motiv für Hochzeitsfotos.

Das Museum erstreckt sich über zwei weitläufige Stockwerke und erhebt den Anspruch, die 300-jährige Stadtgeschichte in all ihren Facetten zu dokumentieren. Allerdings charakterisiert der ursprüngliche Museumsname, »Museum der Revolution«, Inhalt und Tendenz der Ausstellung wohl treffender. Im Erdgeschoss findet man einige Fotos des französisch-kolonialen Saigon, alte Stadtpläne und Dokumente aus der Zeit der Stadtgründung im 17. Jahrhundert. Dazwischen finden sich Exponate aus Vietnams alter Geschichte sowie Ausstellungen von Trachten. Das Museum beherbergt darüber hinaus eine Sammlung zur vietnamesischen Währung.

Der erste Stock des Museums widmet sich ganz dem Kampf Vietnams gegen den Imperialismus: Zu sehen sind Waffen wie die AK-47 und Bomben, daneben Fotos von Soldaten, Briefe von der Front und politische Pamphlete. Draußen steht Kriegsmaschinerie, darunter ein Huey-Helikopter, ein Kampfjet sowie ein US-amerikanischer Panzer.

❻ Bitexco Financial Tower

36 Ho Tung Mau, Distrikt 1. **Stadtplan** 2 F4. ☎ (08) 3915 6156.
◯ tägl. 9.30–21.30 Uhr.
W **saigonskydeck.com**

In den Jahren seit der Eröffnung im Jahr 2010 hat sich das Gebäude zu einem Wahrzeichen von Ho Chi Minh City und Zeichen der Verjüngung der Stadt entwickelt. Den schlanken Turm mit der Plattform sieht man von überall im Stadtzentrum.

Im 49. Stock des Bitexo Financial Tower bietet das Saigon Skydeck einen fantastischen Blick auf das Stadtzentrum und den durchfließenden Saigon. In dem Observatorium gibt es auch Informationen über die Geschichte und Kultur der Stadt. In die Glaswände sind Ferngläser eingelassen, sodass man sich viele Sehenswürdigkeiten auch von nah ansehen kann. Darüber hinaus gibt es viele luxuriöse Läden und etliche feine Restaurants und Cafés. Vom Aussichtspunkt auf 178 Metern sieht man viele Highlights der Stadt, darunter das Stadttheater, den Sitz des Volkskomitees und den Ben Thanh-Markt. Der Blick von oben vermittelt auch eine Ahnung davon, wie schnell sich die Stadt entwickelt hat mit ihren vielen Hochhäusern.

Rose Garden Restaurant im berühmten Rex Hotel

❼ Rex Hotel

141 Nguyen Hue Blvd, Distrikt 1.
Stadtplan 2 E4. (08) 3829 2185.
tägl.
rexhotelvietnam.com

Das Rex Hotel hat seit seinem Bau mitten im Stadtzentrum in den 1950er Jahren eine wichtige Rolle in der Stadtgeschichte gespielt. Ursprünglich wurde es von französischen Investoren finanziert, im Vietnamkrieg stieg es rasch zum Mittelpunkt des gesellschaftlichen und militärischen Lebens der US-Soldaten auf. Hier verkündeten die US-Presseoffiziere die täglichen Lagenachrichten, die wegen ihrer offensichtlichen Subjektivität als »The Five O'Clock Follies« verhöhnt wurden.

Auch heute ist das Rex mit seiner Dachgartenbar ein wichtiger Treffpunkt. Unternehmen tagen hier, Spieler versuchen ihr Glück im Bingosaal, und der zentrale Innenhof ist für Hochzeitsfeiern beliebt.

❽ Kathedrale Notre Dame

1 Cong Xa Paris-Platz, Distrikt 1.
Stadtplan 2 E3. (08) 3822 0477.
Mo–Sa 8–10.30, 15–16 Uhr; So zur Messe.

Die basilikaähnliche Kathedrale Notre Dame oder Nha Tho Duc Ba ist die größte jemals in den französischen Kolonien erbaute Kirche. Bei ihrer Vollendung 1880 waren ihre 40 Meter hohen Türme die höchsten Bauten Saigons. Auf den ersten Blick wirkt die Kirche wie ein Backsteinbau, doch es sind rote Fliesen aus Marseille, die den Granitsteinbau verkleiden. Die Kirche hatte sogar Buntglasfenster aus Chartres, die im Zweiten Weltkrieg zerstört und gegen herkömmliches Glas ausgetauscht wurden. Das Innere ist schmucklos, aber das stimmungsvolle Licht sorgt für andächtige Stille.

Vor der Kirche steht eine Marienstatue, die man in Rom fertigte, 1959 nach Vietnam brachte und in der Hoffnung auf Frieden für Vietnam »Heilige Maria, Königin des Friedens« taufte. Die Katholiken sind heute keine politische Kraft mehr, aber die Messe ist stets gut besucht. Der nur sonntags geöffnete Glockenturm bietet eine hervorragende Aussicht.

Marienstatue, Notre Dame

❾ Hauptpostamt

2 Cong Xa Paris-Platz, Distrikt 1.
Stadtplan 2 E3. (08) 3829 3274.
tägl. 8–17 Uhr.

Der französische Architekt Gustave Eiffel erbaute 1886–91 das Hauptpostamt, Buu Dien Trung Tam. Er schuf damit einen Hohetempel des Postwesens und eines der schönsten Baudenkmäler der Stadt. Die korallenfarbene Fassade hat eine cremefarbene Dachtraufe und weist steinerne Gesichter von Philosophen und Wissenschaftlern sowie Inschriften auf. Die Innenhalle erinnert auf merkwürdige Weise an einen Bahnhof, die Gewölbedecke ruht auf schmiedeeisernen grünen Säulen mit vergoldeten Kapitälen. Die Fliesenmosaike auf dem Fußboden sind sehr filigran, vor allem im Foyer, in dem riesige alte Karten mit Stadt- und Landansichten von Kronleuchtern zur Geltung gebracht werden. Eine der Karten zeigt die Stadt 1892, eine andere die Region 1932. Ein Porträt von Ho Chi Minh blickt gelassen auf das Kommen und Gehen.

Kunden können Holzschreibbänke nutzen oder einfach nur auf den bequemen Bänken ausruhen. Ein Stand verkauft Souvenirs und Briefmarken.

Das höhlenähnliche Innere des Hauptpostamts

Die strenge Fassade des Palasts der Wiedervereinigung, ein Architekturbeispiel der 1960er Jahre

⑩ Palast der Wiedervereinigung

106 Nguyen Du, Distrikt 1. **Stadtplan** 2 D3. (08) 3822 3652. tägl. 7.30–11, 13–16 Uhr, außer bei offiziellen Anlässen. **dinhdoclap.gov.vn**

Die »Reunification Hall« (Hoi Truong Thong Nhat) ist umgeben von einer weitläufigen Anlage und gilt als bedeutendes Symbol vietnamesischer Geschichte. Im 19. Jahrhundert stand hier der Norodom-Palast, die alte Residenz des französischen Generalgouverneurs, der spätere Präsidentenpalast, in dem der südvietnamesische Präsident Ngo Dinh Diem *(siehe S. 47)* residierte. 1962 wurde der Bau bei einem Attentatsversuch auf Diem durch zwei Piloten seiner eigenen Luftwaffe weitgehend zerstört. Zwar baute man den Palast wieder auf, doch Diem wurde ermordet, bevor er nach der Fertigstellung 1966 wieder einziehen konnte.

Im Palast empfing Diems Nachfolger, Präsident Van Thieu, Machthaber und Präsidenten – bis er 1975 vor den nordvietnamesischen Truppen flüchten musste und vom Dach aus per Hubschrauber ausgeflogen wurde. Im selben Jahr kapitulierte Südvietnam, die Palasttore wurden von einem nordvietnamesischen Panzer überrollt – festgehalten in einem für Vietnam symbolischen Foto *(siehe S. 63)*.

Das Innere ist heute mit seinen Korridorfluchten und Empfangssälen weitgehend intakt. Die Wohnräume sind rund um ein Atrium gruppiert und mit Kronleuchtern und feinen Antiquitäten neben Mobiliar aus den 1960er Jahren eingerichtet. Interessant sind die Elefantenfüße in der Ausstellung präsidialer Geschenke und die Lackkunstwerke mit Szenen aus der Le-Dynastie *(siehe S. 44)*. Im Keller verstecken sich ein Bunker und ein Befehlsstand mit Funkgeräten und Karten. Im zweiten Stock befindet sich ein Spielsalon. Der Park lädt zum Entspannen ein.

⑪ Museum der Geschichte Vietnams

2 Nguyen Binh Khiem, Distrikt 1. **Stadtplan** 2 F1. (08) 3829 8146. 8–11, 13.30–17 Uhr. **Saigon Zoo and Botanical Garden** 2 Nguyen Binh Khiem. (08) 3829 1425. tägl. 7–21 Uhr. **saigonzoo.net**

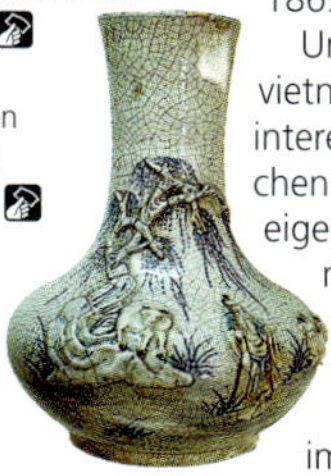

Vase aus der Le-Dynastie

Das im klassischen Pagodenstil erbaute Museum Bao Tang Lich Su lohnt wegen seiner riesigen Sammlung mit Exponaten aus der gesamten Geschichte Vietnams unbedingt einen Besuch. Relikte aus der frühen Kultur des Landes sind prähistorische Werkzeuge und Geräte. Die Ära der Hung-Könige *(siehe S. 41)* ist durch Bronzeobjekte vertreten. Highlights sind Bronzetrommeln der Dong Son-Kultur und Münzen der Oc Eo-Kultur, aber auch eine römische Münze aus dem 2. Jahrhundert n. Chr.

Überreste der Nguyen-Dynastie *(siehe S. 45)* umfassen eine kostbare Sammlung mit Kleidung und Schmuck. Ausgestellt sind auch etliche Cham- und Khmer-Fundstücke, darunter ein Steinphallus und Keramik. Auffallend ist eine Mumie aus dem Jahr 1869.

Ungewöhnlich für Südvietnam, aber gleichwohl interessant sind die täglichen Aufführungen des eigentlich in Hanoi beheimateten Wasserpuppen-Theaters *(siehe S. 163)*.

Das Museum liegt im weitläufigen, idyllischen Gelände des **Saigon Zoo and Botanical Garden** – ideal für einen entspannenden Spaziergang im Grünen.

Elefanten begrüßen die Besucher des Saigon Zoo and Botanical Garden

⓬ Jadekaiser-Pagode

Der kleine Tempel ist eine der am reichsten verzierten Pagoden der Stadt und dem Weltenherrscher, dem Jadekaiser Ngoc Hoang, geweiht, der wichtigsten Gottheit im taoistischen Pantheon. Der 1909 von der kantonesischen Gemeinde erbaute Tempel hat eine schlichte, rosafarbene Fassade, doch das Dach aus Keramikfliesen ist ebenso wie die großen, verzierten Holztüren ein Kunstwerk. Auffallend sind die farbenprächtigen, vergoldeten buddhistischen und taoistischen Gottheiten im Inneren. Im Vorhof ist ein Teich, dem der Tempel seinen Beinamen »Schildkrötenpagode« verdankt.

Schnitzerei in der Halle der Zehn Höllen mit einer von 1000 Qualen

Frauenraum
Der faszinierende Raum ist mit zwei Reihen aus je sechs Frauenfiguren aus Keramik geschmückt. Jede der farbenprächtig bekleideten Figuren symbolisiert ein Mondjahr und je eine Tugend oder ein Laster. Kim Hoa, Göttin der Mütter, wacht über alle.

Außerdem

① **Im Opferofen** werden geweihte Gaben aus Papier verbrannt. Der aufsteigende Rauch soll die Ahnen im Himmel erreichen.

② **Der König der Hölle** und sein rotes, lebensgroßes Pferd reiten in die Halle der Zehn Höllen mit Holzreliefs voller Verdammnismotive.

③ **Schildkrötenteich:** In diesem grünen Idyll leben zahlreiche Schildkröten, die in Vietnam als Glücks- und Wohlstandsbringer gelten. Bilder von Schildkröten sieht man zwar häufig, Schutzzonen wie diese gibt es aber selten.

Vorhof
Der Vorhof bietet im Schatten blühender Sträucher und eines alten Banyan-Baums Parkbänke und einen Schildkrötenteich.

Traditionelles Dach mit grünen Keramikziegeln
Ein Drachenrudel, wohl ein Symbol für die Verbindung zum Himmel, erhebt sich zwischen den Dächern mit feinen Holzschnitzereien und Keramikziegeln.

Infobox

Information
73 Mai Thi Luu, Distrikt 1.
Stadtplan 2 D1.
tägl. 8–17 Uhr. Da man vor dem Tempel nur schwer ein Taxi bekommt, sollte man vorher eines für die Rückfahrt bestellen.

★ **Hauptheiligtum**
Flankiert von Wachen, beherrscht der kostbar bekleidete Jadekaiser das Hauptheiligtum.

★ **Dämonenwachen**
Zwei riesige Dämonenwachen aus Pappmaschee, bunt bemalt und prächtig bekleidet, halten einen bösen Drachen und einen wilden Tiger unter ihren Füßen in Schach.

★ **Mutter der Fünf Buddhas**
Einer der ungewöhnlichsten Altäre ist der für Phat Mau Chuan De, Mutter der Fünf Buddhas der Kardinaltugenden. Ihre Hindu-Figur wird von den fünf Statuen ihrer Söhne umgeben.

Religiöse Bedeutung der Herde

Ong Tao, der Küchengott, residiert im Herd und dient dem Jadekaiser als Spitzel und als Verbindungsglied zwischen Menschen und Göttern, schließlich weiß er genau, was in einem Haushalt vor sich geht. Der Gott wird als komischer, fetter Geselle mit verbrannten Hosen dargestellt. In vielen vietnamesischen Küchen findet man einen Altar für ihn. Alljährlich zum Tet-Fest *(siehe S. 32f)* berichtet Ong Tao dem Jadekaiser über das Verhalten der Familie: Gibt es Unfrieden, folgen Strafen, herrscht Harmonie, gibt es eine Belohnung. Um einen guten Bericht zu erhalten, sorgt man dafür, dass vor seinem Altar stets Speiseopfer stehen.

Familienaltar mit Gaben für Ong Tao

⓭ Le Van Duyet-Tempel

1 Bis Phan Dang Luu, Distrikt Binh Thanh. (08) 3841 2517.
tägl. Sonnenauf- bis -untergang.
Le Van Duyet-Tempelfest (Ende Aug–Anfang Sep).

Der General Le Van Duyet (1763–1831) gewidmete Tempel ist ein Beispiel für eine Anlage, die keiner Gottheit oder Religion geweiht ist. Le Van Duyet spielte in der Niederwerfung des Tay Son-Aufstands *(siehe S. 45)* eine wichtige Rolle und wurde von Kaiser Gia Long geehrt. Nach seinem Tod fiel der General bei Kaiser Minh Mang (reg. 1820–41) in Ungnade, wurde aber in den 1840er Jahren rehabilitiert und erhielt sogar einen Tempel.

Im Hauptheiligtum hängt nichts außer einem riesigen Bildnis von Le Van Duyet, das daran erinnert, dass man hier zu einem Sterblichen betet. Innen findet man eine Sammlung persönlicher Gegenstände des Generals, darunter Kristallwaren, Waffen und einen ausgestopften Tiger. Hier kann jeder meditieren, Opfergaben darbringen oder sogar einen Schwur ablegen, der so viel gilt wie ein notarielles Dokument.

Seit seiner Gründung hat sich der Tempel zu einem Komplex erweitert. Von der Straße führt ein Tor in eine Parklandschaft mit Bäumen und schattigen Sitzbänken. Die Fassade fällt durch Wandmosaike und Reliefs auf, dagegen zeigt sich die Vorhalle des Heiligtums schlicht: Säulen und Altar sind aus poliertem Holz, ebenso die riesigen Kranich- und lebensgroßen Pferdefiguren. Das innere Heiligtum bietet mit seinen rotgoldenen Drachensäulen eine wahre Farbenpracht. Das Grab des Generals liegt ebenfalls auf dem Gelände. Alljährlich feiert man an seinem Todestag ein Fest.

Riesige Buddha-Statue in der Vinh Nghiem-Pagode

⓮ Vinh Nghiem-Pagode

339 Nam Ky Khoi Nghia, Distrikt 3. **Stadtplan** 1 B2. (08) 3896 6798.
tägl. Sonnenauf- bis -untergang.

Die Pagode wurde 1971 mit Unterstützung der Gesellschaft zur japanisch-vietnamesischen Freundschaft errichtet. Mit ihrem achtstöckigen Turm ist sie die höchste der Stadt. Beide Seiten des Turms sind mit Buddha-Abbildungen in Hochreliefs verziert. Rechts vom Tor steht ein fünf Meter hoher Turm aus Betonblöcken, die in Struktur und Farbe wie Granit wirken.

Die Vinh Nghiem-Pagode ragt acht Stockwerke empor

Auf der anderen Seite des 20 Meter breiten Innenhofs liegt das Haupthaus, zu beiden Seiten eingerahmt von einem Garten. Eine steile Treppe führt hinauf in das Heiligtum. Hier gelangt man durch fünf massive Türen mit schönen Lackverzierungen in den riesigen ersten Raum. Die Wände sind mit Bildern religiöser Szenen geschmückt. Man findet sogar Erläuterungen daneben. Weiter hinten im Saal sitzt am Hauptaltar ein riesiger Buddha, neben sich seine Schüler.

Hinter dem Heiligtum wacht eine Statue von Quan Am, der Göttin der Barmherzigkeit, in einem feierlichen Andachtsraum über Fotos und Erinnerungsstücken von Toten. Im ersten Stock führen Arkaden zu einer Galerie, in der Werke einheimischer Künstler ausgestellt sind.

Der große Hof und die reich verzierte Fassade des Le Van Duyet-Tempels

Hotels und Restaurants in Ho Chi Minh City *siehe Seiten 236f und 246f*

⓯ Museum für die Frauen Südvietnams

202 Vo Thi Sau, Distrikt 3. **Stadtplan** 1 C3. (08) 3932 0322. tägl. 8–11.30, 13.30–16.30 Uhr.

Bao Tang Phu Nu Nam Bo, das 1985 eröffnete Frauenmuseum, widmet sich auf 2000 Quadratmetern der Rolle, die Frauen für die Kultur und in der Militärgeschichte Südvietnams spielten. Zehn Säle, auf drei Stockwerke verteilt, sind voller faszinierender Exponate – von Militärabzeichen und Medaillen bis hin zu wunderschönen Volkstrachten.

Ein Rundgang beginnt am besten im zweiten Stock, dessen Ausstellung über Frauen im Unabhängigkeits- und Einigungskampf Vietnams im 20. Jahrhundert berichtet. An den Wänden hängen Fotografien dieser Frauen, persönliche Gegenstände sind in Schaukästen ausgestellt. Sie zeigen eindrücklich, dass Frauen auch in Kampfhandlungen eine wichtige Rolle spielten.

Das Thema setzt sich im ersten Stock mit Statuen und großflächigen Gemälden historischer Ereignisse mit bedeutenden Frauen fort. Auch eine nachgebaute Gefängniszelle, in der eine Nationalheldin einsaß, ist zu sehen.

Am meisten Farbe und Abwechslung bietet das Erdgeschoss mit einer Ausstellung über traditionelles Kunsthandwerk und Gebräuche. Im Vorraum, der wie ein Tempeleingang mit Kunstwerken dekoriert ist, geht es um die Tradition der Göttinnenverehrung. Im nächsten Raum tragen Puppen fein gearbeitete Trachten, in einem Schaukasten ist Schmuck zu sehen. In einem großen Saal links geht es darum, wie Frauen Baumwollstoffe und Schilfmatten herstellen.

Zum Komplex gehören ein Kino, eine kleine Bibliothek und ein Museumsshop.

Ein Panzer auf dem Gelände des Museums für Kriegsrelikte

⓰ Museum für Kriegsrelikte

28 Vo Van Tan, Distrikt 3. **Stadtplan** 2 D3. (08) 3930 5587. tägl. 7.30–12, 13.30–17 Uhr.
warremnantsmuseum.com

Das Museum für Kriegsrelikte im ehemaligen Sitz des US Information Service dokumentiert mittels Filmen, Fotos und anderen Exponaten vor allem den Vietnamkrieg – aus vietnamesischer Perspektive, bewegend und erschreckend zugleich: Zu den besonders aufwühlenden Ausstellungsobjekten zählen die in Formaldehyd erhaltenen Föten mit starken Deformationen als Folge des im Vietnamkrieg eingesetzten chemischen Entlaubungsmittels Agent Orange. Gezeigt werden auch Fotos der Folgen von Folter, Nachbildungen von Gefängniszellen und ein Video, in dem ein Gefangener aus einem Hubschrauber geworfen wird, außerdem viele amerikanische Waffen, Militärfahrzeuge und sogar eine französische Guillotine.

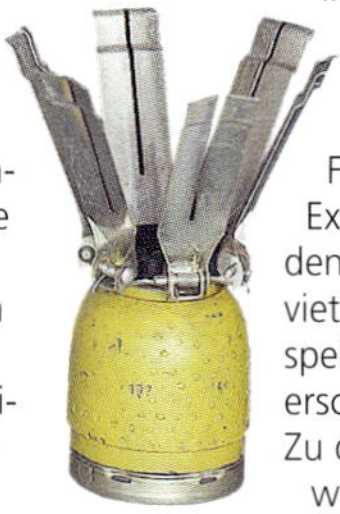

Splitterbombe, Kriegsmuseum

⓱ Xa Loi-Pagode

89B Ba Huyen Thanh, Distrikt 3. **Stadtplan** 1 C4. (08) 3930 0114. tägl. 7–11, 14–19 Uhr.

Die 1956 errichtete Pagode ist eine der historisch bedeutendsten Südvietnams. Anfang der 1960er Jahre war sie ein Widerstandszentrum gegen das korrupte, antibuddhistische Regime von Ngo Dinh Diem *(siehe S. 47)*. Drei Mönche verbrannten sich hier als Zeichen des Protests, einmal wurden 400 Gläubige und Geistliche verhaftet. Der Widerstand trug entscheidend dazu bei, die Opposition gegen das Diem-Regime zu verstärken – bis hin zum Umsturz, bei dem der General 1963 getötet wurde.

Von diesen Ereignissen ist heute in der farbenprächtigen siebenstöckigen Pagode nur noch wenig zu sehen. Der Turm ist 15 Meter hoch, bemalte Wandpaneele an der oberen Kante der Mauern erzählen vom Leben Buddhas. Die Unterkünfte der Mönche liegen im Erdgeschoss des zweistöckigen Hauptgebäudes, das schlichte Hauptheiligtum befindet sich darüber. Der große Saal präsentiert sich ohne die üblichen Säulen und Weihrauchgefäße, sodass die riesige bronzene Buddha-Statue hinter dem einzigen Altar noch besser zur Geltung kommen kann.

Riesige Buddha-Statue aus Bronze, Xa Loi-Pagode

Farbenpracht an der Fassade des Mariamman Hindu-Tempels

⓲ Mariamman Hindu-Tempel

45 Truong Dinh, Distrikt 1. **Stadtplan** 2 D4. (08) 3823 2735. tägl. Sonnenauf- bis -untergang.

Der hinduistische Tempel ist Mariamman, einer Inkarnation von Shakti, der Hindu-Göttin der Stärke, geweiht und wird nicht nur von der kleinen Hindu-Gemeinde der Stadt besucht, sondern auch von anderen Gläubigen, darunter auch vietnamesische Buddhisten, die hier um Glück bitten.

Der Ende des 19. Jahrhunderts errichtete Tempel ist zwar klein, aber sehr schön und gepflegt, da er von der Regierung unterhalten wird. An den korallenfarbenen Außenmauern befinden sich zahlreiche Götterbildnisse, Kühe und Löwen, die alle in grellen Rosa-, Grün- und Blautönen bemalt sind. Über dem Eingang erhebt sich ein Turm mit Stufenpyramide als Dach, auf dem weitere Skulpturen, vor allem Göttinnen, emporragen.

Innen bewacht die Statue eines rot gewandeten Löwen den Eingang, der zu einem offenen Säulengang rund um das Hauptheiligtum führt. In drei Mauern des Hofs sind Altarnischen mit verschiedenen Götterbildnissen eingelassen. In der Mitte des Säulengangs erhebt sich das Allerheiligste: Der Steinbau orientiert sich an Angkor Wat *(siehe S. 216f)* und enthält das Bildnis der vielarmigen Mariamman. Die Göttin wird in Begleitung anderer Gottheiten dargestellt, an jeder Seite steht eine Göttin, außerdem entdeckt man Ganesha, den Elefantengott. Davor ragen zwei *lingam* auf.

Den Altar umgeben Weihrauchfässer und Messingöllampen in Figurenform. Die Gläubigen halten die Weihrauchstäbchen beim Beten in beiden Händen, im hinteren Bereich pressen Betende ihren Kopf gegen eine Gebetswand – in der Hoffnung, die Göttin werde ihre Wünsche und Gebete besser hören.

Stand auf dem Ben Thanh-Markt

⓳ Ben Thanh-Markt

Kreuzung Le Loi und Ham Nghi, Distrikt 1. **Stadtplan** 2 E4. tägl. 6–17 Uhr; im Außenbereich länger.

Der auffallende, riesige Einkaufskomplex, eines der sichtbarsten Bauwerke der Stadt, wurde im Jahr 1914 von den Franzosen als zentrale Markthalle geplant und *Les Halles Centrales* genannt.

Auf dem Markt tummeln sich Hunderte von Verkäufern an ihren Ständen und Läden, die eine erstaunliche Vielfalt an Waren und Produkten anbieten – von Lebensmitteln über Lederwaren, Haushaltsgeräten und Kleidung bis hin zu Eisenwaren und Tieren. Kein Wunder, dass der ganze Bau von einem lebhaften Treiben erfüllt ist (Achtung Taschendiebe!), vor allem wenn neue Waren aus dem ganzen Land eintreffen, die Marktschreier ihre Waren anbieten oder lautstark mit Kunden verhandeln. In all dem Trubel stöbern zahlreiche Besucher auf der Suche nach Schnäppchen. Es ist üblich, um jede Ware hart zu handeln; beginnen Sie etwa bei einem Drittel des zuerst genannten Preises.

Betritt man den Ben Thanh-Markt durch den Haupteingang am Le Loi Boulevard, findet man allgemeine Waren links. Rechts werden Bekleidung und Textilien verkauft. Etwas weiter innen gehört der rechte Bereich Trockenwaren wie Tee, Kaffee und Gewürzen sowie abgepackten Lebensmitteln. Etwa in der Mitte der Markthalle findet man rechts frische Lebensmittel und links kleine Imbissstände. Sie sind sowohl für ihre gute Qualität als auch die niedrigen Preise bekannt. Da es die Speisekarte auch auf Englisch gibt, kann man hier problemlos Gerichte bestellen.

Hotels und Restaurants in Ho Chi Minh City *siehe Seiten 236f und 246f*

⑳ Museum der Schönen Künste

97A Pho Duc Chinh, Distrikt 1. **Stadtplan** 2 E5. (08) 3829 4441. Di–So 9–17 Uhr.

Auf den ersten Blick wirkt der hübsche Bau mit seiner gelben Fassade und der weißen Dachtraufe typisch französisch: ein großzügiges, säulengeschmücktes Gebäude mit schmiedeeisernen Fenstern und Balkonen, darüber ein chinesisches Ziegeldach.

In den Innenräumen des Museums wird anhand von mehr als 2000 Ausstellungsstücken die Geschichte der bildenden Kunst in Vietnam aufgezeigt. Auf drei Stockwerken wird vietnamesische Kunst präsentiert, darunter Keramik, Lackarbeiten, Skulpturen und Ölgemälde einheimischer und ausländischer Künstler. Im Erdgeschoss findet man Wechselausstellungen zeitgenössischer Kunst. Im ersten Stock steht politische Kunst, fast ausschließlich zum Vietnamkrieg, im Mittelpunkt. Gezeigt werden auch einige Gemälde führender Künstler des Landes. Außerdem ist hier auch eine sehenswerte Ausstellung chinesischen Porzellans untergebracht.

Am interessantesten sind die Kunstwerke der Cham, Funan, Khmer, aus China und Indien im zweiten Stock: Antiquitäten, Oc Eo-Keramik und Skulpturen, chinesische Kunstobjekte und Holzschnitzereien sowie Cham-Statuen. Highlights sind einige hölzerne Grabstatuen des 20. Jahrhunderts aus dem zentralen Hochland. Leider sind nur sehr wenige Exponate auf Englisch erläutert.

Hinter dem Museum verkaufen zwei Galerien zeitgenössische Kunst aus Vietnam.

In dem Museum finden sehr oft Ausstellungen mit Werken einheimischer Künstler statt. Rund um den Museumshof sind einige Privatgalerien zu finden.

Kunstobjekt mit Soldatenhelmen, Museum der Schönen Künste

Steinbüste, Museum der Schönen Künste

㉑ Nghia An Hoi Quan-Pagode

678 Nguyen Trai, Cholon. **Stadtplan** 4 E4. (08) 3853 8775. tägl. Sonnenauf- bis -untergang.

Die für ihre detailreichen Holzarbeiten und filigranen Schnitzereien berühmte Pagode ist eine der ältesten der Stadt. Der Tempel aus dem frühen 19. Jahrhundert ist Quan Cong (198–249) geweiht, einem zum Gott erhobenen chinesischen General, sowie Nghia An, seinem in vielen Gefechten treuen Stallknecht.

Über dem Eingang hängt ein großes geschnitztes Holzboot. Dahinter fallen die großen Holzstatuen von Quan Congs rotem Pferd und Nghia An auf. Die Gläubigen beten an diesen Statuen und berühren sie, um den Segen zu erbitten. Auch das Pferd gilt als heilig: Die Betenden klingeln mit dem Glöckchen am Halfter und kriechen unter der Statue durch, um dabei den Segen »aufzuwischen«.

Rechts davon thront hinter dem Hauptaltar in einem Glaskasten der Hüter von Glück und Tugend, Ong Bon. Das Hauptheiligtum betritt man durch hölzerne Gittertüren. Innen sieht man Friese mit einem Tiger und einem Drachen. Der Glaskasten hinter dem Hauptaltar zeigt Bildnisse von Quan Cong und seinen Beratern: Quan Binh, sein wichtigster Mandarin, sitzt rechts von ihm, sein General Chau Xuong links.

Am 14. Tag des ersten Mondmonats treten vor dem Tempel Einhorn-, Löwen- und Drachengruppen auf. Nach den Gebeten finden in den folgenden Nächten vielfältige artistische Darbietungen statt. Diese Vorführungen sollen die Bewunderung der Hoa für Quan Cong veranschaulichen.

Vietnam im Film

Kein anderes Land Südostasiens spielt in Hollywood-Filmen eine so große Rolle wie Vietnam, nicht nur in Kriegsfilmen. Der erste hier angesiedelte US-Streifen war *Red Dust* (1932), ein romantischer Liebesfilm mit Clark Gable. Um Politik und Ethik ging es in beiden Verfilmungen des Romans von Graham Greene *Der stille Amerikaner*: 1957 mit Audie Murphy und im Jahr 2002 mit Michael Caine. Unter den vielen Antikriegsfilmen sind Francis Ford Coppolas *Apocalypse Now* (1979) und Oliver Stones realistisches Drama *Platoon* (1986) am bekanntesten. Andere Filme, die in Ho Chi Minh City spielen, sind Régis Wargniers *Indochine* (1991), ein sinnlicher Reigen durch das weiße, koloniale Vietnam, sowie der in Vietnam verbotene, da systemkritische Film *Cyclo* (1995) des französisch-vietnamesischen Regisseurs Tran Anh Hung, der auch *Der Duft der grünen Papaya* (1993) drehte.

Szene aus Oliver Stones *Platoon*

Stadtplan Ho Chi Minh City *siehe Seiten 82–87*

Spaziergang durch Cholon

Cholon wird seit über drei Jahrhunderten als chinesisches Händler- und Marktviertel seinem Namen »Großer Markt« gerecht. Das auch schlicht »Distrikt 5« genannte Viertel lockt mit einer verwirrenden Vielfalt an Läden, in denen von früh bis spät mit Seide, Gewürzen, Heilkräutern, aber auch mit Hüten, Jade, Kuriositäten und Keramik gehandelt wird. Da hier die meisten Hoa (chinesischstämmige Vietnamesen) der Stadt leben, ist Cholon mit seinen chinesischen Pagoden und Tempeln auch ein religiöses Zentrum. Die auffallenden Bauten säumen vor allem die Hauptstraße des Viertels, Nguyen Trai. Die engen Straßen erkundet man am besten zu Fuß.

Glimmende Weihrauchspiralen, Thien Hau-Pagode *(siehe S. 74)*

Auf dem Markt für Elektroartikel findet man einen bunten Mix: Fernseher, Toaster, Klimaanlagen und vieles mehr.

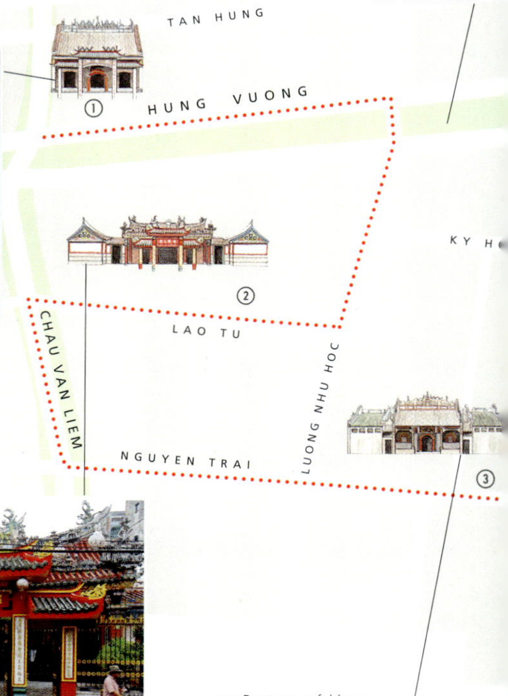

① **Phuoc An Hoi Quan-Pagode**
Der von der Fujian-Gemeinde 1902 erbaute Tempel ist Quan Cong geweiht. Die historischen Speere am Hauptaltar symbolisieren die Kardinaltugenden.

② **Quan Am-Pagode**
Dies ist die einzige durch eine Straße getrennte Tempelanlage. Sie wird auch Ong Lang genannt und hat eine bunte Fassade mit Keramikziegeldach *(siehe S. 74)*.

••• Routenempfehlung

0 Meter 100

③ **Thien Hau-Pagode**
Die Pagode fällt vor allem durch den fein geschnitzten Dachfries mit detailliert gestalteten Motiven chinesischer Sagen auf *(siehe S. 74)*.

Zur Orientierung

Trieu Quang Phuc-Straße
Die Straße, eine der lebhaftesten (und lautesten!) in Cholon, ist vom scharfen Duft der Heilkräuter aus den traditionellen chinesischen Medizinläden erfüllt.

Routeninfos

Länge: ca. 1,5 Kilometer.
Rasten: Preiswerte Snacks und Produkte erhält man auf dem Xa Tay-Markt neben der Cholon-Moschee, auf der Trieu Quang Phuc-Straße und auf dem Markt für Elektroartikel. An der Tran Hung Dao-Straße liegen teurere Restaurants.
Sicherheit: Vor allem auf der Hung Vuong-Straße herrscht reger Verkehr. Passen Sie hier besonders auf!

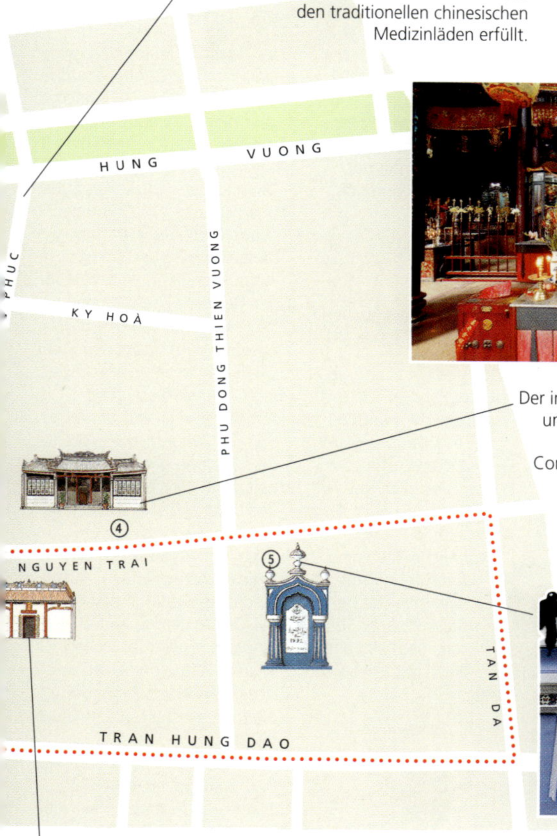

④ Nghia An Hoi Quan-Pagode
Der in Rot und Gold prächtig bemalte und mit feinsten Holzschnitzereien verzierte Hauptaltar ist Quan Cong geweiht, einem tief verehrten Nguyen-Fürsten *(siehe S. 71)*.

⑤ Cholon-Moschee
Die kleine Moschee aus den frühen 1930er Jahren hat einen heiteren Charme. Die schlichte Architektur steht im Gegensatz zu den verzierten Pagoden des Viertels.

⑥ Tam Son Hoi Quan-Pagode
Die Pagode aus dem 19. Jahrhundert ist der Fruchtbarkeitsgöttin Me Sanh geweiht, farbenprächtig dekoriert und mit Schreinen für verschiedene Götter eingerichtet. Am Altar von Me Sanh im hinteren Teil beten Frauen in der Hoffnung auf Empfängnis.

㉒ Thien Hau-Pagode

710 Nguyen Trai, Cholon.
Stadtplan 4 E4. (08) 3855 5322.
tägl. Sonnenauf- bis -untergang.
Thien Hau-Pagodenfest (Apr).

Der Tempel wird auch Hoi Quan Tue Thanh genannt und ist ebenfalls als Chua Ba (»Frauen-Pagode«) bekannt. Geweiht ist er Thien Hau, der Meeresgöttin und Schutzpatronin der Seeleute. Die von der kantonesischen Gemeinde im frühen 19. Jahrhundert errichtete Pagode ist einer der beliebtesten und am reichsten verzierten Tempel der Stadt. Den Vorhof umgeben hohe Mauern mit fein gestalteten Friesen und geschnitzten Paneelen. Die Decke am Eingang weist Schnitzarbeiten und Vergoldungen auf.

Kostbare Friese und Reliefs schmücken das Atrium innen, aus Weihrauchfässern steigen duftende Rauchschwaden empor. In der großen Haupthalle fallen Messingwasserrohre mit chinesischen Inschriften auf – Reste der Feuerwehrschläuche, mit denen 1898 ein Brand im Tempel gelöscht wurde. An den Wänden hängen Gebetsfahnen, rote Papierstreifen, auf die Gläubige ihr Gebet notieren. Weht ein Lufthauch durch das Papier, werden die Gebete zu Thien Hau gebracht.

Weihrauchtopf, Thien Hau-Pagode

Reihen von Weihrauchspiralen hängen im Haupttheiligtum an der Decke. Am Altar thronen drei Statuen von Thien Hau, von zwei Helfern flankiert. An der Decke entdeckt man ein geschnitztes Holzboot, rechts ein Bildnis von Long Mau, der Göttin der Mütter und Neugeborenen.

Weiß strahlende Quan Am, Quan Am-Pagode

㉓ Quan Am-Pagode

12 Lao Tu, Cholon. **Stadtplan** 4 D4.
(08) 3855 3543. 8–16.30 Uhr.

Diese auch Ong Lang genannte Pagode, 1816 von chinesischen Kaufleuten errichtet, ist der chinesischen Göttin der Barmherzigkeit geweiht, die Quan Am oder Kwan Yin heißt. Der ungewöhnliche Bau wird durch eine Straße in zwei Bereiche getrennt: Auf der Südseite liegt eine kleine Plaza mit einer Grotte an einem Teich, auf der Nordseite der Haupttempel.

Das auffallende Dach und der Eingangsbereich sind geschmückt mit Heiligenbildern, vergoldeten Ornamenten und geschnitzten Holzpaneelen voller Drachen, Häuser, Menschen und Szenen aus dem traditionellen Leben Chinas.

Im Inneren ist der erste Altar Buddha geweiht, danach geht man ins Hauptheiligtum mit zwei lotosförmigen Gebetsmühlen. Die rotierenden Säulen zeigen unzählige Buddha-Bildnisse. Die Gläubigen geben hier eine Spende und hängen ein Zettelchen mit ihrem Namen an eines der Bilder. Bei jeder Drehung der Säule wird ihr Gebet »erhört«.

Neben dem Hauptaltar steht Quan Am inmitten von anderen Götterstatuen, etwa Amida, dem glücklichen Buddha der Zukunft, oder A Di Da, dem Buddha der Vergangenheit, und Thich Ca, dem Buddha Siddhartha. Zu beiden Altarseiten kann man in kleinen Öfen Papiergeld für die Verstorbenen verbrennen. Auffallend ist eine Statue von A Pho, der Göttin des Himmels. In einem Hof dahinter stehen weitere Altäre und Götterbildnisse. Lebende Schildkröten, die man hier hält, sollen Glück bringen.

Überall sieht man Öllampen und Weihkerzen, ölgefüllte Gläser mit Dochten, die Weihrauchduft verströmen.

Aufwendig verzierte Skulpturen und Keramikfriese am Dach der Thien Hau-Pagode

㉔ Binh Tay-Markt

Thap Muoi, Cholon. **Stadtplan** 3 C5. (08) 3857 1512. tägl. 8–17 Uhr. **chobinhtay.gov.vn**

Der »Große Markt«, so die Bedeutung von *cho lon*, wird seinem Anspruch voll gerecht. Aus einer kleinen Ansammlung von Marktständen unter freiem Himmel machte ein chinesischer Kaufmann bereits im Jahr 1826 einen dauerhaften Marktplatz, der sich zum heutigen riesigen Handelszentrum entwickelte.

Der gelbe Bau hat vier Flügel um einen Innenhof mit Brunnen. In der Mitte überragt ein Uhrenturm das Gelände. Unter den übereinanderliegenden Pagodendächern spielt sich das Markttreiben ab. Als Großmarkt ist Binh Tay weniger touristisch als der Ben Thanh-Markt *(siehe S. 70)*. Im Angebot sind die verschiedensten Heilkräuter, aus China importiertes Spielzeug und Singvögel. Mechaniker und Schneider bieten ihre Dienste an.

Süßigkeiten in Glasgefäßen locken auf dem Binh Tay-Markt

㉕ Phung Son-Pagode

1408 3 Thang 2, Distrikt 11. **Stadtplan** 3 B4. (08) 3969 3584. tägl. 5–19 Uhr.

Der auch als Go-Pagode bekannte Komplex entstand 1802–20 auf den Ruinen eines älteren Gebäudes. Archäologen haben nachgewiesen, dass hier einst ein Gebäude des Funan-Reichs *(siehe S. 43)* stand.

Betende Frau vor einer Statue am Eingang der Phung Son-Pagode

Der Legende nach sollte der Tempel an einen anderen Ort versetzt werden, doch als man die Schätze auf einen weißen Elefanten packte, stürzte das Tier – ein Omen, den Tempel am angestammten Platz zu belassen.

Im Tempel gibt es zwei Mönchsunterkünfte, das Hauptheiligtum mit verschiedenen Buddha-Statuen erstreckt sich auf der linken Seite. Daran schließt sich ein Hof an mit Bildnissen von Buddha und Quan Am, der Göttin der Gnade, sowie einer Trommel und einer Bronzeglocke.

㉖ Giac Vien-Pagode

161/35/20 Lac Long Quan, Distrikt 11. **Stadtplan** 3 A4. tägl. 7–19 Uhr. **Dam Sen Water Park** 3 Hoa Binh, Distrikt 11. Mo–Sa 9–18, So 8.30–18 Uhr. **damsenwaterpark.com.vn**

Der 1744 von dem Mönch Hai Tinh Giac Vien gegründete Tempel liegt am Stadtrand und ist einer der ruhigsten Orte der Metropole. Die Pagode ist wegen ihrer Sammlung von 150 Holzstatuen bekannt und dient vor allem der Totenehrung. Etliche große und wunderschön verzierte Gräber liegen gleich rechts vom Eingang, jeweils geschmückt mit den Bildern von Verstorbenen. In einem Kolumbarium stehen Urnen: Zwar ist es innen dunkel, aber durch geschickt platzierte Dachöffnungen fällt Licht hinein und schafft eine fast filmreife Atmosphäre.

Der Altar im inneren Heiligtum ist eine bunte Mischung aus Buddha-Statuen verschiedenster Größen und Stile, manche sind vergoldet, andere schlicht aus Holz oder Keramik gefertigt. Ein großer A Di Da-Buddha thront am Raumende, zwei kleine Bodhisattvas ducken sich davor, dazwischen sitzen über ein Dutzend weitere. Am Altar erheben sich auf reihenförmigen Stufen kleine, in sanftes Licht getauchte Buddhas. Zu beiden Seiten des Heiligtums findet man Bonsaibäume und Grotten.

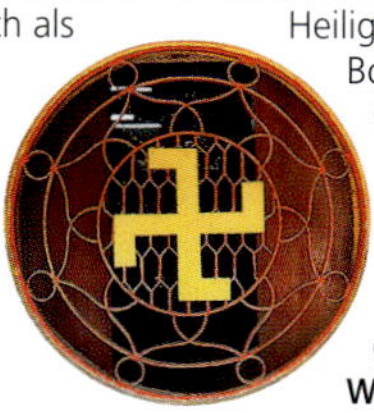

Swastika, Giac Vien-Pagode

Entspannung und Abwechslung vor allem für Kinder bietet der nahe gelegene **Dam Sen Water Park** mit Wasserrutschen und -fahrten, einem künstlichen Fluss, einem See und schattigen Plätzen. Der Park wartet auch mit Landschaftsgärten mit Lagunen, Pagoden und einigen ungewöhnlichen Tierskulpturen auf.

Großer, vergoldeter Buddha auf einem Altar der Giac Vien-Pagode

Rekonstruktion einer Küche im Tunnelsystem von Cu Chi

㉗ Ein-Säulen-Pagode von Thu Duc

100 Dang Van Bi, Distrikt Thu Duc. (08) 3896 0780. tägl. Sonnenauf- bis -untergang.

Nach ihrer Flucht aus Hanoi 1954 errichteten Mönche die Pagode und versuchten, die Lien Phai-Pagode in Hanoi *(siehe S. 167)* zu kopieren. Während des Vietnamkriegs *(siehe S. 48f)* nutzte der Vietcong sie als Lager. Trotz der Bemühungen des Diem-Regimes, die Pagode zu zerstören, blieb sie dank des Engagements der Mönche und lokaler Unterstützung unversehrt.

Wie ihr Vorbild erhebt sich auch diese Pagode in einem Lotosteich. Eine enge Treppe führt vom Teichufer zu einem portalähnlichen Eingang empor. Dank der vielen Fenster hat man oben eine hervorragende Rundumsicht. Der Innenraum ist schlicht.

Die Ein-Säulen-Pagode erhebt sich in einem Lotosteich

㉘ Cu Chi-Tunnel

40 km NW von HCMC. 13 nach Cu Chi, dann Taxi. (08) 3794 8768. tägl. 7.30–17 Uhr.

Der kleine Ort Cu Chi ist wegen der ausgedehnten Tunnelsysteme rund 15 Kilometer außerhalb der Stadt berühmt. In dem Gebiet verstecken sich zwei Komplexe: Die Tunnel rund um das Dorf Ben Dinh nutzte der Vietcong im Vietnamkrieg.

Die Tunnelführung beginnt im Lageraum, dessen Karten die Ausdehnung der Tunnel zeigen. Nach einer audiovisuellen Einführung in die Geschichte der Tunnel geht es weiter an nachgebauten Sprengfallen und Vietcong-Soldatenfiguren vorbei. Hier sieht man Falltüren, die in unglaublich enge Tunnel führen: Sie wurden für westliche Besucher zwar erweitert, dennoch bekommt man leicht Platzangst. Noch tiefer im Inneren wurden die Kammern mit Betten, Herd und Munitionsdepots wie im Krieg hergerichtet.

Das zweite Tunnelsystem findet man in Ben Duoc. Die Tunnel wurden hier eher als Sehenswürdigkeit angelegt und sind daher etwas geräumiger als die Originaltunnel des Vietcong.

Cu Chi selbst ist für seine Schießstände bekannt, aber auch eine Gedenkpagode mit Wandbildern und einer Skulptur in Tränenform ist sehenswert. Von der Straße aus sieht man überall schlichte Friedhöfe mit Gefallenengräbern des Vietnamkriegs.

㉙ Nui Ba Den

106 km NW von HCMC am Hwy 22; 15 km NO der Stadt Tay Ninh. 4 nach An Suong, dann Minibus nach Tay Ninh. (066) 382 6763. Nui Ba Den-Fest (Juni).

Die Provinz Tay Ninh lockt mit zwei Sehenswürdigkeiten, dem Cao Dai-Tempel *(siehe S. 78f)* und Nui Ba Den, dem »Berg der Schwarzen Frau«. Beide Attraktionen sind nicht weit von Tay Ninh entfernt, Nui Ba Den liegt aber etwas abseits, sodass sich nur wenige Besucher hierher verirren, zumal es keine Verbindung mit öffentlichen Verkehrsmitteln gibt. Doch wer Nui Ba Den besucht, wird reich belohnt.

Die Jahrmarktatmosphäre am Fuß des Bergs kann man zugunsten des idyllischen bewaldeten Gipfels getrost links liegen lassen. Der 986 Meter hohe Berg erhebt sich in einer grünen Tiefebene mit glitzernden Seen. Der Gipfel bietet eine herrliche Aussicht und den Schrein der »Schwarzen Frau«, einer gläubigen Frau namens Huong, die einst für ihre Ehre starb. Wer Lust auf eine Wanderung hat, kann wie die Pilger den Berg zu Fuß erklimmen, bequemer ist der Sessellift.

Der Berg diente früher als Vietcong-Basis und wurde im Vietnamkrieg deshalb mit chemischen Waffen bombardiert. Heute sind die von Buddhisten als heilige Stätten genutzten Höhlen so schön wie einst. Alljährlich im Juni finden hier Opfer, Gesang und Tanz statt.

Eine große, rundliche Statue mit Zigarette am Fuß des Nui Ba Den

Tunnelsysteme

Schon seit Jahrhunderten nutzten Vietnamesen Tunnelsysteme wie die in Cu Chi und Vinh Moc *(siehe S. 154)*. Im Vietnamkrieg *(siehe S. 48f)* waren sie der Schlüssel im Guerillakampf und trugen zum Sieg über die US-Armee bei. Die Tunnelsysteme erstreckten sich über mehr als 200 Kilometer und wurden von Bauern nur mit Schaufeln gegraben. Manche waren mehrstöckig, mit Wohnräumen, Küchen und Lazaretten ausgestattet. Von hier konnten die Vietcong – vor Angriffen sicher – Überraschungsangriffe starten. Die US-Armee wusste von den Tunneln und versuchte, sie mit Infrarotlicht, Stethoskopen und Spürhunden zu finden – meist ohne Erfolg, da man die Eingänge immer wieder umlegte.

Aufbau der Tunnelsysteme

Die meisten Tunnel waren klein und primitiv, aber die größeren erstreckten sich über drei Stockwerke bis zu zehn Meter tief. Trotzdem war es in den Tunneln heiß, beengt und feucht, was den Aufenthalt sehr unangenehm gemacht hat.

Tunneleingänge waren winzig und mit Laub und Ästen so gut getarnt, dass sie den US-Soldaten meist verborgen blieben. Die GIs suchten daher mit Stethoskopen am Boden, um unterirdischen Geräuschen auf die Spur zu kommen.

»Tunnelratten« war der Spitzname für besondere US-Einheiten, die in Tunnel kriechen und sie mit Tränengas ausräuchern mussten, um die Vietcong-Soldaten an die Oberfläche zu treiben.

Der Kochbereich bot einfallsreiche Lösungen, damit der Rauch nicht nach oben stieg.

Aus gut getarnten Feuerstellungen konnten die Vietnamesen auf Feinde schießen und rasch verschwinden.

Lage- und Strategiebunker

Unterwassereingang

Im Lazarett wurden nicht nur Verwundete versorgt, sondern auch viele Kinder geboren.

Munitionslager

Luftschutzbunker schützten die Vietnamesen in den tiefsten Tunnelschichten vor schweren Bombenangriffen.

Die schmalen Tunnelgänge wurden so eng und kompakt wie möglich gebaut, damit die viel größeren US-Soldaten nicht durch die Tunnel kriechen konnten.

Einfallsreiche Sprengfallen nutzten alles von Bambus über Eisenstäbe bis zu Sprengstoff und machten die Tunnel zu Todesfallen.

30 Cao Dai-Tempel

Das Zentrum der 1926 entstandenen Religion des Caodaismus *(siehe S. 27)*, auch »Heiliger Stuhl« genannt, zieht jährlich drei Millionen Gläubige an. Hauptattraktion ist der Große Himmelstempel, ein Bau mit einer Stilmischung europäischer und asiatischer Architektur. Zwischen den leuchtenden Rosa-, Grün- und Gelbtönen findet man Schnitzereien sich krümmender Schlangen und Drachen sowie zahllose »Göttliche Augen«. Die täglichen Gottesdienste mit Hunderten prächtig gekleideter Geistlicher sind ein spektakulärer Anblick.

Bunte Drachenmotive verzieren die Säulen

Maitreya Buddha
Eine Buddha-Statue thront auf dem mittleren Turm der Frontfassade – im Caodaismus wird auch Buddha verehrt.

Gebetshalle
Die lang gestreckte, bunt geschmückte Halle besteht aus neun Ebenen, Sinnbild für die neun Stufen zum Himmel. Geschnitzte Säulen und Fenster mit dem Göttlichen Auge säumen beide Seiten.

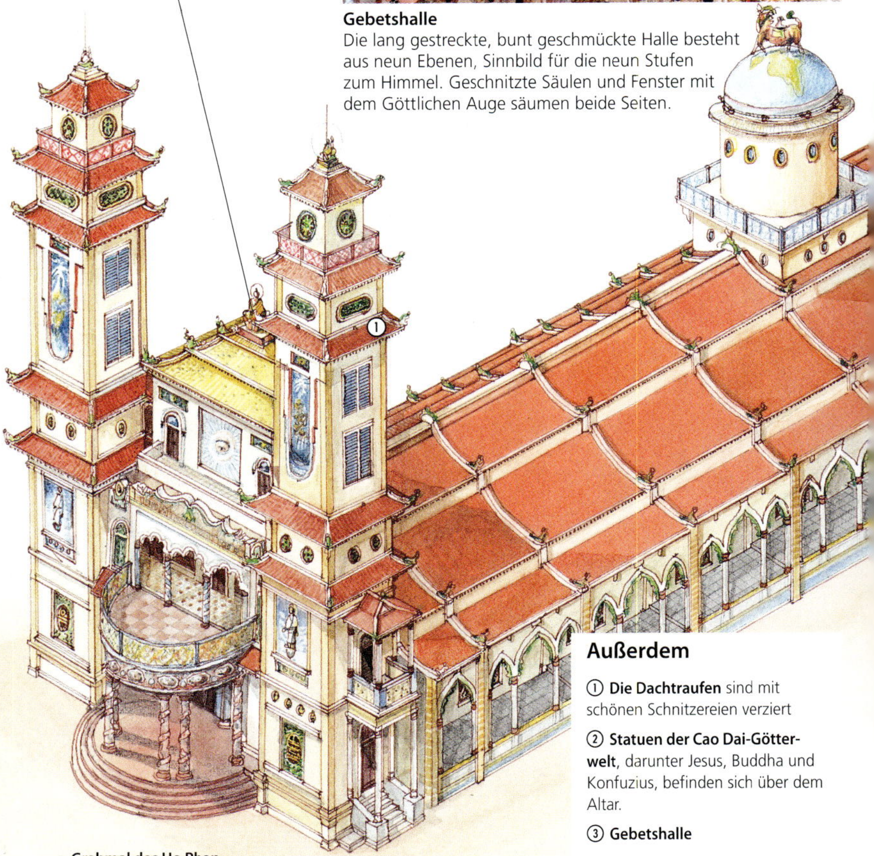

Außerdem

① **Die Dachtraufen** sind mit schönen Schnitzereien verziert

② **Statuen der Cao Dai-Götterwelt**, darunter Jesus, Buddha und Konfuzius, befinden sich über dem Altar.

③ **Gebetshalle**

↙ **Grabmal des Ho Phap**

★ Altar des Auges
Das Allessehende Göttliche Auge, Symbol des Caodaismus, ist auf einem großen, sternenbedeckten Globus am Hauptaltar aufgemalt. Die Wolken und Sterne der Kuppel symbolisieren die Ankunft im Himmel.

Infobox

Information
Long Hoa, 4 km O von Tay Ninh; 96 km NW von HCMC.
i Tay Ninh Tourist, 210B 30 Thang 4, Tay Ninh, (066) 382 2376.
tägl.
Gottesdienst 6, 12, 18, 24 Uhr.

★ Phan Cong Tac
Einer der Mitbegründer des Caodaismus war ein Medium, das bei Séancen mit den heiligen Geistern kommunizieren konnte.

★ Die drei Heiligen
Das Wandbild zeigt den chinesischen Politiker Sun Yat Sen, den Schriftsteller Victor Hugo und den Dichter Nguyen Binh Khiem, die als Irdische das »Dritte Bündnis zwischen Gott und Mensch« unterzeichnen.

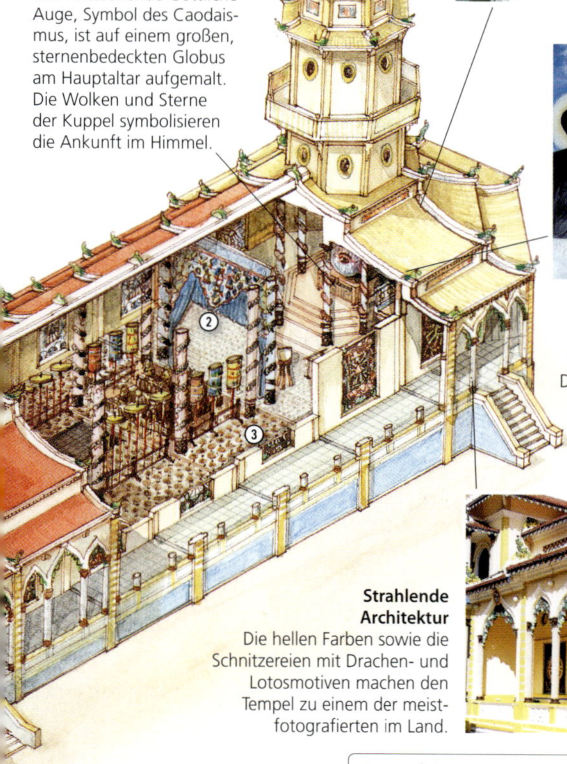

Strahlende Architektur
Die hellen Farben sowie die Schnitzereien mit Drachen- und Lotosmotiven machen den Tempel zu einem der meistfotografierten im Land.

Großer Himmelstempel
Das geistige Zentrum des Cao Dai-Komplexes entstand 1933–55. Das dreireihige Dach, die Buntglasfenster und die vielen verschiedenen Farben schaffen eine höchst ausgefallene Ästhetik. Das Göttliche Auge symbolisiert Wissen und Weisheit. Die Hierarchie im Caodaismus folgt dem Vorbild der katholischen Kirche.

Grundriss Cao Dai-Tempel

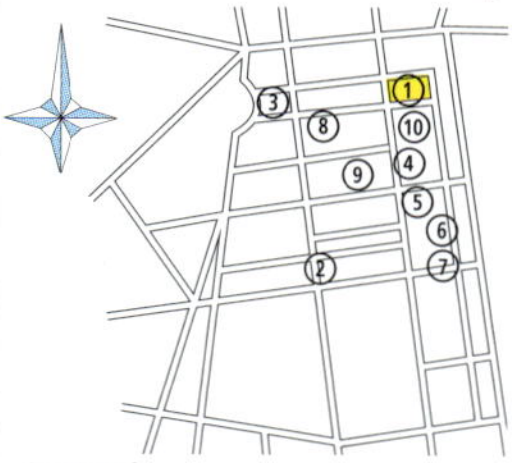

Legende
Illustration oben

Legende
1. Großer Himmelstempel
2. Tempel der Hl. Mutter
3. Grab des Ho Phap
4. Amphitheater
5. Meditationsraum
6. Öffentliche Anlagen
7. Webhaus
8. Informationssaal
9. Büro des Papstes
10. Büro der Kardinalin

Fischerboote im Hafen von Vung Tau vor malerischer Bergkulisse

㉛ Vung Tau

130 km O von HCMC am Hwy 51. 250 000. Hubschrauber von HCMC. Tragflächenboot von HCMC. Vung Tau Tourist, 33 Tran Hung Dao, (064) 385 7527. **amthucvungtau.info**
Bach Dinh 4 Tran Phu. (064) 385 2605. tägl. 7–11.30, 13.30–17 Uhr.

Die Stadt Vung Tau liegt auf einer Halbinsel und war einst ein eleganter französischer Badeort namens Cap St. Jacques. Als Urlaubsort ist Vung Tau immer noch beliebt, aber Wasser- und Strandqualität haben durch die starke Bebauung und die Ölbohrinseln vor der Küste gelitten. An Wochenenden ist die Stadt überlaufen, teuer und laut. Während der Woche geht es ruhiger zu.

Die zwei wichtigsten Strände sind **Bai Truoc** (Vorderer Strand) im Westen und der lange, breite **Bai Sau** (Hinterer Strand) an der Ostküste der Halbinsel. Am Bai Truoc stehen mehr Hotels, Bars und Lokale, der ruhigere Bai Sau ist preiswerter.

In der Nähe von Vung Tau lohnen zwei Felsgipfel, **Nui Lon** (Großer Berg) und **Nui Nho** (Kleiner Berg), wegen der schönen Aussicht einen Ausflug. Auf Nui Nho steht eine riesige Jesus-Statue. Man kann sie besteigen und von oben die Aussicht genießen. Alternativ kann man auch mit der Bergbahn auf den Gipfel von Nui Lon fahren. Eine wunderbare Aussicht bietet der **Leuchtturm Vung Tau**, etwa 1,5 Kilometer vom Fähranleger entfernt.

Die »Weiße Villa« **Bach Dinh** wurde 1898–1902 vom französischen Generalgouverneur Paul Doumer als Sommerresidenz erbaut und war 1947–55 Wohnsitz von Kaiser Thanh Thai, als er von den Franzosen unter Hausarrest gestellt wurde. Heute kann man hier Objekte der chinesischen Qing-Dynastie besichtigen, die aus einem Wrack (17. Jh.) geborgen wurden.

Fischerboot aus Long Hai

㉜ Long Hai

130 km O von HCMC am Hwy 19; 40 km NO von Vung Tau. ab HCMC. Vung Tau Tourist, 33 Tran Hung Dao, (064) 385 7527. Fischerfest (Feb/März).

Am früher menschenleeren Küstenabschnitt zwischen Vung Tau und Phan Thiet stehen einige große Ferienresorts, und das Gebiet rund um das Städtchen Long Hai wird etwas übertrieben als »Riviera Vietnams« angepriesen. Immerhin ist das Wasser sauber, die Strände sind teilweise noch immer paradiesisch unberührt, die Preise niedrig, die Fischgerichte wirklich frisch und die Atmosphäre entspannt. Sehenswert ist der bei Long Hai gelegene **Mo Co-Tempel**, wo zum Fischerfest Hunderte von Booten aus der ganzen Region festmachen. Weiter östlich steht eine der Villen von Bao Dai, in der sich heute das schicke Resort Alma Oasis *(siehe S. 237)* befindet. Der Strand ist privat, gegen eine kleine Gebühr kann man jedoch den ganzen Tag lang die Hoteleinrichtungen nutzen. Von Vung Tau gibt es keine direkte Verbindung mit öffentlichen Verkehrsmitteln, aber die Fahrt von Ho Chi Minh City nach Long Hai führt an interessanten Kirchen und Tempeln vorbei.

㉝ Ho Coc Beach

190 km O von HCMC; 36 km NO von Long Hai.

Der Strand von Ho Coc ist nach wie vor unbebaut. Die Einsamkeit ist der größte Reiz. Zwar strömen am Wochenende viele Einheimische hierher, doch es gibt nur wenige öffentliche Verkehrsmittel, ein paar Unterkünfte und nur eine Handvoll einfacher Lokale. Am langen, sauberen weißen Strand fallen riesige Felsbrocken auf.

Umgebung: Ho Coc liegt direkt am Naturpark **Binh Chau-Phuoc Buu**. Dessen Bäume wachsen bis hinunter zum Strand, etliche Wanderpfade (für die man für wenig Geld auch Guides buchen kann) führen vom Strand aus

Einfache Baumhütte auf einem Felsen am Strand von Ho Coc

Die aufgewühlte See des Südchinesischen Meers am Strand von Ho Coc

in den Dschungel. Einst lebten hier viele größere Tiere, doch die meisten sind zu ihrem Schutz umgesiedelt worden. Dennoch kann man viele Affen- und Vogelarten beobachten – ein grünes Idyll.

㉞ Heiße Quellen von Binh Chau

150 km SO von HCMC; 50 km NO von Long Hai. **i** Binh Chau Hot Springs Resort, (064) 387 1131.

Die über 100 heißen Naturquellen, denen therapeutische Wirkung nachgesagt wird, ziehen in Binh Chau vor allem rheuma- und arthritiskranke Menschen an. Zwar sind der mineralstoffreiche Schlamm und die Quellen die Hauptattraktion, aber man kann sich hier auch gut ohne Therapie amüsieren.

Das Binh Chau Hot Springs Resort ist heute ein beliebtes Urlaubsziel, es bietet Tennisplätze und Billardtische sowie eine Karaokebar. Private und öffentliche Einrichtungen für Bäder in den heißen Quellen sind ebenfalls vorhanden.

Die privaten Bäder sind mit Holzpaneelen zum Umkleiden abgeschirmt und haben Sonnenschutzdächer. Sie bieten zwischen zwei und zehn Gästen Platz, sind jedoch teurer als die öffentlichen Bäder, die auch noch einen Pool haben. Die Wassertemperaturen liegen bei durchschnittlich 40 °C, einige Thermen erreichen jedoch 82 °C. An manchen Stellen werden Körbchen mit Eiern verteilt, die man zum Kochen in die Pools oder in die heißen Quellen hält – große Hühnerfiguren werben für diese Form der »Unterhaltung«. Sehr empfehlenswert sind die medizinischen Schlammbäder.

Zwischen den heißen Quellen liegen grüne Marschregionen mit gut ausgeschilderten Wanderwegen.

Eierkochen an den heißen Quellen von Binh Chau

㉟ Nationalpark Cat Tien

160 km NO von HCMC. ab HCMC. Minibus von Busstation Mien Dong Richtung Dalat. (061) 366 9228.
W namcattien.org

Das UNESCO-Biosphärenreservat Cat Tien ist zweifellos einer der artenreichsten Parks seiner Art. Das ist umso erstaunlicher, als die Gegend während des Vietnamkriegs mit Entlaubungschemikalien bombardiert wurde. Vor Urzeiten war dies sogar eine Pilgerstätte, wie die Entdeckung alter religiöser Artefakte aus den Funan- und Champa-Reichen *(siehe S. 43)* zeigt.

Heute gedeiht in dem 718 Quadratkilometer großen Park eine abwechslungsreiche Pflanzenwelt mit über 1600 Arten – es werden immer noch neue entdeckt. Die Tierwelt ist ebenfalls beeindruckend, aber teils stark bedroht, Banteng, Kouprey und Java-Nashorn sind ausgestorben. Trotzdem stellt der Park für viele andere Tierarten wie Hirsche, Elefanten und über 300 Vogelarten ein Refugium dar. Affenvölker, u. a. seltene Kleideraffen-Arten, leben in den Bäumen, 440 verschiedene Schmetterlingsarten flattern über Wildblumen. Da wundert es nicht, dass der Park eines der beliebtesten Reiseziele für Naturliebhaber ist. Die Parkunterkünfte liegen auf der anderen Seite des Flusses Dong Nai.

Java-Nashorn

Unter den vielen Tierarten im Nationalpark Cat Tien hat kaum eine so viel besorgte Aufmerksamkeit erregt wie das vom Aussterben bedrohte Java-Nashorn *(Rhinoceros sondaicus)*. Diese beeindruckenden Tiere zogen früher herdenweise durch die Wälder, wurden aber während der Kolonialzeit durch die Jagd fast ausgerottet. Der Nationalpark Cat Tien war bis Ende 2010 Heimat des letzten Exemplars außerhalb Javas, das von Wilderern getötet wurde. Die Spezies wurde daraufhin für ausgerottet erklärt. Vietnam steht an der Spitze für den illegalen Handel mit Rhinozeroshorn und ist für einen Großteil der Nashorn-Wilderei in Afrika verantwortlich.

Das ausgerottete Java-Nashorn

Stadtplan

Die Orientierung in den engen Straßen und gewundenen Gassen von Ho Chi Minh City ist mitunter nicht einfach. Die Stadt ist in 19 *quan* (Stadtbezirke/Distrikte) und fünf Vorortbezirke aufgeteilt. Vietnamesische Adressen *(siehe S. 279)* sind meist recht klar. Hier jedoch wird das Auffinden einer Adresse dadurch kompliziert, dass die Hausnummern bei durchgehenden Straßen nach jeder Distriktgrenze neu beginnen. Im Stadtplan sind die für Straßennamen typischen Wörter abgekürzt. So wird Nguyen nur mit »Ng« wiedergegeben. Bei Straßen im Süden wird das Wort *duong* (Straße) dem Namen meist beigestellt. (*Pho* heißt Straße im Norden Vietnams.) Neben den Sehenswürdigkeiten sind im Stadtplan auch andere wichtige Gebäude eingetragen.

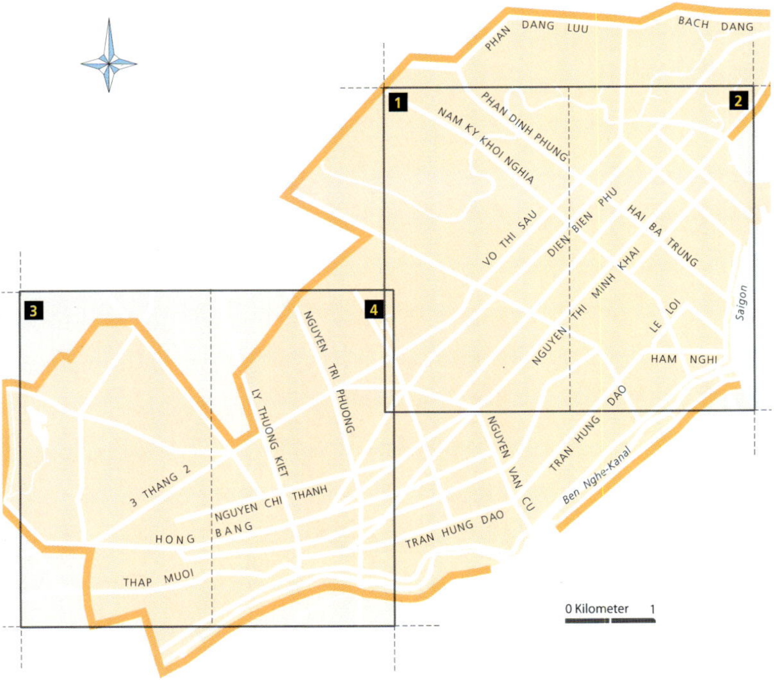

Maßstab der Karten 1–4

0 Meter 500

Legende

- Hauptsehenswürdigkeit
- Sehenswürdigkeit
- Anderes Gebäude
- Bahnhof
- Busbahnhof
- Anlegestelle
- Information
- Krankenhaus
- Pagode/Tempel
- Kirche
- Moschee

Kartenregister

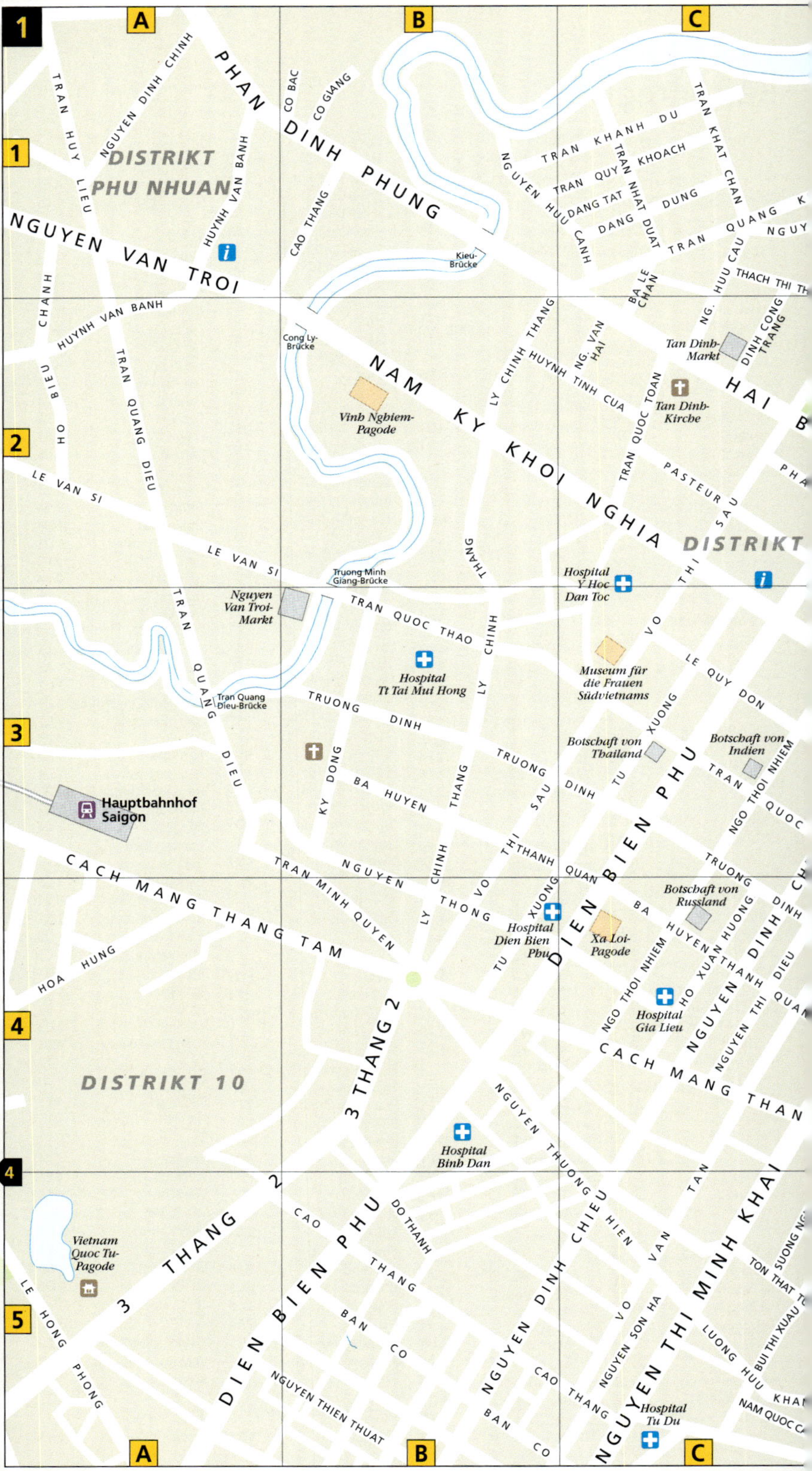
1
A
B
C
1
2
3
4
5
4
DISTRIKT PHU NHUAN
DISTRIKT
DISTRIKT 10
PHAN DINH PHUNG
NGUYEN VAN TROI
NAM KY KHOI NGHIA
LE VAN SI
TRAN HUY LIEU
NGUYEN DINH CHINH
HUYNH VAN BANH
CO BAC
CO GIANG
CAO THANG
TRAN KHANH DU
TRAN QUY KHOACH
DANG TAT
DANG DUNG
TRAN NHAT DUAT
TRAN KHAT CHAN
NGUYEN HUU CANH
TRAN QUANG K
NGUY
HUU CAU
THACH THI TH
BA LE CHAN
NG. VAN HAI
DINH CONG TRANG
HAI B
Tan Dinh-Markt
Tan Dinh-Kirche
Kieu-Brücke
Cong Ly-Brücke
Vinh Nghiem-Pagode
CHANH
HO BIEU
TRAN QUANG DIEU
LY CHINH THANG
HUYNH TINH CUA
TRAN QUOC TOAN
PASTEUR
PHA
HAI THI SAU
Truong Minh Giang-Brücke
Hospital Y Hoc Dan Toc
Nguyen Van Troi-Markt
TRAN QUOC THAO
Hospital Tt Tai Mui Hong
Tran Quang Dieu-Brücke
TRUONG DINH
KY DONG
BA HUYEN
THANH QUAN
VO THI SAU
Museum für die Frauen Südvietnams
LE QUY DON
TU XUONG
Botschaft von Thailand
Botschaft von Indien
TRAN QUOC
NGO THOI NHIEM
DIEN BIEN PHU
Hauptbahnhof Saigon
CACH MANG THANG TAM
TRAN MINH QUYEN
NGUYEN THONG
Hospital Dien Bien Phu
Xa Loi-Pagode
Botschaft von Russland
HO XUAN HUONG
NGUYEN THI DIEU
QUAN
HOA HUNG
3 THANG 2
Hospital Gia Lieu
NGUYEN THI
CACH MANG THAN
Hospital Binh Dan
NGUYEN THUONG HIEN
TAN
NGUYEN THI MINH KHAI
Vietnam Quoc Tu-Pagode
LE HONG PHONG
CAO THANG
DO THANH
BAN CO
NGUYEN DINH CHIEU
VO VAN
NGUYEN SON HA
TON THAT T
SUONG NG
BUI THI XUAU
LUONG HUU KHAI
NAM QUOC CA
NGUYEN THIEN THUAT
CAO THANG
BAN CO
Hospital Tu Du

2
D
E
F
1
2
3
4
5
Truong Sa
Hoang Sa
Bon-Brücke
Sat-Brücke
Dien Bien Phu-Brücke
Thi Nghe-Kanal
Thi Nghe-Brücke
Nguyen Hai Tu
Jadekaiser-Pagode
Mai Thi Luu
Nguyen Binh Khiem
Nguyen Ngoc Phuong
Ng. Van Lac
Ngyuen Cong Tru
Pham Van Chanh
Me Linh
Museum der Geschichte Vietnams
Thi Nghe-Kanal
Saigon Zoo und Botanischer Garten
Khanh
Phan Ngu
Phan Ton
Phan Ke Binh
Dinh Tien Hoang
Huynh Khuong Ninh
Phan Liem
Dien Bien Phu
Dinh Tien
Hoang
Chieu
Hoa Lu-Stadion
Nguyen Dinh Chieu
Nghe Tinh
Ho Chi Minh-Museum
Nguyen Binh Khiem
Le Thanh Ton
Le Van Tam-Park
Mac Dinh Chi
Van Thu
Hing Chi
Nguyen Van Thu
Nguyen Khac
Phung
Botschaft von Kambodscha
Trung
Xo Viet Nghe Tinh
Le Duan
Nguyen Du
Ton Duc Thang
Nguyen Trung Ngan
Le Thanh Ton
Botschaft von Laos
Hoan
Van
Thach
Botschaft von Spanien
Botschaft der USA
Mac Hing Chi
Botschaft von Großbritannien
Chu Manh Trinh
Botschaft von Deutschland
Botschaft von Malaysia
Cao Tran
Botschaft von Frankreich
Pasteur
Botschaft von Japan
Jugend-Kulturhaus
Pham Ngoc Thach
Hospital Nhi Dong
Nguyen Du
Ly Tu Trong
Le Thanh Ton
Botschaft von Australien
Botschaft von China
Diamond Plaza und Kino
Hai Ba Trung
Hauptpostamt
Ton Duc Thang-Museum
Thai Van Lung
Botschaft von Neuseeland
Alexandre de Rhode
Le Duan
Kathedrale Notre Dame
Han Thuyen
Nguyen Du
Dong Khoi
Vincom Towers
Ly Tu Trong
Thi Sach
Ton Duc Thang
Saigon
Nam Ky Khoi Nghia
Museum für Kriegsrelikte
Don
Tan
Botschaft von Kanada
Sitz des Volkskomittees
Stadttheater
Continental Hotel
Caravelle Hotel
Du
Dong
Palast der Wiedervereinigung
Nguyen Thi Minh Khai
Ho Chi Minh City-Museum
Le Thanh Ton
Rex Hotel
Nguyen Hue
Dong Khoi
Thi Buoi
Mac
Van Dat
Ngo Duc Ke
Fähranleger Thu Thiem
Huyen Tran Cong Chua
Nguyen Trung Truc
Saigon Center
Botschaft von Singapur
Nguyen Hue
Nguyen Du
Le Loi
Pasteur
Truong Dinh
Thu Khoa Huan
Huynh Thuc Khang
Ngo Duc Ke
Bitexco Financial Tower
Van Hoa-Park
Ly Tu Trong
Le Thanh Ton
Ph B Chau
Ton That Dam
Ho Tung Mau
Hai Trieu
Botschaft von Japan
Galaxy-Kino
Nguyen Du
Mariamman-Hindu-Tempel
Ben Thanh-Markt
Ham Nghi
Pham Hong Thai
Le Cong Kieu
Nguyen Cong Tru
Khanh Hoi-Brücke
Thi Rieng
Ng. Van Trang
Nguyen
Museum der Schönen Künste
Tran Hung Dao
Duc Chinh
Thai Dbinh
Chuong
Ben
Mong-Brücke
Distrikt 1
Nguyen Trai
Le Lai
Nguyen Thai Hoc
Le Thi Hong Gam
Yersin
Nguyen Calmette
Cong Tru
Ky Con
Nguyen
Ben Van Don
Nguyen Tat Thanh
Nguyen Khu
Truong To
Hai
Distrikt 4
Pham Ngu Lao
De Tham
Bui Vien
Tran Hung
Co Bac
Doan
Calmette-Brücke
Le Quoc Hung
Hoang Dieu

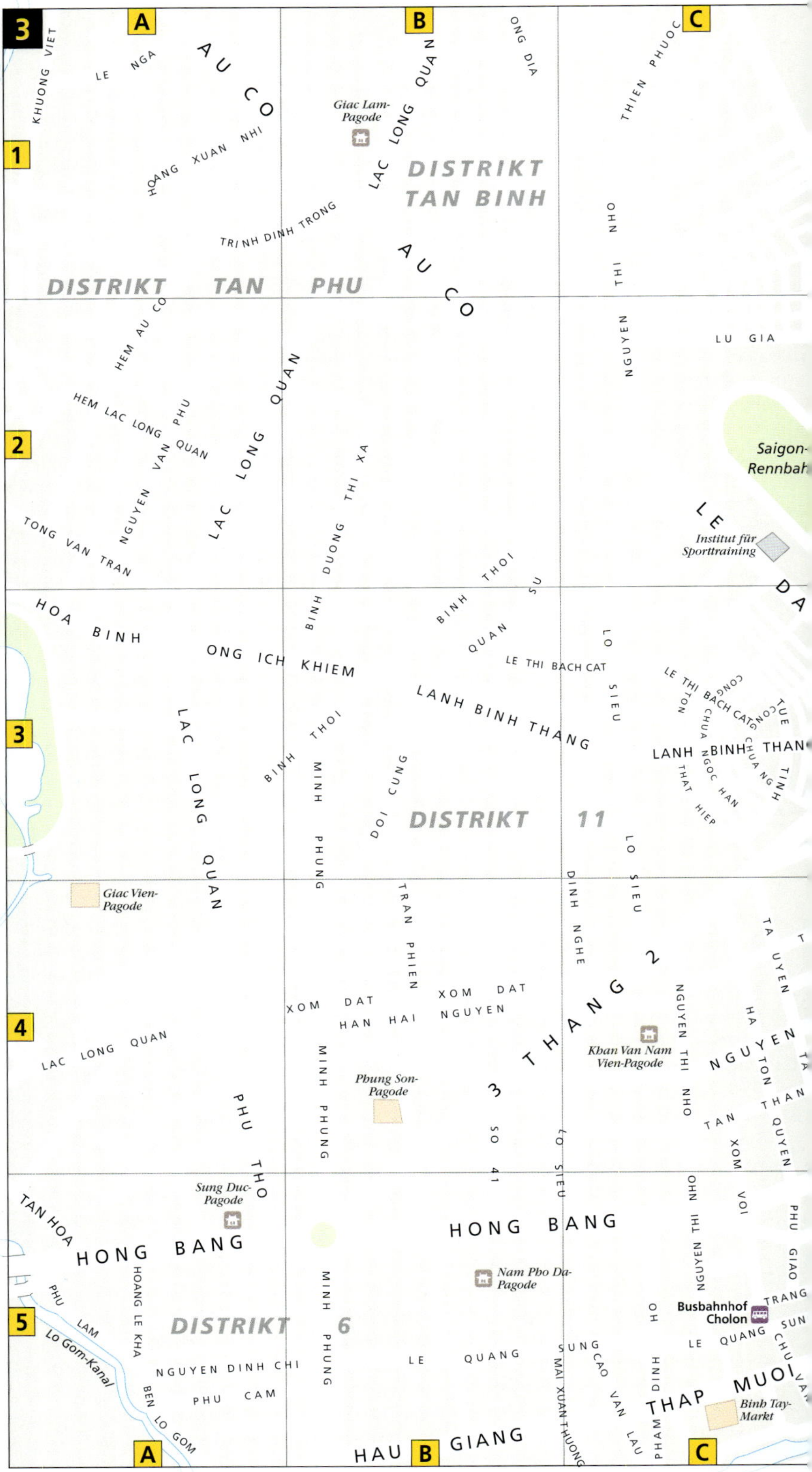
3
A
B
C
1
2
3
4
5
KHUONG VIET
LE NGA
AU CO
HOANG XUAN NHI
TRINH DINH TRONG
Giac Lam-Pagode
LAC LONG QUAN
ONG DIA
THIEN PHUOC
DISTRIKT TAN BINH
DISTRIKT TAN PHU
NGUYEN THI NHO
LU GIA
HEM AU CO
HEM LAC LONG QUAN
NGUYEN VAN PHU
TONG VAN TRAN
DUONG THI XA
Saigon-Rennbah
LE DA
Institut für Sporttraining
BINH THOI
SU
HOA BINH
ONG ICH KHIEM
QUAN
LE THI BACH CAT
LO SIEU
LANH BINH THANG
LE THI BACH CAT
TON THAT HIEP
CHUA NGOC HAN
CONG CHUA NGOC HAN
TUE TINH
LANH BINH THAN
MINH PHUNG
DOI CUNG
DISTRIKT 11
Giac Vien-Pagode
TRAN PHIEN
DINH NGHE
TA UYEN
XOM DAT
HAN HAI NGUYEN
3 THANG 2
Khan Van Nam Vien-Pagode
NGUYEN THI NHO
HA TON QUYEN
NGUYEN TAN THANH
XOM VOI
LAC LONG QUAN
PHU THO
Phung Son-Pagode
SO 41
Sung Duc-Pagode
TAN HOA
HONG BANG
HOANG LE KHA
PHU LAM
Lo Gom-Kanal
BEN LO GOM
DISTRIKT 6
Nam Pho Da-Pagode
PHU GIAO
TRANG
Busbahnhof Cholon
SUN
LE QUANG
CHU VAN
NGUYEN DINH CHI
PHU CAM
LE QUANG
SUNG CAO VAN LAU
MAI XUAN THUONG
PHAM DINH HO
THAP MUOI
Binh Tay-Markt
HAU GIANG

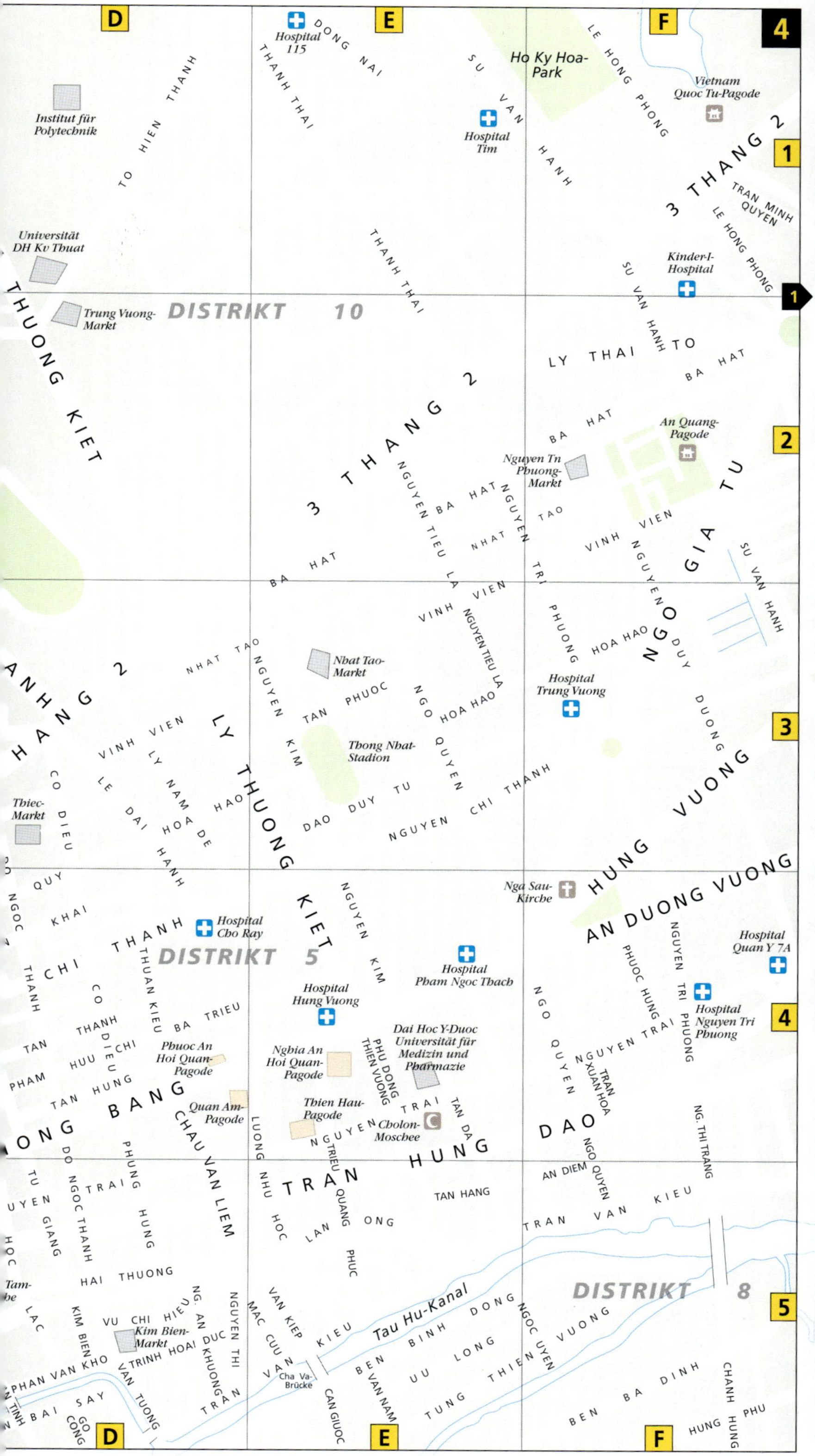

D
E
F
4
1
2
3
4
5
Hospital 115
Dong Nai
Thanh Thai
Institut für Polytechnik
To Hien Thanh
Ho Ky Hoa-Park
Su Van Hanh
Hospital Tim
Le Hong Phong
Vietnam Quoc Tu-Pagode
3 Thang 2
Tran Minh Quyen
Universität DH Kv Thuat
Kinder-I-Hospital
Thuong Kiet
Trung Vuong-Markt
DISTRIKT 10
Ly Thai To
Ba Hat
An Quang-Pagode
Nguyen Tn Phuong-Markt
Nguyen Tieu La
Nhat Tao
Nguyen Tri Phuong
Vinh Vien
Ngo Gia Tu
Nhat Tao-Markt
Tan Phuoc
Ngo Quyen
Hoa Hao
Hospital Trung Vuong
Ngo Duy
Duong
Ly Thuong Kiet
Nguyen Kim
Thong Nhat-Stadion
Le Dai Hanh
Ly Nam De
Co Dieu
Thiec-Markt
Dao Duy Tu
Nguyen Chi Thanh
Hung Vuong
Quy
Ngoc Khai
Nga Sau-Kirche
An Duong Vuong
Hospital Cho Ray
DISTRIKT 5
Thuan Kieu
Hospital Pham Ngoc Thach
Hospital Quan Y 7A
Phuoc Hung
Hospital Hung Vuong
Dai Hoc Y-Duoc Universität für Medizin und Pharmazie
Hospital Nguyen Tri Phuong
Ba Trieu
Phuoc An Hoi Quan-Pagode
Nghia An Hoi Quan-Pagode
Phu Dong Thien Vuong
Nguyen Trai
Tran Xuan Hoa
Tan Thanh
Huu
Pham
Tan Hung
Hong Bang
Quan Am-Pagode
Thien Hau-Pagode
Cholon-Moschee
Tan Da
Chau Van Liem
Luong Nhu Hoc
Trieu Quang Phuc
Tran Hung Dao
An Diem
Ngo Quyen
Ng. Thi Trang
Do Ngoc Thanh
Phung Hung
Tu Uyen
Giang
Tan Hang
Lan Ong
Tran Van Kieu
Hoc
Tam-be
Hai Thuong
Lac
Kim Bien
Vu Chi Hieu
Ng. An
Kim Bien-Markt
Nguyen Thi
Trinh Hoai Duc
Khuong
Mac Cuu
Van Kiep
Tau Hu-Kanal
Dong
Binh
Ngoc Uyen
DISTRIKT 8
Thien Vuong
Phan Van Kho
Van Tuong
Tran
Van
Cha Va-Brücke
Ben Van Nam
Uu Long
Tung
Ben Ba Dinh
Chanh Hung
Phu
Hung
Tinh
Bai Say
Go Cong
Can Giuoc
Ben

KA

Mekong-Delta und Südvietnam

Alles Leben im Flussdelta wird vom Mekong geprägt, der die grünen Reisfelder, die fruchtbaren Obstplantagen und das weitverzweigte Kanalnetz versorgt. Haus- und Fischerboote schaukeln auf den Flüssen, die vorgelagerten Inseln locken mit dichten Wäldern und traumhaften, weißen Sandstränden, und der Klang von Trommeln, Glocken und Gesang in den Pagoden zeigt, wie hier das Leben selbst im 21. Jahrhundert seinem uralten Rhythmus folgt.

Der mächtige Mekong bahnt sich seinen Weg von einem Hochplateau Tibets 4500 Kilometer lang durch China, Myanmar, Thailand, Laos und Kambodscha, bevor er seine Schlamm- und Erdmassen in die Deltaregion Song Cuu Long, den »Fluss der neun Drachen«, trägt. Die unzähligen Wasserläufe versorgen die südliche Tiefebene Vietnams mit fruchtbarem Schlamm, der die Region zur Reiskammer und zum Obstgarten des Landes erblühen lässt – mit Kokosnuss-, Longan- und Mangobäumen.

Das Delta wurde lange von Kambodscha beansprucht, 1978 verübten die Roten Khmer blutige Massaker in mehreren Dörfern. Doch die Menschen hier lassen sich nicht unterkriegen: Sie trotzten verheerenden Überflutungen, litten unter der Besetzung durch Frankreich und Kambodscha und überlebten selbst die katastrophalen Folgen des chemischen Entlaubungsmittels Agent Orange, das hier im Vietnamkrieg zum Einsatz kam. Es scheint so, als folge das Leben am Land von jeher dem jahrhundertealten Auf und Ab des Flusses. Die Grenzen zwischen Land und Wasser werden von den Bauern aufgehoben, die Kanäle kreuz und quer durch die sattgrünen Felder anlegen. Ganz anders entwickeln sich Wirtschaftszentren wie Can Tho und Rach Gia, die im Eiltempo modernisiert werden. Die schönen Pagoden im Stil der Khmer, Vietnams oder Chinas spiegeln die ethnische Vielfalt der Region wider.

Die Natur macht das Flussdelta so überaus anziehend: die weißen Sandstrände von Ha Tien, hoch aufragende Kalksteinklippen, das Marschland bei Bac Lieu mit seiner Vogelwelt und vor der Küste die Inseln Phu Quoc und Con Dao, deren Nationalparks heute beliebte Ökotourismus-Ziele sind.

Einsame Fahrt in einem *sampan* durch die dichte Vegetation des Mekong-Deltas

◀ **Der schwimmende Markt von Soc Trang im Mekong-Delta** ***(siehe S. 100)***

Überblick: Mekong-Delta und Südvietnam

Das Mekong-Delta ist eine einzigartige Region, deren Leben schon immer vom Wasser bestimmt wird. In My Tho, dem Ho Chi Minh City am nächsten gelegenen Ort, starten ebenso wie in Vinh Long südlich davon Bootstouren. Die größte Stadt der Gegend ist Can Tho, das von schwimmenden Märkten umgeben ist. Flussarchitektur findet man in Chau Doc, wo die meisten Menschen auf dem Wasser leben und arbeiten. Die Khmer-Kultur prägt Soc Trang und Tra Vinh. Der Nationalpark Con Dao, die Korallenriffe vor der Insel Phu Quoc und die einsamen Strände auf Ha Tien begeistern Naturliebhaber.

Obststand in Ben Tre *(siehe S. 93)*

Sehenswürdigkeiten auf einen Blick

Städte und Orte

- 1 My Tho
- 3 Ben Tre
- 4 Tra Vinh
- 5 Vinh Long
- 6 Cao Lanh
- 7 Can Tho
- 8 Soc Trang
- 9 Bac Lieu
- 11 Rach Gia
- 12 Chau Doc
- 13 Ha Tien

Inseln

- 2 Phoenix-Insel
- 10 Con Dao-Inseln
- 14 Phu Quoc

Kolonnadenfassade im Khmer-Stil, Ong Met-Pagode *(siehe S. 93)*

Weitere Zeichenerklärungen *siehe hintere Umschlagklappe*

Bäuerinnen bei der Reisernte, vor der Sonne durch Strohhüte geschützt

Im Mekong-Delta unterwegs

Das Mekong-Delta war früher eine rückständige Provinz, heute ist es durch Flughäfen in Can Tho, Con Dao, Rach Gia und Phu Quoc gut erschlossen. Die Highways sind recht ordentlich, auf den Landstraßen verkehren Busse mit unregelmäßigen Fahrplänen. Viele Reisebüros in Ho Chi Minh City und in der Region organisieren Touren per Bus oder Auto durch den Süden. Am meisten sieht man bei einer Bootstour durch das weitverzweigte Kanalsystem (2800 km Gesamtlänge), auf dem auch öffentliche Boote verkehren; Charterboote bieten allerdings mehr Komfort. Fahrräder und Motorräder kann man überall mieten.

Legende

- Autobahn
- Hauptstraße
- Nebenstraße
- Staatsgrenze
- Provinzgrenze

❶ My Tho

Straßenkarte B6. 72 km SW von HCMC am Hwy 1. 230 000. ab HCMC zur Busstation Mien Tay. Tien Giang Tourist, 8, 30/4, (073) 387 3184.
tiengiangtourist.com

My Tho ist wegen seiner Nähe zu Ho Chi Minh City am nördlichsten Nebenfluss des Mekong das beliebteste Tagesausflugziel im Delta. Die Stadt eignet sich für Bootsausflüge auf den Kanälen sowie für Abstecher zu den nahen Inseln.

Ein Spaziergang durch die breiten, baumgesäumten Boulevards und den Markt am Flussufer ist wie eine Zeitreise: Hölzerne Boote und Frachtkähne treiben in der Nähe des Ufers, Straßenhändler preisen eine unglaubliche Warenvielfalt von Haushaltsartikeln bis hin zu riesigen Tontöpfen zum Baden an. Die Luft ist erfüllt vom beißenden Geruch der Trockenfische und dem Duft von Ananas und Jackfrucht.

My Tho ist darüber hinaus auch ein religiöses Zentrum: Die **Vinh Trang-Pagode** ist einer der wichtigsten Tempel. Mosaike aus Keramikscherben schmücken seine Fassade, eine Tradition, die man in ganz Südostasien sieht. Lotosteiche und Steingräber sowie ein Bildnis der Göttin der Barmherzigkeit, Quan Am, mitten in einem Banyan-Baum vervollständigen das Idyll.

Die große christliche Gemeinde der Stadt versammelt sich in der **My Tho-Kirche**, die Diözesansitz und katholische Schule zugleich ist. Der massive gelbe Bau aus dem 19. Jahrhundert steht inmitten eines Gartens voller Bäume und Sträucher und fällt durch seine hohe Gewölbedecke und das rote Ziegeldach auf.

Nicht weit entfernt von My Tho liegt der winzige, historisch aber bedeutende Ort **Ap Bac**. Hier fand im Jahr 1963 ein Gefecht statt, das zum ersten wichtigen Sieg des Vietcong gegen die von den USA unterstützte südvietnamesische Armee führte.

Vinh Trang-Pagode
60 Nguyen Trung Truc.
(073) 387 3427.
tägl. 9–11.30, 13.30–17 Uhr.

My Tho-Kirche
32 Hung Vuong. (073) 388 0075. tägl. 7–18 Uhr.

Geschwärzte Urne auf einer Schildkrötenskulptur, Phoenix-Insel

Der Kokosnuss-Mönch

Der Kokosnuss-Mönch hieß eigentlich Nguyen Thanh Nam (1909–1990). Ursprünglich wollte er Chemie studieren, verzichtete dann aber darauf, vertiefte sich ganz in Meditation und ernährte sich nur von Kokosnüssen. Nguyen Thanh Nam gründete sogar eine eigene Religion, Tinh Do Cu Si – eine Mischung aus Buddhismus und Christentum. In der Hoffnung, Vietnam den Frieden zu schenken, bedrängte er den Staat nach der Teilung des Landes 1954 mit Ideen zur Vereinigung und saß deswegen mehrfach im Gefängnis. Geblieben ist sein bizarrer Tempelsitz auf der Phoenix-Insel.

❷ Phoenix-Insel

Straßenkarte B6. 3 km von My Tho. **Schutzgebiet** tägl. 8.30–11, 13.30–18 Uhr.

Auf halbem Weg zwischen My Tho und Ben Tre liegen mehrere kleine Inseln. Die bekannteste heißt Con Phung oder Phoenix-Insel, der Rückzugsort des Kokosnuss-Mönchs. Mitten in die Einöde baute er einen ungewöhnlichen Tempel mit mehreren frei stehenden, blaugoldenen Drachensäulen, die einen 25 Meter messenden Kreis bilden. In der Nähe steht eine Holzkonstruktion, die wie eine alte Achterbahnanlage wirkt, daneben sind einige Minarette und eine Art Mondrakete. Flussaufwärts ruht eine riesige Urne auf dem Rücken einer Schildkrötenskulptur. Am Inselrand stellt eine Fabrik Süßigkeiten aus Kokosnüssen her.

Die reich verzierte Fassade der Vinh Trang-Pagode in My Tho

Hotels und Restaurants im Mekong-Delta und in Südvietnam *siehe Seiten 237f und 247f*

Die blau-goldenen Drachensäulen des Kokosnuss-Mönchs, Phoenix-Insel

Rund um die Phoenix-Insel gruppieren sich weitere Inselchen, die zum Picknicken einladen, darunter Con Tan Long, die Dracheninsel, auf der Bienenzüchter und Bootsbauer *(siehe S. 94)* leben. Thoi Son, die Einhorninsel, zeichnet sich durch enge Kanäle inmitten üppiger Longan-Obstgärten aus. Con Qui, die Schildkröteninsel, ist bekannt für starken Bananenschnaps und für saftige Ananas, Jackfrucht und Mangos, die hier wachsen. Zwischen den Inseln verkehren Fähren.

Schmucksäule, Phoenix-Insel

❸ Ben Tre

Straßenkarte B6. 86 km SW von HCMC; 14 km S von My Tho. 116 000. ab HCMC. ab My Tho. Ben Tre Tourist, 65 Dong Khoi, (075) 382 9618.

Ben Tre liegt abseits der Touristenpfade und wirkt daher verschlafener als andere Städte im Flussdelta, eine seltene Chance, eine traditionelle Flussstadt zu entdecken.

Ben Tre ist die Hauptstadt der gleichnamigen Provinz und wegen seiner Süßigkeiten aus Kokosnuss berühmt. Überall sieht man Kokosnussplantagen. Bei der Herstellung der Süßigkeiten werden Milch und Fruchtfleisch zu einer klebrigen Masse verkocht. Diese härtet beim Trocknen aus, wird in Stückchen geschnitten und in essbares Reispapier eingewickelt: Es macht ebenso viel Spaß, den Arbeitern dabei zuzusehen wie das Endprodukt zu kauen.

Auf dem Zentralmarkt kauft man vor allem praktische Haushaltswaren, Stoffe und Lebensmittel. Besonders sehenswert ist die Vielfalt der Frisch- und Trockenfische.

Eine Sehenswürdigkeit ist die **Vien Minh-Pagode**, die um 1900 entstand und heute Sitz der Buddhisten-Vereinigung der Provinz ist. Bunte Wandbehänge und Bildnisse mit Neon-Heiligenscheinen erhellen das schlichte Innere.

Vien Minh-Pagode
156 Nguyen Dinh Chieu.
(075) 381 3931.
tägl. Sonnenauf- bis -untergang.

❹ Tra Vinh

Straßenkarte B6. 100 km W von Can Tho. 131 000. ab Vinh Long und Can Tho. Tra Vinh Tourist Office, 64–66 Le Loi, (074) 385 8556.

Mit seinen großen Volksgruppen von Khmer und Chinesen bietet Tra Vinh eine ungewöhnliche Religionsvielfalt. Unter den vielen religiösen Khmer-Bauten ist die **Ong Met-Pagode** wegen ihres Säulenportals mit viergesichtigen Buddha-Bildnissen sehenswert. Die drei Meter hohen, vergoldeten Stupas erinnern an verstorbene Mönche. Als eine der schönsten chinesischen Pagoden der Stadt gilt die **Ong-Pagode**, die 1556 dem zum Gott erhobenen chinesischen General Quan Cong des 3. Jahrhunderts geweiht wurde. Sie ist vor allem wegen des überaus bunten hinteren Hofs bekannt, dessen Wand mit roten Drachen zwischen blauen Bergen und grünem Meer verziert ist. Interessant ist auch ein Fischteich mit farbenfrohen Skulpturen: Sie zeigen Karpfen mitten im Sprung aus dem Wasser. Die Kunstwerke stammen alle von Le Van Chot, der auf dem Gelände arbeitet.

Die Religionsvielfalt der Stadt zeigt sich jedoch am eindrücklichsten in der **Tra Vinh-Kirche**. Auf den ersten Blick wirkt sie außen wie ein Kolonialbau, doch die Dachtraufen zeigen die für Khmer-Tempel typischen »Drachenflammen«.

Umgebung: Etwa 6,5 Kilometer südlich der Stadt erhebt sich die schlichte Hang-Pagode. Hauptattraktion sind hier Hunderte nistender Störche.

Das **Khmer-Museum** zeigt einige interessante Exponate (leider ohne englische Erklärungen). Haushaltsgegenstände, Bekleidung und Schmuck kann man auch so bewundern, für die religiösen Objekte wären Erläuterungen hilfreich. Das Museum liegt neben dem von Bäumen gesäumten **Ba Om-Teich**, etwa sieben Kilometer südwestlich von Tra Vinh – ein idealer Ort zum Ausspannen. In der Nähe steht die **Ang-Pagode**. Schon seit dem 11. Jahrhundert war dies eine religiöse Stätte. Den Eingang bewachen zwei Löwenskulpturen, Wandbilder zeigen Buddha-Motive. Nicht weit von hier steht die kleine, grün-weiß gestrichene **Moschee Hoi Giao** der Cham-Gemeinde, die 1921 erbaut wurde.

Fünf Kilometer nördlich von Tra Vinh liegt ein kleiner **Tempel für Präsident Ho Chi Minh**, der 1971, zwei Jahre nach dessen Tod, erbaut wurde. Zum Tempel gehört ein kleines Museum über das Leben von Onkel Ho.

Khmer-Museum
6,5 km SW der Stadt, 3 SEB Luong Hoa. (074) 384 2188.
Fr–Mi 7–11, 13–17 Uhr.

Händler auf ihren *sampans* auf dem Markt von Cai Be

5 Vinh Long

Straßenkarte B6. 136 km SW von HCMC; 74 km SW von My Tho. 145 000. Cuu Long Tourist, 1 Thang 5, (070) 382 3616.

Vinh Long ist eine Stadt am Ufer des Co Chien, die Besuchern vorrangig als Basis für Ausflüge zu den Inseln im Delta dient, aber auch selbst Sehenswertes bietet: Die Kirche aus der französischen Kolonialzeit zeigt, wie wichtig die Region einst für Missionare war. Am Stadtrand steht der **Van Thanh Mieu-Tempel**, ein einfacher, aber eleganter, 1866 für Konfuzius errichteter Bau. 1930 wurde ein weiteres Gebäude zu Ehren von Phan Thanh Gian, einem Rebellenführer gegen Frankreich, geweiht.

Verschiedene Bootsausflüge sind im Angebot für die Erkundung des weitverzweigten Flusslaufs und der idyllischen, teils in unglaublicher Farbenpracht erblühenden Inseln vor der Küste. **An Binh** und **Binh Hoa Phuoc** sind als reizvolle Ausflugsziele beliebt. Auf An Binh steht nördlich des Fähranlegers die von außen unscheinbar wirkende **Tien Chau-Pagode**. Innen erschrecken grelle Wandbilder mit den Qualen der buddhistischen Hölle: Sünder werden von Pferden zertrampelt, von Schlangen verschlungen oder verrotten in alle Ewigkeit.

Inmitten des Gewirrs aus Obstgärten, *Sampan*-Booten und wackeligen Stegbrücken gehen Bootsbauer, Kerzenhersteller, Bienenzüchter und Handwerker ihrer Arbeit nach. Hier kann man den für das Delta typischen Lebensrhythmus authentisch erleben und bei Familien in »Homestays« *(siehe S. 233)* kennenlernen.

Umgebung: Überall im Delta finden schwimmende Märkte statt, u. a. in **Cai Be**, das per Boot eine Stunde von Vinh Long entfernt und damit leicht erreichbar ist. Am besten kommt man am Morgen, wenn sowohl Großhandelsware den Besitzer wechselt als auch Waren für den Endverbraucher angeboten werden. Schön zu beobachten ist, wie geschickt Obst, Kaffee und heiße Nudeln von Boot zu Boot umgeladen werden.

Van Thanh Mieu-Tempel
3 km S der Stadt an der Tran Phu. (070) 383 0174. tägl. 8 Uhr–Sonnenuntergang.

Bootsbauer des Mekong-Deltas

Boote in einer Werft, kurz vor der Fertigstellung

Die Bootsbaukunst ist vielleicht das älteste Handwerk im Flussdelta. Schließlich gäbe es ohne sie keinen Transport, keinen Handel und für viele auch kein Dach über dem Kopf. Das jahrhundertealte Handwerk wird in den Familien vererbt, zusammen mit dem entsprechenden Spezialwerkzeug. Alte, aber zuverlässige Boote werden meist auseinandergenommen und dann Stück für Stück nachgebaut: Jedes heutige Boot könnte also der Nachbau eines Boots sein, das seit 500 Jahren unverändert gebaut wird.

6 Cao Lanh

Straßenkarte B6. 162 km von HCMC. 170 000. Dong Thap Tourist, 6 Do Cong Tuong, (067) 385 2136.

Zwar ist die Stadt selbst nicht besonders sehenswert, aber die Fahrt nach Chau Doc *(siehe S. 104)* über Cao Lanh ist sehr reizvoll.

Das **Dong Thap-Museum** zeigt traditionelles Werkzeug der Flussbauern und Fischer, darunter ein großes Bootsmodell und Fischfallen *(siehe S. 103)*. Das sowjetisch wirkende **Kriegerdenkmal** ist ein riesiger, muschelförmiger Bau, der überladen ist mit Hammer, Sichel und Fahnen. Auf dem dazugehörigen Friedhof sind Vietcong-Soldaten bestattet.

Statue im Dong Thap-Museum

Etwa 1,6 Kilometer südwestlich von Cao Lanh findet man das **Grab von Nguyen Sinh Sac**, dem Vater von Ho Chi Minh.

Umgebung: Das fruchtbare Sumpfgebiet Dong Thap Muoi (»Schilfebene«) erstreckt sich nördlich von Cao Lanh. Hier leben u. a. im **Nationalpark Tram Chim**, 45 Kilometer nordwestlich der Stadt, viele Vogelarten. Hier kann man von Dezember bis Mai den seltenen Mandschurenkranich sehen.

In **Vuon Co Thap Muoi**, rund 44 Kilometer nordöstlich von Cao Lanh, sind viele Weißstörche heimisch.

Südöstlich von Cao Lanh versteckt sich im Wald von Rung Tram ein ehemaliges Vietcong-Lager, **Xeo Quyt**. Mit einer Genehmigung des Tourismusbüros darf man das mit 30-minütiger Bootsfahrt erreichbare, eigentlich gesperrte Gelände besichtigen.

Dong Thap-Museum
162 Nguyen Thai Hoc. (067) 385 1342. tägl. 7–11, 13–16 Uhr.

Kriegerdenkmal
Nahe dem Hwy 30 am östlichen Ende der Stadt. tägl.

Vinh Long-Bootstour

Den ländlich zeitlosen Charme des Mekong-Deltas erlebt man am besten bei einer Bootstour durch das dichte Kanalnetz rund um Vinh Long. Dieser Ausflug führt zu den winzigen Inseln An Binh sowie Binh Hoa Phuoc und bietet einen unverfälschten Blick auf das Leben am Fluss – eine Fahrt zu strohgedeckten Hütten inmitten üppiger Obstgärten, mit unzähligen Gerüchen und farbenprächtigen Eindrücken der schwimmenden Märkte.

Uferkirche am schwimmenden Markt von Cai Be

① Vinh Long
Der Ort versteckt sich in einem Kanal- und Insellabyrinth und wirkt selbst wie eine Insel. Vinh Long liegt am Ufer des Flusses Co Chien und ist der ideale Startpunkt für Ausflüge in die Region.

② Schwimmender Markt von Cai Be
Auf dem Markt vor der malerischen Kulisse einer kleinen Kirche drängen sich Händler mit den verschiedensten Waren auf ihren Booten. Am besten besucht man Cai Be am frühen Morgen, da der Markt mittags endet.

③ Dong Phu
In dem winzigen Dorf arbeiten Bauern, Obstpflanzer und Bootsbauer wie seit Jahrhunderten.

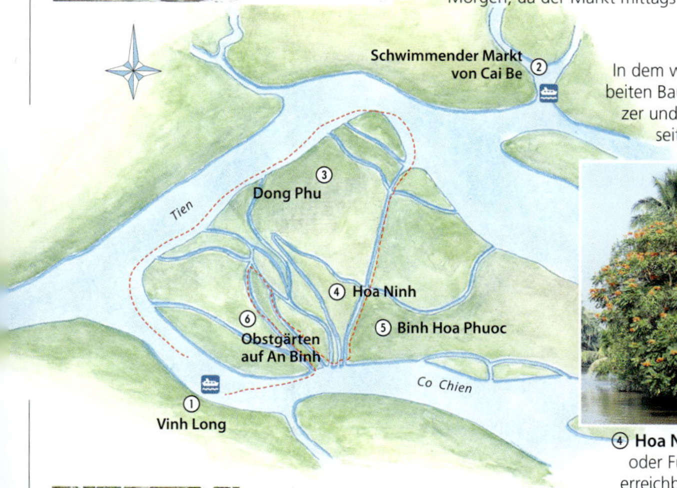

④ Hoa Ninh ist per Boot oder Fußgängerbrücke erreichbar und für seine Blumengärten voller Jasminblüten, Aprikosen-, Mango- und Longan-Bäume bekannt.

⑤ Binh Hoa Phuoc
Das Dorf auf der gleichnamigen Insel ist wegen der Bonsai-Obstgärten bekannt und bietet gemütliche Privatunterkünfte.

⑥ Obstgärten auf An Binh
In den blühenden Obstgärten der Insel wachsen Longan, Jackfrucht, Rosenäpfel und »Uglifruit«, eine Zitrusfrucht, die viel besser schmeckt, als sie aussieht.

Routeninfos

Dauer: 5 bis 6 Stunden.
Bootsverleih: Besucher können Boote bei Cuu Long Tourist mieten oder eine Tour bei Reiseagenturen in Ho Chi Minh City buchen. Das Chartern privater Boote ist verboten.
Rasten: Binh Hoa Phuoc ist ideal für einen Imbiss.

Touristen auf einer Bootsfahrt im Mekong-Delta ▶

TG-6731-40

7 Can Tho

Can Tho ist die größte Stadt im Delta und eines der interessantesten Reiseziele der Region. Da sie an der Grenze von sechs Provinzen liegt, ist die Stadt Verkehrs- und Landwirtschaftszentrum. Wichtigster Wirtschaftszweig ist die Weiterverarbeitung von Reis. Can Tho ist die ideale Basis für Tagesausflüge zu den schwimmenden Märkten. Sehenswert in der Stadt sind der Zentralmarkt mit frischen Produkten und Flussfischen, das Can Tho-Museum sowie der Munirangsyaram-Tempel der Khmer.

Infobox

Information
Straßenkarte B6. 169 km SW von HCMC. 1 300 000. Binh Thuy-Tempelfest (Jan, Mai). **canthotourist.vn**

Anfahrt
10 km S. Can Tho Tourist, 50 Hai Ba Trung, (0710) 382 7674.

Ong-Pagode ③

32 Hai Ba Trung. (0710) 382 3862.

In dem kleinen Tempel betet man zum Gott des Glücks, Than Tai, und zur Göttin der Barmherzigkeit, Quan Am. Um sicherzugehen, dass die Gebete erhört werden, lassen Gläubige ihre Wünsche von Kalligrafen auf Papier schreiben und hängen es dann an die Wand.

Can Tho-Museum ④

1 Hoa Binh. (0710) 382 0955. Di–Do 8–11, 14–17, Sa, So 8–11, 19–21 Uhr.

Exponate wie ein traditionelles Teehaus, ein lebensgroßes Diorama eines Heilkräuterladens mitsamt Patienten und Kunstobjekte vermitteln einen Einblick in die Geschichte der Stadt und Region. Eines der besten Museen im Flussdelta.

Munirangsyaram-Tempel ⑤

36 Hoa Binh. (0710) 381 6022. tägl. 8–17 Uhr.

Ein an Angkor erinnernder Turm erhebt sich über diesem Theravada-Buddhismus-Tempel der Khmer. Innen bilden dorische Säulen und Elemente wie Buddhas und Lotosblüten ein harmonisches Ensemble.

Schwimmende Märkte

Rund um Can Tho locken zwei schwimmende Märkte, auf denen die Händler von Boot zu Boot paddeln und ihre Waren im Gewühl der *sampans* verkaufen. Der Morgenmarkt von **Cai Rang** ist der größte und mit nur sieben Kilometer Entfernung südlich der Stadt auch der betriebsamste. Von einer Brücke hat man einen guten Überblick, aufregender ist jedoch eine Bootsfahrt durch den Markt. Weitere 14 Kilometer entfernt ist der einfache Markt von **Phong Dien**. Man erreicht beide Märkte mit *Sampan*-Booten ab der Hai Ba Trung-Straße.

52 Kilometer nördlich von Can Tho liegt der **Storchgarten Bang Lang**. Jeden Abend sieht man in den Bäumen Tausende von Störchen.

Gemüseangebot am schwimmenden Morgenmarkt von Cai Rang

Zentrum von Can Tho

① Zentralmarkt
② Ho Chi Minh-Statue
③ Ong-Pagode
④ Can Tho-Museum
⑤ Munirangsyaram-Tempel

Zeichenerklärung *siehe hintere Umschlagklappe*

Hotels und Restaurants im Mekong-Delta und in Südvietnam *siehe Seiten 237f und 247f*

Reisanbau

Reis ist das Hauptnahrungsmittel Vietnams und das wichtigste landwirtschaftliche Exportgut des Landes. Fast 80 Prozent der Bevölkerung haben auf irgendeine Weise mit dem Reisanbau zu tun. Reis wird vor allem im Mekong-Delta angebaut, dessen fruchtbarer Boden Vietnam zum zweitgrößten Reisexporteur der Welt macht. Ein großer Teil dieser Produktivität beruht auf harter körperlicher Arbeit, teils mit der Hand, teils mit Tieren. Die Felder werden oft nicht von Traktoren, sondern von Wasserbüffeln gepflügt. Statt einer Bewässerung mühen sich die Bauern oft mit großen Eimern oder wasserdichten Körben ab.

Reisanbau ist immer eine Arbeit für mehrere Familienmitglieder.

Bewässerungskanäle trennen auch die verschiedenen Flurstücke der Bauern.

Fruchtbarer Flussboden ist für eine gute Ernte entscheidend.

In Körben werden die Setzlinge zum Feld getragen.

Setzlinge zum Anpflanzen

Anpflanzung

Die Samen für die Reisfelder lässt man auskeimen und außerhalb der Felder, meist in Töpfen oder Schalen, wachsen. Erst wenn die Setzlinge einige Zentimeter Höhe erreicht haben, werden sie im Reisfeld angepflanzt.

Die Ernte, die in der Regel Frauen erledigen, erfolgt im Bücken, meist mit einer Sichel.

Nach dem Dreschen und Trennen der Körner von der Spreu legt man den Reis zum Trocknen in der Sonne auf Matten aus.

Transportiert wird Reis zwar manchmal auch auf Ochsenkarren oder Lastern, doch der Mekong ist der übliche, da effizienteste Transportweg zu den Märkten.

Wasser- und Reismehlmischung

Stofftuch über Kochkessel

Reispapier trocknet auf Bambusmatten

Arbeiterin in einer Fabrik für Reispapier

Herstellung von Reispapier

Reispapier *(banh trang)* findet man überall in der Küche Vietnams. Fast jede Speise kann man darin einwickeln und so bequem essen. Das Reispapier wird in verschiedenen Küchen und Fabriken überall im Land produziert. Ein dünner Teig aus Reismehl und Wasser wird auf ein Tuch über einem Kessel mit köchelndem Wasser ausgebreitet, der aufsteigende Dampf kocht die Mixtur in Sekunden. Das Reispapier trocknet anschließend auf Bambusmatten, wodurch das typische Gittermuster entsteht.

Die farbenfrohen bemalten Tonfiguren in Chua Dat Set, Soc Trang

8 Soc Trang

Straßenkarte B6. 63 km SO von Can Tho. 165 000. Soc Trang Tourist, Ton Duc Thang, (079) 893 0997. Oc Om Boc-Fest (Mitte Nov). **soctrangtravel.info**

Der lebendige Ort ist für seine religiösen Stätten und Feste bekannt. Die Provinz gehörte einst zum Reich von Angkor, sodass man heute in der Region verstreut 90 Khmer-, 47 chinesische und 30 vietnamesische Pagoden findet, viele davon in Soc Trang. Unter den zehn Festen des Jahres ist das karnevalsähnliche Khmer-Fest Oc Om Boc *(siehe S. 37)* mit seinem berühmten Bootsrennen sicher das bedeutendste.

Die wunderschön gelegene **Khleang-Pagode** ist der bekannteste Khmer-Tempel des Orts: Der mandarinorange Bau wird von einem Giebelspitzdach mit Speiern gekrönt. Im Heiligtum hängen Lüster mit Lotosmotiven, ein vergoldeter Buddha beherrscht den Altar.

Rund 200 Meter östlich der Khleang-Pagode findet man **Chua Dat Set**, die Tonpagode mit faszinierenden Tonskulpturen des Mönchs Ngo Kim Tong, der zwischen 1930 und 1970 als »Tonmönch« bekannt wurde. Am Eingang wacht eine fast lebensgroße Elefantenfigur. Ein goldener Löwe, ein großer Phönix und andere Tiere folgen innen.

Das **Khmer-Museum** dient auch als Kulturzentrum mit traditionellem Tanz und Musik. Ausgestellt sind Trachten, Töpferwaren, Statuen und einige Boote. Der Bau selbst ist ein Stilmix aus französischer Kolonial- und Khmer-Architektur.

Umgebung: Chua Doi, die »Flughunde-Pagode« vier Kilometer westlich der Stadt an der Le Hong Phong-Straße, verdankt ihren Spitznamen den Flughunden in den Wäldern: Bei Sonnenuntergang füllt sich hier der Himmel mit einer riesigen, kreischenden Wolke. Ebenso sehenswert sind im Tempel die freundlichen Mönche, die Gräber der fünfzehigen Schweine sowie die Wandbilder mit Buddha-Szenen.

Altarstatue, Khleang-Pagode

Weitere 14 Kilometer vom Ort entfernt steht die **Xa Lon-Pagode**, die Ende des 18. Jahrhunderts als strohgedeckter Khmer-Bau entstand, aber 1968 fast ganz zerstört wurde. Der heutige gedrungene Bau mit seinen Fliesen an der Fassade dient als Tempel und Sanskritschule.

Sehenswert ist auch die **Im Som Rong-Pagode**, ein Tempel im Khmer-Stil, rund 1,6 Kilometer östlich von Soc Trang.

Khmer-Museum
23 Nguyen Chi Thanh.
(078) 382 2983. Mo–Fr 7.30–11, 13.30–17 Uhr.

9 Bac Lieu

Straßenkarte B6. 280 km von HCMC; 50 km SW von Soc Trang. 148 000. Bac Lieu Tourist, 2 Hoang Van Thu, (781) 382 4272. **baclieuprovince.info**

Der überschaubare Ort ist vor allem ein landwirtschaftliches Zentrum, das von den Garnelen- und Salzfarmen an der Küste lebt. Die meisten Besucher erkunden von hier aus die Region und besuchen das nahe Vogelschutzgebiet. Gleichwohl sieht man im Ort einige interessante Pagoden und hübsche französische Kolonialbauten wie den beeindruckenden **Cong Tu Bac Lieu**, ein Palast der Fürsten der Provinz Bac Lieu. Das Hotel, das heute hier steht, erstrahlt nach einer Renovierung wieder im Glanz der 1930er Jahre und entführt seine Gäste auf eine Zeitreise.

Umgebung: Das **Vogelschutzgebiet Bac Lieu** liegt fünf Kilometer südlich der Stadt. In den Mangrovenwäldern leben über 50 Vogelarten oder machen hier auf ihren Wanderrouten halt. Besonders auffallend sind die großen Schwärme des Östlichen Silberreihers, die Hauptattraktion im Park.

Abgesehen von primitiven Toiletten und einem Aussichtsturm bietet das Schutzgebiet keine Besuchereinrichtungen. Am besten besucht man das Vogelschutzgebiet zwischen Juli und Dezember, da es in den anderen Monaten nur wenig zu sehen gibt.

Eingang zum Palast Cong Tu Bac Lieu im französischen Provinzialstil

Flora und Fauna im Mekong-Delta

Der fruchtbare Boden und die üppige Natur im Mekong-Delta bieten einer so großen Pflanzen- und Tiervielfalt Lebensraum, dass man bis heute neue Arten entdeckt. Dichte Mangrovensümpfe und tropischer Regenwald bedecken weite Teile der Region. Hier wachsen Früchte wie Mangos, Papayas und Bananen im Überfluss. Verschiedene Wild- und Gartenorchideen sieht man ebenfalls überall blühen. Das Flussdelta liegt an der Route vieler Zugvögel, vor allem von Störchen und Kranichen, etwa dem seltenen Saruskranich. Wildschweine, Affen, Hirsche sowie zahlreiche Schlangen- und Reptilienarten sind ebenfalls im Delta heimisch.

Kokospalmen an Flussufern

Die Kokospalmen gehören zu den häufigsten und fruchtbarsten Bäumen im Flussdelta und spielen in der regionalen Wirtschaft eine wichtige Rolle. Fruchtfleisch und Öl werden in der Küche Vietnams verwendet. Die langen, starken Blätter dienen als jahrelang haltbare Dächer.

Kokosnüsse isst man noch grün (weiches Fleisch) oder reif (härteres, knackiges Fleisch).

Schlamm wird bis aus Tibet angeschwemmt und ist der Lebensraum vieler Tiere.

Farbenfrohe Orchideen wachsen überall im Delta. Hier blühen derart viele verschiedene Arten, dass Botaniker bis heute neue entdecken und katalogisieren.

Der Buntstorch ist ein eleganter, schlanker Vogel und eine von vielen Storchenarten, die in den Vogelschutzgebieten des Mekong-Deltas heimisch sind.

Smaragdspinte, grün-gelbe Vögel mit einem schwarzen Schnabel, nisten in Tunneln im weichen, feuchten Uferboden und fressen Bienen. Bienenstachel entfernen sie, indem sie das Insekt auf harten Boden schlagen.

Viele Schlangenarten leben im Mekong-Delta. Am bekanntesten sind die Königskobra und der Riesenpython. Manchmal werden sie auf Farmen gezüchtet, meistens jedoch in der Wildnis gefangen.

Der Javaneraffe, eine Makakenart, frisst neben Früchten und Pflanzen auch Krebse und Insekten. Das bei der Geburt schwarze Fell entwickelt sich später zu einem Grau- oder Rotbraunton.

Krokodile sieht man in der freien Wildbahn. Sie werden aber wie Schlangen auch gezüchtet, sodass sie vor dem Aussterben geschützt sind.

⓾ Con Dao-Inseln

Straßenkarte B6. 100 km vor der Südspitze Vietnams. 6000. ab HCMC. ab Vung Tao. Con Dao Tourism, Con Son Resort, (091) 808 5659.
condaotourism.com

Spielende Kinder am Strand bei Sonnenuntergang, Con Dao-Inseln

Der Con Dao-Archipel umfasst 16 kleine Inseln und ist wegen seiner dichten Wälder, Wildtiere und Strände eines der überraschendsten Reiseziele Vietnams.

Der 1993 gegründete **Nationalpark Con Dao** nimmt mit 40 000 Hektar einen Großteil des Archipels ein. Zwei Drittel davon sind Land, der Rest umfasst Korallenriffe. In den Gewässern rund um die Inseln tummeln sich über 1300 verschiedene Meereslebewesen, darunter auch Meeresschildkröten, Delfine und Dugongs *(siehe S. 194)*, eine Säugetierart, die mit den Manatis der Karibik die Ordnung der Seekühe bildet. Die Eiablageplätze der Grünen Meeresschildkröte darf man auf Touren besuchen. An Land existieren 135 verschiedene Tier- und 882 Pflanzenarten, u. a. Orchideen, die nur hier wachsen. Der Park ist dank der Zweifarben-Fruchttaube auch ein Paradies für Vogelfreunde.

Süßwasserschildkröte

Die größte und einzige dauerhaft bewohnte Insel ist **Con Son**, wegen ihrer Form »Bäreninsel« genannt. Sie ist nur zehn Kilometer lang und kann auf gut markierten Wanderwegen leicht an einem Tag durchquert werden. Trotz aller Idylle hat die Insel eine düstere Geschichte, denn Con Son wurde nach dem Bau des französischen **Phu Hai-Gefängnisses** 1862 zur Hölleninsel. Politische Dissidenten und Revolutionäre waren hier unter grausamsten Bedingungen inhaftiert, oft am Boden festgekettet, wie man noch in einem der Zellenblöcke sehen kann. 1954 übergab man Phu Hai an Südvietnam, das diese Tradition u. a. mit unmenschlichen »Tigerkäfigen«, winzigen Erdlöchern unter einem Stahlrost, fortsetzte und hier Vietcong-Agenten verhörte. Die Geschichte dieser Misshandlungen dokumentiert das **Revolutionsmuseum**.

Erholung versprechen dagegen die vielen Traumstrände und Tauchgründe. Der beliebteste Strand ist **Dat Doc** auf Con Son, wo in den letzten Jahren auch Dugongs gesichtet wurden. Auf Con Dao liegt auch der paradiesisch einsame **Nho Beach**. Den seltenen Brauntölpel kann man auf **Hon Trung** erspähen (eine Stunde Bootsfahrt ab Con Son). Der Strand der Insel **Tre Nho** lädt zum Picknicken ein. Die beste Reisezeit für Con Dao liegt zwischen März und Juni, die Tauchsaison dauert von Juni bis September.

Revolutionsmuseum
Beim Saigon Con Dao Hotel, 18 Ton Duc Thang, Con Son. Mo–Sa 7–11, 13.30–17 Uhr.

⓫ Rach Gia

Straßenkarte B6. 116 km von Can Tho. 228 000. ab HCMC. Kien Giang Tourist, 11 Ly Tu Trong, (077) 386 2103.

In der wohlhabenden Hafenstadt sind einige Tempel sehenswert, etwa die **Pho Minh-Pagode**, Sitz eines Nonnenbettelordens. Die Zwillingsbuddha-Statuen, eine im thailändischen, die andere im vietnamesischen Stil, sitzen im Heiligtum nebeneinander.

Zur 200 Jahre alten **Phat Lon-Pagode** gehören ein von mehreren kleinen Altären umgebenes Hauptheiligtum sowie ein Altar, dessen Buddha Khmer-Insignien trägt. Der Tempel hat ein eigenes Krematorium sowie einen Friedhof.

Der farbenprächtige **Tempel Nguyen Trung Truc** ist einem Nationalhelden gewidmet, der von den Franzosen am 27. Oktober 1868 auf dem Marktplatz hingerichtet wurde.

Neben den Tempeln lohnt ein Besuch des **Kien Giang-Museums**, das eine interessante Sammlung aus Oc Eo-Kunstobjekten und Keramik zeigt.

Umgebung: Das uralte **Oc Eo** war im indisierten Funan-Reich *(siehe S. 43)*, das sich damals von Südvietnam bis nach Malaysia erstreckte, ein wichtiges Handelszentrum. Fundstücke einer Ausgrabungsstätte zehn Kilometer außerhalb von Rach Gia zeigen, dass die Händler im 1. bis 5. Jahrhundert n. Chr. mit vielen Völkern der Region Kontakt hatten. Sogar römische Münzen wurden hier gefunden. An der Ausgrabungsstätte ist außer ein paar Grundmauern nur wenig zu sehen.

Kien Giang-Museum
21D Nguyen Van Troi. (077) 386 3727. Mo–Fr 7.30–11, Mo–Mi auch 13.30–17 Uhr.

Hotels und Restaurants im Mekong-Delta und in Südvietnam *siehe Seiten 237f und 247f*

Häuser im Mekong-Delta

Im Mekong-Delta leben Tausende von Menschen nicht nur am Ufer, sondern auch auf dem Wasser, in schwimmenden Häusern oder Bauten auf Pfählen, den beiden ausgefallensten Hausarten Vietnams. Die Pfahlbauten (engl. »stilt houses«, Stelzenhäuser) schmiegen sich oft an die steilen Ufer und sind im Flussbett verankert. Schwimmende Häuser treiben auf Pontons oder leeren Ölfässern und bilden manchmal ganze Dörfer. Beide Haustypen sind vom Ufer meist über wacklige Stegbrücken (engl. »monkey bridges«, Affenbrücken) erreichbar.

Pfahlbauten

Die traditionell aus Holz errichteten, heute aber oft aus Wellblech gebauten Häuser auf Pfählen oder Stelzen sind wegen des wechselnden Wasserstands des Mekong so gebaut. Sie bestehen aus ein oder zwei größeren Räumen und einem Außendeck. Bei Niedrigwasser erreicht man die Häuser über eine Leiter- oder Stegbrücke vom Ufer, bei Hochwasser nur mit Booten.

Stegbrücken sind nur schmale Holzstangen, funktionieren aber seit Urzeiten. Die Stege zu begehen erfordert allerdings Übung.

Die Pfähle aus Bambus sind bis zu sechs Meter lang, äußerst stabil und flexibel, sodass sie auch starker Strömung standhalten.

Ein Familien-*sampan* liegt am Haus vertäut.

Schilfgedeckte Dächer waren früher Standard, heute bevorzugt man wegen der besseren Haltbarkeit Wellblech.

Schwimmende Dörfer mit Häusern, Läden und sogar Industriebauten erstrecken sich über hektargroße Flächen auf dem Mekong. Da sie nicht fest verankert sind, kann man die Häuser leicht zu besseren Liegeplätzen treiben lassen.

Fischfallen

Fütterung der Fische

Eine besondere Einrichtung vieler Pfahlbauten sind Fischfallen: Unter einer abgedeckten Bodenöffnung hängt ein großes Bambus- oder Stahlnetz im Wasser. Mit dieser Methode fangen die Menschen schon seit Jahrhunderten Fische. Heute sind die Netze oft auch Brutstationen für befruchtete Fischeier. Die Fische werden in der Falle gehalten, bis sie ihre volle Größe erreicht haben und reif zum Verzehr sind.

Zum Alltag in schwimmenden Häusern gehört Fischen ebenso wie Einkaufen, Kräuteranbau oder Hühnerzucht. Viele Menschen verbringen ihr ganzes Leben auf dem Wasser.

⓬ Chau Doc

Straßenkarte B6. 245 km SW von HCMC; 119 km NW von Can Tho. 158 000. ab HCMC, Can Tho und Ha Tien. ab Phnom Penh, Kambodscha.

Leben und Handel in der Grenzstadt Chau Doc werden durch das Wasser bestimmt, viele Menschen leben am Flussufer in schwimmenden Häusern oder Pfahlbauten *(siehe S. 103)*. Auch der selbst für vietnamesische Verhältnisse quirlige Markt liegt am Ufer.

Die Machthaber der Stadt wechselten im Lauf der Jahrhunderte: Nach den Funan, den Cham und den Khmer kamen die Vietnamesen – kein Wunder, dass Chau Doc eine der ethnisch und religiös vielfältigsten Städte der Region ist. So entstand hier in den 1930er Jahren die Hoa Hao-Sekte, ein Buddhistenorden, der Gottesdienste und die Schriftenauslegung durch Priester ablehnt. Die kleine islamische Cham-Gemeinde kommt in der **Mubarak-Moschee** am anderen Ufer des Hau Giang und in der größeren **Chau Giang-Moschee** zusammen: Beide Moscheen haben keine Straßenadressen, aber die Bootsleute kennen den Weg.

Im Zentrum von Chau Doc steht auf dem **Bo De Dao Trang-Platz** eine Quan Am-Statue in einem Pavillon. Hinter der Gottheit sitzt eine Buddha-Statue mit Blick auf eine Pagode unter einem Baum. Der nahe **Chau Phu-Tempel** ist einem Nguyen-Fürsten und – wie an den vielen Gedenktäfelchen zu erkennen – den Vorfahren geweiht.

Umgebung: Der Berg **Sam**, sechs Kilometer südwestlich der Stadt, ist seit Jahrhunderten eine heilige Stätte. Seine Hänge sind mit Schreinen, Grotten, Pagoden und alten Gräbern übersät. An den nördlichen Ausläufern steht der **Phat Thay Tay An-Tempel** mit grell bemalten Elefanten- und Dämonenstatuen.

Bronzestatue, Phat Thay Tay An-Tempel, Chau Doc

In der Nähe erinnert der **Ba Chua Xu-Tempel** an eine Nationalheldin, die Dame Xu. Ihre Statue wird alljährlich im Mai in einem Ritual gewaschen und kostbar bekleidet. Die Aussicht vom Gipfel über die vietnamesischen Reisfelder im Osten und die Tiefebene Kambodschas im Westen ist wunderschön.

Schwimmende Häuser säumen das Flussufer in Chau Doc

⓭ Ha Tien

Straßenkarte B6. 306 km W von HCMC; 92 km NW von Rach Gia. 120 000. ab HCMC und Chau Doc. ab Phu Quoc.

Ha Tien liegt an den Stränden am Golf von Thailand inmitten einer felsigen Kalksteinlandschaft und gilt als eine der schönsten Städte im Delta. Mit der Erneuerung der Promenade am Flussufer und der Entstehung eines riesigen neuen Vororts im Westen des Zentrums gehört Ha Tien auch zu einer der sich am schnellsten entwickelnden Regionen des Landes. Das Städtchen hat eine bewegte Vergangenheit und fiel erst 1708 nach einer Schlacht gegen die Thai an Vietnam. Der Kriegsheld, Mac Cuu, wurde mit seiner Familie in den **Mac-Gräbern** auf einem Hügel namens Nui Lang, westlich des heutigen Orts, bestattet. Elegante Grabstätten aus dem 18. Jahrhundert birgt die **Phu Dung-Pagode** an der Nordseite des Hügels.

Quan Am-Statue am Eingang des Thach Dong-Tempels, Ha Tien

Umgebung: Der **Thach Dong-Tempel** fügt sich in eine Höhlenlandschaft aus Karstgestein *(siehe S. 186)* rund vier Kilometer westlich der Stadt ein. Überall im Tempel stehen Altäre, das Allerheiligste versteckt sich in der größten Höhle. Eine Statue der Göttin Quan Am begrüßt die Gläubigen am Eingang. In der Nähe ragt die **Stele des Hasses** empor und erinnert daran, dass hier 1978 130 Menschen von den Roten Khmer ermordet wurden.

Rund 30 Kilometer südöstlich von Ha Tien lockt der einsame Badeort **Hon Chong** mit der Hang-Pagode, die am Südende des Strands in einer Grotte liegt. Die Stalaktiten erklingen beim Berühren wie Orgelpfeifen.

Weitere Höhlen und Schreine liegen auf der Insel **Nghe**, die nur eine Stunde per Boot entfernt und damit ideal für einen Tagesausflug ist.

Hotels und Restaurants im Mekong-Delta und in Südvietnam *siehe Seiten 237f und 247f*

⑭ Phu Quoc

Straßenkarte A6. 45 km W von Ha Tien. 91 000. ab HCMC. ab Rach Gia und Ha Tien. **phuquocislandguide.com**

Die von Kambodscha beanspruchte Insel spielte als Sitz der französischen Mission Pigneau de Behaine eine wichtige Rolle in der Geschichte Vietnams. Hier wurde während des Son-Aufstands *(siehe S. 45)* der künftige Kaiser Gia Long versteckt. Phu Quoc ist 50 Kilometer lang, maximal 20 Kilometer breit und nur wenig erschlossen. Eine nennenswerte Infrastruktur für Besucher gibt es nur im Hauptort **Duong Dong**, das zwar wie ein Dorf wirkt, aber einen Leuchtturm, einen Markt und eine Fischfabrik (im Rahmen einer Führung besuchbar) hat.

Fast 70 Prozent der Hauptinsel nimmt der **Nationalpark Phu Quoc** ein. Er besteht aus tropischem Regenwald, den man auf einigen wenigen Pfaden durchwandern kann. Die idyllischen Gewässer im südlichen Parkzipfel laden zum Baden ein.

Auf halbem Wege zwischen Duong Dong und dem Park liegt die Schwarzpfeffer-Plantage **Khu Tuong**, wo u.a. auch *nuoc mam*, die ausgezeichnete vietnamesische Fischsauce, hergestellt wird.

Phu Quoc betört mit paradiesischen Stränden, die in Vietnam *bai* heißen. Der von Hotels gesäumte **Bai Truong** an der Südwestküste ist am bekanntesten. Im Norden schmiegen sich kleine Hostels in die Buchten am rauen **Bai Ong Lang**. Vor der Küste locken die Korallenriffe von **Hon Doi Moi** sowie die der Inselgruppe **An Thoi** an der Südspitze. Noch einsamer, aber ebenso schön sind die weißen Sandstrände **Bai Sao** und **Bai Dam** an der Südostküste. Tauch- und Angelausrüstung sowie Inseltouren kann man in Duong Dong buchen. Interessant ist auch eine Perlenfarm mit angeschlossener Galerie an der Südwestküste.

Zeichenerklärung
siehe hintere Umschlagklappe

Legende
Hauptstraße
Nebenstraße
Fähre

Holzhütten unter wogenden Palmen am schönen Strand Bai Truong

Südliches Zentralvietnam

Der Süden von Zentralvietnam, der einen Großteil des Gebiets des historischen Königreichs von Champa abdeckt, wird an der dicht besiedelten Küste von Fischerstädtchen und stillen Stränden, landeinwärts von den Dörfern ethnischer Minderheiten geprägt. Die Ferienorte Nha Trang und Phan Thiet sowie das bei Flitterwöchnern überaus beliebte Bergdorf Dalat sind zwar klassische Reiseziele, aber weite Teile dieser Region sind noch relativ unberührt.

Champa stieg dank seines weitverzweigten Seehandels im 4. Jahrhundert n. Chr. zu einem mächtigen Königreich auf. In seiner Blütezeit erstreckte es sich vom Ngang-Pass im Norden bis zur heutigen Ho Chi Minh City und dem Mekong-Delta im Süden. Im 11. Jahrhundert zerfiel das Reich, die Vietnamesen verleibten sich ein Fürstentum nach dem anderen ein, bis gegen Ende des 18. Jahrhunderts nur noch das winzige Panduranga zwischen Phan Rang und Phan Thiet übrig blieb, das 1832 ebenfalls an Vietnam fiel. Das historische Champa ist bis heute in den Tempeln und Türmen des hügeligen südlichen Zentralvietnam lebendig. In der alten Region Panduranga feiern Nachfahren der Cham jeden Herbst das Kate-Festival.

Die Strände der Region gehören zu den schönsten Vietnams. Von Phan Thiet erstreckt sich ein 18 Kilometer langer, weißer Sandstrand bis zum Fischerdorf Mui Ne, einem der am schnellsten wachsenden Ferienorte. Weiter nördlich liegt der wegen seiner guten Fischrestaurants, der Wassersportmöglichkeiten und der vorgelagerten Inselgruppe beliebte Küstenort Nha Trang. Weitere Strände sind nur einen Tagesausflug entfernt – bei einer Fahrt die Küste hinauf laden kleine Fischerdörfer zum Verweilen ein.

Landeinwärts bietet der wichtigste Ferienort, das von den Franzosen gegründete Bergdorf Dalat, ein angenehm kühles Klima. Rund um die Hochlandstädte Buon Ma Thuot und Kontum wohnen die Ethnien der Bahnar, Ede und Jarai. In einigen dieser Dörfer der Minderheiten sieht man noch traditionelle Architektur, etwa die ausgefallenen Bahnar-Langhäuser, die *nha rong*.

Der Vietnamkrieg hat in der Region furchtbar gewütet. In Son My steht ein bewegendes Mahnmal für eines der schlimmsten Kriegsverbrechen, das Massaker von My Lai *(siehe S. 123)*.

Terrassierte Gemüsefelder an den fruchtbaren Hängen bei Dalat

◀ **Der Datanla-Wasserfall *(siehe S. 120)* in der Region Dalat**

Überblick: Südliches Zentralvietnam

Die meisten Besucher zieht es eher an die vielen leicht erreichbaren Strände als ins Landesinnere. Die Küste lässt sich am besten von den Ferienorten Mui Ne und Nha Trang aus erkunden, wobei viele Reisende auf dem Weg nach Zentralvietnam die Fischerdörfer im Norden links liegen lassen, obwohl hier alte Cham-Tempel und schöne Strände zum Verweilen einladen. Dalat bietet im zentralen Hochland am meisten Komfort. Buon Ma Thuot dient als Basis für einen Ausflug zum größten Tierschutzgebiet Vietnams, dem Nationalpark Yok Don, und in die entlegenen Dörfer verschiedener ethnischer Minderheiten. Nördlich führen einsame Straßen ins freundliche Kontum, die Reisefreiheit ist allerdings aufgrund von Unruhen zwischen Volksgruppen immer noch eingeschränkt.

Der schönste Wasserfall der Region bei Dambri

Die gut erhaltenen Cham-Tempeltürme von Po Klong Garai, Phan Rang-Thap Cham

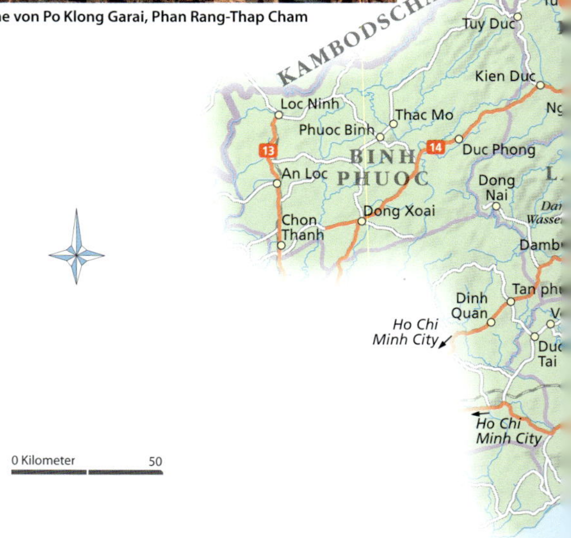

Sehenswürdigkeiten auf einen Blick

Städte und Orte

- 2 Phan Thiet
- 4 Phan Rang-Thap Cham
- 5 Nha Trang
- 6 Dalat
- 8 Buon Ma Thuot
- 10 Kontum
- 11 Quy Nhon
- 12 Sa Huynh
- 13 Quang Ngai

Strand

- 3 Mui Ne Beach

Landschaftlich schöne Gebiete

- 1 Ta Cu-Berg
- 7 Lak-See

Nationalpark

- 9 Nationalpark Yok Don

Weitere Zeichenerklärungen *siehe hintere Umschlagklappe*

Im südlichen Zentralvietnam unterwegs

Am einfachsten ist die Fahrt auf dem Küsten-Highway 1 oder mit der Eisenbahn auf der Strecke Ho Chi Minh City–Hanoi. An der Küste verkehren etliche Reise-, aber auch zahllose Minibusse, die man über Hotels oder Reisebüros bucht. Ebenso unkompliziert ist die Fahrt nach Dalat, die Route 27 von der Küste landeinwärts ist spektakulär. Ausflüge in das Kernhochland sind schwieriger: Zwar gibt es Minibusse, aber ein Wagen mit Fahrer (oder auch ein Motorrad) ist empfehlenswerter. Die Route 14 ab Ho Chi Minh City ist verbessert worden, doch nördlich von Buon Ma Thuot führt sie in vielen Kurven steil nach oben.

Legende

- Hauptstraße
- Nebenstraße
- Eisenbahn
- Staatsgrenze
- Provinzgrenze

Weidenrundboot am weißen Sandstrand von Doc Let nördlich von Nha Trang, auf der Halbinsel Hon Heo

Der heiter wirkende Liegende Buddha in der Nähe des Gipfels des Ta Cu

❶ Ta Cu-Berg

Straßenkarte C6. 30 km S von Phan Thiet. **Pagoden und Park** (062) 386 7484.

Der Ta Cu erhebt sich inmitten einer trockenen Tiefebene. Obwohl der Berg nur 650 Meter hoch ist, bietet er an klaren Tagen doch eine atemberaubende Aussicht bis zum Meer. Die **Linh Son Truong Tho-Pagode** und die **Linh Son Long Doan-Pagode**, die beide aus der Mitte des 19. Jahrhunderts stammen, sind für Buddhisten, die zum heiligen Berg pilgern, wichtige Ziele. Hauptattraktion für die – fast ausschließlich vietnamesischen – Besucher ist jedoch der weiße, 49 Meter lange Liegende Buddha, angeblich der größte Vietnams. Die Skulptur entstand 1962, deutlich später als die beiden Pagoden.

Besucher können mit einer Seilbahn (Talstation in der Nähe des Highway 1) den Berg hinauf bis zum Liegenden Buddha fahren. Der Fußmarsch auf den Gipfel dauert etwa zwei Stunden.

❷ Phan Thiet

Straßenkarte C6. 200 km O von Ho Chi Minh City. 216 000. Fish Egg Tree Tours, (090) 443 4895. Nghinh Ong-Fest (alle 2 Jahre Aug–Sep).

Die freundliche Küstenstadt hat einen Hafen auf beiden Seiten des Flusses Ca Ty und eine größere Fischereiflotte. Wer am benachbarten Mui Ne Beach wohnt, kann hier shoppen und herumschlendern.

Phan Thiet war einst das Zentrum von Panduranga, dem letzten, halb unabhängigen Cham-Fürstentum, das der Nguyen-Kaiser Minh Mang 1832 übernahm. Bis heute leben hier noch etliche Nachfahren der Cham. Der Cham-Name des Orts lautet Malithit.

Bei Vietnamesen ist der Ort vor allem wegen seiner *nuoc mam* (Fischsauce) bekannt. Kenner sind uneins darüber, ob die beste Fischsauce des Landes aus Phan Thiet oder von der Insel Phu Quoc *(siehe S. 105)* kommt.

Umgebung: Nur sieben Kilometer von Phan Thiets Zentrum entfernt erhebt sich auf einem Hügel mit Blick auf die Stadt **Thap Poshanu** das südlichste religiöse Gebäudeensemble des alten Königreichs Champa. Der Tempelkomplex besteht aus drei *kalan* (heilige Türme) mit Nebenbauten, die teilweise bis auf das 8. Jahrhundert zurückgehen und damit die ältesten Cham-Relikte des Landes sind.

❸ Mui Ne Beach

Straßenkarte C6. O von Phan Thiet. (090) 443 4895. **muinebeach.net**

Der weiße, palmengesäumte Sandstrand von Mui Ne, auch Ham Tien genannt, erstreckt sich über 20 Kilometer – von Phan Thiet nach Osten bis zum Dorf Mui Ne. Auf der gesamten Länge verlaufen zwei Straßen parallel zum Strand.

In den späten 1990er Jahren war der Strand bei Backpackern als »alternatives« und preiswertes Urlaubsziel nicht allzu weit von Ho Chi Minh City entfernt populär. Bald führte diese Beliebtheit als einer der besten Strände südlich von Nha Trang zu einer zunehmenden Bebauung. Wo früher einfache Strandbungalows standen, sind große Ferienanlagen entstanden. Fast auf der gesamten Länge des Strands sind Resorts sowie schicke Bars und Restaurants zu finden. 2009 wurde das erste Hochhaushotel errichtet. Heute ist das Gebiet eine En-

Riesige, sanft gewellte Sanddünen am Mui Ne Beach

Hotels und Restaurants im südlichen Zentralvietnam *siehe Seiten 238f und 248f*

klave für russische Touristen. Einige Resorts, Bars und Restaurants gehören Russen, die Straßenschilder sind auf Vietnamesisch, Russisch und Englisch. Oberhalb des Strands befindet sich bei Sealink ein Golfplatz. Es gibt Pläne, weitere Plätze zu bauen.

Am Strand kann man nicht nur baden, sondern auch kite- und windsurfen (Nov–März). Zum Tauchen lädt das Meer hier nicht ein, zumal es keine schönen Korallenriffe bietet.

Etwa auf halbem Weg an der Straße in das Dorf Mui Ne schlängelt sich der **Suoi Tien** (»Märchenfluss«) durch die Dünen ins Meer. Noch weiter östlich, an der Stelle, wo die Straße vom Strand abbiegt und landeinwärts führt, beginnt der Pfad zu den Sanddünen von Mui Ne. Hier vermieten Kinder tablettähnliche Schlitten zum »Sand Sledding«.

In **Mui Ne** füllen Reifefässer mit guter *nuoc mam* (Fischsauce) Hinterhöfe und Gärten. Die Fischer landen ihren Fang am Morgen an und handeln lautstark mit den Händlern aus Phan Thiet und anderen Orten, die ihre Pritschenwagen am Strand parken. Selbstverständlich bekommt man in Mui Ne hervorragende Fisch- und Meeresfrüchtegerichte.

Hervorragend erhaltener Turm in der Tempelanlage von Po Klong Garai

Mukha lingam, Po Klong Garai

❹ Phan Rang-Thap Cham

Straßenkarte C5. 105 km S von Nha Trang. 161 000. 45 Bac Ai, (091) 917 4987. Kate-Fest (Herbst).

Die Doppelstadt liegt an einem Küstenstreifen, der für Textilproduktion und Traubenanbau bekannt ist. Zwischen den Küstenprovinzen und dem Hochland mit Dalat bildet Phan Rang-Thap Cham ein wichtiges Straßenkreuz. Thap Cham heißt »Cham-Türme« – und hier stehen auch drei Cham-Tempel.

Po Klong Garai umfasst drei aus Ziegelsteinen errichtete Tempeltürme in hervorragendem Zustand. Der auf einem Hügel im 13. Jahrhundert von König Jaya Simhavarman III. erbaute Tempel zeigt Cham-Inschriften im Eingangsbereich. Im Hauptheiligtum, dem *kalan*, kann man einen *mukha lingam* (Symbolstein, der mit der Hindu-Gottheit Shiva in Verbindung steht) mit dem Gesicht des Königs bewundern. Einer Statue des Bullen Nandi, Shivas Träger, werden regelmäßig Opfergaben dargereicht. Beim Kate-Fest treten hier Musikgruppen und Tänzer auf.

Po Ro Me stammt aus dem 17. Jahrhundert, als das Cham-Fürstentum Panduranga bereits zerfiel. Auch dieser Tempel erhebt sich auf einer Hügelspitze, ist aber schwieriger zu erreichen. Am besten mietet man ein Motorrad. Der Turm ist König Po Ro Me geweiht. Innen findet sich sein Bildnis auf einem *mukha lingam*.

Ein dritter Tempelkomplex, Hoa Lai, ist einige Kilometer nördlich von Phan Rang.

Den schönen Strand **Ninh Chu**, der sechs Kilometer östlich von Phan Rang liegt, säumen Schatten spendende Kasuarinen. Während des Regimes von Präsident Nguyen Van Thieu (1967–75) war der Strand allein ihm und seinem Gefolge vorbehalten.

Po Klong Garai
Route 27, 6 km W von Thap Cham. (091) 917 4987. tägl. Sonnenauf- bis -untergang.

Po Ro Me
9 km S von Thap Cham. tägl. Sonnenauf- bis -untergang.

Historische Cham-Säuleninschriften am Eingang von Po Klong Garai

❺ Nha Trang

Nha Trang ist ein wichtiger Fischereihafen und ein etablierter Ferienort mit einer großen Auswahl komfortabler Hotels und guter Fischrestaurants. Hinter dem Strand verläuft eine elegante Promenade, am Wasser drängeln sich Sonnenanbeter und fliegende Händler. Das Herz der Stadt schlägt am quirligen Zentralmarkt Cho Dam. Touristische Angebote, viele Hotels und Bars findet man weiter südlich. Außerhalb der Stadt liegen die heißen Quellen von Thap Ba und Ba Ho. Von Cau Da kann man per Boot zum Schnorcheln zu den Inseln in der Bucht aufbrechen.

Weidenrundboote liegen am Strand von Nha Trang

Long Son-Pagode ①

No 18, 23 Thang 10.
(058) 381 6919.
tägl. 8–17 Uhr.

Die Long Son-Pagode ist der heiligste Tempel von Nha Trang. Der Bau stand ursprünglich auf dem Hügel Trai Thuy südlich der Stadt, fiel jedoch Anfang des 20. Jahrhunderts einem Taifun zum Opfer. Die zuletzt 1940 restaurierte Pagode ist heute den vielen buddhistischen Mönchen geweiht, die unter dem Regime des südvietnamesischen Präsidenten Ngo Dinh Diem (1955–63) umkamen. In der Tempelanlage leben auch heute noch Mönche.

Der Bau folgt einem chinesisch-vietnamesischen Stil und ist mit aufwendig verzierten Drachen und Keramikziegeln geschmückt. Das Hauptheiligtum wird von einer 14 Meter hohen weißen Buddha-Statue aus den 1960er Jahren beherrscht. Sie thront hinter dem Tempel direkt auf der Hügelspitze und ist über 150 steile Stufen erreichbar. Von oben hat man einen Panoramablick über Nha Trang und die Landschaft. Ein anderer weißer Buddha – diesmal liegend – wartet an den Treppen rechts auf halbem Weg. Er wurde 2003 von einem thailändischen Künstler gefertigt.

Großer Buddha, Long Son-Pagode

Kathedrale Nha Trang ②

31 Thai Nguyen.
(058) 382 3335.
Tägl. Gottesdienste.

Die Kathedrale ist Sitz der katholischen Diözese von Nha Trang und entstand in den 1930er Jahren im neogotischen Stil französischer Landarchitektur. Über dem Bau ragt ein hoher, rechteckiger Glockenturm mit einem großen Kruzifix auf. Die Buntglasfenster blicken auf einen Kreuzgang mit Säulen an beiden Seiten des Baus. Die drei 1786 in Frankreich gegossenen Kirchenglocken erklingen auch heute noch. Der frühere Kirchenfriedhof musste der Bahnhofserweiterung weichen.

Strand ③

Nha Trang hat mitten im Zentrum einen schönen, sechs Kilometer langen Strand, der geschützt zwischen zwei Landspitzen im Norden und Süden liegt. Die Tran Phu-Straße folgt dem Strand auf seiner ganzen Länge und bietet die Möglichkeit, mit schönster Aussicht auf die Bucht zu flanieren. Hotels und Restaurants säumen die Landseite der Promenade, viele Cafés und kleine Imbissbuden entstanden zwischen Straße und Strand.

Alexandre-Yersin-Museum ④

10D Tran Phu. (058) 382 2355.
Mo–Sa 8–11, 14–16.30 Uhr.

Der Schweizer Arzt Alexandre Yersin (1863–1943) reiste 1891 nach einem Studium bei dem Mikrobiologen Louis Pasteur nach Vietnam. Er lernte rasch Vietnamesisch und war 1893 am Aufbau des Bergorts Dalat beteiligt. Yersin führte den Gelben Chinarinden-Baum *(Cinchona officinalis L.)* zur Produktion des Malaria-Medikaments Chinin in Vietnam ein. Yersins größte Leistung war die Entdeckung des Beulenpest-Erregers 1894.

Aus Steinen und Beton erbauter Glockenturm in Nha Trang

Hotels und Restaurants im südlichen Zentralvietnam *siehe Seiten 238f und 248f*

Der Nordturm (Thap Chinh) und der Zentralturm (Thap Nam), Po Nagar

Infobox

Information

Straßenkarte C5. 450 km N von Ho Chi Minh City.
400 000.
Khanh Hoa Tourist Company, 1 Tran Hung Dao, (058) 352 6753.
Po Nagar/Fest (Mitte Apr).

Anfahrt

34 km S in Cam Ranh.

Das Yersin gewidmete Museum liegt im alten Büro des Wissenschaftlers innerhalb des Pasteur-Instituts. Gezeigt werden seine Laborausrüstung, sein Schreibtisch und seine Bücher. Das Institut entwickelt auch heute noch Impfstoffe und betreibt Forschung.

Cai-Flussmündung ⑤

Nördlich der Innenstadt liegen die Fischerboote von Nha Trang im Fluss Cai. Die blauen Boote mit ihren flatternden roten und gelben Flaggen kann man von einer Brücke aus bewundern. Im Hafen paddeln die Fischer in runden, durch Pech abgedichteten Weidenrindenbooten umher.

Po Nagar Cham-Türme

2 Thang 4. (058) 383 1569.
tägl. 7.30–17 Uhr.

Das bis auf das 8. Jahrhundert zurückreichende Po Nagar gilt als eine der wichtigsten Cham-Stätten Vietnams. Der Tempel wurde im 8. Jahrhundert von den Herrschern des Cham-Fürstentums Kauthara für die Cham-Göttin Po Yan Inu Nagar erbaut. Sie wird heute als Schutzgöttin von Nha Trang von den Viet ebenso wie von den chinesischen Buddhisten und den örtlichen Cham-Hindus verehrt.

Von den ursprünglich acht Türmen sind vier erhalten. Der 817 erbaute Nordturm, Thap Chinh, ist am beeindruckendsten und enthält ein Bildnis der Hindu-Göttin Uma, dargestellt als Po Nagar. Am Eingang tanzt ihr Gemahl, der Hindu-Gott, auf dem Rücken des heiligen Bullen Nandi. Die Säulen der *Mandapa*-Ruinen (Meditationshalle) stehen noch. Ein Museum zeigt Cham-Objekte.

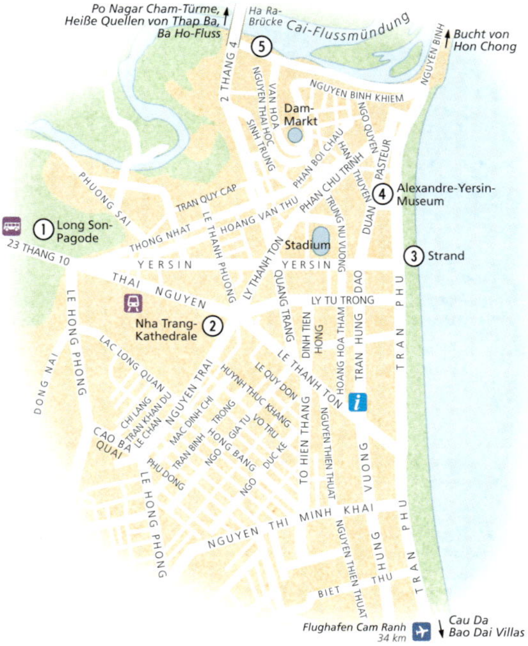

Zentrum von Nha Trang

1. Long Son-Pagode
2. Kathedrale von Nha Trang
3. Strand
4. Alexandre-Yersin-Museum
5. Cai-Flussmündung

0 Meter 800

Zeichenerklärung
siehe hintere Umschlagklappe

In Cau Da legen Boote zu den Inseln rund um Nha Trang ab

Hon Chong

4 km N von Nha Trang. (058) 383 2189. tägl. 6.30–18.30 Uhr.

Etwas nördlich von Nha Trang türmen sich einzelne riesige Felsen, Hon Chong genannt, bis hinunter ans Meer und grenzen eine Bucht ab. Einer dieser Felsbrocken mit fünf Einkerbungen gilt als Handabdruck eines Riesen.

Die malerische Bucht eignet sich wegen der Fischerdörfer nicht zum Baden, dafür kann man hier sehr gut und preiswert Fisch essen und die Aussicht auf die Nha Trang-Bucht im Süden und den Nui Co Tien (wegen seiner frauenähnlichen Gestalt »Berg der Himmlischen Frau« genannt) im Westen genießen.

Heiße Quellen von Thap Ba

10 km NW von Nha Trang. (058) 383 5345. tägl. 7–19.30 Uhr. **thapbahotspring.com.vn**

Einheimische wie Touristen wälzen sich in den heißen, schlammigen Quellen von Thap Ba. Der Schlamm enthält Natriumsulfidchlorid und hilft bei der Therapie von Arthritis und Rheuma. Außerdem soll er körperliche Entspannung fördern. Die Gäste reiben sich den Heilschlamm auf den Körper, lassen sich von der Sonne trocknen, bis die Schlammschicht aufbricht und mit heißem Wasser aus der Mineralquelle abgewaschen wird. Nach dem Bad locken Wassermassagen oder der Pool zur Abkühlung.

Badende genießen den warmen Schlamm der Thap Ba Hot Springs

Der Ba Ho sprudelt über Felsen in ein natürliches Becken

Ba Ho-Fluss

25 km N von Nha Trang.

Der Suoi (Fluss) Ba Ho bietet sich für idyllische Picknicks an. Der Fluss beginnt an der Flanke des 1342 Meter hohen Hon Long und fließt dann ostwärts bis ins Südchinesische Meer. Er erweitert sich in drei natürliche Wasserbecken, die durch Wasserstürze miteinander verbunden sind: eine erfrischende Einladung zum Baden. Essen und Getränke sollte man unbedingt mitnehmen. An Wochenenden kann es am Ufer sehr voll und eng werden.

Cau Da

3 km S des Zentrums von Nha Trang. **Oceanographic Institute** (058) 359 0036. tål. 6–18 Uhr. **Bao Dai Villas** (058) 359 0147. für Nichthausgäste.

Im Windschatten des Berges Nui Chut liegt Cau Da, eigentlich ein Vorort von Nha Trang und Anlegestelle für Fähren und Bootsausflüge zu den Inseln in der Bucht.

Das in einer kolonialen Villa am Pier untergebrachte **Oceanographic Institute** zeigt allerlei Meeresgetier, konserviert in Glasflaschen und -kästen. Lebende Tiere kann man in Wasserbecken und den drei Teichen draußen beobachten.

Nördlich der Hafenanlagen bieten die **Bao Dai Villas** eine herrliche Aussicht auf das Südchinesische Meer. Die Villen entstanden in den 1920er Jahren auf Geheiß des letzten Nguyen-Kaisers, Bao Dai, der hier fünf Häuser in einem künstlichen, franko-vietnamesischen Architekturstil mit Jugendstileinflüssen errichten ließ. Nach seiner Abdankung 1945 dienten die Villen als Ferienresidenzen führender Regierungsbeamter und ab 1975 hochrangiger Kommunisten. Heute kann hier jeder einchecken, allerdings ist das Villenhotel leider heruntergekommen. Die Einrichtung erinnert an die 1920er Jahre.

Zwischen Cau Da und dem Fischerdorf Tri Nguyen auf **Hon Mieu**, der nächstgelegenen Insel, verkehren regelmäßig Fähren. Das örtliche Aquarium ist eher eine Fischfarm mit Café. In Bai Soi erstreckt sich ein Kiesstrand.

Hotels und Restaurants im südlichen Zentralvietnam *siehe Seiten 238f und 248f*

Strände rund um Nha Trang

Die zahlreichen, oft paradiesisch einsamen Strände nördlich von Nha Thrang und die idyllische Inselgruppe tragen zum Reiz des Ferienorts bei. Verschiedene Touranbieter organisieren Tagesausflüge, oft mit einem fischreichen Mittagessen und ausreichend gekühltem Bier. Die ruhigeren und weniger erschlossenen Ziele im Norden, etwa Dai Lanh und Hon Lao, eine Insel, die nur von Affen bewohnt ist, laden zum Baden, Schnorcheln und Sonnen ein. Auf einigen der kleineren Inseln findet man auch Wassersportangebote wie Wasserski oder Parasailing. Wer mag, kann sogar Drinks an schwimmenden Bars bekommen.

① Dai Lanh
Der oft menschenleere, schattige Sandstrand von Dai Lanh versteckt sich am nördlichen Zipfel einer Halbinsel.

② Hon Ong
Die einsame Insel Hon Ong (»Walinsel«) liegt geschützt in der Van Phong-Bucht und ist für gute Restaurants bekannt.

③ Doc Let
Trotz seines Traumstrands ist Doc Let vom Tourismus weitgehend unberührt. Der bei Rucksackurlaubern beliebte Jungle Beach ist nur eine kurze Motorradfahrt entfernt.

⑪ Hon Mun
Die Riffe rund um Hon Mun bieten die besten Schnorchelgebiete der Inselgruppe, sind aber durch Bojen nur schlecht vor dem Fischfang geschützt.

⑦ Hon Tre
Hon Tre, die »Bambusinsel«, ist die größte des Archipels. Auf ihr ragt ein 180 Meter hoher Hügel auf. Am weißen Sandstrand von Bai Tru an der Nordostküste liegt das luxuriöse Vinpearl Resort.

Zeichenerklärung
siehe hintere Umschlagklappe

Sehenswürdigkeiten auf einen Blick

① Dai Lanh Beach
② Hon Ong (»Walinsel«)
③ Doc Let
④ Jungle Beach
⑤ Hon Lao (»Affeninsel«)
⑥ Hon Chong *(siehe S. 114)*
⑦ Hon Tre (»Bambusinsel«)
⑧ Hon Mieu *(siehe S. 114)*
⑨ Hon Tam
⑩ Hon Mot
⑪ Hon Mun (»Elfenbeininsel«)

Das klare Wasser vor Hon Mun ***(siehe oben)*** ▶

❻ Dalat

Bei seinem Besuch in Dalat Ende des 19. Jahrhunderts empfahl der Arzt Alexandre Yersin *(siehe S. 112)* den Ort als idealen Standort für ein Sanatorium. Bis 1910 hatte sich Dalat zu einem beliebten, da kühlen Sommerziel der Kolonialelite entwickelt. Heute zieht es alljährlich Zehntausende vietnamesischer Urlauber und Paare in den Flitterwochen an. Viele wollen vor allem das »Tal der Liebe« und den »See der Seufzer« sehen. Auch immer mehr Besucher aus dem Ausland kommen nach Dalat, denn neben dem eher kitschigen Flair genießen viele die frische Luft, die schöne Landschaft und das gute Essen. Eine kurze Fahrt entfernt liegen die Wasserfälle von Dambri, Elephant, Tiger, Datanla und Pongour.

Tretboote in Schwanenform auf dem Xuan Huong-See

Xuan Huong-See ①

Der sichelförmige See im Stadtzentrum entstand 1919 durch einen Dammbau und stieg zum Eldorado für das Bürgertum Dalats auf. Der von den Franzosen »Le Grand Lac« genannte See wurde später zu Ehren von Ho Xuan Huong *(siehe S. 19)*, der vietnamesischen Dichterin des 18. Jahrhunderts, umbenannt, ihr Name bedeutet »Wesen des Frühlings«. Beliebt sind Ausfahrten mit Tretbooten oder Kajaks. Ein Spaziergang oder eine Radfahrt auf dem sieben Kilometer langen Uferweg führt zu den städtischen **Blumengärten** am Nordufer.

Kathedrale von Dalat ②

Tran Phu und Le Dai Hanh.
(063) 382 1421. tägl. **Messen** tägl. 5, 17.15 Uhr; zusätzliche am So.

Die katholische, dem hl. Nikolaus (St. Nicholas) geweihte Kathedrale trägt zum frankophilen Flair Dalats bei. Der Bau wurde 1931 für die Kolonistengemeinde und die »Bekehrten« begonnen, aber erst nach der japanischen Invasion in den 1940er Jahren vollendet – einem Zeitpunkt, der den Anfang vom Ende Französisch-Indochinas markierte.

Ein 47 Meter hoher Kirchturm überragt den Backsteinbau mit seinen in den 1930er Jahren in Frankreich hergestellten, farbenfrohen Buntglasfenstern.

Prächtiges Hauptschiff der Kathedrale von Dalat

Das Äußere von Nga's Crazy House soll an knorrige Bäume erinnern

Hang Nga Guesthouse (Nga's Crazy House) ③

3 Huynh Thuc Khang. (063) 382 2070. tägl. 8.30–19 Uhr.
crazyhouse.vn

Nga's Crazy House, wie das Gästehaus mit Galerie und Café gern genannt wird, symbolisiert all das, was Besucher an Dalat hassen oder lieben. Für das mit viel Fantasie konzipierte Haus wurde ein Holz- und Drahtgerippe mit Beton übergossen. Riesige Giftpilze und Spinnenweben, Tunnel und Leitern verwandeln es – je nach Sichtweise – in eine Scheußlichkeit oder in ein Miniatur-Disneyland. Gegen eine kleine Gebühr kann man durch diverse Räume schlendern, u. a. durch den Bauch einer Betongiraffe.

Die Schöpferin der Anlage, Dr. Dang Viet Nga, ist die Tochter des früheren Hardliners der Kommunistischen Partei, Truong Chinh, der 1986 für kurze Zeit Generalsekretär der Partei war.

Lam Ty Ni-Pagode ④

2 Thien My. (063) 382 2775.
tägl. 8.30–18.30 Uhr.

Die Pagode entspricht ganz der exzentrischen Stimmung und dem eher schlechten Geschmack, der typisch ist für Dalat. Der Bau selbst ist architektonisch unscheinbar, wurde aber vom einzigen Tempelbewohner, dem buddhistischen Mönch Thay Vien Thuc, erweitert und verändert. Er lebt hier seit 1964 mit einer friedlichen Hundemeute, die jeden Neuankömmling bellend begrüßt. Wenn er nicht schreibt oder Zen-Gedichte liest, gießt Vien Thuc Betonbüsten, meist von sich selbst. Der fleißige Mönch ist auch ein sehr produktiver Maler und schafft traumähnliche Landschaften und bizarre Bildnisse des buddhistischen Universums. Angeblich verdient er nicht schlecht mit dem Verkauf seiner Kunst.

Bao Dais Sommerpalast ⑤

1 Trieu Viet Vuong. (063) 382 6858. tägl. 7–17 Uhr.

Der letzte Nguyen-Kaiser, Bao Dai *(siehe S. 47)*, der als Marionette der Franzosen galt, lebte 1938–45 mit seiner Frau, Kaiserin Nam Phuong, einigen Familienmitgliedern und Gefolge in Dalat. Seine Zeit verbrachte er mit Jagen und Liebeleien.

Der Sommerpalast entstand 1933–38 in einer eigenwilligen maritimen Interpretation des Jugendstils. Mit 25 Räumen wirkt er keineswegs palastähnlich, zumal Pomp und Eleganz gänzlich fehlen. Dennoch ist er bei Besuchern beliebt, die die Gegenstände des Kaisers, etwa den Schreibtisch oder eine Landkarte Vietnams aus geätztem Glas, besichtigen.

Bahnhof von Dalat ⑥

1 Quang Trung, nahe der Nguyen Trai. (063) 383 4409. **Abfahrten** tägl. vier- bis fünfmal.

Der 1932 nach dem Vorbild des Bahnhofs von Deauville errichtete Bau prunkt noch im Art-déco-Stil. Die Strecke nach Phan Rang wurde im Vietnamkrieg *(siehe S. 48f)* geschlossen, aber ein alter russischer Passagiertriebwagen fährt die reizvollen 17 Kilometer bis zum kleinen Dorf Trai Mat.

Lam Dong-Museum ⑦

4 Hung Vuong. (063) 381 2624. Mo–Sa 7.30–11.30, 13.30–16.30 Uhr.

Die abwechslungsreiche Sammlung zeichnet die Geschichte von Dalat und der Umgebung nach. Ausgestellt sind u. a. Keramik aus den Königreichen Funan und Champa, Musikinstrumente, Trachten von Volksgruppen und Fotografien.

Das Museum hat seinen Sitz in einer eleganten Villa im französischen Stil, die man für den Schwiegervater von Bao Dai, Nguyen Huu Hao, 1935 erbaut hatte. Später lebte in der Villa Bao Dais Gemahlin, die Kaiserin Nam Phuong.

Infobox

Information
Straßenkarte C5. 308 km N von Ho Chi Minh City.
207 000. Dalat Travel Service, 7, 3 Thang 2, (063) 700 8994. **namcattien.vn**

Anfahrt

Thien Vuong-Pagode ⑧

Khe Sanh, 4 km vom Zentrum entfernt.

Bronze-Buddha, Thien Vuong-Pagode

Der von der chinesischen Gemeinde 1958 erbaute Tempel entspricht mehr dem traditionellen Bild als die Lam Ty Ni-Pagode. Drei niedrige Holzgebäude erheben sich auf dem Hügel inmitten von Pinienhainen. Hier leben auch Mönche. Im Hauptheiligtum stehen drei große Statuen, Thich Ca, der historische Buddha, bildet das Zentrum. Auf dem Weg zur Pagode bieten Händler Trockenobst und Artischockentee an.

0 Meter 750

Zeichenerklärung
siehe hintere Umschlagklappe

Zentrum von Dalat

① Xuan Huong-See
② Kathedrale von Dalat
③ Hang Nga Guesthouse (Nga's Crazy House)
④ Lam Ty Ni-Pagode
⑤ Bao Dais Sommerpalast
⑥ Bahnhof von Dalat
⑦ Lam Dong-Museum
⑧ Thien Vuong-Pagode

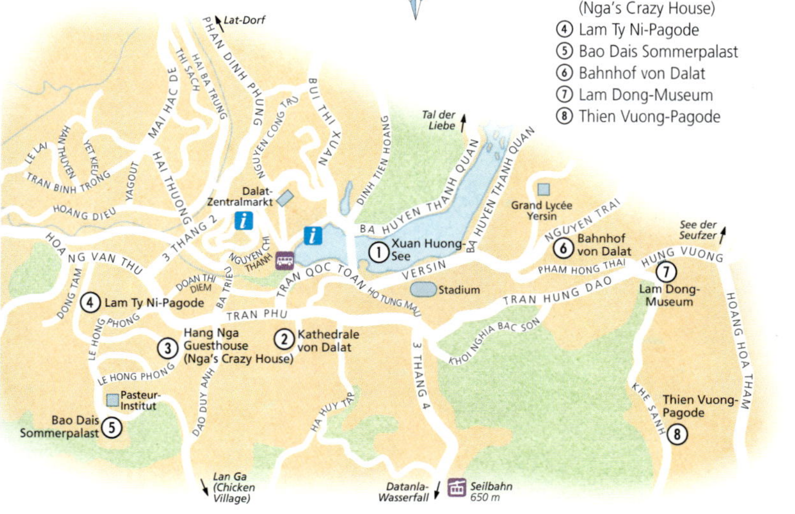

Dalat-Zentralmarkt
Zentrum. täigl.
Einer der größten Lebensmittelmärkte Vietnams liegt im Schatten eines Berghangs und ist von Cafés umgeben. Auf den Treppen und Rampen, die zum Markt hinaufführen, bekommt man an Straßenständen Fleischspießchen, Maiskolben, Süßkartoffeln, mit Fleisch und Käse gefüllte Waffeln und heiße Sojamilch. Auch der zweite Stock des Gebäudes ist voller Essensstände.

Der riesige Hahn aus Beton, Namensgeber des Chicken Village

Lang Ga (Chicken Village)
18 km S von Dalat, direkt am Hwy 20.
Lang Ga bekam den Spitznamen »Hähnchendorf« und zieht wegen seiner bizarren Hahnenfigur im Zentrum viele Besucher an. Das Dorf wird von den K'ho bewohnt, einer ethnischen Gruppe, die vom Kaffee- und Obstanbau sowie der Textilherstellung lebt. Ihr Dorf liegt am Highway zwischen Dalat und der Küste – ideal für Ausflugsbusse, die hier regelmäßig halten. Besucher können den K'ho-Frauen beim Weben zuschauen und ihre Produkte kaufen. Die Frauen sprechen dank der Nachfrage inzwischen gut Englisch.

Lat-Dorf
10 km N von Dalat.
Das kleine Dorf besteht aus mehreren Ortsteilen, in denen überwiegend Angehörige der Lat-Volksgruppe, der K'ho und anderer Minderheiten wie Ma und Chill leben. Die früher armen Dorfbewohner leben heute dank des Tourismus recht einträglich: Die Attraktion im Lat-Dorf sind einheimische Web- und Stickereiarbeiten. Beim Bummel durch das Dorf wird einem heißer grüner Tee angeboten, man kann den Frauen an den Webstühlen zusehen oder mit den freundlichen Verkäufern um einen guten Preis handeln.

Dalat-Seilbahn und Thien Vien Truc Lam
3 km S von Dalat, nahe der Kreuzung 3 Thang 4 und Hwy 20. tägl. 7.30–11.30, 13.30–17 Uhr.
Mit der Seilbahn schwebt man eine 2,4 Kilometer lange Strecke über Bergwälder, kultiviertes Land und malerische Dörfer bis nach Thien Vien Truc Lam, dem Bamboo Forest Meditation Center. In diesem 1993 erbauten Zen-Kloster leben 180 Mönche und Nonnen. Vom Tempel blickt man über den Paradies-See, an dessen Ufer zahlreiche Picknicktische und Bänke stehen.

Die Dalat-Seilbahn über dem Lang Biang-Plateau

Typisches Wohnhaus in den Gemeinden rund um das Lat-Dorf

Datanla-Wasserfall
5 km S von Dalat, Hwy 20.
(063) 383 2238. tägl.
Der Wasserfall von Datanla liegt inmitten der Kiefernwälder südlich von Dalat und nur 15 Minuten zu Fuß vom Highway 20 entfernt. Er ist ein bei Vietnamesen beliebtes Ausflugsziel, vor allem am Wochenende. Das Wasser stürzt in zwei Kaskaden in die Tiefe. In der Trockenzeit lohnt ein Abstecher hierher nicht.

Dambri- und Bo Bla-Wasserfälle
Dambri 85 km SW von Dalat am Hwy 20; **Bo Bla** 80 km SW von Dalat am Hwy 28. tägl. 7–17 Uhr.
Der spektakulärste und am leichtesten erreichbare Wasserfall Südvietnams stürzt bei Dambri 90 Meter in die Tiefe. Ein steiler Aufstieg führt zur Spitze. Weniger fitte Besucher können per Aufzug nach oben schweben. Oberhalb des Wasserfalls kann man auf einem kleinen See Boot fahren.

Die Fahrt nach Dambri lässt sich mit einem Abstecher zum Wasserfall von Bo Bla, südlich von Di Linh, kombinieren.

Hotels und Restaurants im südlichen Zentralvietnam *siehe Seiten 238f und 248f*

7 Lak-See

Straßenkarte C5. 32 km S von Buon Ma Thuot am Hwy 27. Dak Lak Tourist, 3 Phan Chu Trinh, (0500) 384 2246. **namcattien.vn**

Der mitten im Dak Lak-Hochland gelegene See war ein beliebter Rückzugsort von Kaiser Bao Dai, der hier eine seiner Jagdhütten errichten ließ. Zwar sind die Wälder auf den umliegenden Hügeln weitgehend der Axt zum Opfer gefallen, dennoch ist der Blick über den See noch immer hübsch. Das Gebiet ist ideal, um auf der Fahrt über die Bergstraße zwischen Buon Ma Thuot und Dalat für Erfrischungen haltzumachen. Es kommen immer mehr Besucher hierher, die meisten auf Easy-Rider-Motorradtouren. Die Einheimischen, die rund um den Lak-See leben, gehören zur Mnong-Volksgruppe.

Bauern bei der Feldarbeit am malerischen Lak-See

8 Buon Ma Thuot

Straßenkarte C5. 194 km NO von Nha Trang. 300 000. 9 Nguyen Tat Thanh, (0500) 351 7779. **daktip.com.vn**

Die Hauptstadt der Provinz Dak Lak im zentralen Hochland entstand aus einem französischen Militärposten. Rund um das Zentrum sind die Straßen rechtwinklig angelegt. Buon Ma Thuot ist der ideale Ausgangspunkt für Erkundungsfahrten zu entlegenen Seen und Wasserfällen, in den Regenwald und zu den Dörfern der Bergstämme.

Laut offizieller Statistik setzt sich die Bevölkerung zwar vor allem aus Viet (Kinh) zusammen, doch leben in den Dörfern überall auch einheimische Ede- und Mnong-Minderheiten. Jede Volksgruppe hat einen etwas anderen Namen für die Provinzhauptstadt: Die Ede nennen sie Buon Ma Thuot, die Mnong Ban Me Thuot. Beide Namen bedeuten »Dorf des Vaters von Thuot«.

Die Stadt gilt als inoffizielle Kaffeehauptstadt Vietnams, deren hohe Produktionszahlen das Land zum zweitwichtigsten Kaffee-Exporteur nach Brasilien gemacht haben. Der Besuch einer Plantage ist interessant. Die Elefantenritte, die in diesem Gebiet für Touristen angeboten werden, sollte man im Interesse des Wohlergehens der Tiere lieber unterlassen.

Buon Ma Thuot war Schauplatz der letzten größeren Schlacht des Vietnamkriegs am 10. März 1975: Das **Siegesdenkmal** im Zentrum zeigt eine Kopie des ersten nordvietnamesischen Panzers, der während der Eroberung in die Stadt hineinfuhr, und erinnert an die Befreiung der Stadt.

Das **Ethnografische Museum Dak Lak** bietet einen guten Einblick in Kultur, Geschichte und Kunsthandwerk der Ede und Mnong sowie anderer Bergvölker der Region.

Ethnografisches Museum Dak Lak

182 Nguyen Du. (0500) 385 0426. tägl. 7–17 Uhr.

Umgebung: In **Tur**, einem kleinen Dorf 14 Kilometer südwestlich von Buon Ma Thuot, leben ebenfalls Angehörige der Ede-Minderheit. Ihre Gesellschaft ist matrilinear aufgebaut, sodass Besitz immer bei den Frauen verbleibt. Nach der Heirat ziehen die Männer in die Häuser ihrer Ehefrauen. Diese Langhäuser sind auf Pfählen errichtet, unter den Wohnräumen ist Platz für Feuerholz, aber auch für die Haustiere, das Geflügel sowie die Ziegen und Schweine.

Tur ist aufgrund der Nähe zu Buon Ma Thuot und dem Highway 14 leicht erreichbar. Das Dorf liegt neben dem Dak Krong oder Serepok-Fluss, der bis nach Kambodscha fließt. Die Fahrt nach Tur lässt sich mit einer Tour über die Trinh Nu-Stromschnellen verbinden. Stromaufwärts kann man an den Wasserfällen von Dray Nur, Dray Sap und Gia Long unberührte Natur erleben.

Auch im Dorf **Ako Dhong**, 1,5 Kilometer nördlich des Stadtzentrums, sieht man eine Reihe beeindruckender Ede-Langhäuser.

Kaffeeplantage bei Buon Ma Thuot, dem Zentrum des Kaffeeanbaus

Gemeinschaftshaus *(nha rong)* mit Steildach in Kontum

9 Nationalpark Yok Don

Straßenkarte C5. 40 km NW von Buon Ma Thuot. (0500) 378 3028. Bus oder Minibus ab Buon Ma Thuot.
yokdonnationalpark.vn

Der größte Nationalpark Vietnams erstreckt sich auf fast 120 000 Hektar Land an der Grenze zu Kambodscha und wird durch den riesigen Dak Krong oder Serepok-Fluss geteilt. Im Park leben Tiger, Leoparden und Wildelefanten, doch von den 67 Säugetierarten sind 38 vom Aussterben bedroht, und größere Tiere wird man nur mit viel Glück entdecken. Die vormals großen Elefantenherden sind auf weniger als 20 Tiere geschrumpft. Halbtagesausflüge führen u. a. zu einem Dorf der Mnong, was für die meisten Parkbesucher das Highlight ist.

Am Parkeingang bieten einige Läden Kunsthandwerk und versiegelte Töpfe mit lokalem Reisschnaps *(ruou can)* an, inklusive Strohhalmen aus Bambusfasern. Auch Unterkünfte sind am Parkeingang zu finden.

Gleich außerhalb der nördlichen Parkgrenze (und ohne eigenen Wagen und staatlichen Führer nur schwer erreichbar) steht **Thap Yang Prong**, der entlegenste Cham-Turm Vietnams, ein Indiz dafür, dass sich hier eine Ansiedlung und der westlichste Außenposten des alten Champa-Reichs im 13. und 14. Jahrhundert befunden hat.

10 Kontum

Straßenkarte C4. 200 km NO von Quy Nhon. 150 000. Kontum Travel Service, 2 Phan Dinh Phung, (060) 386 1626.

Nur wenige Besucher schauen in dieser entlegenen Stadt vorbei, obwohl es hier einiges zu entdecken gibt. Trotz heftiger Bombenangriffe im Vietnamkrieg haben zwei schöne Holzkirchen und einige Ladenfronten aus der französischen Kolonialzeit überdauert. Die Stadt selbst bietet wenige Sehenswürdigkeiten, doch die Umgebung lockt mit idyllischer Natur und etlichen Dörfern ethnischer Minderheiten. Letztere sind wegen ihrer *nha rong* oder Gemeinschaftshäuser einen Besuch wert. Sehenswert ist auch das **Seminarmuseum** auf der Ostseite der Stadt in einem alten französischen Priesterseminar mit Ausstellungen zu Kunsthandwerk und Trachten regionaler Volksgruppen.

Minderheiten wie die Jarai, Sedang, Rongao und Bahnar *(siehe S. 24)* leben in den umliegenden Dörfern, die man von Kontum aus gut erreicht. Fünf Kilometer östlich der Stadt liegt das Bahnar-Dorf **Kon Kotu**. Das Gemeinschaftshaus besteht hier vollständig aus Bambus und Holz sowie einem Strohdach. In **Kon Hongo**, vier Kilometer westlich von Kontum, leben Rongao. Beide Ausflüge führen durch überaus reizvolle Landschaften mit Zuckerrohr- und Maniokfeldern.

Seminarmuseum
56 Tran Hung Daot. Mo–Fr 7.30–10.30, 14–16 Uhr.

11 Quy Nhon

Straßenkarte C5. 220 km N von Nha Trang. 285 000. 183 Le Hong Phong, (056) 381 8909. **binhdinhtravel.com.vn**

Die Stadt Quy Nhon ist ein größerer Fischereihafen mit guten Stränden. Die meisten Besucher übernachten hier nur auf ihrer Fahrt von Nha Trang nach Hoi An. Die **Long Khan-Pagode**, der wichtigste buddhistische Tempel der Stadt, steht im Zentrum an der Straße Tran Cao Van. Der Bau aus dem frühen 18. Jahrhundert ist dem historischen Buddha Thich Ca geweiht. Dem Tempel wird jedoch weit weniger Interesse entgegenbracht als den alten Cham-Tempeln in der Umgebung von Quy Nhon. Der Stadtstrand ist zwar bei den

Thap Doi Cham, der Cham-Doppelturm in einer Gartenanlage, Quy Nhon

Buddha-Statuen und Opfergaben, Long Khan-Pagode in Quy Nhon

Einheimischen beliebt, wesentlich schöner sind jedoch die Strände rund fünf Kilometer südlich, etwa der **Quy Hao Beach** beim Lepra-Krankenhaus gleichen Namens. 1,6 Kilometer westlich erhebt sich **Thap Doi Cham**, ein Doppelturm der Cham aus der zweiten Hälfte des 12. Jahrhunderts.

In Quy Nhon kann man sich auch vietnamesische Kampfkunst ansehen; es gibt in der Stadt viele Dojos.

Dachdetail, Long Khan-Pagode, Quy Nhon

Umgebung: Banh It (»Silberturm«), ein bedeutendes Baudenkmal der Cham, steht auf einem Hügel am Highway 1, rund 20 Kilometer nördlich von Quy Nhon. Weiter nördlich am Highway 1 findet man Überreste von **Cha Ban**, der früheren Cham-Provinzhauptstadt Vijaya. Die 1000 n. Chr. von den Dai Viet gegründete Stadt markierte die Außengrenze des Königreichs Champa. Heute sind nur noch die Mauern der Zitadelle und die Can Tien Cham-Türme erhalten.

⓬ Sa Huynh

Straßenkarte C4. 60 km S von Quang Ngai. 50 000. Fischfangfest (Anfang Mai).

Das freundliche Fischerdorf ist umgeben von palmengesäumten Stränden und Salzwasserbecken. Bekannt wurde Sa Huynh aber vor allem als Zentrum der über 2000 Jahre alten Sa Huynh-Kultur, einer Zivilisation vor den Cham. 1909 entdeckte man hier 200 Grabkrüge, der erste von weiteren Funden. Leider kann man hier keine Objekte der Bronzezeit-Kultur besichtigen – sie sind im Nationalmuseum für Vietnamesische Geschichte in Hanoi *(siehe S. 166f)* und im Museum der Sa Huynh-Kultur in Hoi An *(siehe S. 129)*.

Besucher sind vom entspannten Flair des Orts, den relativ einsamen Stränden und der idealen Surfbrandung begeistert. Überall sieht man Fischerboote. In Lokalen wird der frische Fang serviert.

⓭ Quang Ngai

Straßenkarte C4. 177 km N von Quy Nhon. 122 000. Quang Ngai Tourist, 310 Quang Trung, (055) 383 7577.
quangngaitourist.com.vn

Die Provinzhauptstadt lohnt einen Besuch wegen der nahen archäologischen Funde.

Umgebung: Son My war 1968 Schauplatz des Massakers von My Lai. Ein **Gedenkpark** im Ortsteil Tu Cung erinnert an das Geschehene, und ein Museumsbau aus Granitstein dokumentiert das Massaker in allen Details: Ausgestellt sind Fotos des Kriegsverbrechens, die in aller Welt Entsetzen auslösten und auch die US-Öffentlichkeit gegen den Krieg aufbrachten. In Quang Ngai kann man ein Motorradtaxi für die 15 Kilometer nach Son My im Osten nehmen.

Acht Kilometer nordöstlich liegt die 1200 Jahre alte Zitadelle Chau Sa, ein Beweis, dass die Cham dieses Gebiet einst kontrollierten. Näher an den westlichen Bergen befindet sich eine 127 Kilometer lange Mauer. Sie wurde wahrscheinlich 1819 von den Vietnamesen gebaut, um den Handel zwischen der H're-Minderheit und den Viets zu regeln.

Massaker von My Lai

Während des Vietnamkriegs galt die Region rund um Quang Ngai als Vietcong-freundliches Gebiet, sodass am 16. März 1968 starke US-Infanterieverbände ausrückten, um den Tod einiger GIs in der Gegend zu rächen. Das Ergebnis war eines der furchtbarsten dokumentierten Kriegsverbrechen in der US-Geschichte. In nur vier Stunden töteten die Soldaten systematisch etwa 500 vietnamesische Zivilisten, über die Hälfte von ihnen Frauen und Kinder. Der für das Massaker verantwortliche Leutnant William Calley wurde 1971 zu lebenslänglicher Haftstrafe verurteilt, stand aber nur unter Hausarrest und wurde nach dreieinhalb Jahren von Präsident Nixon begnadigt.

Das bewegende My Lai-Massaker-Denkmal in Son My bei Quang Ngai

Zentralvietnam

Zentralvietnam, das aus einem schmalen Streifen Land zwischen den bewaldeten Gipfeln der Gebirgskette Truong Son im Westen und dem Südchinesischen Meer im Osten besteht, ist voller Gegensätze. Hier findet man Traumstrände und seltene historische Schätze, darunter vier der UNESCO-Welterbestätten Vietnams: der Nationalpark Phong Nha-Ke Bang, My Son, die Zitadelle von Hue und die Altstadt von Hoi An.

Die Menschen leben hier vor allem am schmalen Küstenstreifen, vom Fischfang und vom Reisanbau. Im Landesinneren ragen die spektakulären Gipfel des Truong Son auf, einer Gebirgskette, die die natürliche Grenze zwischen Laos und Vietnam bildet. Der Hai Van-Pass ist einer der beeindruckendsten Aussichtspunkte des ganzen Landes. In den Bergen leben ethnische Minderheiten, im Nationalpark Phong Nha-Ke Bang liegen einige der größten Höhlen der Welt.

Zentralvietnam kann sich einiger der berühmtesten architektonischen Sehenswürdigkeiten rühmen: Dazu zählt Hoi An mit Häusern, die chinesische, japanische und französische Kaufleute seit dem 16. Jahrhundert bauten, aber auch Hue mit Festung und Königsgräbern – ein Relikt der Nguyen-Dynastie (1802–1945).

Große Geschichte verbirgt sich in den Ruinen der Tempel, die die Cham zwischen dem 4. und dem 12. Jahrhundert in My Son errichteten. Die meisten dieser Stätten sind allerdings noch immer von den Spuren des Vietnamkriegs gezeichnet. Von der neueren Geschichte erzählen die Dörfer Hoang Tru und Kim Lien, in denen Ho Chi Minh einen Teil seiner Kindheit verbrachte. Sie sind heute zu nationalen Pilgerstätten geworden. Die frühere Demilitarisierte Zone (DMZ) verläuft nördlich der Stadt Hue. Das Gebiet war Schauplatz einiger der blutigsten Schlachten des Vietnamkriegs und erinnert bis heute an die Schrecken jener Zeit: Schlachtfelder wie Khe Sanh und Vinh Moc sind sowohl für Vietnamesen als auch für US-Amerikaner Mahnmale und ergreifende Stätten der Trauer.

Vier der neun Dynastischen Urnen, die an jeweils einen Kaiser erinnern, Zitadelle von Hue

◀ **Ruinen von alten hinduistischen Tempeln bei My Son** *(siehe S. 134–137)*

Überblick: Zentralvietnam

Die Kernregion Vietnams besitzt einige der spannendsten historischen Stätten des Landes und eine ebenso spektakuläre Natur. Die Fahrt von Hue nach Danang eröffnet Landschaften voll grüner Täler und Hügel sowie wunderschöne Aussichten am Hai Van-Pass. Die alte Kaiserstadt Hue ist die ideale Ausgangsbasis für Ausflüge in die Gebiete nördlich des Passes, und das nahe Städtchen Lang Co lockt mit einem der schönsten Strände in der Region. Nördlich von Hue erinnert die Demilitarisierte Zone an die blutige Geschichte der jüngeren Zeit, während der Nationalpark Phong Nha-Ke Bang Ruhe schenkt. Südlich des Hai Van-Passes liegen die historischen Orte Hoi An und My Son mit jahrhundertealten Architekturwundern.

Das ausgeschmückte Phung Hung-Haus *(siehe S. 128)* in Hoi An

Sehenswürdigkeiten auf einen Blick

Städte und Orte

1. *Hoi An S. 128–133*
4. Ba Na
5. Danang
10. *Hue S. 142–149*
14. Dong Hoi
16. Kim Lien

Historische und militärische Stätten

2. *My Son S. 134–136*
11. Khe Sanh Combat Base
12. Demilitarisierte Zone (DMZ)

Strände

3. China Beach
8. Lang Co Beach
9. Thuan An Beach

Landschaftlich schöne Gebiete

7. Suoi Voi

Nationalparks

6. Nationalpark Bach Ma
15. Nationalpark Phong Nha-Ke Bang

Tunnelkomplex

13. Vinh Moc-Tunnel

0 Kilometer 25

Legende

- Hauptstraße
- Nebenstraße
- Eisenbahn
- Staatsgrenze
- Provinzgrenze

Weitere Zeichenerklärungen *siehe hintere Umschlagklappe*

Farbenprächtige Drachenboote am Ufer des Parfümflusses *(siehe S. 152)*, Hue

In Zentralvietnam unterwegs

Die Region erkundet man am besten mit Mietwagen oder Minibussen. Sie bringen Passagiere von einem zum nächsten Ort und eignen sich für Tagesausflüge ab Hue, etwa in die DMZ oder zum Hai Van-Pass auf dem Weg nach Hue. Auch Zugfahrten bieten sich an, v. a. der Reunification Express zwischen Ho Chi Minh City und Hanoi. Die Städte Hoi An und Hue lassen sich gut zu Fuß oder mit dem Fahrrad erkunden. Noch schöner sind die atemberaubenden, von Hotels oder Touranbietern organisierten Bootsausflüge auf dem Parfümfluss (Anlegestelle an der Le Loi-Straße).

Exponat im Museum der Cham-Skulpturen *(siehe S. 138)*, Danang

❶ Hoi An

Das pittoreske Hoi An am Nordufer des Flusses Thu Bon war vom 16. bis 18. Jahrhundert ein wichtiger Handelshafen. Durch seine Verbindungen nach China, Japan und sogar Europa erwarb er ein reiches kulturelles Erbe, wie es nur wenige andere Städte Vietnams besitzen. Die seit 1999 als UNESCO-Welterbe geschützte Stadt hat viele schmale »Röhrenhäuser« *(siehe S. 31)*, chinesische Pagoden, reich verzierte Versammlungshallen, Familienschreine und die Japanische Brücke. Im Südosten von Hoi An erstreckt sich ein kleines französisches Kolonialviertel.

Schrein für den Tao-Gott Bac De, Japanische Brücke

Phung Hung-Haus ①

4 Nguyen Thi Minh Khai. (0510) 386 2235. tägl. 8–19 Uhr.

Das 1780 entstandene Haus war das Heim von acht Generationen einer Familie, die mit dem Handel parfümierter Hölzer und Gewürze zu Wohlstand gekommen war und diesen später durch den Verkauf von Souvenirs erhielt. An dem von 80 Hartholzsäulen getragenen Bau fallen die chinesisch geprägten Emporen und Fensterläden auf. Die Dachfenster wirken japanisch, während Grundriss und Baustil typisch vietnamesisch sind.

Farbenfrohe Figuren chinesischer Gottheiten, Phung Hung-Haus

Japanische Brücke ②

Kreuzung Tran Phu und Nguyen Thi Minh Khai. tägl. Sonnenauf- bis -untergang.

Die rostfarbene Brücke ist eines der auffallendsten Baudenkmäler *(siehe S. 130)* der Stadt. Sie wurde 1593 von der japanischen Handelsgesellschaft errichtet, die ihren Sitz im Westen der Stadt hatte und eine Verbindung zum chinesischen Viertel im Osten benötigte. Durch ein Verbot des Tokugawa Shogun Iemitsu, das Japanern 1663 den Auslandshandel untersagte, endete jegliche Handelsaktivität abrupt.

1719 baute man einen vietnamesischen Tempel in den nördlichen Teil der Brücke. Ihr heutiger Name, Lai Vien Kieu (»Brücke aus der Ferne«), ist zwar über der Tempeltür eingeritzt, dennoch nennt man den Bau, der sich seinen japanischen Charakter trotz aller Umbauten bewahrt hat, bis heute Japanische Brücke.

Den Altar an der Brücke ziert ein Bild von Bac De, der Reinkarnation der taoistischen

Zentrum von Hoi An

① Phung Hung-Haus
② Japanische Brücke
③ Kantonesische (Quang Dong) Versammlungshalle
④ Museum der Sa Huynh-Kultur
⑤ Tan Ky-Haus
⑥ Quan Thang-Haus
⑦ Tran-Familienkapelle
⑧ Museum des Keramikhandels
⑨ Phuc Kien-Versammlungshalle
⑩ Quan Cong-Pagode
⑪ Hainan-Chinesische Versammlungshalle
⑫ Zentralmarkt
⑬ Hoi An Kunsthandwerksladen

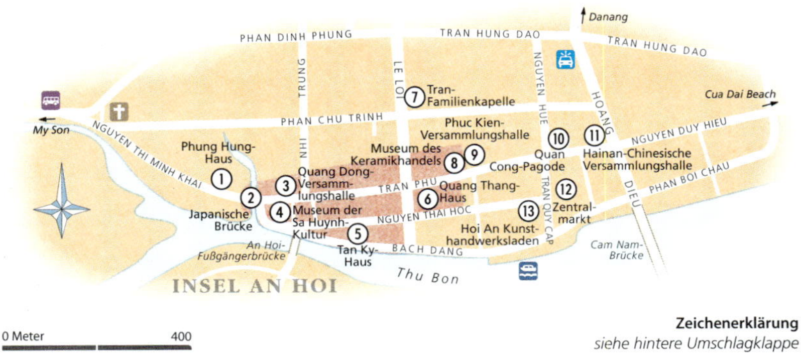

Zeichenerklärung
siehe hintere Umschlagklappe

Gottheit, des Jadekaisers. Der 18 Meter lange, mit Ziegeln gedeckte Bau führt über einen kleinen Nebenfluss des Thu Bon und bietet Fußgängern eine bequeme Verbindung zwischen den Kunstgalerien an der Tran Phu-Straße und denen im Westteil der Stadt.

Kantonesische (Quang Dong) Versammlungshalle ③

176 Tran Phu.
tägl. 7.30–17 Uhr.

Quang Dong ist der vietnamesische Name der Provinz Guangdong in China, die im Westen auch Kanton genannt wird. Der 1885 von Seehandelsleuten errichtete Bau besticht durch Flachreliefs und bunte Aufhängungen. Der Hauptaltar ist dem zum Gott erhobenen General Quan Cong geweiht, zu erkennen an seinem roten Gesicht (die Farbe symbolisiert Treue). Auch die Meeresgöttin Thien Hau wird hier verehrt.

Holzarbeit, Kantonesische Versammlungshalle

Museum der Sa Huynh-Kultur ④

149 Tran Phu. (0510) 386 1535.
tägl. 8–17 Uhr.

Der kleine Hafen von Sa Huynh *(siehe S. 123)*, rund 160 Kilometer südlich von Hoi An, war Namensgeber und Zentrum einer Kultur, die von 1000 v. Chr. bis 200 n. Chr. währte. 1909 fand man in Sa Huynh über 200 Grabkrüge, gefüllt mit Bronzewerkzeugen, Schmuck und den Überresten der Toten. Die faszinierenden, eigentümlichen Bronzeobjekte sind heute in dem kleinen Museum, das sich in einem hübschen franko-vietnamesischen Gebäude befindet, zu besichtigen.

Tan Ky-Haus ⑤

101 Nguyen Thai Hoc.
(0510) 386 1474.
tägl. 8–12, 14–16.30 Uhr.

Das schönste traditionelle Kaufmannsgebäude der Stadt, das Tan Ky-Haus, gilt als herausragendes Beispiel eines chinesisch-vietnamesischen Ladenbaus aus dem 18. Jahrhundert. Das Haus ist um einen Innenhof erbaut und – wie so oft in Hoi An – eine bunte Stilmischung: Innen fallen Krebsrücken-Motive an der Decke auf, das Dach ruht auf japanischen dreigliedrigen Stützbalken. Den Boden wiederum bedecken Ziegelsteine aus Bat Trang vom Roten Fluss. Feine Perlmuttintarsien mit chinesischer Lyrik zieren die Säulen, die das Dach tragen.

Quan Thang-Haus ⑥

77 Tran Phu.
tägl. 7.30–17 Uhr.

Das einstöckige Ladenhaus ist ein schönes Beispiel für die herausragende Handwerkskunst in den traditionellen Häusern von Hoi An. Das Haus wurde im 18. Jahrhundert von einem Seehandelskaufmann aus dem chinesischen Fujian erbaut, dessen Familie hier sechs Generationen lang lebte. Der Bau hat eine dunkle Teakholzfassade und ein Dach mit gekrümmten chinesischen Ziegeln. Man betritt das Haus von der Ladenfront aus, dahinter liegt ein Innenhof. Die Hofwände sind mit Flachreliefs voller Blumen und Bäume verziert, die Fensterläden mit Schnitzereien. Eine kleine Terrasse hinter dem Hof diente zum Kochen.

Infobox

Information
Straßenkarte C4. 793 km S von Hanoi. 120 000.
Laternenfest (monatlich).
Ticketsystem Altstadt Eintrittskarten für den Besuch der Altstadt-Sehenswürdigkeiten sind in der Touristeninformation erhältlich.
hoian-tourism.com

Anfahrt
ab Danang. Hoi An Tourist Office, 591 Hai Ba Trung.

Tran-Familienkapelle ⑦

21D Le Loi. (0510) 386 1723.
tägl. 7.30–17 Uhr.

Die kleine Andachtsstätte entstand vor über zwei Jahrhunderten für die Vorfahren der Tran-Familie, die hier verehrt wurden. Die Familie kam Anfang des 18. Jahrhunderts aus China nach Vietnam und ließ sich in Hoi An nieder. Die heutigen Nachfahren sind die 13. Generation seit der Auswanderung.

Im Lauf der Zeit heirateten einige Familienmitglieder auch Einheimische, die Kulturen vermischten sich, sodass die heutige Andachtsstätte ein vielfältiges Aussehen hat *(siehe S. 133)*. Den Hauptaltar schmücken Gegenstände der Vorfahren sowie Ahnengedenktafeln. Ein Vorfahre, der es im kaiserlichen China bis zum Mandarin gebracht hatte, wird mit einem großen Porträt geehrt.

Geschnitzte Balken und Träger im Innenhof, Tan Ky-Haus

Im Detail: Altstadt von Hoi An

Als alte »internationale« Handelsstadt hat Hoi An (»Friedlicher Versammlungsort«) eine Vergangenheit, die sich in einem Mosaik verschiedenster Kulturen spiegelt. In der Altstadt, die 1999 von der UNESCO zum Welterbe erklärt wurde, verbindet sich das Flair längst vergangener Epochen mit einer gewissen Zeitlosigkeit. Die historischen Bauten, hübschen »Röhrenhäuser« und prächtig verzierten chinesischen Versammlungshallen unterliegen strengen Denkmalschutzauflagen, die Straßen sind für den Autoverkehr gesperrt. Zwischen all den Baudenkmälern kann man hier in entspannter Atmosphäre bummeln, einkaufen und in Straßencafés sitzen. Ein Pauschalticket gewährt Einlass in eine Reihe von Sehenswürdigkeiten.

Sino-japanische Innenarchitektur in der Tran-Familienkapelle

★ Quang Dong-Versammlungshalle
Im reich verzierten Zentrum der kantonesischen Gemeinde sieht man innen traditionelle chinesische Malereien mit Bildern göttlicher Störche und der Göttin der Barmherzigkeit *(siehe S. 129)*.

Tran-Familienkapelle

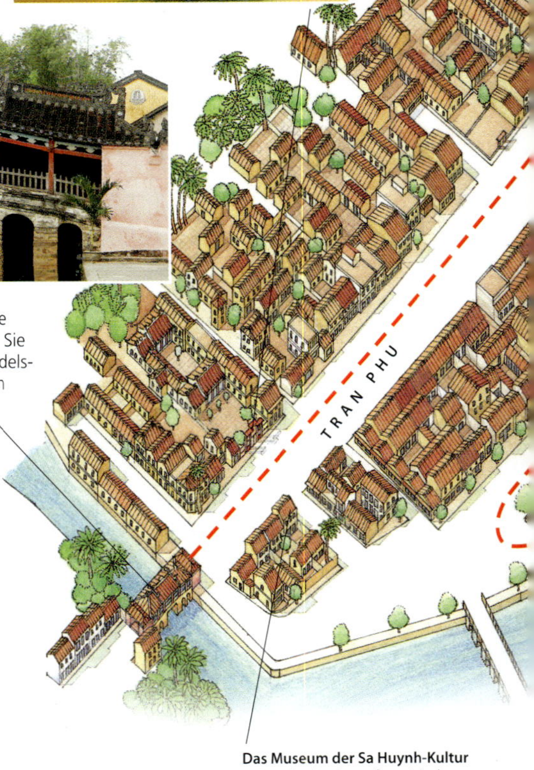

★ Japanische Brücke
Die überdachte Brücke symbolisiert die reiche Handelsgeschichte von Hoi An. Sie wurde 1593 von der japanischen Handelsgilde als Verbindung zum chinesischen Viertel im Ostteil der Stadt errichtet.

Legende
— Routenempfehlung

0 Meter 50

Das Museum der Sa Huynh-Kultur präsentiert in einem französischen Kolonialbau Graburnen, Schmuck und Keramik der 2000 Jahre alten Kultur.

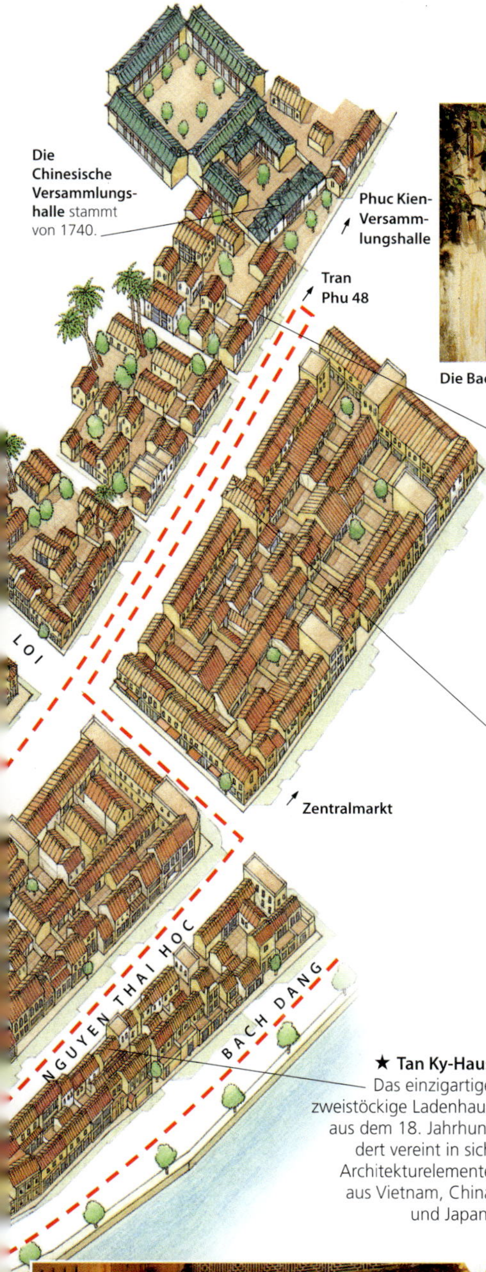

Die Chinesische Versammlungshalle stammt von 1740.

Phuc Kien-Versammlungshalle

Tran Phu 48

Zentralmarkt

Die Bach Dang-Straße am Fluss Thu Bon, Hoi An

Das Museum des Keramikhandels zeigt Keramikprodukte aus dem 16. bis 18. Jahrhundert, darunter Stücke aus China, Japan und Südostasien.

Tran Phu 77 ist ein typisches »Röhrenhaus« und blieb sechs Generationen im Besitz einer chinesischen Familie aus Fujian.

★ Tan Ky-Haus
Das einzigartige zweistöckige Ladenhaus aus dem 18. Jahrhundert vereint in sich Architekturelemente aus Vietnam, China und Japan.

Straßencafés
Die vielen Cafés und Restaurants der Stadt laden zum Entspannen bei leckeren vietnamesischen Gerichten und guten Cocktails ein.

Museum des Keramikhandels ⑧

80 Tran Phu. (0510) 386 2944. tägl. 7.30–17 Uhr.

Das Museum liegt in einem klassischen Ladenhaus mit Balkonen und Holzpaneelen. Die Exponate illustrieren den Keramikhandel der Stadt, der vom 16. bis 18. Jahrhundert florierte. Viele Objekte stammen aus Schiffswracks, u. a. rund um die Insel Cham vor der Mündung des Thu Bon.

Die farbenfrohe Fassade der Phuc Kien-Versammlungshalle

Phuc Kien-Versammlungshalle ⑨

46 Tran Phu. tägl. 7.30–17 Uhr.

Die auffallende Versammlungshalle wurde von Kaufleuten gegründet, die nach dem Fall der Ming-Dynastie 1644 aus der chinesischen Provinz Fujian geflohen waren. Der Tempel ist der Meeresgöttin Thien Hau, Schutzpatronin der Seeleute, geweiht. Sie sitzt am Hauptaltar des ersten Raums, begleitet von Dienern, die sie bei jedem Schiffsunglück alarmieren. Rechts vom Altar steht das Modell einer Segeldschunke, in der hinteren Kammer ein Altar, der die Gründerväter ehrt. Sie werden durch sechs sitzende Statuen repräsentiert.

Quan Cong-Pagode ⑩

24 Tran Phu. (0510) 386 2945. tägl. 7–18 Uhr.

Der auch Chua Ong genannte Tempel geht auf das Jahr 1653 zurück und ist dem chinesischen General Quan Cong (3. Jh.) geweiht, der zur taoistischen Gottheit erhoben wurde. Quan Congs vergoldete Statue am Hauptaltar ist flankiert von zwei Wachen und einem weißen Pferd, auf dem der General meist ritt.

Hainan-Chinesische Versammlungshalle ⑪

10 Tran Phu. tägl. 8–17 Uhr.

Die Versammlungshalle entstand 1875 für die Einwanderer der chinesischen Insel Hainan und gedenkt der 108 Seefahrer der Insel, die 1851 von einem abtrünnigen vietnamesischen General getötet wurden. Die Geschichte wird (in chinesischen Schriftzeichen) auf den Lackpaneelen der Eingangshalle erzählt.

Zentralmarkt ⑫

Zwischen Tran Phu und Bach Dang. tägl. Sonnenauf- bis -untergang.

Den Markt sollte man vormittags besuchen, wenn hier am meisten los ist. Die zwei engen Marktstraßen verlaufen südlich von Tran Phu zum Ufer des Thu Bon. An Ständen werden frische Lebensmittel, Küchenutensilien und vieles andere angeboten, östlich des Hafens gibt es frischen Fisch und Fleisch. Eine Attraktion sind die Stoff- und Modeläden *(siehe S. 256)* mit edler, preiswerter Seide. Schneider fertigen Maßkleidung in nur einem Tag.

Hoi An Kunsthandwerksladen und Werkstatt ⑬

9 Nguyen Thai Hoc. (0510) 391 0216. tägl. 7–18 Uhr. Di–So.

Hier fertigen Handwerker vor den Augen der Besucher die für Hoi An typischen Laternen.

Laternenherstellung im Kunsthandwerksladen

Sie bestehen aus Bambusgestellen, die mit Seide überzogen werden. Man kann den Handwerkern bei der Arbeit zusehen, die fertigen Produkte natürlich auch im Laden kaufen oder – unter Anleitung – eine eigene Laterne fertigen.

Täglich um 10.15 und um 15.15 Uhr werden auch Vorstellungen mit dem vietnamesischen Saiteninstrument *dan bau* *(siehe S. 28)* dargeboten. Im Innenhof gibt es Erfrischungen.

Cua Dai Beach

4 km O von Hoi An.

Den wunderbaren weißen Sandstrand mit Blick auf die Cham-Inselgruppe erreicht man am bequemsten per Fahrrad auf der Cua Dai Road. Direkt an der Strandstraße stehen einige der attraktivsten Hotels des Landes, etwa das Victoria Hoi An Beach Resort & Spa *(siehe S. 239)*, das Hoi An Riverside Resort sowie das Ancient House *(siehe S. 239)*.

Cua Dai, einer der schönsten Strände Vietnams

Hotels und Restaurants in Zentralvietnam *siehe Seiten 239 und 249f*

Architektur in Hoi An

Die vielfältige Stadtarchitektur von Hoi An entstand zwischen dem 16. und dem 19. Jahrhundert, als die Stadt ein wichtiger Handelshafen war, der ausländische Einflüsse aufnahm. Die Japaner gründeten westlich der bekannten Brücke im 16. Jahrhundert eine Gemeinde, die Chinesen siedelten im 18. Jahrhundert im Zentrum und im Osten. Heute erkennt man Charakteristika beider Kulturen an vielen Häusern. Später prägten die Franzosen ein Kolonialviertel im Südosten der Stadt. Im Lauf der Zeit vereinten sich viele Stile mit einheimischen Architekturelementen zu einer harmonischen Synthese. Da Hoi An vom Vietnamkrieg verschont blieb, hat sich der Altstadtcharme bis heute unverfälscht erhalten.

Kultur- und Architekturmischung

Hoi An bietet eine für Vietnam einzigartige architektonische Stilmischung. In den vietnamesischen Röhrenhäusern zeigen sich vor allem französische, japanische und chinesische Spuren: Das Ziegeldach stammt aus China, die Dachstützen aus Japan, die Lampenpfosten und Fensterläden aus Frankreich. In Hoi An vereinen sich verschiedene kulturelle Einflüsse zu einem harmonischen, unnachahmlichen Gesamtbild.

Französische Kolonialarchitektur zeigt sich in den meist gelben Kolonnadenhäusern, mit blauen oder grünen Holzelementen, Veranden und Balkonen sowie hölzernen Fensterläden.

Vietnamesische »Röhrenhäuser« haben zwei Innenhöfe, einen äußeren zur Trennung von Laden- und Wohnbereich und einen zweiten für die Frauen. Die Höfe sind mit Holzschnitzarbeiten, Stuck und Keramik verziert.

Der chinesische Drache ist ein mit der sino-vietnamesischen Geschichte assoziiertes Symbol, das für Kontinuität, Macht, Stabilität und Wohlstand steht. In den Häusern von Hoi An ist der Drache allgegenwärtig.

Die Tran-Familienkapelle ist über zwei Jahrhunderte alt und enthält verschiedene chinesische und vietnamesische Stile, fällt aber vor allem durch die japanische dreigliedrige Dachkonstruktion auf.

❷ My Son

My Son war vom 4. bis zum 13. Jahrhundert ein religiöses Zentrum der Cham und wurde bei Ausgrabungen französischer Archäologen in den 1890er Jahren wiederentdeckt. Freigelegt wurden Reste von 70 Tempeln, doch nur 20 sind gut erhalten. Die Baudenkmäler sind in elf Gruppen unterteilt, als wichtigste gelten die Gruppen B, C und D *(siehe S. 136)*. Gruppe A wurde im Vietnamkrieg durch US-Bombenangriffe fast vollständig zerstört. Die spektakulärsten Bauten sind die berühmten Cham-Türme, die man in drei Segmente einteilt: die Basis als Symbol der Erde, die Mitte als spirituelle Welt und die Spitze als Reich zwischen Erde und Himmel.

C1-Turm
Im *kalan*, einem Shiva geweihten Heiligtum, wird der Gott als menschliche Figur dargestellt. Das Bildnis steht im Museum der Cham-Skulpturen *(siehe S. 138)*.

Ruinen von B4
Die Ruinen im Stil der Bauten von Dong Duong, einer anderen Cham-Stadt, enthalten religiöse Bildnisse auf steinernen Pilastern sowie reich verzierte blinde Türen.

★ Shiva Lingam in B1
Das *lingam*, ein mit Shiva assoziiertes Phallussymbol, steht in oder über einer *yoni*, dem Symbol der Weiblichkeit. Als Zeichen für Fortpflanzung und göttliche schöpferische Energie wurde Wasser über das *lingam* gegossen, das dann auf die *yoni* strömte.

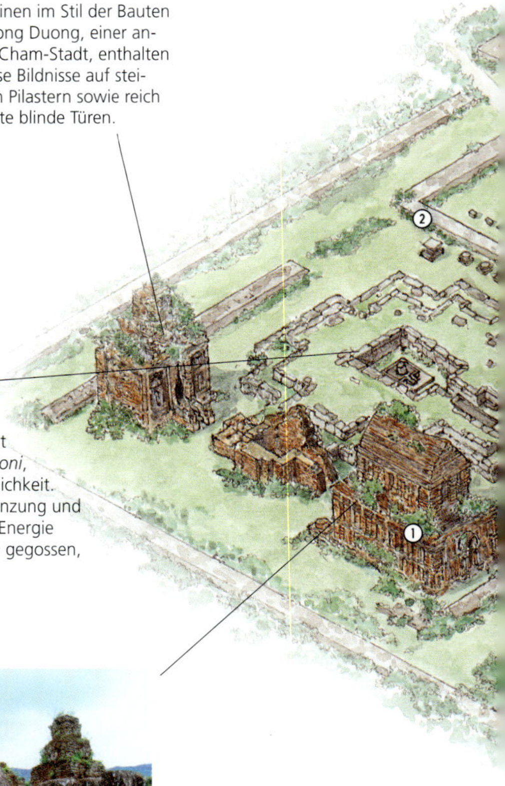

★ B5-Turm
Die Tempelschatzkammer (10. Jh.) dürfte mit dem bootsförmigen Dach, den verzierten Wandpfeilern und den Reliefs von Gajalakshmi, der Göttin des Wohlstands, ein architektonisches Meisterwerk gewesen sein.

Außerdem

① **Fein verzierte Steinsäulen** aus dem 8. Jahrhundert fallen unter den Ruinen von B5 auf.

② **Niedrige Mauern** aus Mauerwerk über Kalkstein trennen die Gruppen B und C.

★ Gottheiten an C1
Die Himmelsfiguren (8. Jh.) am Tempel C1 verraten javanesische Einflüsse. Die tief sitzenden, weiten Gürtel der Figuren gehen auf Indien zurück, der Stil gelangte wahrscheinlich über Indonesien zu den Cham.

Infobox

Information
Straßenkarte C4. 40 km SW von Hoi An. (0510) 373 1757. tägl. 6.30–16.30 Uhr. Nehmen Sie Kopfbedeckung, Sonnenschutz und Wasser mit. Da das Gelände vermint war, weichen Sie nie von den Wegen ab.

Anfahrt
ab Hoi An und Danang.

Zentraler Weg
Ein leicht erhöhter Weg liegt zwischen den Hallen der Gruppe D, die als Meditationsräume und Empfangssäle sowie zur Vorbereitung der Opfer für die Hauptschreine der Gruppen B und C dienten.

Cham-Statuen
Die eleganten Statuen *(siehe S. 139)* wurden meisterhaft aus Ziegelsteinen und Sandstein geformt.

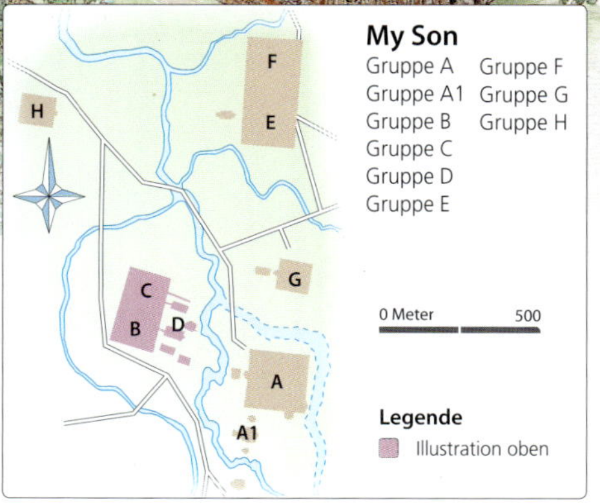

★ Galerie von D2
Die lange Halle bei D2 dient als Skulpturenmuseum, dessen Exponate man aus geplünderten und bombenbeschädigten Schreinen gerettet hat. Ein modernes Dach schützt die Kunstobjekte vor der Witterung.

My Son: Tempelkomplex

Den Tempelkomplex My Son, ein UNESCO-Welterbe, besucht man am besten sehr früh oder spät, um den größten Besucherandrang zu umgehen. Zwar haben jahrhundertelanger Zerfall und die Bomben des Vietnamkriegs viel zerstört, doch die Ruinen eröffnen einen faszinierenden Blick auf eine indisierte Kultur. Die märchenhaften Bauten sind recht nüchtern nach Buchstaben in Gruppen geordnet. Die wichtigsten Monumente der Gruppe B erreicht man zuerst, Gruppe C ist weniger gut erhalten. Im Osten zeigen die Säle der Gruppe D Cham-Skulpturen, die Gruppen E, F, G und H werden derzeit restauriert.

Die Ruinen der Gruppe C in My Son

Gruppe A und A1

Die bedeutendsten Bauten von My Son wurden 1969 durch US-Luftangriffe fast völlig zerstört. Was neben Stein- und Säulenresten noch steht, wird restauriert.

Aufzeichnungen zeigen, dass hier ein auffallender Turm (A1) mit dem *kalan* (Heiligtum) stand. Der Turm hatte im Gegensatz zu Cham-Tempeln (die nach Osten ausgerichtet sind) auch eine Tür nach Westen, dem Symbol des Todes – vielleicht eine Verbindung zu den Gräbern der Cham-Könige in den Gruppen B, C und D. Beachtenswert sind auch die gewundenen Muster bei A9.

Gruppen B, C und D

Der Komplex B erhebt sich im Zentrum der Anlage und ist wegen seiner indischen und javanesischen Kunst bemerkenswert. Das Hauptheiligtum aus dem 11. Jahrhundert war König Bhadravarman (der den ersten Tempel in My Son im 4. Jahrhundert baute) und Shiva geweiht. Ein einzigartiger Bau dieser Gruppe ist B6, dessen Dach ein Bild des Hindu-Gottes Vishnu im Schutze einer 13-köpfigen *naga* zeigt.

Die benachbarte Gruppe C ist durch eine Steinmauer von B getrennt. Der zentrale Turm (C1) weist Stilelemente älterer Bauten auf, u. a. Tunnelportal und Türsturz. Der Ende des 8. Jahrhunderts erbaute rechteckige Turm C7 hat einen Steinaltar und stellt die architektonische Verbindung zwischen den Stilen der Cham-Städte Hoa Lai und Dong Duong her.

Im Osten der Gruppe B und C dienen die *mandapa* (Meditationsräume) der Gruppe D als Galerie. Ein Shiva-*lingam* sowie Sta-

Skulptur einer *apsara*, D2-Galerie

tuen von Shiva und Nandi stehen in D1. In D2 sieht man einen steinernen Garuda, einen tanzenden Shiva und *apsaras*.

Gruppen E, F, G und H

Die Bauten im nördlichen Zipfel der Anlage sind zwar am stärksten beschädigt, enthüllen aber Fragmente wunderschöner Kunstarbeiten. Die zwischen 8. und 11. Jahrhundert erbaute Gruppe E hebt sich vom üblichen Stil ab: Der Haupt-*kalan* hat kein Vestibül, nur ein Tempel ist nach Osten ausgerichtet. Die benachbarte Gruppe F ist bis auf ein fein verziertes *lingam* eines Altars zertrümmert.

Die Gruppe G (11. Jh.) wurde in den vergangenen Jahren restauriert und hat eine Turmbasis mit Basreliefs des Gottes der Zeit, Kala. Eine Steinverzierung eines Tanzenden Shiva aus einem Tunnelportal der zerstörten Gruppe H steht im Museum der Cham-Skulpturen *(siehe S. 138)*.

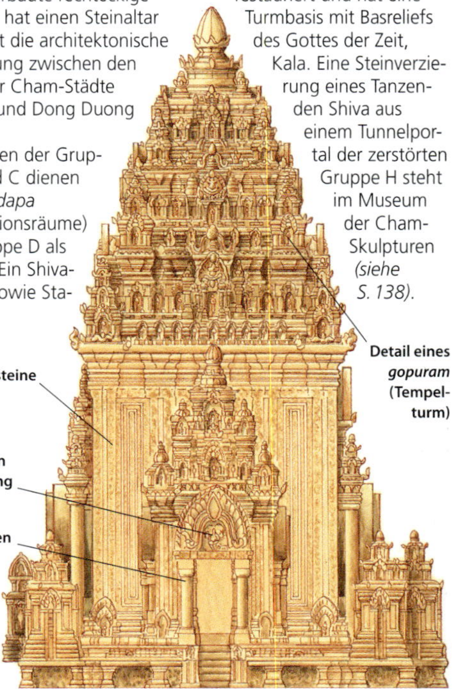

Rekonstruktion des imposanten Tempels A1

Ferienanlage über den mit Nebel umgebenen Gipfeln des Truong Son-Gebirges, Ba Na Hill Station

❸ China Beach

Straßenkarte C4. 2 km SO von Danang.

Den langen Küstenabschnitt zwischen dem Gebirge Nui Ngu Hanh Son (»Berge der fünf Elemente« oder Marmorberge) und dem Südchinesischen Meer gliedern die Einheimischen in drei Strände: My Khe, My An und Non Nuoc. In den USA nennt man die weißen Sandstrände nach der beliebten US-Fernsehserie auch heute noch China Beach. Obwohl der Name von der Regierung verboten wurde, werben doch Hotels und Reiseanbieter damit um ausländische Besucher.

Ein beliebtes Ziel war der China Beach bereits im Vietnamkrieg, als die US-Armee (deren Basis in Danang als eine der wichtigsten und sichersten in Südvietnam galt) My Khe und My An als Erholungszentrum für GIs ausbaute. Davon ist heute nichts mehr zu sehen, doch Souvenirstände und Fischrestaurants warten auf Besucher. In My Khe haben am Südende des Strands einige gehobene Ferienanlagen geöffnet, die Strände entwickeln sich rasch zu Bade- und Surferzielen *(siehe S. 264)*. Da die Wellen am Strand heftig sein können, ist Schwimmen nur in den Sommermonaten sicher.

Fliegende Händler bieten ihre Waren am China Beach an

❹ Ba Na

Straßenkarte C4. 40 km W von Danang.

Der alte französische Bergort liegt unweit von Danang in 1450 Meter Höhe, oft ist er nebelverhangen oder in Wolken gehüllt. Seine Blütezeit erlebte der französische Ort im frühen 20. Jahrhundert, als hier über 200 Villen standen. Clubs und Restaurants fand man damals an jeder Ecke. Doch die Party dauerte nicht lange: Im Indochinakrieg wurde Ba Na aufgegeben und zerfiel.

Seit einigen Jahren feiert der Ort jedoch eine Art Wiedergeburt und wird als Urlaubsziel entwickelt. Zu den Attraktionen zählen Ferienanlagen direkt an der Felswand, Karaokebars, eine Seilbahn und die Pagode Linh Ung.

Wanderungen zu Wasserfällen sind gut möglich, die herrliche Aussicht auf Danang und das Südchinesische Meer tut ihr Übriges.

My Son retten

Warnschild in My Son

Einige der größten Sachschäden des Vietnamkriegs wurden in den Stätten von My Son und Dong Duong angerichtet. Die Situation war vor allem während und nach der Tet-Offensive 1968 *(siehe S. 49)* dramatisch, als Massenbombardements der USA schwere Zerstörungen verursachten.

Vor dem Krieg hatten französische Archäologen in My Son 70 Bauten registriert. Nur 20 blieben einigermaßen intakt. Nach den Zerstörungen beschwerte sich Philippe Stern, ein führender Wissenschaftler für Cham-Geschichte, bei der US-Regierung. Im Januar 1971 wurde der US-Botschafter vom Außenministerium angewiesen, alle notwendigen Maßnahmen zum Schutz der historischen Stätten von My Son einzuleiten. Bis heute bemühen sich Archäologen, unterstützt durch Mittel der UNESCO, die Ruinen von My Son zu retten. Trotz der von französischen Wissenschaftlern hinterlassenen Zeichnungen ist diese Aufgabe kaum zu bewältigen. Weite Teile von My Son sind für immer zerstört.

Altar für Quan Am, Göttin der Barmherzigkeit, Pho Da-Pagode

❺ Danang

Straßenkarte C4. 108 km S von Hue; 964 km N von HCMC. 1 000 000. ab Hanoi, HCMC und Nha Trang. Reunification Express ab Hanoi und HCMC. ab Hanoi, Hue, HCMC und Nha Trang. Danang Tourism, 32A Phan Dinh Phung, (0511) 386 3595.
tourism.danang.vn

Danang (Da Nang) liegt etwa in der Mitte der vietnamesischen Küste, am Westufer des Flusses Han. Danang ist eine der sich am schnellsten verändernden Städte Vietnams. Zwar bietet die fünftgrößten Stadt des Landes selbst nur wenige Sehenswürdigkeiten, ist aber eine gute Basis für Ausflüge zu umliegenden Attraktionen und ein Verkehrsdrehkreuz zwischen Nord und Süd. Drei der Welterbestätten Vietnams – Hoi An *(siehe S. 128–133)*, My Son *(siehe S. 134–136)* und die Festung Hue *(siehe S. 144–147)* – sowie zahlreiche Strände liegen in der Umgebung.

Nach der französischen Eroberung 1859 stieg Danang rasch auf und löste Hoi An als Haupthafen Zentralvietnams ab. Im Vietnamkrieg *(siehe S. 48f)* erlebte Danang als bedeutende Militärbasis der US-Armee einen zweiten Aufschwung.

Das **Museum der Cham-Skulpturen** (Bao Tang Dieu Khac Cham) ist eines der Highlights von Danang. Die 1915 von der École Française d'Extrême-Orient gegründete Institution präsentiert die weltweit beste Sammlung von Skulpturen der Cham, darunter Altäre, Sandsteinobjekte, Büsten von Hindu-Göttern wie Vishnu, Shiva und Brahma sowie Schnitzereien mit Motiven aus dem Epos *Ramayana*. Die Skulpturen stammen aus dem 7. bis 13. Jahrhundert und wurden in nahen Cham-Stätten gefunden, u.a. in Tra Kieu, der ersten Champa-Hauptstadt, My Son und Dong Duong.

Die rosafarbene **Danang-Kathedrale** von 1923 hat zu beiden Seiten eine dreistufige Fassadengestaltung, die in einem Kirchturm mit Hahnenfigur gipfelt. Sehenswert sind auch der **Cao Dai-Tempel**, nach dem »Heiligen Stuhl« in Tay Ninh *(siehe S. 78f)* der zweitgrößte Cao Dai-Tempel, und die **Phap Lam-Pagode** zu Ehren des Thich Ca Buddha.

Buntglasfenster, Danang-Kathedrale

Die hübsche **Pho Da-Pagode**, eine buddhistische Mönchs- und Nonnenschule, ist ein cremefarbener Bau mit orangefarbenen Fliesen und grünen Verzierungen. Den zentralen Tempelbau mit dem Hauptaltar flankieren zwei Bauten mit dreigliedrigen Dächern und geschwungenen Dachtraufen.

Danangs neueste Attraktion ist die spektakuläre **Drachenbrücke**, die über den Han führt. Sie ist nicht nur erleuchtet, sondern »spuckt« auch Feuer und Wasser.

Umgebung: Eine schöne Aussicht auf wolkenverhangene Gipfel und die blaue Bucht von Danang bietet der 496 Meter hohe **Hai Van-Pass** (»Wolkenpass«) im Truong Son-Gebirgszug, etwa 30 Kilometer nördlich von Danang. Über den Pass führt der National Highway 1, darunter verläuft seit 2005 ein Tunnel.

Etwas südöstlich liegen die **Marmorberge** (Nui Ngu Hanh Son, »Berge der fünf Elemente«). Wie der Name schon sagt, besteht das Gebirge in erster Linie aus Marmorgestein, in dem viele Höhlen als Schreine für Buddha oder Konfuzius dienen. Nordöstlich von Danang erhebt sich der nach seinen Hauptbewohnern benannte **Affenberg** (Nui Son Tra). Westlich davon liegen **Gräber spanischer und französischer Soldaten**, die beim Angriff auf Danang 1858 umkamen.

Museum der Cham-Skulpturen
Ecke Bach Dang und Trung Nu Vuong. (0511) 347 0114. tägl. 7–17.30 Uhr.
chammuseum.danang.vn

Cao Dai-Tempel
63 Hai Phong. (0511) 369 8710. tägl. 6–18 Uhr.

Pho Da-Pagode
340 Phan Chu Trinh. (0511) 382 6094. tägl. 5–21 Uhr.

Kalksteinfelsen der Marmorberge bei Danang

Kunst und Skulpturen der Cham

Das Reich der Cham überdauerte von der Entstehung im 2. Jahrhundert bis zum Zerfall 1832 über 1600 Jahre. Geblieben ist ein künstlerisches Erbe, das seine Glanzzeit im 8. bis 10. Jahrhundert erreichte. Ein Teil der Geschichte ist als Architektur in den Ziegeltempeln Zentralvietnams sichtbar. Andere Relikte sind meist aus Sandstein und Marmor gehauene, seltener auch aus Bronze gegossene Objekte, die man an Stätten wie Tra Kieu, My Son und Dong Duong fand. Cham-Kunst ist religiös geprägt und orientiert sich an indischer Überlieferung: Hindu-Gottheiten werden ausdrucksstark und in einzigartiger Sinnlichkeit mit ihren himmlischen Trägern, als tanzende Mädchen oder als Dämonen dargestellt.

Ein Makara ist in der hinduistischen Mythologie ein Meereswesen der Götterwelt, oft halb Fisch, halb Säugetier, manchmal auch als Reittier dargestellt.

Tanzendes Mädchen, Tra Kieu

Die tanzende Himmelsnymphe, apsara, von einem Altargiebel in Tra Kieu bei Danang (10. Jh.) ist für ihre sinnliche Grazie und die für Cham-Kunst typische, sorgfältige Darstellung von Haar, Kleidung und Schmuck berühmt.

Kopfschmuck der Tänzerin ist eine verzierte Haarspange.

Feine Verzierungen auf dem Kleid der *apsara* betonen und verstecken ihre Weiblichkeit.

Der Altaraufsatz ist rundum mit steinernen Brüsten geschmückt. Die weibliche Brust ist ein häufiges Motiv der Cham-Kunst und wahrscheinlich ein Symbol für die Muttergöttin Uma.

Garuda ist das adlergestaltige Reittier des Hindu-Gottes Vishnu. Cham-Bildhauer setzten neben Stein auch Terrakotta als Material ein.

Der Altarfries aus dem späten 12. Jahrhundert zeigt einen Reiter mit Pferd an einem Kampfwagen. Die feinen Details sind trotz des verwitterten Sandsteins hervorragend zu erkennen.

Dieses Fundstück von einem Altar in My Son stammt aus dem 7. oder 8. Jahrhundert und zeigt einen musizierenden Flötisten in einer fein gearbeiteten Marmornische.

Am Five Lakes Cascade Trail im Nationalpark Bach Ma

6 Nationalpark Bach Ma

Straßenkarte C4. 45 km SO von Hue. (054) 387 1330. ab Hue und Danang nach Cau Hai. ab Danang, Hue, Hoi An und Cau Hai. tägl.
bachmapark.com.vn

Der Nationalpark Bach Ma erstreckt sich in 1450 Meter Höhe an der Grenze zwischen den Provinzen Hue und Danang. In den 1930er Jahren gründeten die Franzosen hier eine Bergstation, eine Provokation für die Viet Minh, die Bach Ma im Ersten Indochinakrieg *(siehe S. 47)* oft angriffen. Bei Kriegsende hatten die meisten Franzosen ihre Villen aufgegeben. In den 1960er Jahren befestigte die US-Armee Bach Ma und lieferte sich in den hügeligen Wäldern erbitterte Gefechte mit dem Vietcong. Nach dem Sieg der Kommunisten 1975 geriet das Bergdorf in Vergessenheit.

Glücklicherweise lebte Bach Ma wieder auf: 1991 bekam das 37 500 Hektar umfassende Gebiet den Status eines Nationalparks. Trotz des massiven Einsatzes von Entlaubungschemikalien im Vietnamkrieg hat sich die Natur dank Aufforstungs- und Schutzmaßnahmen erholt. Im Park stößt man auf eine große Tier- und Pflanzenvielfalt, darunter 2140 verschiedene Pflanzenarten, von denen viele als Heilpflanzen gelten. Mehr als 130 Säugetierarten leben im Park, u. a. das seltene Vu-Quang-Rind *(saola)*, der Riesenmuntjak wie auch der Truong Son-Muntjak *(siehe S. 205)*. Zu den heimischen Primaten zählen Languren-, Faul-, Makakenaffen sowie Weißwangengibbons. Wahrscheinlich streifen auch Leoparden und Tiger durch die entlegenen Winkel des Parks. Mit 363 registrierten Vogelarten, darunter dem bedrohten Edwardsfasan, ist der Nationalpark auch ein Paradies für Vogelkundler.

Edwardsfasan, Nationalpark Bach Ma

Von dem einstigen französischen Bergort sieht man nur noch einige überwucherte Ruinen – eine unheimliche Atmosphäre mitten im Dschungel.

Makake, Nationalpark Bach Ma

Überhaupt bieten die vielen, gut gepflegten Wanderwege im Park *(siehe S. 265)* viel Abwechslung und mehr Infrastruktur als andere Parks. Ein nach der Gipfelstraße nur 500 Meter langer Weg mit Stufen führt beispielsweise zu einer Aussichtsplattform am höchsten Punkt (1450 m) der Gegend. Bei gutem Wetter hat man von hier eine wunderbare Aussicht über die zerklüftete Truong Son-Gebirgskette.

Den Nationalpark erreicht man nur mit privat organisiertem Transport. Wer gern wandert, wird den **Pheasant Trail** mögen, wo man die Schreie der Gibbons hört, oder den Rhododendron Trail, der zum 300 Meter hohen Wasserfall Do Quyen führt. Informieren Sie sich vorab, ob der Park geöffnet ist, da wegen Straßenbauarbeiten der Zugang beeinträchtigt sein kann.

7 Suoi Voi

Straßenkarte C3. 65 km S von Hue; 15 km N von Lang Co, Hwy 1. ab Hue. tägl. 6.30–21.30 Uhr.

Suoi Voi, die »Elefantenquelle«, ist bei den Bewohnern von Danang und Hue ein beliebtes Wochenendziel. Seinen Namen verdankt der Ort einem riesigen Felsen, der einem Elefanten ähnelt. Hier kann man herrlich und ungestört baden.

Um die Stelle auf dem Weg von Hue nicht zu verfehlen, sollte man auf ein großes Schild für einen Pfad, der rechts zu den Quellen führt, achten. Etwa 2,5 Kilometer von hier passiert man die alte Kirche von Thua Lau. Dort befinden sich das Eingangstor und ein Parkplatz. Von hier erreicht man die Hauptquellen nach etwa 1,6 Kilometern Fußmarsch.

Nach dem staubigen Weg kann man sich im frischen Quellwasser erholen. Die Quellen liegen inmitten großer

Entspanntes Mittagessen in einem Strandrestaurant, Lang Co Beach

Felsbrocken in einem Wäldchen. Den Hintergrund bilden die bewaldeten Gipfel des Truong Son-Gebirges. Suoi Voi ist ein guter Zwischenstopp auf dem Weg von oder nach Hue. Die einzige Infrastruktur, die man hier vorfindet, sind allerdings ein paar Imbissstände.

8 Lang Co Beach

Straßenkarte C3. 75 km S von Hue; 35 km N von Danang am Hwy 1. ab Hue und Danang. ab Hue oder Danang.

Die Schönheit der Halbinsel Lang Co offenbart sich am besten mit einem Blick vom Hai Van-Pass oder während einer Zugfahrt von Hue nach Danang. Richtung Norden sieht man eine beeindruckende Komposition aus Blau, Weiß und Grün. Ein kleiner Streifen mit traumhaft weißem Sand verläuft südlich von Loc Vinh und trennt eine Salzwasserlagune im Westen von dem meist aufgewühlten Südchinesischen Meer im Osten. Die Landschaft präsentiert sich als Traumkulisse mit palmenbestandenen Stränden an leuchtend blauen Gewässern mit vielen Farbschattierungen.

Der Strand lädt vor allem in den Sommermonaten vor Juli zum Baden ein, danach kann es regnerisch und eintönig werden. Hervorragende Fischgerichte kann man hier aber ganzjährig in den Strandlokalen genießen. Wer länger bleiben möchte, hat die Wahl zwischen einer Hotelanlage oder einer Unterkunft im verschlafenen Dorf Lang Co, in dem man das einfache, gemächliche Alltagsleben entdecken kann.

Etwas südlich von Lang Co führt eine Brücke zum Straßentunnel des Highway 1 unter dem Hai Van-Pass. Die Brücke schafft für die lokalen Fischer einen geschützten Hafen. Bei einem Spaziergang auf der Landseite dieser Nehrung passiert man bunte Fischerboote und runde Boote, die eher an große Weidenkörbe erinnern.

9 Thuan An Beach

Straßenkarte C3. 15 km NO von Hue am Hwy 49.

Der Strand von Thuan An ist einer der schönsten in der Gegend rund um Hue. Er erstreckt sich am nördlichen Ende einer schmalen Insel, die sich von der Mündung des Parfümflusses *(siehe S. 152)* nach Süden bis zum Städtchen Phu Loc entlangzieht.

Der Strand ähnelt dem 90 Kilometer weiter südlich gelegenen Strand Lang Co: Auch Thuan An bietet einen von Kokospalmen eingerahmten Strand. Im Südwesten glitzert das Wasser der Thanh Lam-Lagune, im Nordosten rollt die Brandung des Südchinesischen Meers den Strand hinauf.

Das Dorf Thuan An wird von einigen Fischern bewohnt, deren Boote am Sandufer liegen. Die Region lebt weniger vom Tourismus als von der Herstellung der *nuoc mam* (Fischsauce). Der scharfe, für manche Nasen faule Geruch liegt hier immer wieder in der Luft. Die zur Fermentierung der Flüssigkeit benutzten Fässer erkennt man an ihrer Größe – und natürlich am Geruch.

Thuan An bietet sich als bequem erreichbares, nettes Tagesziel für eine Radtour ab Hue an. Die Fahrt zum Strand ist abwechslungsreich, da sie durch stille Dörfer und malerische Landschaft mit vereinzelten Pagoden führt. Die Insel und den Strand erreicht man auf einer kleinen Brücke, die quer über die Thanh Làm-Lagune führt. Eine enge Straße zieht sich die ganze Insel am Ufer der Lagune entlang, eine schöne Alternativroute zwischen Danang und Hue.

Sanfter Wellengang am Strand Lang Co

⑩ Hue

Die alte Kaiserstadt Hue war eines der Zentren buddhistischen Mönchstums und von 1802 bis 1945 Hauptstadt Vietnams. Trotz vieler Zerstörungen im Vietnamkrieg ist Hue immer noch eine wunderschöne Stadt und eines der bedeutendsten historischen und kulturellen Zentren Vietnams. Im Norden thront die Zitadelle *(siehe S. 144–147)* mit der Verbotenen Stadt und den Kaiserpalästen, im Süden liegen alte Tempel, Kaisergräber und das französische Viertel. Durch die Stadt fließt der Song Huong oder Huong Giang (Parfümfluss) *(siehe S. 152)*. Sehr gute Hotels und Restaurants sowie das frankophile Flair tragen zum Reiz der Stadt bei.

Alltag auf dem geschäftigen Dong Ba-Markt

Kaiserstadt ①

Siehe S. 144–147.

Museum der Kaiserlichen Antiquitäten ②

3 Le Truc. (054) 352 4429.
Di–Sa 7–17 Uhr.

Nach umfangreichen Renovierungsarbeiten ist das Museum jetzt nicht mehr in der ehemaligen Privatresidenz von Kaiser Khai Dinh und seinem adoptierten Sohn Bao Da untergebracht, sondern wieder an seinem Originalstandort im Long An-Palast innerhalb der Zitadelle. Er wurde 1845 gebaut und wird von 128 Säulen aus Eisenholz gestützt. Zu den Exponaten, die alle aus der Zeit der Nguyen-Dynastie (1802–1945) stammen, gehören Kunsthandwerksstücke aus Silber, Porzellan, Mobiliar und Kleidungsstücke, Khai Dinhs Bett und Bao Dais Schuhe. Leider gibt es zu den einzelnen Ausstellungsstücken nur wenige Erklärungen.

Dieu De-Pagode ③

102 Bach Dang. tägl. Sonnenauf- bis -untergang.

Der Tempel entstand während der Herrschaft des dritten Nguyen-Kaisers Thieu Tri (reg. 1841–47), zerfiel im Lauf der Jahre und wurde 1889 durch Kaiser Than Tha erneuert. Die letzten Elemente kamen bei der Restaurierung 1953 hinzu. Auffallend sind die Trommel- und Glockentürme sowie das Heiligtum für Thich Ca, den historischen Buddha.

Wie andere Tempel in Hue ist auch Dieu De mit dem politischen Widerstand gegen das Diem-Regime (1955–63) verknüpft: 1963 verbrannte sich hier der Mönch Nun Nu Thanh Quang aus Protest gegen die Unterdrückung der Buddhisten, die während der Regierung von Ngo Dinh Diem verhaftet und hingerichtet wurden. Nach den Selbstverbrennungen kam es zu brutalen Aktionen des Militärs.

Dong Ba-Markt ④

Nordöstlich der Tran Hung Dao.
tägl.

Der Markt liegt nördlich des Parfümflusses, an der südöstlichen Ecke der Zitadelle. Er ist bei Einheimischen äußerst beliebt, denn von frischen Lebensmitteln und Fisch über Kleidung, Spielzeug bis hin zu Schuhen und Kosmetika kann man hier wirklich alles kaufen. Am quirligsten geht es am frühen Morgen zu, auch wenn den ganzen Tag über eifrig gehandelt wird.

Kathedrale Notre Dame ⑤

80 Nguyen Hue.
während Messen.

Die 1937–42 in einer französisch-vietnamesischen Stilmischung erbaute Kirche ist mit Platz für 1500 Gläubige recht groß, aber wenig anziehend. Täglich um 5 und um 17 Uhr, am Sonntag zusätzlich um 7 Uhr, wird die Heilige Messe gefeiert. Die Kathedrale ist nur während des Gottesdienstes geöffnet.

Bao Quoc-Pagode ⑥

Bao Quoc. (054) 382 2297.
tägl. Sonnenauf- bis -untergang.

Giac Phong, ein buddhistischer Mönch aus China, gründete den Tempel 1670 auf dem Hügel Ham Long. Später erhielt die Pagode durch den Ngyuen-Fürsten Phuc Khoat (reg. 1738–65) königlichen Status. Ende des 18. Jahrhunderts missbrauchte der Tay Son-Rebell Quang Trung *(siehe S. 45)* den Tempel als Waffenlager.

Der Kolonnadengang am Eingang zur Bao Quoc-Pagode

Kaiser Minh Mang (reg. 1820–41) unterstützte den Tempel. Im Jahr 1940 wurde hier eine buddhistische Mönchsschule eingerichtet, die bis heute existiert. Trotz einer Renovierung Mitte des 20. Jahrhunderts hat sich die Bao Quoc-Pagode historischen Charme und eine angenehme Patina bewahrt.

Tu Dam-Pagode ⑦

Lieu Quan. tägl. Sonnenauf- bis -untergang.

Der im 17. Jahrhundert gegründete Tempel ist als buddhistisches Zentrum für Zentralvietnam von politischer Bedeutung. Die Tu Dam-Pagode dient der vietnamesischen Buddhisten-Vereinigung seit 1951 als Hauptsitz. Damit spielte sie für den buddhistischen Widerstand gegen das katholische Regime von Präsident Diem seit den 1950er Jahren eine wichtige Rolle.

Urne im Hof der Tu Dam-Pagode

Wie in Saigon und in der Dieu De-Pagode kam es auch hier 1963 zur öffentlichen Selbstverbrennung eines Mönchs im Innenhof.

In der Tu Dam-Pagode steht ein Thich Ca Buddha am Hauptaltar. Ein Baum auf dem Anwesen stammt angeblich aus einem Spross vom ursprünglichen *Bodhi*-Baum in Indien ab.

Infobox

Information

Straßenkarte C3. Hauptstadt der Provinz Thue Thien Hue, 110 km N von Danang.

360 000. Hue Tourist, 120 Le Loi, (091) 355 8464.

Anfahrt

Reunification Express zwischen Hanoi und Ho Chi Minh City.

ab Hanoi, Vinh, Danang, Nha Trang, Ho Chi Minh City.

Thanh Toan-Brücke

Dorf Thanh Thuy Chan, 7 km O von Hue.

Die überdachte Brücke ähnelt der berühmteren Japanischen Brücke in Hoi An *(siehe S. 128f)* und der überdachten Kanalbrücke von Phat Diem. Eine Fahrt dorthin lohnt allein schon wegen der malerischen Dörfer, die man dabei passiert.

Zentrum von Hue

① Kaiserstadt
② Museum der Kaiserlichen Antiquitäten
③ Dieu De-Pagode
④ Dong Ba-Markt
⑤ Kathedrale Notre Dame
⑥ Bao Quoc-Pagode
⑦ Tu Dam-Pagode
⑧ Dan Nam Giao
⑨ Tu Hieu-Pagode

Zeichenerklärung
siehe hintere Umschlagklappe

Zitadelle von Hue: Kaiserstadt

Die Zitadelle, seit 1993 UNESCO-Welterbe, wurde ab 1802 unter Kaiser Gia Long (reg. 1802–20) erbaut. Eine elf Kilometer lange Mauer umgibt die Zitadelle, innerhalb liegt, wieder von Mauern umschlossen, die Kaiserstadt und darin wiederum die Verbotene Purpurstadt. Die Anlage wurde nach Prinzipien chinesischer Geomantie und nach militärstrategischen Überlegungen des französischen Architekten Sebastien de Vauban errichtet. Das Ergebnis ist ein Komplex, in dem wunderschöne Paläste und Tempel neben gewaltigen Bastionen und Gräben stehen. Nach den Zerstörungen im Vietnamkrieg wurde hier viel Restaurierungsarbeit geleistet.

Altar mit Gold- und Lackkunst für die Nguyen-Könige, The Mieu

Hung Mieu
Die Pagode aus dem 19. Jahrhundert diente Kaiser Gia Long zur Verehrung seiner Eltern. Charakteristisch sind die glasierten Verzierungen auf dem Ziegeldach, bemerkenswert die großen, speierähnlichen Steindrachen, die über dem großen Innenhof wachen.

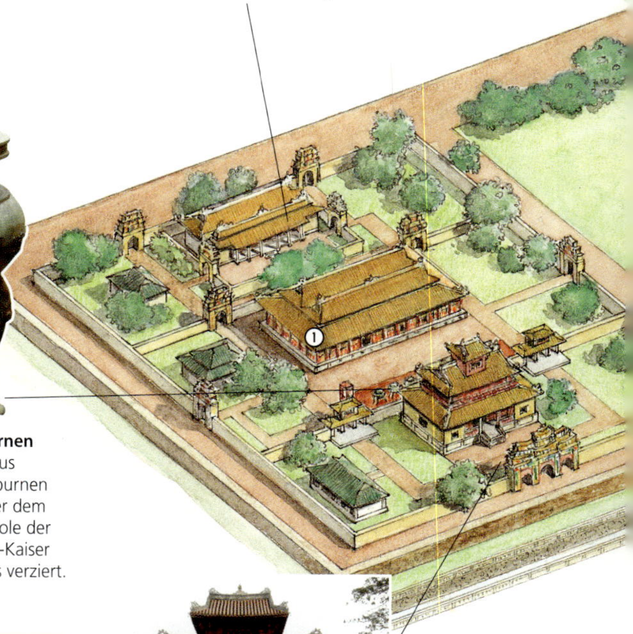

★ Neun Dynastische Urnen
Die riesigen, 1835–37 aus Bronze gegossenen Graburnen stehen im Hof gegenüber dem The Mieu. Sie sind Symbole der Macht der neun Nguyen-Kaiser und reich mit Flachreliefs verziert.

Außerdem

① **The Mieu** ehrt zehn Nguyen-Kaiser und erstrahlt heute wieder im alten Glanz.

② **Die Bibliothek**, ein eleganter zweistöckiger Bau mit schönen Keramikmosaiken, droht heute leider zu verfallen.

Hien Lam-Pavillon
Der 1824 unter Kaiser Minh Mang erbaute Pavillon zeigt eine dreistöckige Fassade mit Emporen sowie Holzbalken und Paneele voller Blumenmotive.

Infobox

Information
Straßenkarte C3. 23 Thang 8, Hue. Hue Tourist, 120 Le Loi, (091) 355 8464.
tägl. 7–17 Uhr.

Anfahrt
HCMC und Hanoi.
Danang.

Theater
Der 1826 fertiggestellte hübsche Bau hat ein Dach wie eine Pagode und farbenprächtige Innenräume mit Säulen voller Lackschmuck und den allgegenwärtigen goldenen Drachen.

★ Thai Hoa-Palast
Der große Thronsaal der Nguyen-Kaiser wird durch 80 Säulen mit roten Holzlackarbeiten geprägt. Die riesigen Säulen sind überall mit goldenen Drachen, dem Symbol der Nguyen-Dynastie, verziert.

★ Ngo Mon-Tor
Das majestätische Haupttor der Zitadelle ist ein herausragendes Beispiel der Nguyen-Architektur. Auf dem Fundament aus massiven Steinquadern ruht ein Wachturm, in dem der Kaiser bei Staatsanlässen thronte.

Zitadelle: Bauwerke der Kaiserstadt

Im Herzen der Zitadelle von Hue versteckt sich die Kaiserstadt, auch Dai Noi (»Große Einzäunung«) genannt. Seit einigen Jahren kann man dank umfassender Restaurierungsarbeiten den einstigen Glanz und die Pracht der Anlage mehr als nur erahnen. Die Kaiserstadt erreicht man durch das Ngo Mon-Tor, von dem eine Brücke zwischen Lotosteichen zum beeindruckenden Thai Hoa-Palast führt. 1945 übergab der letzte Kaiser auf der Balustrade des Mittagstors die Macht an Ho Chi Minh. Dahinter öffnet sich eine Fläche, auf der einst die Verbotene Purpurstadt stand.

Cot Co (Flaggenturm) ①
37 Meter erhebt sich der Flaggenturm über die Zitadelle. Er prägt die Stadtsilhouette seit 1809, als Kaiser Gia Long (reg. 1802–20) den Turm über einer 18 Meter tiefen Schanze errichten ließ. Zur Tet-Offensive *(siehe S. 49)* erlangte Cot Co am 31. Januar 1968 internationale Bedeutung, als die Kommunisten die Zitadelle stürmten und das Banner der Nationalen Befreiungsfront am Flaggenmast hissten.

Neun Heilige Kanonen ②
Kaiser Gia Long ließ die bronzenen Geschütze, die heute das Ngan- und das Quang Duc-Tor zu beiden Seiten des Cot Co flankieren, 1803 als symbolischen Schutz für die neue Hauptstadt gießen. Die Kanonen stehen für die Jahreszeiten und die fünf Elemente Erde, Wasser, Holz, Metall, Feuer.

Fünf-Phönix-Wachturm ③
Der reich verzierte Pavillon erhebt sich über den riesigen Steinquadern des Ngo Mon-Tors. Hier thronte der Kaiser bei staatlichen Anlässen. Von oben betrachtet, soll der Turm fünf Phönixvögeln ähneln. Das mittlere Dach aus gelben, glasierten Ziegeln ist mit Drachen-, Banyanblatt- und Fledermaus-Ornamenten verziert, während die Dachtraufen mit Keramikorchideen, Chrysanthemen und Bambusmosaiken geschmückt sind. Über dem Pavillon führt eine Geheimtreppe zu einem Raum, in dem Hofdamen durch Gitterwerkfenster alles beobachten konnten.

Thai Hoa-Palast ④
im Thronsaal.
Der von Kaiser Gia Long im Jahr 1805 erbaute Thai Hoa-Palast, der »Palast der Höchsten Harmonie«, beherbergt den Thronsaal der Nguyen-Kaiser. Der wunderschön restaurierte Bau ist der beeindruckendste Palast von Hue. Er diente als Krönungssaal, für Feiern und Audienzen. Bei diesen Anlässen saß der Kaiser auf dem reich verzierten Thron, geschmückt mit einer Krone aus neun Drachen, einem goldenen Mantel, einem Jadegürtel und anderen edlen Schmuckstücken. Nur die höchsten Mandarine durften den Saal betreten, die anderen mussten draußen warten.

Vier der Neun Heiligen Kanonen, eine für jede Jahreszeit und jedes Element

Mandarin-Säle ⑤
Zu beiden Seiten des gepflasterten Innenhofs hinter dem Thai Hoa-Palast liegen die sogenannten Mandarin-Säle – einer für die Militärs, der andere für die Beamten. Je nach Rang trafen sich die Mandarine in den Pavillons und legten ihre kostbare Hofkleidung für die kaiserlichen Empfänge an. Einige dieser prächtigen Kleidungsstücke sind ausgestellt.

Historischer Bronzekessel im Hof der Mandarin-Säle

Verbotene Purpurstadt ⑥
Kein Mensch außer dem Kaiser durfte die als Tu Cam Thanh oder »Verbotene Purpurstadt« bekannte, zehn Hektar große Stadt innerhalb der Stadt betreten. Jeder Mann, der die Grenze überschritt, wurde zum Tod verurteilt. Nur die Kaiserin sowie neun Ränge an Konkubinen, Dienerinnen und Hofeunuchen wurden hier geduldet.

Die 1802–33 errichtete Verbotene Purpurstadt bestand einst aus über 60 Gebäuden, die sich um mehrere Höfe gruppierten, wurde aber von heftigen Bombenangriffen während der Tet-Offensive stark beschädigt.

Theater ⑦
Das im Jahr 1825 erbaute Theater, Duyet Thi Duong, war einst eine führende Bühne für *nha nhac (siehe S. 29)*, Hofmusik. Die von der UNESCO als »Meisterwerk des mündlichen und immateriellen Erbes der Menschheit« registrierte *nha nhac* nutzte Bambuslauten, Zithern sowie Geigen und wurde von Trommeln begleitet.

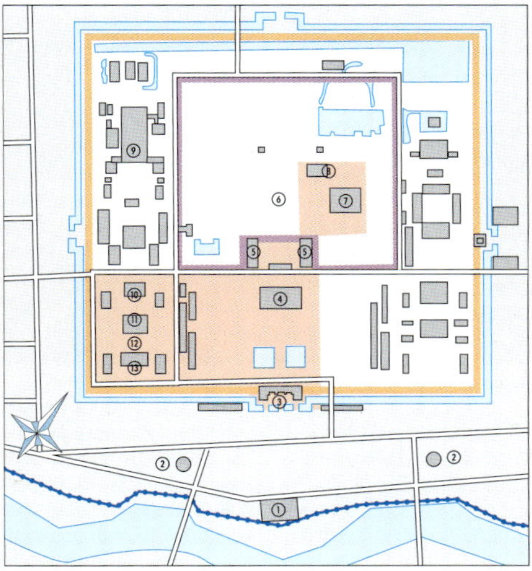

Grundriss Kaiserstadt

① Cot Co
② Neun Heilige Kanonen
③ Fünf-Phönix-Wachturm
④ Thai Hoa-Palast
⑤ Mandarin-Säle
⑥ Verbotene Purpurstadt
⑦ Theater
⑧ Bibliothek
⑨ Dien Tho-Palast
⑩ Hung Mieu
⑪ The Mieu
⑫ Neun Dynastische Urnen
⑬ Hien Lam-Pavillon

Legende

Kaiserstadt
Verbotene Purpurstadt
Illustration *siehe S. 144f*
Mauer der Zitadelle

Bibliothek ⑧

Im Nordosten der Verbotenen Purpurstadt ließ Kaiser Minh Mang 1821 die Bibliothek als Rückzugsmöglichkeit zum Literaturstudium erbauen. Das Gebäude steht vor einem künstlichen Teich mit einem Steingarten westlich davon. Kleine Brücken über andere Gewässer, Teiche und zu Galerien schaffen eine ganz eigene Atmosphäre. Die Bibliothek bot lange den Rahmen für Aufführungen von Hue-Musik und Theater, heute ist sie leider baufällig.

Historische Möbel und Holzpaneele, Dien Tho-Palast

Dien Tho-Palast ⑨

Die »Residenz der Ewigen Langlebigkeit«, Cung Dien Tho, entstand 1803 unter der Herrschaft von Kaiser Gia Long als exklusiver Palast für die Kaisermutter. Das elegante Gebäude wird von einer Mauer umschlossen und ist nur durch das Cua Tho Chi, das »Tor der Ewigen Glückseligkeit«, im Süden zu betreten. Innen sieht man kostbare Möbel und geschnitzte Lampions sowie eine mit Federfächern verzierte Decke. Im Osten des Palasteingangs steht der Truong Du-Pavillon mit einem kleinen See und einem bezaubernden Steingarten.

Hung Mieu ⑩

Kaiser Minh Mang ließ Hung Mieu 1821 im Gedenken an seine Großeltern errichten. Der für seinen edlen Stil und die feinen Dachschnitzereien bekannte Tempel wurde 1947 zu Beginn des Ersten Indochinakrieges durch einen Brand beschädigt und ist heute schön restauriert.

The Mieu ⑪

Der »Tempel der Generationen«, The Mieu, steht im Südwesten der Kaiserstadt und ist der Nguyen-Dynastie geweiht. Innen ehren die Altäre die Kaiser – von Gia Long bis zu Khai Dinh. Das Dach besteht aus glasierten Fliesen, der Dachfirst ist als eine Reihe von Weinflaschen gestaltet. Die Altäre waren einst mit Goldbarren beladen, heute sieht man hier stattdessen Gold- und Lackornamente.

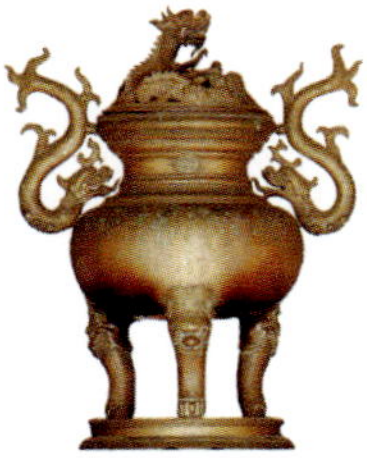

Miniaturgraburne, The Mieu

Neun Dynastische Urnen ⑫

Die Cuu Dinh (»Urnen«) der Nguyen-Dynastie entstanden auf Geheiß von Kaiser Minh Mang und wiegen je bis zu gut zwei Tonnen. Die reich mit Symbolen verzierten Urnen spielen eine große Rolle in der Ahnenverehrung.

Hien Lam-Pavillon ⑬

Der Bau wurde im Jahr 1824 in der Mitte des Hofs von The Mieu errichtet. Kaiser Minh Mang ließ damit alle ehren, die der Nguyen-Dynastie zu Ansehen verholfen hatten. Als Zeichen der Ehrerbietung wurde bestimmt, dass kein anderes Gebäude in der Zitadelle den Pavillon überragen dürfe. Der Bau fällt durch seine pyramidenähnliche Form, die fein gearbeitete Holzfassade und die Ziegelsteinpflasterung auf.

Dan Nam Giao ⑧

3 km S des Stadtzentrums am südlichen Ende der Dien Bien Phu. tägl. 8–17 Uhr.

Der von Kaiser Gia Long 1802 erbaute Dan Nam Giao (»Altar des Himmels«) steht außerhalb des alten französischen Viertels am Ostufer des Parfümflusses *(siehe S. 152)*. Über ein Jahrhundert lang war dies die wichtigste zeremonielle Stätte Vietnams: Hier wurde zwischen 1806 und 1945 etwa alle drei Jahre die Herrschaft der Nguyen-Kaiser durch eine Reihe ausgefeilter Opferrituale für den »Kaiser des Himmels« bestätigt. Das Ritual war den Zeremonien nachempfunden, die Kaiser im Peking des 15. Jahrhunderts am Tian Tan, dem Himmelstempel, ausübten.

Von der Ritualstätte sind heute nur drei erhöhte Terrassen erhalten geblieben. Die ersten beiden sind rechteckig und sollen die Menschheit und die Erde symbolisieren. Die runde Terrasse steht für den Himmel. Zwar ist von den Bauten selbst kaum noch etwas zu sehen, aber der Ort bietet viel Atmosphäre: Man kann sich hier die Kaiser als rechtmäßige »Söhne des Himmels« vorstellen, wie sie Opfer darbrachten und sich bei den Göttern für ihre Untertanen einsetzten.

Tu Hieu-Pagode ⑨

Thon Thuong 2, Dorf Thuy Xuan, 5 km SW von Hue. tägl. 6–18 Uhr.

Zwischen reizvollen Pinienhainen nördlich des Grabmals von Tu Duc steht die Tu Hieu-Pagode inmitten schöner, sichelförmig angelegter Lotosteiche. Der 1848 von den kaiserlichen Eunuchen erbaute Tempel ist eine der idyllischsten Pagoden von Hue. Da die Eunuchen keine Kinder hatten, finanzierten sie diesen Tempel, damit künftige Mönche ihnen auch im Leben nach dem Tod dienen konnten. Tatsächlich leben noch heute einige Mönche in Tu Hieu und halten regelmäßige Gottesdienste ab.

Lotosteich vor der kleinen, heiter anmutenden Tu Hieu-Pagode

Ruinen der Ho Quyen-Arena

Der Hauptschrein ist Sakyamuni Buddha, auch Thich Ca Buddha genannt, geweiht. Nebenaltäre zeigen Bilder und Tafeln von Göttern und Eunuchen vergangener Epochen.

Thich Quang Ducs blauer Austin, Thien Mu-Pagode

Thien Mu-Pagode

5 km SW der Zitadelle von Hue. tägl. Sonnenauf- bis -untergang.

Thien Mu, die »Pagode der Himmlischen Dame«, erhebt sich auf einer Klippe am nordwestlichen Ufer des Parfümflusses und hat für Hue rituellen Kultstatus. Die 1601 vom Nguyen-Fürsten Hoang errichtete Pagode wird vom siebenstöckigen, achteckigen Turm Thap Phuoc Duyen (Quelle der Freude-Turm) überragt. Nebenan beherbergt ein Pavillon eine über zwei Tonnen schwere Bronzeglocke von 1710, die man noch in zehn Kilometer Entfernung hören kann.

In einem zweiten Pavillon verbirgt sich eine Steinstele von 1715, die die Geschichte des Buddhismus in Hue preist. Innen thront ein lachender Buddha, außerdem stehen hier Statuen der zehn Könige der Hölle und der 18 *arhat*, der heiligen Schüler Buddhas. In Altarnähe findet man ein Bildnis des Thich Ca Buddha.

Die Mönchsunterkünfte und Gärten liegen an der Tempelrückseite. In einer Garage an der Westseite steht das Auto des Mönchs Thich Quang Duc *(siehe S. 48)*, in dem er 1963 nach Saigon fuhr, um sich aus Protest gegen das Diem-Regime zu verbrennen. Die Fotos schockierten damals die ganze Welt.

Ho Quyen-Arena

Dorf Phuong Duc, 4 km SW von Hue. tägl. Sonnenauf- bis -untergang.

In dem zur Unterhaltung der Nguyen-Kaiser und Mandarine erbauten Amphitheater, der »Tigerarena«, inszenierte man Kämpfe zwischen Elefanten, dem kaiserlichen Symboltier, und Tigern, einem Symbol des Champa-Königreichs. Allerdings waren die Kämpfe so manipuliert, dass die Elefanten immer gewannen. Zu diesem Zweck wurden den Tigern die Krallen gezogen und das Maul vernäht. Die letzten dieser grausamen Kämpfe fanden 1904 statt, aber die Anlage mit ihren Tribünen und den fünf Türen zu den Tigerkäfigen gegenüber ist recht gut erhalten.

Hotels und Restaurants in Zentralvietnam *siehe Seiten 239 und 249f*

Hue: Grabmäler der Kaiser

Die in der malerischen Landschaft südlich von Hue verstreuten Mausoleen der Nguyen-Kaiser (*siehe S. 45*) bieten einige der faszinierendsten Sehenswürdigkeiten der Region. Zwar brachte die Dynastie zwischen 1802 und 1945 13 Herrscher hervor, doch nur sieben erhielten ein *lang*, ein eigenes Grabmal, da die anderen im Exil starben oder verstoßen waren. Die Grabstätten, selbst das bescheidenste für Duc Duc, sind architektonische Meisterwerke und per Fahrrad, Motorrad, Taxi oder Boot erreichbar.

Die Betonfassade des »modernen« Grabmals von Khai Dinh

Grabmal von Tu Duc ①

6 km SW von Hue.
tägl. 7–17 Uhr.

Das als elegantestes Grabmal Vietnams betrachtete Mausoleum von Tu Duc (reg. 1848–83) wurde vom König selbst entworfen. Es liegt inmitten eines Pinienwalds mit wunderschönen Lotosteichen und duftenden Frangipani-Bäumen. Tu Duc war dafür bekannt, dass er sein Grab dem Palast vorzog. Als er starb, wurde er angeblich heimlich mit einem großen Schatz bestattet. Alle an der Bestattung Beteiligten sollen später hingerichtet worden sein, um Tu Ducs letzte Ruhestätte vor Grabräubern zu schützen.

Grabmal von Dong Khanh ②

0,5 km SO von Lang Tu Duc. (054) 383 6427. tägl. 7–18 Uhr.

Das kleinste Nguyen-Grabmal ist das Mausoleum von Dong Khanh (reg. 1885–88). Im Inneren fallen französische Einflüsse auf, u. a. hängen Bildnisse von Napoléon an den mit Lack überzogenen Säulen aus Eisenholz. 2009 wurde das Baudenkmal restauriert.

Grabmal von Thieu Tri ③

1,5 km S von Lang Tu Duc.
tägl. 7–17 Uhr.

Im kleinen Grabmal von Thieu Tri (reg. 1841–47) fehlen die üblichen Mauergärten, dennoch wurden hier etliche künstliche Teiche angelegt. Der Komplex besteht aus zwei Teilen: Im Osten steht ein filigraner Tempel, im Westen das eigentliche Grab.

Grabmal von Khai Dinh ④

10 km S von Hue. (054) 386 5875. tägl. 6–17.30 Uhr.

Khai Dinh (reg. 1916–25), der vorletzte Nguyen-Kaiser, erhielt als letzter Herrscher ein Grabmal in Hue. Beim Bau verwendete man zum ersten Mal Beton. Die Mischung aus europäischer und vietnamesischer Architektur ist einzigartig, aber nicht sehr überzeugend. Das dreistöckige Mausoleum wurde an einen Berghang gebaut. Im Tempel an der Spitze steht eine 1922 in Marseille gegossene Bronzebüste des Kaisers.

Grabmal von Minh Mang ⑤

12 km S von Hue.
tägl. 7.30–17.30 Uhr.

Das Mausoleum des 1841 verstorbenen Kaisers Minh Mang, am Westufer des Parfümflusses, ist eine der imposantesten Anlagen. Im Komplex findet man mehrere Bauwerke sowie malerische Seen und Gärten vor.

Grabmal von Gia Long ⑥

16 km SO von Hue.

Das Grab des ersten Nguyen-Herrschers Gia Long erreicht man am besten per Boot – entweder von Hue oder vom kleinen Dorf Tuan gegenüber Lang Minh Mang. Das im Vietnamkrieg stark beschädigte Grabmal liegt sehr einsam und ist leider stark zerfallen.

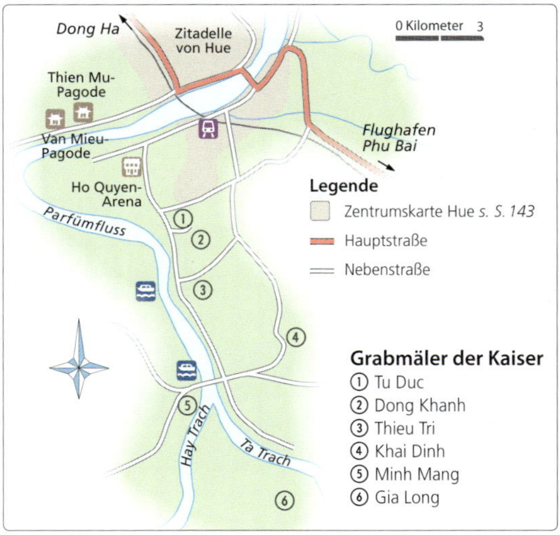

Das Grabmal von Tu Duc (*siehe S. 149*) in der Nähe von Hue ▶

Bootstour: Parfümfluss

Einer der Höhepunkte eines Aufenthalts in Hue ist eine Bootsfahrt auf dem Song Huong, dem Parfümfluss. Das Gewässer ist nicht sehr lang, verzaubert jedoch mit seinen vielen Windungen und einem märchenhaften, sich im Wasser spiegelnden Landschaftsidyll voller Zitadellen und Pagodentürme. Zu den exotischen Flussimpressionen trägt der Bootsverkehr bei: Frauen in kleinen, einrudrigen Booten, größere Schiffe, schwer beladen mit Fisch und frischem Gemüse, Fischer beim Auslegen von Netzen oder Fischfallen.

Fischerboot auf dem stillen Parfümfluss

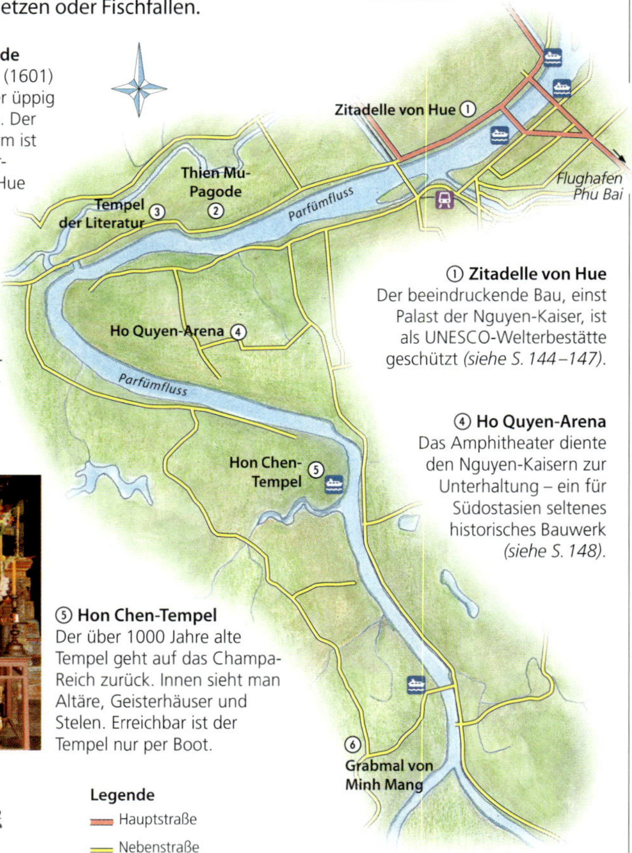

② Thien Mu-Pagode
Die älteste Pagode (1601) in Hue liegt in einer üppig grünen Landschaft. Der 21 Meter hohe Turm ist ein offizielles Wahrzeichen der Stadt Hue *(siehe S. 148)*.

③ Tempel der Literatur
Der winzige, unter Kaiser Gia Long 1808 erbaute Tempel sollte den Tempel der Literatur in Hanoi ersetzen.

① Zitadelle von Hue
Der beeindruckende Bau, einst Palast der Nguyen-Kaiser, ist als UNESCO-Welterbestätte geschützt *(siehe S. 144–147)*.

④ Ho Quyen-Arena
Das Amphitheater diente den Nguyen-Kaisern zur Unterhaltung – ein für Südostasien seltenes historisches Bauwerk *(siehe S. 148)*.

⑤ Hon Chen-Tempel
Der über 1000 Jahre alte Tempel geht auf das Champa-Reich zurück. Innen sieht man Altäre, Geisterhäuser und Stelen. Erreichbar ist der Tempel nur per Boot.

0 Kilometer 2

Legende
Hauptstraße
Nebenstraße

⑥ Grabmal von Minh Mang
Das wohl am besten erhaltene Kaisergrab in Hue ist ein imposantes Mausoleum zwischen filigranen Statuen, Teichen und hübschen Landschaftsgärten *(siehe S. 149)*.

Routeninfos

Tourboote: Boote kann man am Pier der Le Loi-Straße buchen. Die Preise sollte man verhandeln. Eine Alternative sind organisierte Ausflugsangebote.
Dauer: halber Tag.
Rasten: Essen in Thien Mu und Minh Mang. Auf Wunsch organisieren Bootsfahrer ein Essen.

⓫ Khe Sanh Combat Base

Straßenkarte B3. 145 km NW von Hue am Hwy 9. Minibus ab Hue. **Museum** 0,6 km N der Stadt Khe Sanh. tägl. 7–17 Uhr.

Khe Sanh, die ehemalige Basis der US-Marines, liegt etwa drei Kilometer vom einst gleichnamigen Dorf entfernt, das heute Hoang Ho heißt. Die Basis wurde von der US-Armee 1962 zunächst als Dschungelflughafen angelegt und für US-Spezialeinheiten, die den Nachschub auf dem Ho Chi Minh-Pfad *(siehe S. 155)* unterbrechen sollten, erweitert.

Bekannt ist Khe Sanh jedoch als Schauplatz eines der blutigsten Gefechte des Vietnamkriegs, des Anfangs vom Ende der US-Armee in Vietnam. 1968 begann der legendäre US-General William Westmoreland hier einen massiven Truppenaufbau, um die nordvietnamesische Armee in eine direkte Konfrontation zu verwickeln. Der vietnamesische General Vo Nguyen Giap schien in die Falle zu tappen, nutzte die Belagerung von Januar bis April 1968 jedoch in einem meisterhaften Täuschungsmanöver, um von der Tet-Offensive *(siehe S. 49)* abzulenken. Durch heftige Bombenangriffe und das Dauerfeuer starben rund 207 GIs, schätzungsweise 9000 vietnamesische Soldaten und Tausende von Zivilisten.

Zwar war die Schlacht kein zweites Dien Bien Phu *(siehe S. 199)*, wie US-Präsident Johnson befürchtete, aber die US-Armee, wenn auch nicht besiegt, musste Khe Sanh aufgeben. Dabei wurde alles militärische Gerät zerstört, vergraben oder mitgenommen, um keine Bilder einer Niederlage zu provozieren.

Khe Sanh ist heute ein Besucherziel, in dem man Führungen buchen kann. Die Fahrt auf dem Highway 9 führt vorbei an Statuen und Gedenktafeln. Das örtliche kleine **Museum** zeigt amerikanische Waffen und Fahrzeuge, die man aus dem Süden hierhergeschafft hat.

Militärische Erinnerungsstücke aus dem Vietnamkrieg, DMZ

Die historische Hien Luong-Brücke über dem Ben Hai, DMZ

⓬ Demilitarisierte Zone

Straßenkarte B3. 90 km NO von Khe Sanh am Hwy 9. (054) 382 3414. Minibus und Taxi ab Hue. tägl. 7–17 Uhr.

Die Demilitarisierte Zone (DMZ) hat seit der vietnamesischen Wiedervereinigung 1975 jegliche militärische und politische Bedeutung verloren, ist aber ein beliebtes Ziel für Tagesausflüge aus Hue oder Dong Ha – vor allem bei Historikern und bei vielen Besuchern aus den USA.

Die meisten Touren starten an der **Hien Luong-Brücke** am einstigen Grenzfluss Ben Hai und führen dann weiter zu den ausgebauten Vinh Moc-Tunneln *(siehe S. 154)*. Der Nationalfriedhof Truong Son westlich vom Highway 1 ehrt die vielen Tausenden nordvietnamesischen und Vietcong-Soldaten, die hier gefallen sind.

Von hier kann man auf dem Highway 9 landeinwärts nach Dong Ha fahren, vorbei an einer Reihe ehemaliger US-Militärbasen. Camp Carroll, Khe Sanh und Hamburger Hill *(siehe S. 49)* haben durch Hollywood-Filme Bekanntheit erreicht. Zwar gibt es hier kaum wirkliche Sehenswürdigkeiten, aber die Fahrt durch die Demilitarisierte Zone macht als Ausflug in die Geschichte betroffen.

Geschichte der DMZ

Auf der Genfer Indochina-Konferenz wurde im Jahr 1954 die Einrichtung der DMZ am 17. Breitengrad als »provisorische Demarkationslinie« zwischen Nord- und Südvietnam beschlossen *(siehe S. 48f)*. Die Zone erstreckte sich auf fünf Kilometer Breite zu beiden Seiten des Flusses Ben Hai und bis zur Grenze von Laos. Doch von Anfang an stieß die nordvietnamesische Armee mit ihren Tunneln, Geheimpfaden und Guerilla-Angriffen über die DMZ in den Süden vor. Die USA und Südvietnam reagierten mit Minenfeldern und teuren Elektrozäunen am Highway 9 – nach dem damaligen US-amerikanischen Verteidigungsminister Robert McNamara auch als »McNamara-Linie« bekannt. Im Vietnamkrieg war die Demilitarisierte Zone Schauplatz heftiger Gefechte, vor allem bei der Belagerung von Khe Sanh 1968 und der Oster-Offensive 1972, als Nordvietnam das gesamte Gebiet eroberte und die US-Armee massiv zurückschlug.

Geschütz in Khe Sanh, DMZ

Das höhlenartige Tunnellabyrinth des Vinh Moc-Tunnelkomplexes

⓭ Vinh Moc-Tunnel

Straßenkarte C3. 13 km O von Ho Xa am Hwy 1; 20 km NO der DMZ. (053) 382 3184. Minibus ab Hue und Dong Ha. tägl. 7.30–17 Uhr.

Eines der dauerhaftesten Tunnelsysteme Vietnams entstand in Vinh Moc, einem Dorf am Südchinesischen Meer. Von 1968 bis 1972 hausten hier Hunderte Menschen, denn diese Tunnel waren im Gegensatz zu den bekannteren im Frontgebiet bei Cu Chi *(siehe S. 76)* für langfristige Aufenthalte geplant und angelegt.

Vinh Moc hatte eine strategisch wichtige Lage, um die die Armeen beider Seiten kämpften. Nach der Teilung Vietnams 1954 waren viele Dörfer nördlich der DMZ *(siehe S. 153)* ständigen Angriffen ausgesetzt. Insbesondere Vinh Moc war Ziel südvietnamesischer Angriffe, da es direkt gegenüber der Insel Con Co liegt, auf der damals ein nordvietnamesisches Waffen- und Nachschublager für Transporte in den Süden war. Die US-Luftwaffe machte Vinh Moc fast dem Erdboden gleich. Einige Bewohner flohen, andere harrten aus – selbst wenn sie dafür unter der Erde leben mussten.

Das komplexe Tunnelsystem, gegraben mit Schaufeln, Körben und bloßen Händen sowie mit Unterstützung des Vietcong, entstand in nur 18 Monaten. Es erstreckt sich über insgesamt drei Kilometer und hat 13 Eingänge. Familienräume, ein Krankenhaus und eine Versammlungshalle verteilen sich über drei Stockwerke. Hier lebten Dorfbewohner und nordvietnamesische Soldaten vier Jahre lang, sogar 17 Kinder wurden im Untergrund geboren. Durch die Tunnel schleuste man fast 12 000 Tonnen Militärgüter und -ausrüstung nach Con Co.

Heute kann man als Besucher die Meisterleistung der Dorfbewohner im Originalzustand von 1972 erleben. Anders als in den Tunneln von Cu Chi kann man aufrecht gehen, nur große Menschen müssen sich bücken. Ein Museum liefert interessante Informationen über Vinh Moc. An den nahe gelegenen Stränden kann man sich anschließend erholen.

Zerstörte Kirche in Dong Hoi

⓮ Dong Hoi

Straßenkarte B3. 162 km N von Hue am Hwy 1. 170 000. ab Vinh, Dong Ha und Hue. Quang Binh Tourism, 58 Nguyen Huu Canh, (052) 382 2018. **quangbinhtourism.vn**

Dong Hoi, die Provinzhauptstadt von Quang Binh an der schmalsten Stelle Vietnams, war kaum mehr als ein Fischerdorf, bevor es infolge der wirtschaftlichen Liberalisierung zu einem Verkehrsdrehkreuz wurde. Statt historischer Sehenswürdigkeiten kann man hier die erstaunlich schnelle Erholung von den Zerstörungen des Kriegs bestaunen. Die einstige Trümmerwüste hat sich in eine Stadtlandschaft mit breiten Boulevards und gepflegten Bauten verwandelt.

Dong Hoi markierte 1588–1775 die faktische Grenze zwischen den Fürstentümern der Trinh und der Nguyen *(siehe S. 45)* und war Grenzfestung des südlichen Nguyen-Reichs. Zwei größere Bastionen sollten Feinde aus dem Norden abhalten, übrig geblieben sind nur langsam verfallende Torbogen.

Die Stadt dient vor allem als Zwischenstation auf dem Weg zum Nationalpark Phong Nha-Ke Bang, obwohl in der Nähe schöne Strände sind, etwa in Nhat Le drei Kilometer nördlich.

⓯ Nationalpark Phong Nha-Ke Bang

Straßenkarte B3. Dorf Son Trach, 55 km NW von Dong Hoi. (052) 367 7021. ab Dong Hoi. 7–17 Uhr. **phongnhakebang.vn**

Der Nationalpark wird seinem Status als UNESCO-Welterbestätte aufgrund der riesigen Höhlen absolut gerecht. Die am einfachsten erreichbare ist die Höhle Phong Nha. Das Höhlensystem erstreckt sich viele Kilometer in die Berge und ist voller unterirdischer Grotten und Flüsse. Die acht Kilometer lange Haupthöhle ist von mehreren Nebenhöhlen umgeben. Höhlenforscher sind bisher 35 Kilometer tief in das System eingedrungen, aber Phong Nha birgt nach wie vor noch viele Geheimnisse und Überraschungen. Deshalb verwundert es auch nicht, dass die Höhle ein sehr populäres Besuchsziel ist. Ganze *Sampan*-Flotten fahren vom Besucherzentrum drei Kilometer flussaufwärts hierher. Etwa 1,6 Kilometer tief im Inneren liegt eine heilige Stätte der Cham, die vor Jahrhunderten Inschriften an den Steinwänden hinterließen.

Ebenfalls im Nationalpark wurden kürzlich zwei neue Höhlen entdeckt – **Thien Duong** (Paradieshöhle) und **Son Doong** (Bergflusshöhle). Beide sind für Besucher zugänglich. Son Doong, die manche für die größte Höhle der Welt halten, wird intensiv von Wissenschaftlern untersucht, deshalb haben nur wenige Touristen im Jahr Zutritt – für mehrere Tausend Dollar »Eintrittsgebühr«.

Sampan **in der Höhle von Phong Nha**

⑯ Kim Lien

Straßenkarte B2. 14 km NW von Vinh. Minibus ab Vinh.

Als Geburts- und Kindheitsort von Ho Chi Minh *(siehe S. 173)* genießt Kim Lien fast den Status einer Pilgerstätte. Der Nationalheld wurde 1890 im 1,6 Kilometer entfernten Dorf **Hoang Tru** geboren und wuchs dort bis zum Alter von fünf Jahren auf, bevor er mit seinem Vater nach Hue ging. Im Jahr 1901 kehrte er zurück und verbrachte weitere fünf Jahre in Kim Lien.

Eitlen Versuchungen erlag Ho Chi Minh nie. Er verbot den Bau eines Museums über sein Leben in Kim Lien, weil man das Geld besser nutzen könne. Doch seit seinem Tod 1969 entstanden überall Schreine und Museen.

In Hoang Tru steht das nachgebaute Haus von Ho Chi Minhs Kindheit. Ein kleines Museum zeigt Fotos und persönliche Gegenstände. Unweit davon steht ein zweiter Nachbau des Hauses, in dem Ho Chi Minh von 1901 bis 1906 lebte. Getreu den Lehren des Nationalhelden ist der Eintritt überall frei.

Webstuhl aus Bambus in Ho Chi Minhs Geburtshaus, Kim Lien

Ho Chi Minh-Pfad

Der legendäre Ho Chi Minh-Pfad (Duong Truong Son) diente als geheimes, komplexes Wegesystem, das im Vietnamkrieg (1957–75) die strategische Verbindung zwischen Nord- und Südvietnam sicherstellte. Der Pfad bestand aus primitiven, teils jahrhundertealten Wegen, auf denen die kommunistischen Truppen in Südvietnam mit Waffen, Lebensmitteln und neuen Truppeneinheiten versorgt wurden.

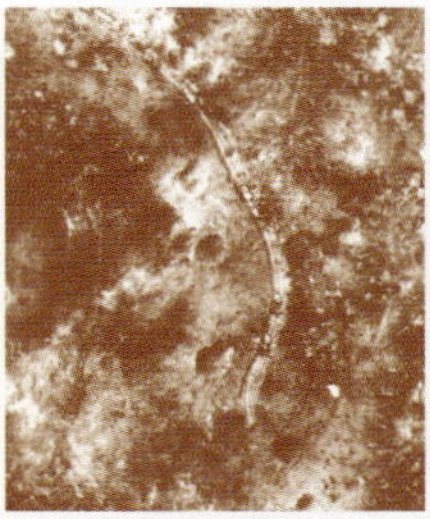

Ein Abschnitt des Pfads zwischen Bombentrichtern

Wahrscheinlich startete das labyrinthähnliche Wegesystem in der Nähe der Hafenstadt Vinh und bahnte sich von hier seinen Weg durch den Truong Suong-Gebirgszug nach Westen, verlief entlang der Grenze zu Laos, durch Laos und Kambodscha bis zu verschiedenen unbekannten Endpunkten in Südvietnam. Die Gesamtlänge aller Wege lag bei schätzungsweise 20 000 Kilometern.

1972 startete die südvietnamesische Armee eine groß angelegte Invasion von Laos, um den Ho Chi Minh-Pfad zu unterbrechen, zog sich aber nach schweren Verlusten zurück. Trotz schwerer Bombenangriffe und dem Einsatz von Entlaubungsmitteln konnte der Norden den Pfad weiterhin nutzen, der entscheidend zum Sieg Nordvietnams beitrug.

REGINA
PACIS

Hanoi

Hanoi (Ha Noi) ist eine der ältesten und schönsten Hauptstädte Südostasiens mit zeitlosem Charme. Im Zentrum liegt ein 600 Jahre altes, äußerst lebendiges Altstadtviertel, umgeben von Kolonialvierteln, die vor über einem Jahrhundert entstanden. Diese kulturelle Mischung und die zunehmende Modernisierung von Hanoi formen eine spannende, anregende Metropole.

Kaiser Ly Thai To gründete im Jahr 1010 n. Chr. die Stadt Thang Long (»Aufsteigender Drache«) in der Nähe von Co Loa, der historischen Hauptstadt des ersten Viet-Reichs des 3. Jahrhunderts v. Chr. Der Kaiser ließ die Stadt rund um eine massive Festung bauen, östlich davon richtete man eine Siedlung für die Gilden und Zünfte ein, die den Hof belieferten. Im 16. Jahrhundert hatte sich diese Gegend zur Altstadt *(siehe S. 160f)* einer Metropole entwickelt, die erst im 19. Jahrhundert endgültig den Namen Ha Noi (»Stadt im Flussbogen«) bekam.

Mit den Franzosen begann im 19. Jahrhundert eine Erneuerungsphase. Sie rissen Teile der Zitadelle und alte Tempel ab, um Platz für das neue europäische Viertel zu schaffen – ein kultureller Vandalismus, den die wundervolle Kolonialarchitektur nur bedingt ausgleichen konnte. 1946 wurde Hanoi zur Hauptstadt der Demokratischen Republik Vietnam (Nordvietnam) erklärt.

Im Ersten Indochinakrieg *(siehe S. 47)* blieb die Innenstadt verschont, im Vietnamkrieg wurde Hanoi allerdings von den USA stark bombardiert. Seit der Wiedervereinigung 1976 ist Hanoi die Hauptstadt ganz Vietnams. Anfang des 21. Jahrhunderts wirkt es zwar etwas verblichen, aber intakt. Wahrzeichen wie das Opernhaus und das Sofitel Legend Metropole Hotel erstrahlen wieder im alten Glanz.

Heute ist Hanoi eine wohlhabende Stadt mit Museen, Kunstgalerien, schicken Läden und Restaurants. In nur wenigen Minuten kann man von den engen Gassen der Altstadt zu den prächtigen Stadtvillen an den schattigen Boulevards im französischen Viertel schlendern. Hanoi verdankt seiner Geschichte eine exzellente Küche, in der französische und chinesische Einflüsse mit der Küche Vietnams verschmolzen. Das gilt auch für die Kunstszene, die als eine der anspruchsvollsten in Südostasien gilt.

Gut erhaltene französische Kolonialhäuser im historischen französischen Viertel von Hanoi

◀ Die Kathedrale St. Joseph in Hanoi ***(siehe S. 165)***

Überblick: Hanoi

Hanoi hat etwa 3,5 Millionen Einwohner, Besucher werden sich allerdings vor allem im Zentrum bewegen. Hier lädt der Hoan Kiem-See zu romantischen Spaziergängen, morgendlicher Gymnastik und abendlicher Unterhaltung ein. In der nördlich des Sees gelegenen Altstadt – sie wird auch »Viertel der 36 Gassen« genannt – drängen sich Läden und Stände dicht an dicht und verkaufen von Schuhen über Seide bis zu hin zu Bambus- und Lackarbeiten alles Mögliche. Südlich des Sees, in der eigentlichen Innenstadt, liegen die Boulevards und Kolonialbauten des französischen Viertels, westlich der Tempel der Literatur und das Ho Chi Minh-Mausoleum.

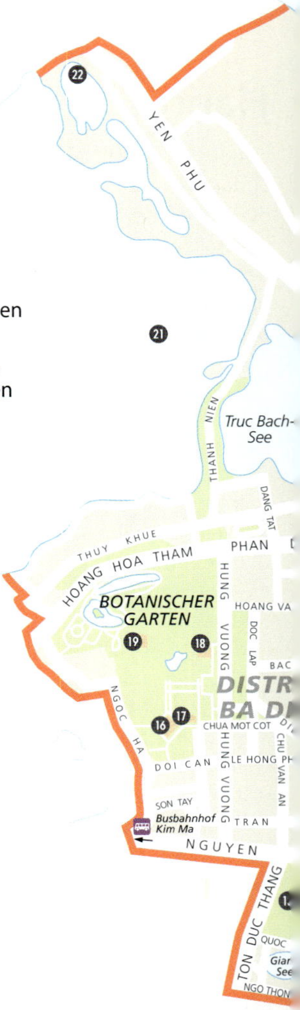

Sehenswürdigkeiten auf einen Blick

Kirchen, Tempel und Pagoden

- 2 Bach Ma-Tempel
- 5 Kathedrale St. Joseph
- 7 Botschafter-Pagode
- 11 Hai Ba Trung-Tempel
- 12 Lien Phai-Pagode
- 13 *Temple der Literatur S. 170f*
- 17 Ein-Säulen-Pagode
- 22 Kim Lien-Pagode
- 25 Thay-Pagode
- 26 Tay Phuong-Pagode
- 27 Tempel der Hung-Könige

Historische Gebäude

- 19 Ho Chi Minhs Wohnhaus
- 20 Zitadelle von Hanoi
- 23 Co Loa-Zitadelle

Markt

- 1 Dong Xuan-Markt

Museen und Theater

- 3 Wasserpuppen-Theater Thang Long
- 6 Hoa Lo-Gefängnismuseum
- 9 Oper
- 10 Nationalmuseum für Vietnamesische Geschichte
- 14 Vietnamesisches Museum der Schönen Künste
- 15 Vietnamesisches Museum für Militärgeschichte
- 16 Ho Chi Minh-Museum
- 18 Ho Chi Minh-Mausoleum
- 24 Ethnologisches Museum

Seen

- 4 Hoan Kiem-See
- 21 Ho Tay

Hotel

- 8 Sofitel Legend Metropole Hotel

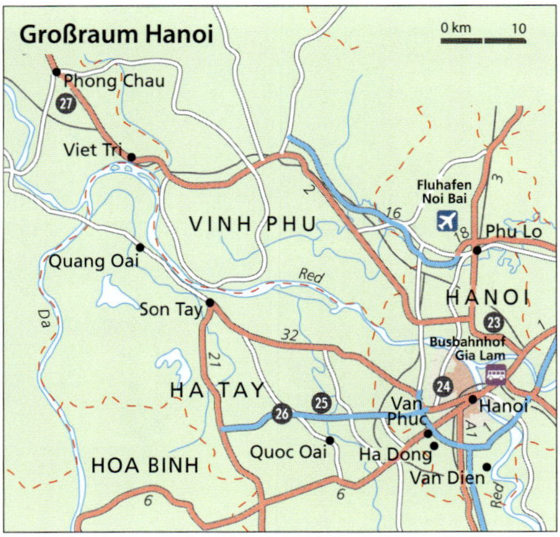

Legende

- Autobahn
- Hauptstraße
- Nebenstraße
- Eisenbahn

Weitere Zeichenerklärungen *siehe hintere Umschlagklappe*

In Hanoi unterwegs

Die kleine, faszinierende Altstadt und die Gegend rund um den Hoan Kiem-See kann man am besten zu Fuß erkunden. Mit einem Pkw selbst zu fahren, ist nicht anzuraten, und nur sehr Mutige stürzen sich auf einem Fahrrad oder Motorrad in den Verkehr. Eine willkommene Ergänzung des Stadtverkehrs wird das Metro-System sein, das 2018 in Betrieb gehen soll. Für Abstecher nimmt man am besten ein Taxi. Taxis oder Minibusse für die Stadt oder für Ganz- bzw. Halbtagesausflüge kann man in Hotels oder Reisebüros buchen.

Stadtplan Hanoi *siehe Seiten 178–181*

Im Detail: Altstadt

Die Altstadt ist das älteste und lebendigste Geschäftsviertel der Stadt. Schon im 13. Jahrhundert siedelten sich am Roten Fluss (Song Hong) Kunsthandwerker in Diensten des Hofes an. Später konzentrierte sich das Handwerk auf diese Gegend, jede Straße war auf ein Produkt spezialisiert. Im Lauf der Zeit entwickelten sich 36 verschiedene Handwerksgilden – daher wird die Altstadt auch »Viertel der 36 Gassen« genannt. Den historischen Charme des Viertels machen heute Hunderte kleiner Läden, Restaurants und Röhrenhäuser *(siehe S. 31)* aus.

Fassaden der jahrhundertealten schmalen und langen Röhrenhäuser in der Altstadt

❶ ★ Dong Xuan-Markt
Der in einem dreistöckigen Bau untergebrachte Markt ist der älteste Hanois. Hier werden Kleidung, Lebensmittel, Haushaltswaren und vieles mehr angeboten.

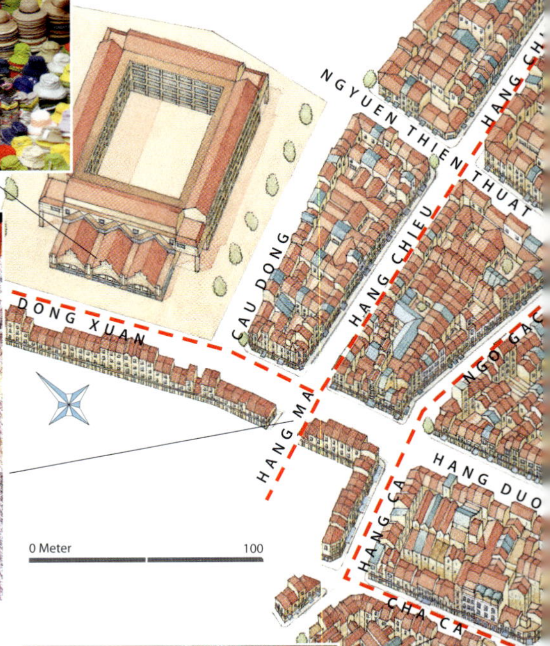

Hang Ma-Straße
In der »Straße der Weihpapiere« gibt es farbenprächtige Laternen, Papiergeld, »goldene« Barren, Lametta, Papierhäuser und andere Gegenstände aus Papier, die man bei der Ahnenverehrung als Opfergabe verbrennt.

Wochenend-Nachtmarkt
An Frei-, Sams- und Sonntagen findet ab 19 Uhr in Hang Dong und den benachbarten Straßen von Hang Ngang und Hang Dao ein Nachtmarkt statt, auf dem günstige Waren und Snacks angeboten werden.

Legende
— Routenempfehlung

Hang Buom-Straße
Die alte »Straße der Seilmacher« bietet heute eine verlockende Auswahl an regionalen Süßigkeiten und Zuckerwerk an, dazu frisch gemahlene Kaffeesorten, importierten Alkohol, etwa Whiskey, Brandy und sogar Wein.

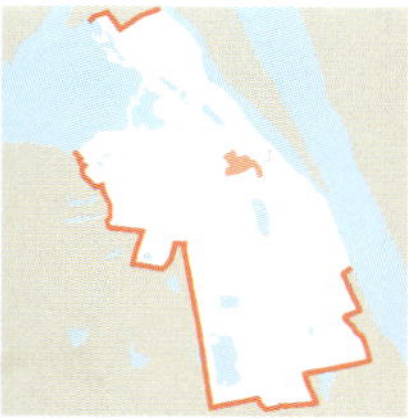

Zur Orientierung

Quan Chuong, das »Tor des Regimentskommandeurs«, hat als einziges von einstmals 36 Stadttoren im Altstadtviertel die Jahrhunderte überdauert.

Die Hang Mam-Straße, die »Straße der eingelegten Fische«, wird gesäumt von Läden mit Marmorsteinen, die oft das Bild eines Verstorbenen tragen.

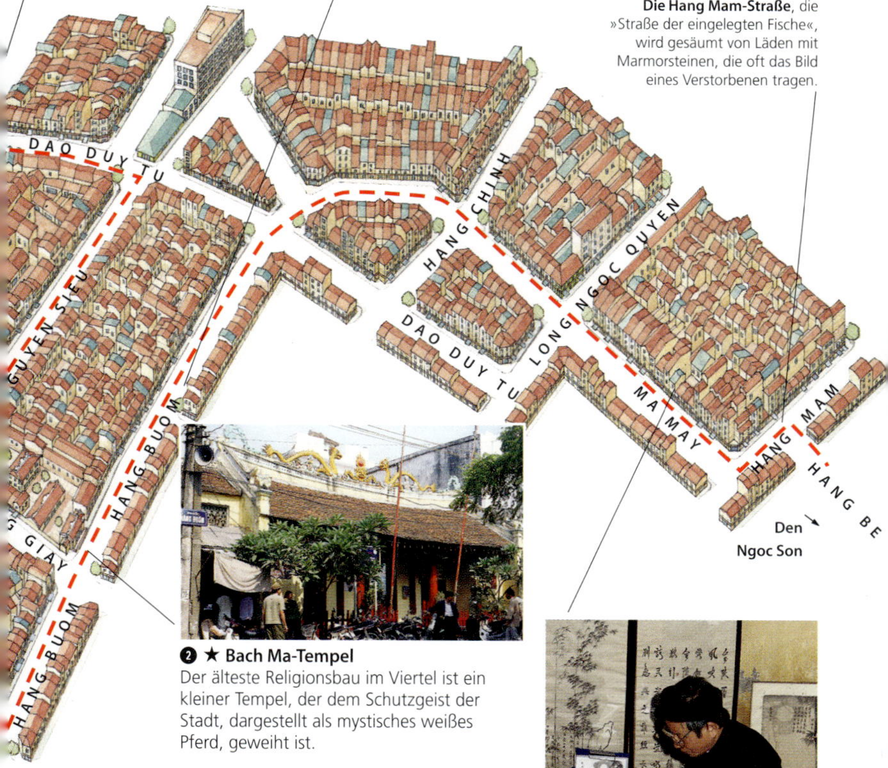

❷ ★ Bach Ma-Tempel
Der älteste Religionsbau im Viertel ist ein kleiner Tempel, der dem Schutzgeist der Stadt, dargestellt als mystisches weißes Pferd, geweiht ist.

Straßennamen in der Altstadt

Die meisten Straßen in der Altstadt von Hanoi sind nach der Gilde oder Zunft benannt, deren Angehörige hier einst arbeiteten und wahrscheinlich auch wohnten. Straßennamen beginnen hier mit dem Wort *hang*, dem Wort für »Handelsware«. Das zweite Wort bezeichnet die Art des Produkts, so gibt es Namen wie Hang Gai (Seidenstraße), Hang Tre (Bambusstraße), Hang Bac (Silberstraße), Hang Huong (Weihrauchstraße). Heute orientiert sich das Angebot nicht mehr am historischen Namen, aber das Straßennamensystem der Zünfte ist einzigartig in ganz Südostasien.

Musikinstrumente, Hang Non-Straße

Memorial House Museum
Das wunderschön restaurierte Röhrenhaus einer wohlhabenden chinesischen Familie vermittelt einen Eindruck vom Leben der Kaufleute vergangener Jahrhunderte.

Stadtplan Hanoi *siehe Seiten 178–181*

Blumengeschmückter Gedenkaltar für General Ma Vien, Bach Ma-Tempel

❶ Dong Xuan-Markt

Kreuzung Dong Xuan und Hang Chieu, Altstadt. **Stadtplan** 2 E2.
(04) 3829 5006.
tägl. 6–18 Uhr.

Der älteste und größte überdachte Markt Hanois hat in der Stadt schon immer eine besondere Rolle gespielt. Ende des 19. Jahrhunderts ließen die Franzosen den alten Ostbrücken-Markt an diesem Standort abreißen und durch fünf große Hallen ersetzen. Dong Xuan ist der Name eines Dorfs, das sich in dieser Gegend befand. Im Jahr 1994 wurde das Marktgebäude durch ein Feuer fast vollständig zerstört. Zwei Jahre später war der Markt wieder aufgebaut, doch nur die restaurierte Fassade des Originalbaus aus dem Jahr 1899 blieb stehen.

Heute drängen sich in dem dreistöckigen Bau alle möglichen Stände und Händler, die von Bekleidung und Haushaltswaren, frischem Gemüse, Fleisch und Fisch über Reis und lokale, preiswerte Produkte bis hin zu importierten Waren alles Erdenkliche anbieten.

In der Nähe steht die historische **Long Bien-Brücke**. Ihre strategische Bedeutung als einzige Stadtbrücke über den Roten Fluss (Song Hong) machte sie im Vietnamkrieg *(siehe S. 48f)* zum Ziel vieler heftiger US-Bombenangriffe, die sie aber überstand.

❷ Bach Ma-Tempel

76 Hang Buom, Altstadt. **Stadtplan** 2 E2. tägl. Sonnenauf- bis -untergang.

Der kleine, elegante Tempel ist das älteste Gebäude im Altstadtviertel *(siehe S. 160f)*. In seiner Ursprungsform geht er auf die Gründung von Thang Long *(siehe S. 164)* zurück, das erst viel später Hanoi genannt wurde. Der Legende nach stürzten die Stadtmauern der Hauptstadt nach der Gründung durch Kaiser Ly Thai To im Jahr 1010 ständig ein, bis ein weißes Pferd erschien und den Weg zum richtigen Standort der neuen Mauern wies. Aus Dankbarkeit errichtete Ly Thai To den »Tempel des Weißen Pferdes«, Bach Ma wurde der Schutzgeist Hanois.

Im 19. Jahrhundert wurde der Tempel mithilfe der Gemeinde von Hoa-Chinesen, die in der Hang Buom-Straße lebten, umfangreich restauriert. Er ist immer noch dem Weißen Pferd geweiht, aber die Hoa führten auch die Anbetung von Ma Vien ein, dem chinesischen General, der 43 n. Chr. die chinesische Macht in Vietnam wieder etablierte.

❸ Wasserpuppen-Theater Thang Long

57B Dinh Tien Hoang, Distrikt Hoan Kiem. **Stadtplan** 2 E3. (04) 3825 5450. **Vorstellungen** tägl. 15, 16.10, 17.20, 18.30, 20 Uhr, So auch 21.30 Uhr. Extragebühr für Foto- und Videoaufnahmen.
thanglongwaterpuppet.org

Das Wasserpuppen-Theater ist die beste Bühne Hanois, vielleicht sogar ganz Vietnams, für Vorstellungen des traditionellen *roi nuoc*. Die Aufführungen sind hervorragend, die Puppenspieler wissen die dramatische Musik des traditionellen Orchesters ebenso geschickt zu nutzen wie die verblüffenden Spezialeffekte, etwa Rauch, Knallkörper oder Wasser speiende Drachen. Am Ende hebt sich der Bambusvorhang hinter der Wasserbühne und gibt den Blick auf die hüfthoch im Wasser stehenden Puppenspieler frei. Auf den vorderen Plätzen kann man hervorragend fotografieren.

Puppen des beliebten Wasserpuppen-Theaters

Hotels und Restaurants in Hanoi *siehe Seiten 239f und 250–252*

Wasserpuppen-Theater

Im Delta des Roten Flusses wurde vor fast 1000 Jahren *roi nuoc* entwickelt, eine der authentischsten Kunstformen Vietnams. Früher spielte man so in den Flüssen, Seen und Reisfeldern der Dörfer Theater. Heute werden die Stücke in großen Becken inszeniert, hinter der Bühne verstecken sich die Puppenspieler, die hüfthoch im Wasser stehen und ihre Holzpuppen zur Musik des traditionellen Orchesters bewegen. Spezialeffekte wie Feuer speiende Drachen, Rauch und Knallkörper machen die Inszenierungen aufregender. Die Geschichten werden aus der jahrhundertealten Perspektive bäuerlicher Kultur erzählt – mit der klassischen Rollenverteilung von Gut und Böse, von Kriegshelden und Herrschern.

Sänger und Musiker unterstützen die Inszenierung der Puppenspieler. Die Musik schwillt in Schlüsselszenen der Geschichte dramatisch an und begleitet die Aufführung während der gesamten Spieldauer.

Ty ba, ein beliebtes gezupftes Saiteninstrument, wird in vielen traditionellen Orchestern gespielt. Auf dem leichten Holzkorpus sind vier Saiten aufgespannt.

Beliebte Themen

Die Themen von roi nuoc *bleiben traditionell der dörflichen Lebenswelt verhaftet. Fabelwesen wie der Drache, der Phönix oder das Einhorn spielen wichtige Rollen, aber auch Haustiere, etwa Wasserbüffel, kommen vor.*

Diener tragen eine Sänfte.

Ein Sonnenschirm symbolisiert gesellschaftlichen Status und Autorität.

Eine künstliche Palme vervollständigt das ländliche Motiv.

Dorfbewohner versammeln sich rund um einen Drachen, ein Glück verheißendes Fabelwesen, das stets eine wichtige Rolle spielt.

Die Puppen sind aus wasserresistentem Holz, meist aus dem Holz des Feigenbaums *(sung)*, gefertigt und leuchtend bunt bemalt.

Die Puppenspieler tauchen am Ende der Vorstellung hinter dem Vorhang auf und lassen sich mit Klatschen und lautem Jubel feiern.

Stadtplan Hanoi *siehe Seiten 178–181*

The Huc, die »Sonnenstrahl-Brücke«, überspannt den Hoan Kiem-See

❹ Hoan Kiem-See

Distrikt Hoan Kiem. **Stadtplan** 2 E3.
tägl. 24 Stunden.
Den Ngoc Son Hoan Kiem-See.
tägl. 7–19 Uhr.

Den idyllischen See inmitten von Hanoi haben viele Vietnamesen in ihr Herz geschlossen. Der Sage nach kam im 15. Jahrhundert, während der Besetzung durch die chinesischen Ming *(siehe S. 44)*, eine göttliche goldene Schildkröte aus dem See und überreichte General Le Loi ein magisches Schwert. Damit konnte Le Loi die Chinesen aus Thang Long, dem heutigen Hanoi, vertreiben und sich zum Kaiser Le Thai To krönen. Einige Zeit später, als der Kaiser hier segelte, erschien ihm die Schildkröte erneut und forderte das Schwert zurück. Seitdem ist der See als Ho Hoan Kiem, »See des Zurückgegebenen Schwertes«, bekannt.

Mitte des 19. Jahrhunderts wurde zum Gedenken an diese Ereignisse eine kleine Pagode, **Thap Rua** (»Schildkrötenturm«), auf einem Eiland in der Mitte des Sees erbaut, bis heute ein Wahrzeichen der Stadt.

Auf einer Insel im nördlichen Zipfel des Sees steht **Den Ngoc Son** (»Jadeberg-Tempel«), einer der heiligsten Tempel von Hanoi. Man erreicht ihn über eine rot bemalte Holzbogenbrücke, die reich verzierte **The Huc** (»Sonnenstrahl-Brücke«).

Der Mandarin Nguyen Van Sieu gründete den Jadeberg-Tempel während der Nguyen-Herrschaft Anfang des 19. Jahrhunderts. Der Bau ist hervorragend erhalten: Nach oben gebogene Dachtraufen und fein geschnitzte Drachenfiguren tauchen ihn in ein Farbenmeer aus Gold, Rot, Gelb und Schwarz. Auffallend sind eine stilisierte Tintenplatte aus Stein über dem Eingang und eine spitz zulaufende Steinsäule als Symbol einer Schreibquaste: Die Zeichen auf der Stele bedeuten »Schreiben auf klarem Himmel«. In einem Hinterzimmer stößt man auf eine präparierte Riesenschildkröte, die 1968 im See starb. Den Ngoc Son ist den Geistern der Erde, der Heilkunst und der Literatur, aber auch Tran Hung Dao geweiht, jenem General, der im 13. Jahrhundert die Mongolen besiegte *(siehe S. 44)*.

Östlich des Sees erinnert eine **Statue von Ly Thai To** an den Gründer von Thang Long. Fromme Vietnamesen sorgen dafür, dass vor der Bronzestatue stets Blumen und Weihrauch stehen.

Der See ist eines der beliebtesten und deshalb in der Regel sehr belebten Naherholungsgebiete Hanois. Viele Paare gehen hier spazieren, man übt sich in Tai Chi oder spielt Schach. Bei den Tet-Feiern *(siehe S. 32f)* mit Musikbühnen und einem großen Feuerwerk ist der Hoan Kiem-See einer der Hauptschauplätze.

Thap Rua, der »Schildkrötenturm«, spiegelt sich im Hoan Kiem-See

Die Gründung von Thang Long

Der erste Kaiser der Dinh-Dynastie, Tien Hoang De, verlegte 968 n. Chr. seine Hauptstadt von Dai La in der Nähe des heutigen Hanoi 80 Kilometer weiter südlich nach Hoa Lu in der Provinz Ninh Binh. Der Herrscher wollte die Hauptstadt so fern wie möglich von der chinesischen Grenze ansiedeln. Doch der Umzug währte nicht lange. Nur 42 Jahre später war Ly Thai To, Gründer der Ly-Dynastie, entschlossen, die Verlegung wegen der geografischen Isolation in Hoa Lu rückgängig zu machen. Tatsächlich konnte er die Stadt, nachdem er 1010 die Chinesen in einer Schlacht vernichtend geschlagen hatte, mit seinem Königreich in Dai La neu gründen. Als Ly Thai To die Stadt betrat, erhob sich der Sage nach ein goldener Drache von der Spitze der Zitadelle und flog in den Himmel. Dies nahm der Kaiser als gutes Omen für das Schicksal der Stadt und nannte sie Thang Long, »Aufsteigender Drache«.

Goldene Drachenfiguren sollen Glück bringen

Neogotische Fassade und imposante Türme der Kathedrale St. Joseph

❺ Kathedrale St. Joseph

Nha Tho, Distrikt Hoan Kiem. **Stadtplan** 2 E3. (04) 3828 5967. tägl. 5–19 Uhr. **Chua Ba Da** 3 Nha Tho, Distrikt Hoan Kiem. tägl. Sonnenauf- bis -untergang.

Die 1886 geweihte Kathedrale Nha Tho Lon ist die bedeutendste Kirche Hanois und Mittelpunkt der katholischen Gemeinde. Der Bau entstand im neogotischen Stil und erinnert mit seinen imposanten Türmen an Kathedralen französischer Provinzstädte. Das Kirchenschiff präsentiert sich prächtig mit einem reich verzierten Altar, französischen Buntglasfenstern und einem jüngeren Flachrelief der drei Könige aus dem Morgenland an der rückwärtigen Kirchenwand.

Die Kathedrale ist zur Sonntagsmesse und an christlichen Feiertagen wie Ostern sowie Weihnachten meist bis zum Bersten gefüllt. Sonst bleiben die Hauptportale die meiste Zeit geschlossen. Man gelangt jedoch durch eine Seitentür ins Innere.

Im Osten der Kathedrale steht **Chua Ba Da**, die »Pagode der Steinernen Dame«. Der Bau aus dem 15. Jahrhundert hieß einst Linh Quang (»Heiliges Licht«) und bekam seinen heutigen Namen, weil hier eine alte steinerne Frauenstatue gefunden wurde.

Chua Ba Da liegt am Ende eines kurzen Weges und wirkt in der Altstadt Hanois wie eine Ruheoase. Die Pagode enthält Statuen von Thich Ca, dem Sakyamuni Buddha, sowie zwei große, historische Bronzeglocken.

❻ Hoa Lo-Gefängnismuseum

1 Hoa Lo, Distrikt Hoan Kiem. **Stadtplan** 2 D4. (04) 3824 6358. tägl. 8–17 Uhr.

Das berüchtigte Gefängnis Hoa Lo wurde unter der französischen Kolonialverwaltung im Jahr 1896 in der Innenstadt Hanois errichtet. Eigentlich war es für 450 Inhaftierte konzipiert, doch während der 1930er Jahre war es mit fast 2000 überwiegend politischen Häftlingen völlig überfüllt.

Seinen Ruf erhielt der Bau allerdings erst im Vietnamkrieg, als man hier abgeschossene US-amerikanische Piloten inhaftierte, die das Gefängnis ironisch »Hanoi Hilton« tauften. An den ursprünglichen Namen aus der französischen Besatzung, »Maison Centrale«, erinnert bis heute das alte Schild über dem Eingang.

Flachrelief mit Folterszenen, Hoa Lo-Gefängnismuseum

Der größte Teil des Baus musste 1997 den Hanoi Towers weichen. In einem übrig gebliebenen Gebäudeteil ist nun das Hoa Lo-Gefängnismuseum untergebracht.

Gezeigt wird eine erschreckende Auswahl an Ketten, Peitschen und anderen Foltergeräten, daneben entdeckt man winzige Isolationszellen aus der französischen Kolonialzeit. Auch ein Teil des alten Kanalisationssystems, durch das im August 1945 über 100 Häftlinge fliehen konnten, ist zu sehen. Ein kleinerer Bereich widmet sich der US-Ära und zeigt – politisch geschickt – den Unterschied zwischen ihrer Behandlung und der Brutalität Frankreichs, unter der die Vietnamesen litten. An der Rückseite des Museums steht eine Guillotine, ein kleines, aber sehr effizientes Tötungsinstrument.

❼ Botschafter-Pagode

73 Quan Su, Distrikt Hoan Kiem. **Stadtplan** 2 D4. (04) 3825 2427. tägl. 8–11, 13–16 Uhr.

Chua Quan Su, die »Botschafter-Pagode«, wurde für buddhistische Würdenträger errichtet, die auf Durchreise in Hanoi haltmachten, und trägt den Namen eines früheren Gästehauses aus dem 15. Jahrhundert, das hier stand. Der Tempel ist ein offizielles Zentrum des Mahayana-Buddhismus in Hanoi und eine der beliebtesten Pagoden der Stadt, die vor allem an Feiertagen Gläubige in wahren Massen anzieht.

Der heutige Tempel entstand im Jahr 1942 und zeigt historische, heutige und künftige Inkarnationen von Buddha als A Di Da bzw. Amitabha Buddha, Thich Ca bzw. Sakyamuni Buddha sowie Di Lac oder Maitreya Buddha. Überall sieht man Mönche und Nonnen beim Gebet. In einem kleinen Laden werden Ritualgegenstände verkauft.

Altar mit einem vielarmigen Buddha, Botschafter-Pagode

Stadtplan Hanoi *siehe Seiten 178–181*

❽ Sofitel Legend Metropole Hotel

15 Ngo Quyen, Distrikt Hoan Kiem. **Stadtplan** 2 F4. (04) 3826 6919. tägl. 24 Stunden. **sofitel-legend.com**
Governeurspalast 10 Ngo Quyen, Distrikt Hoan Kiem. für Besucher.

Das älteste und luxuriöseste Hotel Hanois entstand 1901 im französischen Kolonialstil. Das mit schmiedeeisernen Ornamenten und Jugendstilschmuck verzierte Metropole war lange Zeit die Grande Dame der Hotellerie Indochinas – damals wie heute stiegen prominente Gäste hier ab, darunter Schauspieler, Schriftsteller, Staatsgäste und viele bekannte Persönlichkeiten. Zu den Gästen gehörten u. a. W. Somerset Maugham (1874–1965), Charlie Chaplin (1889–1977), Graham Greene (1904–1991), Noël Coward (1899–1973) sowie Michael Caine (geb. 1933) und Wladimir Putin (geb. 1952). In den Zeiten des Staatssozialismus (1954–1986) ging es mit dem Hotel bergab, doch mittlerweile erstrahlt es wieder im alten Glanz.

Nördlich des Hotels entstand 1919 der französische **Gouverneurspalast** mit Kolonnadenfassade und einem mehrstufigen Portikus. Heute beherbergt der Bau vor allem Gäste der Regierung.

Aufenthaltsbereich im Hof des Sofitel Legend Metropole Hotel

❾ Oper

1 Trang Tien, Distrikt Hoan Kiem. **Stadtplan** 2 F4. (04) 3933 0133. bei Aufführungen. **hanoioperahouse.org.vn**

Das nach der Pariser Oper von Charles Garnier gestaltete Opernhaus, Nha Hat Lon (»Haus der großen Lieder«), wurde 1911 eröffnet. Es war der Glanzpunkt französischer Kolonialarchitektur nicht nur in Hanoi, sondern in ganz Französisch-Indochina.

Bis zum Ausbruch des Zweiten Weltkriegs war die Oper das kulturelle Zentrum der Stadt. Doch mit dem Ende der französischen Herrschaft zerfiel auch die Oper. In den Jahren vor der Liberalisierung traten hier Ende der 1980er Jahre chinesische und russische Künstler mit Inszenierungen wie dem Ballett *Red Detachment of Women* (»Rote Frauen-Armee«) auf, auch musikalische Darbietungen eines Ensembles aus Kiew standen auf dem Spielplan. Mitte der 1980er Jahre war es selbst damit vorbei, die Oper wurde dem Verfall überlassen.

1994 beschlossen die Behörden, die Oper zu restaurieren und wiederzueröffnen. Das 14 Millionen US-Dollar teure Projekt schenkte Hanoi ein strahlendes Opernhaus mit vergoldeten Spiegeln und eleganten Treppen. In dem mit moderner Audiotechnik ausgestatteten Saal stehen vietnamesische Operetten, Ballette, Konzerte des Hanoi Symphony Orchestra und Auftritte von Gastorchestern auf dem Programm.

❿ Nationalmuseum für Vietnamesische Geschichte

1 Pham Ngu Lao, Distrikt Hoan Kiem. **Stadtplan** 2 F4. (04) 3824 1384. tägl. 8–12, 13.30–17 Uhr. 1. Mo im Monat. mit Anmeldung. **baotanglichsu.vn**

Der 1925 als École Française d'Extrême-Orient entstandene Bau des französischen Architekten Ernest Hébrard begründete die neue architektonische Stilmischung »Indochinoise«, indem sie französische Elemente mit Viet- und Khmer-Einflüssen kombinierte. Die ockergelbe Fassade kontrastiert zu den grünen Fensterläden und wird von einem achteckigen Pagodendach gekrönt. Trotz der verspielten Kolonnaden, Träger und Balustraden wirkt das Ensemble sehr harmonisch.

Keramik, Nationalmuseum für Vietnamesische Geschichte

Bao Tang Lich Su, das Nationalmuseum für Vietnamesische Geschichte, ist eines der besten in Vietnam. Es zeigt auf zwei Stockwerken eine ausgezeichnete Sammlung von Objekten aus der prähistorischen Dong Son-Kultur am Roten Fluss sowie der Sa Huynh- und Oc Eo-Kulturen Südvietnams. Sehenswert ist die Skulpturensammlung der Khmer- und Champa-Reiche. Ausgestellt werden auch mit Metallspitzen versehene Holzpflöcke aus der Schlacht am Bach Dang.

Kolonnadenfassade des Opernhauses

Hotels und Restaurants in Hanoi *siehe Seiten 239f und 250–252*

Garten und die »indochinesische« Architektur des Historischen Museums

Im Park hinter dem Museum stehen Statuen von Cham-Göttinnen, Khmer-Löwen und vietnamesischen Drachen.

⓫ Hai Ba Trung-Tempel

Dong Nhan, Distrikt Hai Ba Trung. ◯ nur zu Festen. Hai Ba Trung-Fest (Anfang März).

Der Hai Ba Trung-Tempel gilt als einer der heiligsten in Vietnam. Er folgt dem Kult vergöttlichter Helden und ehrt die Trung-Schwestern, denen im ersten Jahrhundert n. Chr. für kurze Zeit die Vertreibung der Chinesen gelang. Der 1142 von Kaiser Ly Anh Ton gegründete Tempel enthält angeblich die sterblichen Überreste der Schwestern.

Er erhebt sich am Westufer des Huong Vien-Sees. Man betritt den Bau durch ein breites Tor, das von hohen weißen Säulen voller Glück verheißender chinesischer Symbole, Schriftzeichen für Langlebigkeit und stilisierten Lotosblüten eingerahmt wird.

Leider ist die Anlage nur zum alljährlichen Tempelfest *(siehe S. 34)* für Besucher geöffnet. Beim Hai Ba Trung-Fest werden die Statuen mit Wasser aus dem Roten Fluss gewaschen und in neue, rote Gewänder gekleidet.

Wächter, Hai Ba Trung-Tempel

⓬ Lien Phai-Pagode

Ngo Chua Lien Phai, Distrikt Hai Ba Trung. ☎ (04) 3590 6442. ◯ tägl. 7–11, 13.30–17.30 Uhr.

Die Lien Phai-Pagode (»Pagode der Lotos-Sekte«) ist eine der wenigen erhaltenen Bauten der Trinh-Fürsten *(siehe S. 45)* in Hanoi. Der Inschrift in der zentralen Stele nach unterhielt Fürst Trinh Thap in dieser Gegend einen Palast. Eines Tages gruben seine Arbeiter im Palastgarten einen riesigen, wie eine Lotoswurzel geformten Stein aus. Für Trinh Thap war dies ein Zeichen Buddhas, dass er sein privilegiertes Leben für ein Dasein als Mönch aufgeben sollte. Der Fürst ließ an der Fundstelle 1726 einen Tempel errichten und verbrachte den Rest seines Lebens als Mönch. Nach dem Tod Trinh Thaps wurde seine Asche in der Pagode verscharrt. Seine Kalligrafien hängen bis heute am Hauptaltar.

Der beeindruckendste Tempelbau ist der zehnstöckige Dieu Quang, der »Turm des Wunderlichts«. Die von Trinh Thap gegründete, heute in Japan und China populäre Lotos-Sekte betet zu A Di Da, dem Amitabha Buddha, und glaubt, durch Singen seines Namens und Verzicht im westlichen Paradies von Sukhavati, dem »Reinen Land«, wiedergeboren zu werden.

Die Trung-Schwestern

Als im ersten Jahrhundert n. Chr. der Widerstand gegen die chinesische Besetzung Vietnams zunahm, stellten die Schwestern Trung Trac und Trung Nhi mithilfe vietnamesischer Fürsten im Jahr 40 n. Chr. eine Armee zusammen. Sie vertrieben die Chinesen und gründeten in Me Linh am Roten Fluss ein Königreich. Doch schon 43 n. Chr. schlugen die Chinesen den Aufstand nieder. Um der Gefangennahme zu entgehen, töteten sich die Schwestern durch einen Sprung in den Fluss Hat. Jahrhunderte später wurden zwei weibliche Steinfiguren auf eine Sandbank im Roten Fluss gespült – dem Glauben nach die versteinerten irdischen Überreste der beiden Nationalheldinnen, für die man im Dorf Dong Nhan (heute der Distrikt Hai Ba Trung) einen Tempel baute.

Kostbarer Altar der Trung-Schwestern

⓭ Tempel der Literatur

Siehe S. 170f.

Buddha-Statue im Vietnamesischen Museum der Schönen Künste

⓮ Vietnamesisches Museum der Schönen Künste

66 Nguyen Thai Hoc, Distrikt Ba Dinh. **Stadtplan** 1 B3. ☎ (04) 3823 3084. ◯ tägl. 8.30–17 Uhr.
W vnfam.vn

Das Museum Bao Tang My Thuat hat seinen Sitz in einem eleganten Kolonialbau und zeigt vietnamesische Kunstobjekte, Architektur, Gemälde, Skulpturen und viele weitere Kunstwerke. Die chronologisch geordnete Ausstellung beginnt im Erdgeschoss mit einer Sammlung zur Stein- und Bronzezeit. Verschiedene Holz-, Stein- und Lackskulpturen veranschaulichen die Vielseitigkeit vietnamesischer Kunst. Eines der Highlights ist ein Bodhisattva, ein »Erleuchtetes Wesen«, mit angeblich 1000 Armen und Augen.

Die Ausstellung im ersten Stock präsentiert einige der besten Lackgemälde Vietnams. Im zweiten Stock sind Aquarelle und Ölgemälde einheimischer Künstler ausgestellt sowie Schnitzereien aus dem zentralen Hochland, Holzstock-Bilder der Dong Ho-Kultur und Trachten.

Kopien alter antiker Kunstobjekte kann man im Museumsshop kaufen.

⓯ Vietnamesisches Museum für Militärgeschichte

28A Dien Bien Phu, Distrikt Ba Dinh. **Stadtplan** 1 C3. ☎ (04) 3823 4264. ◯ Di–Do, Sa, So 8–11.30, 13–16.30 Uhr.

Das Vietnamesische Museum für Militärgeschichte liegt in der südlichen Ecke der Zitadelle neben dem Flaggenturm und ist eines der wichtigsten Militärmuseen des Landes. 30 Abteilungen dokumentieren die Entwicklung und Geschichte der vietnamesischen Armee über die Jahrhunderte hinweg, u. a. mit Objekten zu den ersten Schlachten gegen die Chinesen und Mongolen. Der Schwerpunkt liegt jedoch ganz klar auf den Kriegen gegen Frankreich, die Roten Khmer Kambodschas, China und die USA, dokumentiert mit Filmen, Schwarz-Weiß-Fotos und anderem Archivmaterial. Sehenswert ist das Diorama zur Schlacht von Dien Bien Phu *(siehe S. 199)*.

Im Hof vor dem Museum für Militärgeschichte sieht man halb zerstörte Kriegsgeräte aus Frankreich, den USA und der UdSSR, dazu Waffen, Kampfflugzeuge und einen sehr gut erhaltenen sowjetischen Abfangjäger MIG-21.

Neben dem Museum erhebt sich der sechseckige Flaggenturm **Cot Co**, einer der wenigen Überreste der alten Festung. Den Turm ließ Kaiser Gia Long 1803 wiederaufbauen. Wie der Schildkrötenturm am Hoan Kiem-See *(siehe S. 164)* ist das Bauwerk nicht nur ein Wahrzeichen der Truppen Hanois, sondern der gesamten Armee Vietnams. Gegenüber dem Museum ist ein kleiner Park mit einer Lenin-Statue.

Panzer der Befreiungsfront, Vietnamesisches Museum für Militärgeschichte

Die strahlend weiße Fassade des Ho Chi Minh-Museums

⓰ Ho Chi Minh-Museum

19 Ngoc Ha, Distrikt Ba Dinh. **Stadtplan** 1 B2. ☎ (04) 3845 5435. ◯ Di–Do, Sa, So 8–16.30, Mo, Fr 8–12 Uhr.
W baotanghochiminh.vn

Das ein Jahrhundert nach der Geburt von Ho Chi Minh *(siehe S. 173)* 1990 eröffnete Museum zeichnet den Lebensweg und die Erfolge des Revolutionsführers in einer mitunter merkwürdigen Abfolge von Dioramen nach. Dazu gehören eine bunte Mischung persönlicher Gegenstände, aber auch Schwarz-Weiß-Fotos aus seiner Jugend und von den langen Europa- und Chinareisen. Bilder und Dokumente veranschaulichen darüber hinaus den Kampf für die Unabhängigkeit Vietnams und die Gründung der kommunistischen Partei. Das ungewöhnliche Museum ist trotz seiner Subjektivität sehr informativ.

Hotels und Restaurants in Hanoi *siehe Seiten 239f und 250–252*

⓱ Ein-Säulen-Pagode

8 Chua Mot, Distrikt Ba Dinh. **Stadtplan** 1 B2. tägl. 8–11, 13–16 Uhr.

Chua Mot Cot, die Ein-Säulen-Pagode des Kaisers Ly Thai Tong von 1049 n. Chr., ist neben Cot Co eines der bedeutendsten Wahrzeichen Hanois. Die Holzpagode steht im kleinen Dien Huu-Tempel aus dem 11. Jahrhundert und ruht, wie der Name schon sagt, auf einer einzigen, eleganten Steinsäule mitten in einem Lotosteich.

Der Legende nach hatte der Kaiser, der ohne männlichen Nachkommen war, einen Traum, in dem ihm Quan Am, die Göttin der Barmherzigkeit, erschien. Sie saß auf einer Lotosblüte und schenkte ihm einen männlichen Neugeborenen. Kurz danach vermählte sich der Kaiser mit einer neuen, jungen Frau, die ihm den Sohn gebar. Als Zeichen seiner Dankbarkeit ordnete Ly Thai Tong den Bau der Ein-Säulen-Pagode als Symbol für die Lotosblüte an. Lotos steht für Reinheit – wie eine Lotosblüte in einem trüben Teich.

Im Lauf der Jahrhunderte wurde die Pagode mehrfach zerstört und danach wieder rekonstruiert – besonders unfassbar war der hier im Jahr 1954 von Franzosen gelegte Brand.

Stufen führen zur kleinen, charmanten Ein-Säulen-Pagode

⓲ Ho Chi Minh-Mausoleum

Ba Dinh-Platz, Distrikt Ba Dinh. **Stadtplan** 1 B2. Di–Do, Sa, So 8–11 Uhr. jedes Jahr zwei Monate geschlossen (meist Okt/Nov) zur Erneuerung der Einbalsamierung.

Vietnams Gründervater hat seine letzte Ruhe in einem monumentalen Mausoleum an der Westseite des Ba Dinh-Platzes gefunden. Die grauen Steine für den Bau stammen aus den Marmorbergen bei Danang *(siehe S. 138)*. Ho Chi Minh war ein bescheidener Mann, dessen Bild in der Öffentlichkeit das eines genügsamen Menschen entsprach. Der Revolutionär und Staatsführer soll sich angeblich gewünscht haben, dass seine Asche als Symbol für die Einheit der Nation, um die er so hart gekämpft hatte, in Nord-, Zentral- und Südvietnam verstreut werden sollte. Getreu dieser Überzeugung soll er auch den Bau eines Museums in seinem Heimatdorf *(siehe S. 155)* untersagt haben. Doch nach seinem Tod 1969 hielt sich das Politbüro nicht an seine Verfügungen und strich sogar den Wunsch nach Verbrennung aus Ho Chi Minhs Testament. Stattdessen wurde sein Leichnam mithilfe sowjetischer Experten einbalsamiert und 1975 in einem Mausoleum aufgebahrt.

Das Mausoleum wirkt auf viele so bombastisch wie hässlich. Erstaunlicherweise soll der Bau nach Auffassung der Architekten einer Lotosblüte ähneln – für den Betrachter nur schwer nachvollziehbar.

Innen herrscht eine ernste, respekteinflößende Stimmung. Der nach dem Vorbild des chinesischen Nationalisten Sun Yat Sen in einfache Kleidung gehüllte Ho Chi Minh liegt in einem gekühlten Saal, seine gekreuzten Hände ruhen auf einem dunklen Stofftuch.

Für viele Vietnamesen, vor allem für solche aus dem Norden, ist das Mausoleum eine Pilgerstätte. Man sollte sich daher respektvoll verhalten. Zu legere Kleidung ist hier absolut nicht angemessen.

Das monumentale Ho Chi Minh-Mausoleum

⓳ Ho Chi Minhs Wohnhaus

1 Bach Thao, Präsidentenpalast, Distrikt Ba Dinh. **Stadtplan** 1 B2. Di–Do, Sa, So 7.30–11.30, 14–16 Uhr. **Botanischer Garten** Hoang Hoa Tham. tägl. 7.30–22 Uhr.

Als Ho Chi Minh 1954 Präsident der Republik Vietnam wurde, fand er den Präsidentenpalast zu pompös und ließ im Palastpark ein Holzhaus für sich errichten. Der schlichte, zweistöckige Bau orientiert sich an den Pfahlbauten (Stelzenhäusern), die Nha Bac Ho (»Onkel Hos Haus«) genannt werden. Zwischen den Pfosten und inmitten von Pflanzen stehen die Tische und Stühle, an denen Ho Chi Minh mit dem Politbüro tagte.

Holzstufen führen auf der Rückseite in zwei einfache Zimmer, ein Büro und einen Schlafraum, die genauso aussehen wie zu Lebzeiten des Staatsführers. Im Büro stehen eine Schreibmaschine und ein mit Büchern in vielen Sprachen vollgestopftes Bücherregal. Der Schlafraum fällt noch spartanischer aus: Neben dem Bett sind ein Wecker, ein Telefon und ein Radio die einzigen Zugeständnisse an die Moderne.

Rund um das Haus erstrecken sich gepflegte Gärten mit Trauerweiden, Mango- und Frangipani-Bäumen sowie Jasmin. Ho Chi Minh lebte hier von 1958 bis 1969.

Beim Haus findet man im **Botanischen Garten** zwei Seen mit dichter Vegetation und eine Skulpturenausstellung.

⑬ Tempel der Literatur

Van Mieu, das älteste und architektonisch schönste Baudenkmal Hanois, wurde 1070, während der Ly-Dynastie (1009–1225), gegründet. Der Tempel war als Gelehrtenzentrum, in dem sieben Jahrhunderte lang Mandarine ausgebildet wurden, dem chinesischen Philosophen Konfuzius (551–479 v. Chr.) geweiht. Vorbild für die Anlage war der Konfuzius-Tempel in der chinesischen Stadt Qufu, dem Geburts- und Sterbeort des Religionsgründers. Fünf Höfe, zwei davon mit gepflegten Gärten, sind durch Mauern und verzierte Tore abgetrennt, ein Zentralweg teilt die Anlage in zwei symmetrische Hälften.

Das elegante Van Mieu-Tor ist der Eingang zum Tempel der Literatur

Quelle der Himmlischen Erleuchtung
Das rechteckige Wasserbecken, Thien Quang Tinh, nimmt den dritten Hof ein. Zu beiden Seiten des Beckens stehen in überdachten Galerien 82 steinerne Stelen, die kostbarsten Objekte des Tempels.

Menschliche Schachfiguren
Beim Tet-Fest verwandelt sich der vierte Hof in ein Schachbrett mit menschlichen Figuren, die sich in farbenfrohen Kostümen nach Anweisung der Spieler bewegen.

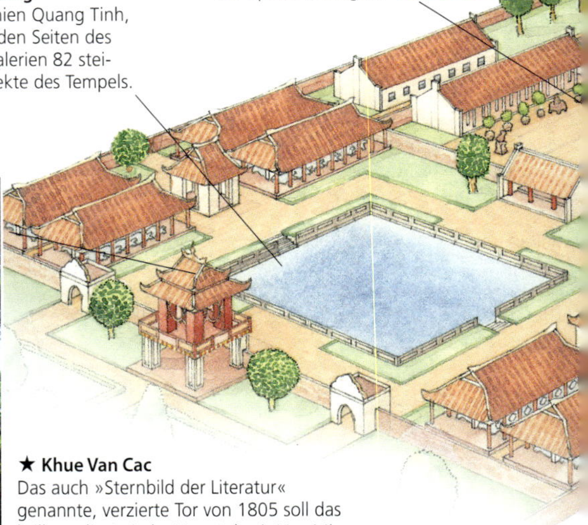

★ Khue Van Cac
Das auch »Sternbild der Literatur« genannte, verzierte Tor von 1805 soll das brillante literarische Vermächtnis Van Mieus symbolisieren. Im oberen Stock zeigen vier Sonnenkränze die Himmelsrichtungen an.

Außerdem

① **Ein schöner Glockenturm** wurde kürzlich im fünften Hof restauriert.

② **Die Thai Hoc-Halle** beherbergt einen Chu Van An, einem früheren Direktor der Kaiserlichen Akademie, geweihten Altar und Bilder von drei Kaisern aus der Ly-Dynastie.

Buddhistische Mönche auf dem Weg durch die Gärten des Vorhofs

Hotels und Restaurants in Hanoi *siehe Seiten 239f und 250–252*

Musikraum
Neben dem Konfuzius-Altar tritt regelmäßig ein kleines, traditionelles Orchester mit Sängerinnen auf. Gespielt wird auf klassischen vietnamesischen Instrumenten *(siehe S. 28f)*.

Infobox

Information
Quoc Tu Giam. **Stadtplan** 1 B4. (04) 3845 2917. Apr–Sep: 7.30–17.30 Uhr; Okt–März: 8–17 Uhr.

Große Trommel
Das Gegenstück zum Glockenturm westlich der Thai Hoc-Halle ist ein riesiger Gong im Osten. Beide Türme sind im traditionellen chinesischen Stil erbaut.

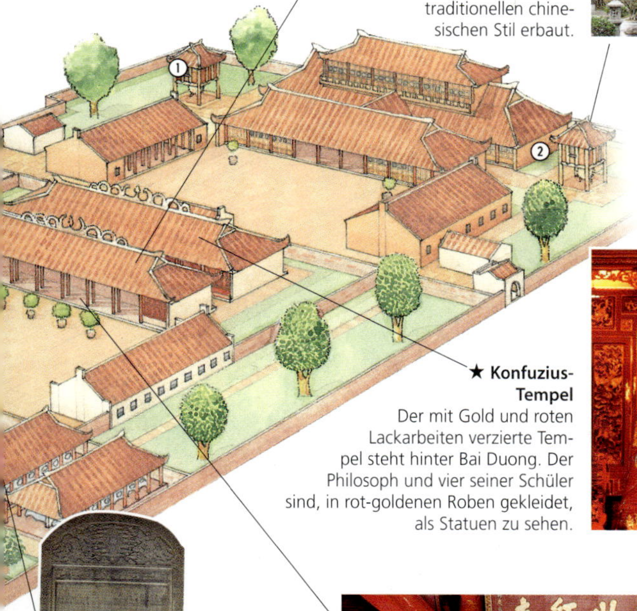

★ Konfuzius-Tempel
Der mit Gold und roten Lackarbeiten verzierte Tempel steht hinter Bai Duong. Der Philosoph und vier seiner Schüler sind, in rot-goldenen Roben gekleidet, als Statuen zu sehen.

★ Schildkrötenstelen
Die Steinstelen ruhen auf Schildkrötensockeln. Sie zeigen Inschriften mit Namen und Lebensdaten der Gelehrten, die 1442–1779 die Prüfungen in Van Mieu meisterten. Nur 82 der einst 112 Stelen haben überdauert, im Vietnamkrieg wurden sie vergraben.

★ Konfuzius-Altar
Im Großen Haus der Zeremonien, Bai Duong, prunkt der Konfuzius-Altar zwischen zwei Kranichen, die auf Schildkrötenfiguren stehen, ein Glück verheißendes Symbol. Hier brachten der Kaiser und seine Mandarine ihre Opfergaben dar.

Stadtplan Hanoi *siehe Seiten 178–181*

Tretboote in Schwanenform am Ufer des Ho Tay

⑳ Zitadelle von Hanoi

9 Hoang Dieu, Distrikt Ba Dinh. **Stadtplan** 1 C2. Di–So 8–11.30, 13.30–17 Uhr.

Über Jahrhunderte hinweg durften nur die Herrscher die Zitadelle von Hanoi betreten, 2010 wurde sie jedoch von der UNESCO zum Welterbe erklärt und ist nun für Besucher zugänglich. Leider wurde ein Großteil der Stätte Ende des 19. Jahrhunderts von den Franzosen zerstört, die erhalten gebliebenen Gebäude sind aber auf jeden Fall einen Besuch wert. Am Südende des Areals steht neben dem Museum für Militärgeschichte der Cat Co oder Flaggenturm. Nördlich davon befindet sich das wohl beeindruckendste Gebäude: das Doan Mon-Tor. In den imposanten Mauern sind fünf Torbogen eingelassen. Den Pavillon mit doppeltem Dach sieht man sofort, wenn man die Zitadelle betritt. Hinter dem Tor zeigen Ausgrabungen einen ausgeklügelten Kanal, der wohl zur Bewässerung diente. Vom Kinh Tien-Palast, der kaiserlichen Residenz, ist nicht mehr übrig als die Balustraden mit schön skulptierten Drachen. In der Mitte des Komplexes steht ein gedrungenes Kolonialgebäude, D67 – die Kommadozentrale der nördlichen Streitkräfte während des Vietnamkriegs. Am Konferenztisch sind noch immer die Plätze von solchen Berühmtheiten wie General Giap (1911–2013), führender Kopf des vietnamesischen Siegs, ausgewiesen. Unter dem Gebäude befindet sich ein Bombenschutzkeller.

Nördlich von D67 stehen zwei weitere interessante Bauten: Hau Lau und Cua Bac, das Nordtor. An der Westseite der Hoang Dieu-Straße finden archäologische Ausgrabungen statt, vor allem werden die Grundmauern früherer Paläste freigelegt, was einen Eindruck der Größe der Zitadelle gibt.

㉑ Ho Tay

Stadtplan 1 A1. **Tran Quoc-Pagode** Kim Ngu-Insel, Thanh Nien-Damm. tägl. Sonnenauf- bis -untergang. **Quan Thanh-Tempel** Kreuzung Thanh Nien-Damm und Quan Thanh. tägl. Sonnenauf- bis -untergang.

Westlich von Hanoi liegen zwei vom Roten Fluss durch einen Damm getrennte, hübsche Seen. Der größere von beiden heißt Ho Tay (»Westsee«) und ist Sitz des Segelclubs von Hanoi. Ein Damm trennt den See vom Truc Bach (»Weißer Seidensee«) im Osten.

Die Backsteinfassade der Tran Quoc-Pagode

Einst standen am Ufer des Ho Tay Paläste und Tempel der Trinh-Fürsten. Nur einige Tempel sind aus dieser Zeit erhalten, darunter der älteste der Stadt, die **Tran Quoc-Pagode**. Einer Sage nach wurde sie während der Regierung des Trinh-Fürsten Ly Nam De (reg. 544–548) am Ufer des Roten Flusses erbaut, aber im 17. Jahrhundert an den heutigen Standort versetzt.

Sehenswert ist auch der **Quan Thanh-Tempel**, der angeblich unter Kaiser Ly Thai To, dem Begründer der Ly-Dynastie *(siehe S. 44)*, entstand. Der Tempel wurde 1893 wieder aufgebaut und ist Tran Vo, dem »Wächter des Nordens«, geweiht. Ein Bildnis dieser taoistischen Gottheit schmückt den Altar.

Die Gegend rund um Ho Tay wird zunehmend durch Luxushotels geprägt. Am Damm weiter nördlich gibt es auch einige erstklassige Restaurants und Bars.

㉒ Kim Lien-Pagode

Ho Tay, Distrikt Tu Liem. tägl. Sonnenauf- bis -untergang.

Die reizvolle Pagode liegt zwar etwas abseits am Nordufer des Ho Tay, lohnt aber den Abstecher. Einer Volkssage nach schickte die Prinzessin Tu Hoa, Tochter von Kaiser Ly Than Tong, im 12. Jahrhundert ihre Kammerfrauen zur Seidenraupenaufzucht hierher. 1771 erbaute man auf den Fundamenten ihres Palasts den Tempel und nannte ihn in Gedenken an die Prinzessin Kim Lien (»Goldener Lotos«).

Man betritt den Tempel durch einen dreibogigen Eingang, dahinter erstrecken sich drei Pavillons, die in drei Reihen angeordnet sind. Alle Bauten haben geschwungene Traufen und mehrteilige Dächer. Auch die Dreigliedrigkeit ist eine Reverenz an China.

Ho Chi Minh

Der 1890 in Hoang Tru bei Vinh geborene Ho Chi Minh gilt als treibende Kraft des vietnamesischen Unabhängigkeitskampfes. Nach einem Studium in Hue verließ der damals Nguyen Tat Thanh genannte junge Mann 1911 seine Heimat, reiste durch die Welt und kam in Europa mit dem Sozialismus in Berührung. Er gründete kommunistische Parteien in Paris, Moskau und China und kehrte 1941 nach Vietnam zurück, wo er den Namen Ho Chi Minh (»Überbringer der Erleuchtung«) annahm und die Viet Minh, die Unabhängigkeitsliga Vietnams, gründete. 1955 wurde er Präsident der Demokratischen Republik Vietnam und führte Krieg gegen Frankreich und die USA. Ho Chi Minh starb im Jahr 1969. Sein größtes Vermächtnis war die Wiedervereinigung Vietnams fast sieben Jahre danach.

Die renommierte Quoc Hoc-Schule in Hue besuchte Ho Chi Minh neben dem späteren General Vo Nguyen Giap und Pham Van Dong, dem künftigen Premierminister Vietnams.

Nguyen Ai Quoc oder »Nguyen, der Patriot« ist das Pseudonym, das Ho Chi Minh in den 1920er Jahren annahm. Er war Gründungsmitglied der französischen KP in Paris, Mitglied der KP in Moskau und Gründer der Kommunistischen Partei Indochinas (heute Kommunistische Partei Vietnams, KPV) in Hongkong.

Ein Foto von 1945 zeigt Ho Chi Minh bei Vorbereitungen eines Feldzugs gegen die Franzosen. Der Erste Indochinakrieg brach 1946 aus. Unter der Führung von Ho Chi Minh lieferten die Viet Minh der Kolonialmacht acht Jahre lang einen blutigen Kampf.

In geheimen Tunneln und Höhlen versteckt, perfektionierte Ho Chi Minh seine Militärstrategien. Er entwickelte die Guerillataktik und den Widerstand im Untergrund gegen die französische Armee bis zu deren Niederlage 1954.

Ho Chi Minh war ein bescheidener, gütiger Mann, der bei Kindern und Erwachsenen beliebt war. Er sprach mehrere Sprachen fließend, u. a. Chinesisch, Russisch, Französisch und Englisch.

Verehrt und als Vater des modernen Vietnam geliebt wird Ho Chi Minh bis heute. Statuen, Büsten und Porträts feiern ihn für seinen Kampf für die vietnamesische Einheit. Ho Chi Minhs Kindheitsdorf Kim Lien *(siehe S. 155)* ist so etwas wie eine Pilgerstätte.

Rekonstruiertes Haus aus dem zentralen Hochland, Ethnologisches Museum

㉓ Co Loa-Zitadelle

16 km N von Hanoi, Distrikt Dong Anh. tägl. 8–17 Uhr. Co Loa-Fest (Feb).

Die alte Festung war die erste bekannte Hauptstadt eines unabhängigen vietnamesischen Reichs und stammt aus einer Zeit, da sich die Ursprünge des Landes aus dem Nebel der Mythen in konkrete Historie verwandeln – wenn auch die Geschichten um Gründung und Fall der Zitadelle nur auf mündlicher, nicht überprüfbarer Überlieferung beruhen.

Die Zitadelle wurde wahrscheinlich von König An Duong Vuong *(siehe S. 41)* im 3. Jahrhundert v. Chr. erbaut und kurze Zeit später von den Chinesen erobert. Einer Legende zufolge brachte der Sohn des chinesischen Generals die Tochter von An Duong Vuong, My Chau, dazu, den magischen Pfeilbogen ihres Vaters zu entwenden und ihm auszuhändigen. Dank dieser Waffe triumphierten die Chinesen. Ob nun Sage oder Wahrheit – die Ruine der massiven Festung und die vielen Pfeilspitzen, die rund um die Festung gefunden wurden, deuten auf erbitterte Schlachten hin. Heute stehen nur einige Restgebäude, u. a. im Zentrum der Anlage die Tempel für An Duong und My Chau, die aber erst einige Jahrhunderte nach der Zerstörung der Zitadelle 208 v. Chr. entstanden.

Stilisierte Steinlöwen wachen vor dem Tempel für König An Duong. Der legendäre Herrscher wird alljährlich mit einem Tempelfest geehrt. Dabei trägt man seine Statue in einer Sänfte vom Tempel zum örtlichen Gemeinschaftshaus, *dinh*. Es wird Schach mit menschlichen Figuren gespielt, Hahnenkämpfe, Gesänge und Tanz prägen das Fest. Am letzten Tag trägt man die Statue wieder zum Tempel.

Die Stadt Hanoi arbeitet derzeit an der Restaurierung bzw. Rekonstruktion der riesigen Festungsanlage.

㉔ Ethnoloisches Museum

60 Nguyen Van Huyen, Distrikt Cau Giay. (04) 3756 2193. Di–So 8.30–17.30 Uhr. vme.org.vn

Bao Tang Dan Toc Hoc heißt das Museum westlich des Stadtzentrums, das zugleich Wissenschaftszentrum zur Erforschung der vielen ethnischen Gruppen Vietnams *(siehe S. 24f)* ist. Hier findet man gut erläuterte Sammlungen. Präsentiert werden informative Objekte von ethnischen Mehrheiten wie den Kinh ebenso wie von Minderheiten, die im nördlichen und zentralen Hochland leben.

Im Museumshauptgebäude ausgestellt sind u. a. kunstvoll gefertigte, farbenfrohe Trachten der Bergvölker, traditionelle Webmuster, Instrumente, Geräte zum Fischen und anderes Werkzeug.

Auf dem weitläufigen Außengelände stehen teils originale, teils nachgebaute Beispiele ethnischer Häuser aus dem Hochland, etwa Gemeinschaftshäuser, Steildachbauten sowie verzierte Gräber. Ein Highlight ist der originalgetreue Nachbau eines Hauses der Schwarzen Thai.

Wandbild mit Menschen der Dong Son-Kultur, Co Loa-Zitadelle

Große Tonfigur eines Kriegers am Altar der Thay-Pagode

㉕ Thay-Pagode

32 km W von Hanoi, Provinz Ha Tay. tägl. Sonnenauf- bis -untergang. Thay-Pagodenfest (Anf. Apr).

Chua Thay, die »Meisterpagode«, ist Thich Ca, dem Sakyamuni Buddha, geweiht und nach Tu Dao Hanh, einem Meister des Wasserpuppen-Theaters im 12. Jahrhundert, benannt. Berühmt ist die Pagode wegen der mehr als 100 religiösen Statuen, darunter den zwei größten dieser Art in Vietnam. Die aus Ton und Pappmaschee hergestellten Riesen wiegen mitunter eine Tonne.

Links vom Hauptaltar steht eine Statue des Meisters, rechts Kaiser Ly Nhan Tong (reg. 1072–1127), unter dem der Tempel erbaut wurde. Er gilt als Inkarnation von Tu Dao Hanh. In der Pagode finden zum alljährlichen Tempelfest auch Vorstellungen mit Wasserpuppen *(siehe S. 163)* statt.

㉖ Tay Phuong-Pagode

38 km W von Hanoi, Provinz Ha Tay. tägl. Sonnenauf- bis -untergang.

Der kleine Tempel steht etwas versteckt auf einem Hügel, der einem Büffel gleichen soll. Er liegt nur wenige Minuten westlich der Thay-Pagode, daher heißt sein Name übersetzt »Westliche Pagode«. Der Bau aus dem 8. Jahrhundert ist vor allem wegen seiner über 70 fein geschnitzten Statuen aus dem Holz des Jackfrucht-Baums bekannt. Sie stellen Inkarnationen von Buddha, Schüler des Konfuzius und verschiedene *arhats* (buddhistische Heilige) in Meditationsposen dar. Ebenso sehenswert sind filigrane Blumen und Fabelwesen wie der Vogel Phönix oder Drachen aus Holz. Besonders auffallend ist eine große Glockengussform von 1796 und das zweigliedrige Dach mit eleganten Dachtraufen. Es ist wunderschön verziert mit Symbolen für Sonne, Mond und Sterne.

Holzstatue, Tay Phuong-Pagode

㉗ Tempel der Hung-Könige

100 km NW von Hanoi, Distrikt Phong Chau, Provinz Phu Tho. **Museum** (021) 386 0026. tägl. 8–11.30, 13–16 Uhr. im Museum. Tempelfest (Apr).

Die Tempel der Hung-Könige am Berg Nghia Linh gelten als die Stätte der ältesten erhaltenen Ursprünge vietnamesischer Kultur. Die Anlage soll zwischen dem 7. und dem 3. Jahrhundert v. Chr. von den Herrschern des Van Lang-Reichs errichtet worden sein. Bis heute wird der Ort von den Vietnamesen tief verehrt. Eine kurze Steintreppe führt durch die Bäume zum ersten Tempel, **Den Ha**, dem mittleren Tempel, **Den Hung**, und schließlich zum wichtigsten Tempel an der Hügelspitze, **Den Thuong**.

Überall auf dem Gelände stehen Pagoden und kleine Schreine, dazwischen liegen malerische Lotosteiche. Am bedeutendsten ist **Lang Hung**, ein winziger Schrein mit Kerzen- und Weihrauchhaltern wenige Meter am Hang unterhalb des Den Thuong. Dies ist angeblich das Hauptgrab der Hung-Könige, wobei der Bau offensichtlich rekonstruiert wurde.

Von der Bergspitze aus genießt man eine wunderschöne Aussicht über das ländliche Phu Tho. Am Fuß des Bergs Nghia Linh zeigt ein kleines **Museum** ein Sammelsurium an Objekten, darunter Froschtrommeln, Keramikobjekte, Pfeilspitzen sowie andere historische Relikte.

Das Fest zu Ehren der Hung-Könige ist ein Nationalfeiertag und zieht jedes Jahr im April eine riesige Menschenmenge an.

Einer der hübschen Tempel der Hung-Könige in grüner Umgebung

Stadtplan

Hanoi ist in vier Hauptdistrikte unterteilt. Die pulsierende Innenstadt liegt im Distrikt Hoan Kiem, der nach dem gleichnamigen See benannt wurde. Nördlich davon erstreckt sich das faszinierende Altstadtviertel. Das elegante ehemalige französische Viertel liegt im Süden im Bezirk Hai Ba Trung. Die zwei anderen Distrikte heißen Ba Dinh und Dong Da. Den Straßennamen vorangestellt ist in der Regel das Wort *pho*, der in Nordvietnam gebräuchliche Begriff für eine Straße in der Stadt. *Duong* heißt Straße allgemein, *dai lo* bezeichnet einen breiten Boulevard. Einige für Straßennamen typische Wörter werden auf den Karten abgekürzt, beispielsweise Nguyen mit Ng oder Hang mit H. Neben Sehenswürdigkeiten sind auch andere wichtige Gebäude im Stadtplan eingetragen.

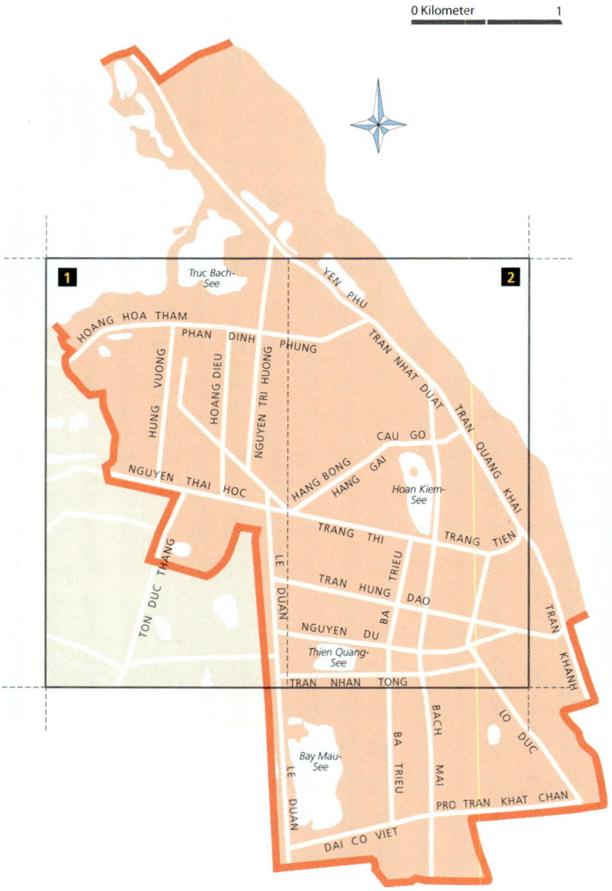

Legende

- Hauptsehenswürdigkeit
- Sehenswürdigkeit
- Anderes Gebäude
- Bahnhof
- Busbahnhof
- Anlegestelle
- Krankenhaus
- Pagode/Tempel
- Kirche

Maßstab der Karten 1–2

0 Meter 250

Kartenregister

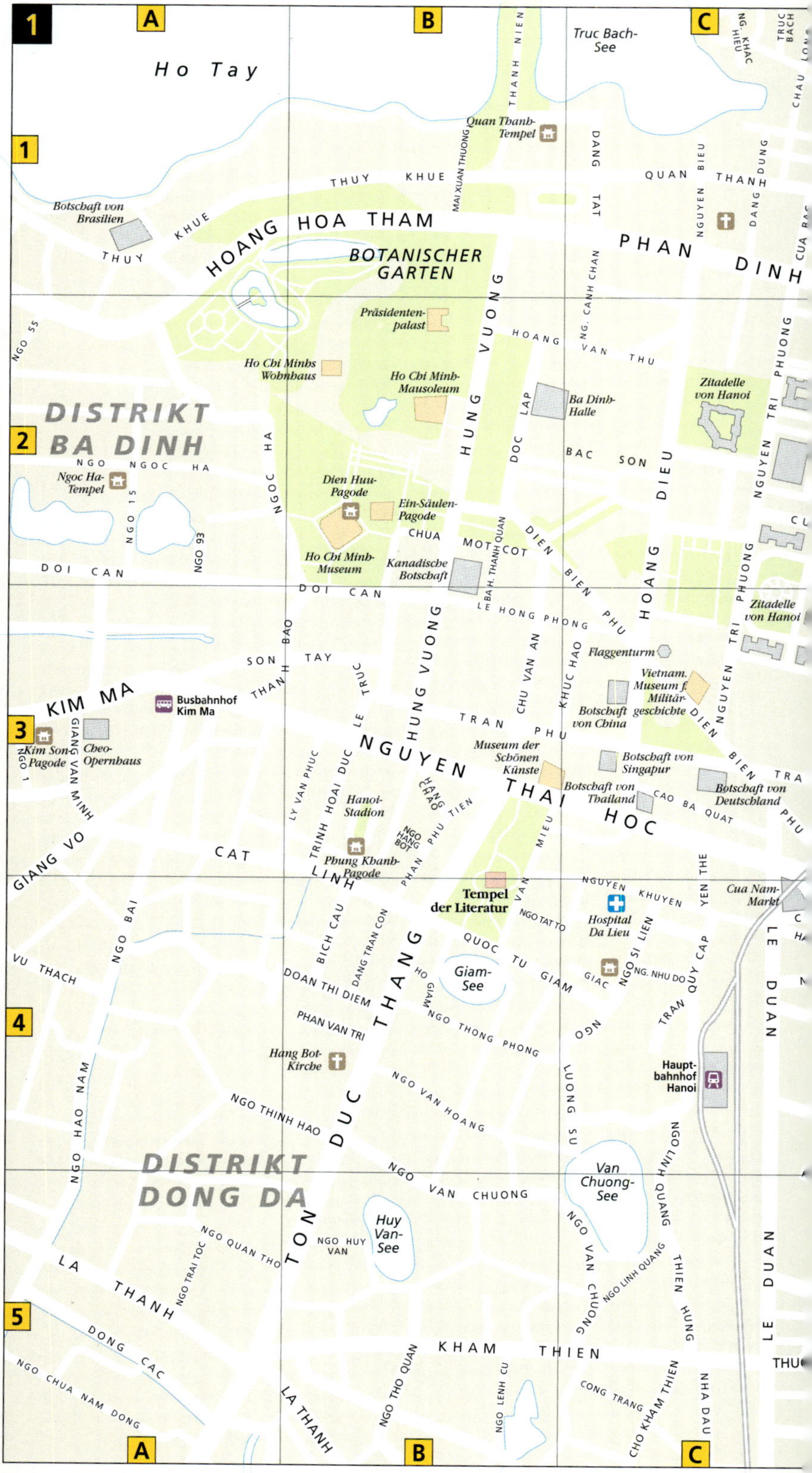
1
A
B
C
Ho Tay
Truc Bach-See
Quan Thanh-Tempel
Botschaft von Brasilien
THUY KHUE
HOANG HOA THAM
MAI XUAN THUONG
THANH NIEN
QUAN THANH
PHAN DINH
BOTANISCHER GARTEN
Präsidentenpalast
Ho Chi Minhs Wohnhaus
Ho Chi Minh-Mausoleum
Ba Dinh-Halle
Zitadelle von Hanoi
DISTRIKT BA DINH
2
NGO NGOC HA
Ngoc Ha-Tempel
NGOC HA
Dien Huu-Pagode
Ein-Säulen-Pagode
CHUA MOT COT
Ho Chi Minh-Museum
Kanadische Botschaft
HUNG VUONG
HOANG VAN THU
DOC LAP
BAC SON
HOANG DIEU
NGUYEN TRI PHUONG
DIEN BIEN PHU
DOI CAN
LE HONG PHONG
KIM MA
Busbahnhof Kim Ma
SON TAY
THANH BAO
LE TRUC
CHU VAN AN
KHUC HAO
Flaggenturm
Vietnam. Museum f. Militärgeschichte
Botschaft von China
3
Kim Son-Pagode
Cheo-Opernhaus
GIANG VAN MINH
TRAN PHU
NGUYEN THAI HOC
Museum der Schönen Künste
Botschaft von Singapur
Botschaft von Thailand
Botschaft von Deutschland
CAO BA QUAT
LY VAN PHUC
HOAI DUC
TRINH
Hanoi-Stadion
HANG CHAO
NGO HANG BOT
PHAN PHU TIEN
VAN MIEU
Phung Khanh-Pagode
GIANG VO
CAT LINH
Tempel der Literatur
NGUYEN KHUYEN
Hospital Da Lieu
YEN THE
Cua Nam-Markt
LE DUAN
NGO BAI
VU THACH
BICH CAU
DANG TRAN CON
QUOC TU GIAM
Giam-See
NGO TAT TO
NGO SI LIEN
NG. NHU DO
TRAN QUY CAP
DOAN THI DIEM
PHAN VAN TRI
NGO THONG PHONG
TON DUC THANG
4
Hang Bot-Kirche
Hauptbahnhof Hanoi
NGO VAN HOANG
NGO THINH HAO
NGO HAO NAM
LUONG SU
DISTRIKT DONG DA
NGO VAN CHUONG
Van Chuong-See
NGO LINH QUANG
NGO QUAN THO
NGO HUY VAN
Huy Van-See
NGO TRAI TOC
LA THANH
THIEN HUNG
5
DONG CAC
KHAM THIEN
NGO THO QUAN
NGO LENH CU
CONG TRANG
CHO KHAM THIEN
NHA DAU
NGO CHUA NAM DONG
A
B
C

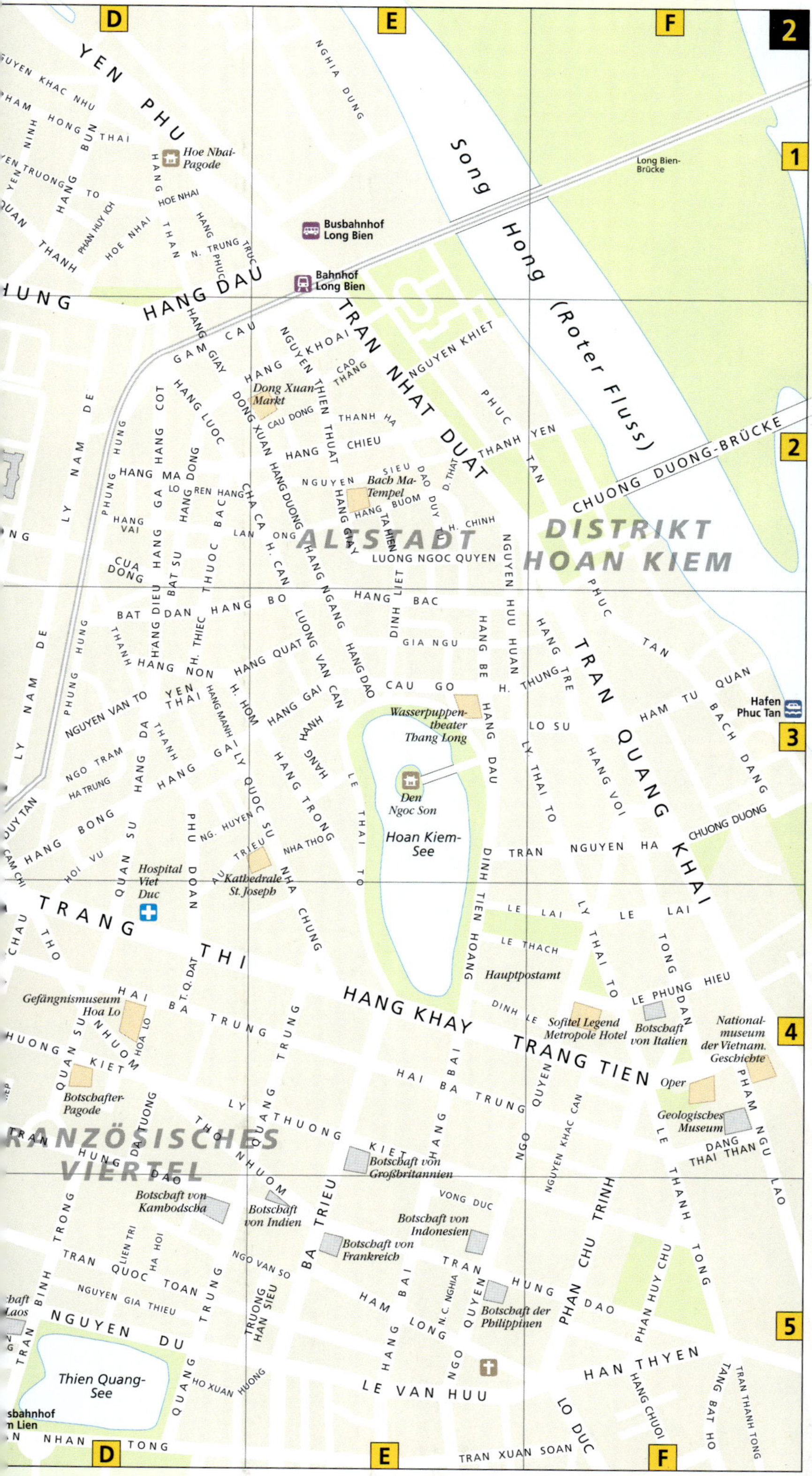

D
E
F
2
1
3
4
5
ALTSTADT
DISTRIKT HOAN KIEM
FRANZÖSISCHES VIERTEL
Song Hong (Roter Fluss)
Long Bien-Brücke
CHUONG DUONG-BRÜCKE
Hoe Nhai-Pagode
Busbahnhof Long Bien
Bahnhof Long Bien
Dong Xuan-Markt
Bach Ma-Tempel
Wasserpuppentheater Thang Long
Den Ngoc Son
Hoan Kiem-See
Hafen Phuc Tan
Hospital Viet Duc
Kathedrale St. Joseph
Gefängnismuseum Hoa Lo
Botschafter-Pagode
Hauptpostamt
Sofitel Legend Metropole Hotel
Botschaft von Italien
Nationalmuseum der Vietnam. Geschichte
Oper
Geologisches Museum
Botschaft von Großbritannien
Botschaft von Kambodscha
Botschaft von Indien
Botschaft von Indonesien
Botschaft von Frankreich
Botschaft der Philippinen
Thien Quang-See
YEN PHU
HANG DAU
TRAN NHAT DUAT
NGUYEN KHIET
PHUC TAN
THANH YEN
CHUONG DUONG
TRAN QUANG KHAI
HANG KHAY
TRANG TIEN
TRANG THI
HAI BA TRUNG
LY THUONG KIET
TRAN HUNG DAO
NGUYEN DU
LE VAN HUU
HAN THYEN
TRAN XUAN SOAN
NHAN TONG
LUONG NGOC QUYEN
HANG BAC
HANG BE
HANG BO
HANG GAI
HANG TRONG
DINH TIEN HOANG
LE THAI TO
LY THAI TO
NGO QUYEN
PHAN CHU TRINH
PHAN HUY CHU
LE THANH TONG
PHAM NGU LAO
BA TRIEU
QUANG TRUNG
NGUYEN GIA THIEU
TRAN QUOC TOAN
LO DUC
HANG CHUOI
TANG BAT HO
TRAN THANH TONG

Nordvietnam

Viele der ältesten Tempel und Festungen des Landes findet man in Nordvietnam, einer historisch reichen Kulturlandschaft, in der viele alte Traditionen bis heute überdauert haben. Die Region ist mit einer grandiosen Natur gesegnet – von den hohen Berggipfeln und zerklüfteten Schluchten im Westen bis zu den schroffen Karstinseln in der Bucht von Halong im Osten. Ebenso faszinierend wie die Landschaft sind die verschiedenen ethnischen Volksgruppen, die vor allem im gebirgigen Nordwesten beheimatet sind.

Nordvietnam, das von den gezackten Gipfeln der Hoang-Lien-Berge überragt wird, hat eine erstaunlich ursprüngliche Natur und eine vielfältige Kulturgeschichte. In den Wäldern und tiefen Schluchten der Bergregionen im Norden und Nordwesten leben zahlreiche ethnische Gruppen, etwa die Hmong, Thai, Dao und Nung. Rings um die Dörfer Son La, Bac Ha und Sapa sieht man überall traditionelle Pfahlbauten inmitten von Reisfeldern. Im äußersten Westen erstreckt sich das Tal Dien Bien Phu, in dem die Viet Minh 1954 den Sieg über die Franzosen errangen.

Der Nordosten besticht dagegen durch Hunderte reizvoller Inseln aus Karstgestein, die sich inmitten der Buchten von Halong und Bai Tu Long im Golf von Tonkin erheben. Ähnliche Felsklippen ragen aus den tropischen Wäldern der Insel Cat Ba mit ihren Traumstränden und Korallenriffen empor. Hektik und Handel prägen dagegen die Hafenstadt Haiphong in der nördlichsten Provinz mit dem Delta des Roten Flusses (Song Hong). Südlich davon leben ethnische Viet oder Kinh inmitten weitläufiger Reisfelder in den grünen, fruchtbaren Tiefebenen.

Die Nationalparks des Nordens, u. a. Ba Be und Cuc Phuong, sind wegen ihrer endemischen (nur hier vorkommenden) Tiere und Pflanzen sowie wegen der zahlreichen Seen, Wasserfälle und in prähistorischer Zeit besiedelten Höhlen eine Attraktion. Hier befindet sich darüber hinaus der spektakuläre Dong Van Karst Plateau Geopark.

Religiöse Feste spielen in Nordvietnam eine besondere Rolle. So zieht beispielsweise das Parfümpagoden-Fest jedes Jahr drei Monate lang zahlreiche buddhistische Gläubige auf Pilgerfahrt an.

Ein winziges Dorf inmitten der fruchtbaren Terrassenfelder bei Sapa

◀ **Farbenprächtig gekleidete Hmong-Frauen beim Einkauf auf dem Sonntagsmarkt von Bac Ha** ***(siehe S. 201)***

Überblick: Nordvietnam

Als älteste besiedelte Region Vietnams bietet der Norden eine reiche, historische Kulturlandschaft. Überall in den fruchtbaren Tiefebenen des Roten Flusses sieht man alte Tempel, Versammlungshäuser und Pagoden, u. a. die Parfümpagode. Im Norden begrenzen die schönen Hoang Lien-Berge Ackerflächen und Siedlungen. Das beliebteste Reiseziel ist das Bergdorf Sapa, ein idealer Ausgangspunkt für Ausflüge in das nahe gelegene Bac Ha und die entlegenen Dörfer verschiedener ethnischer Gruppen. Im Osten liegt die Bucht von Halong, die wohl bekannteste Naturschönheit Vietnams. Im Süden erstrecken sich die dichten Wälder des Nationalparks Cuc Phuong.

Die Thac Bac-Wasserfälle bei Sapa ***(siehe S. 200f)***

Sehenswürdigkeiten auf einen Blick

Städte und Dörfer

- ❷ Halong City
- ❺ Haiphong
- ❼ Ninh Binh
- ❿ Hoa Binh
- ⓬ Moc Chau
- ⓭ Son La
- ⓮ Dien Bien Phu
- ⓯ Sapa
- ⓰ Bac Ha
- ⓲ Cao Bang

Landschaftlich schöne Gebiete

- ❶ Bucht von *Halong S. 186–188*
- ❹ Bucht von Bai Tu Long
- ⓫ Mai Chau-Tal
- ⓳ Dong Van Karst Plateau Geopark

Nationalparks

- ❾ Nationalpark Cuc Phuong
- ⓱ Nationalpark Ba Be

Insel

- ❻ Cat Ba

Religiöse Stätten

- ❸ Yen Tu-Pilgerstätten
- ❽ *Parfümpagode S. 196f*

Eine Gruppe von Blumen-Hmong-Mädchen in Tracht, Bac Ha-Markt ***(siehe S. 201)***

Weitere Zeichenerklärungen *siehe hintere Umschlagklappe*

Kalksteinfelsen in der Bucht von Halong *(siehe S. 186–188)*

In Nordvietnam unterwegs

Neue Straßen nach Haiphong, Halong City und zur chinesischen Grenze erleichtern das Reisen in Nordvietnam, vor allem im Nordosten. In den Nordwesten mit dem Auto zu fahren, ist dagegen mühsam, hier empfiehlt es sich, den Nachtzug nach Lao Cai oder einen Flug nach Dien Bien Phu zu nehmen. Die wunderschöne Landschaft erkundet man am besten mit einem Wagen und Fahrer. Busfahrten kann man über Hotels und Reisebüros in Hanoi, Ninh Binh und Sapa reservieren. Die Bucht von Halong sollte man auf jeden Fall vom Boot aus entdecken, eine Tour kann man am Pier von Bai Chay in Halong City oder in Hanoi buchen. Tragflächenboote verbinden Haiphong mit der Insel Cat Ba.

❶ Bucht von Halong

Die Bucht von Halong (Vinh Ha Long) ist als UNESCO-Welterbe geschützt und nimmt mit ihren rund 2000 Kalksteinfelsen über 1500 Quadratkilometer im Golf von Tonkin ein. Einer Sage nach entstand diese grandiose Szenerie durch die Schwanzschläge eines riesigen Drachen (*ha long* bedeutet »herabsteigender Drache«), den die Götter sandten, um die Feinde aus dem Norden abzuwehren. Geologen erklären die Topografie durch jahrtausendelange Erosion. Das Ergebnis ist eine labyrinthähnliche Meereslandschaft mit bizarr geformten Felsen, Höhlen und Sandbuchten *(siehe S. 188)*.

Zur Orientierung

Große Karte

Grenze der Welterbestätte

★ Hang Dau Go
Die im 19. Jahrhundert von den Franzosen »Grotte des Merveilles« getaufte Höhle fällt durch bizarr geformte Stalaktiten und Stalagmiten auf, die mit grünen und blauen Bodenscheinwerfern in Szene gesetzt werden.

Außerdem

① **Dao Tuan Chau**, eine große Insel im Südwesten von Bai Chay, ist Startpunkt für Touren in die Bucht.

② In **Hang Thien Cung**, der »Grotte des Himmelspalasts«, funkeln die Stalaktiten und Stalagmiten, vor allem, weil sie wie in Hang Dau Go mit farbigen Lichtern illuminiert werden.

③ **Fähren ab Halong City** verkehren durchgehend von Bai Chay im Westen nach Hong Gai im Osten und zu den Inseln.

④ **Dong Tam Cung**, erst Mitte der 1990er Jahre entdeckt, ist eine der beeindruckendsten Höhlen der Bucht.

⑤ **Hang Trong**, die »Trommelhöhle«, ist voller Stalaktiten und Stalagmiten, die bei durchstreichendem Wind in der Höhle einen Klang wie weit entfernte Trommeln erzeugen.

⑥ **Dao Titop** hat einen winzigen, einsamen Strand. Die Inselspitze kann man wandernd erkunden.

Entstehung von Karstlandschaften

Im und am Golf von Tonkin, in der Bucht von Halong und an Land bei Tam Coc ragen Kalksteinformationen in den Himmel. Diese porösen Felsen entstanden aus urzeitlichen Sedimenten am Meeresboden, die durch geologische Aktivität und Erosion nach oben wuchsen. Über der Meeresoberfläche ist das Gestein säurehaltigen, warmen Niederschlägen ausgesetzt, die den alkalisch reagierenden Kalkstein in durchlöcherte Türme verwandeln. Die bizarren Formen bilden ein spektakuläres Bild.

Durch Säurereaktionen erodierter Kalkstein

Schwimmende Dörfer
Zu den Hausboot-Dörfern beim Hafen von Hong Gai gehören auch schwimmende Tankstellen, Kräutergärten, Hundezwinger und Schweineställe.

Infobox

Information
Straßenkarte C1. 164 km O von Hanoi; 60 km NO von Haiphong. für einige Inseln und Höhlen. buchbar in Hanoi, Halong City und Haiphong. Halong City. **Achtung** Bei einigen Booten gab es massive Sicherheitsprobleme. Fragen Sie daher nach Rettungswesten und den Sicherheitsbestimmungen.

Anfahrt
ab Hanoi. ab Haiphong.
ab Fähranleger Bai Chay.
Taxi ab Hanoi und Haiphong.

Segeldschunken
Alte Dschunken segeln bis heute in der Bucht. Die fächerförmigen, handgenähten Segel aus rauer Baumwolle werden mit Pflanzenfarbstoffen imprägniert und erhalten so ihren dunklen Ockerton.

★ Hang Bo Nau
Zum Fotografieren beliebt ist Hang Bo Nau, die »Pelikanhöhle«, da die Felsüberhänge um die Boote in der Bucht einen pittoresken Rahmen abgeben.

★ Hang Sung Sot
Hang Sung Sot, die »Höhle der Ehrfurcht«, ist wegen eines phallusähnlichen Felsens bekannt. Die Felsen in der Hauptkammer sollen an eine Gruppe Wachposten erinnern.

Überblick: Bucht von Halong

Ein Segelausflug zu den Inseln und Höhlen der Bucht von Halong ist ein eindrucksvolles Erlebnis. Auf vielen Inseln gibt es heilige Schreine, für die Erkundung der glitzernden Bucht sollte man sich mindestens einen Tag Zeit nehmen. Die bekannteren Ziele liegen im westlichen Teil der Bucht und sind oft überlaufen, eine Tour zu den entlegeneren Inseln auf einem gemieteten kleinen Charterboot mit ortskundigem Führer ist wesentlich entspannter.

Hang Dau Go

Die »Höhle des versteckten Holzes« auf der Insel Dau Go liegt auf dem Weg nach Cat Ba *(siehe S. 193)* und ist eine der berühmtesten in der Bucht von Halong. Ihr Name geht auf das 13. Jahrhundert zurück, als General Tran Hung Dao *(siehe S. 44)* hier die Metallpflöcke versteckte, die – in den Meeresboden gerammt – die Flotte der Mongolen aufschlitzten. Die Höhle ist voller bizarrer Stalaktiten und Stalagmiten.

Hang Thien Cung

Ebenfalls auf der Insel Dau Go liegt die »Höhle des Himmelspalasts«, die man über eine steile Treppe erreicht. Sie wurde erst Mitte der 1990er Jahre entdeckt. Flutlichter in Rosa, Grün und Blau lassen die an der Höhlendecke hängenden Stalaktiten funkeln.

Hang Sung Sot

Die »Höhle der Ehrfurcht« liegt auf der Insel Bo Hon, von den Franzosen »Île de la Surprise« genannt. In der ersten von drei Höhlen fällt ein phallusähnlicher, in grelles rosafarbenes Licht getauchter Felsen auf, den viele Einheimische als Fruchtbarkeitssymbol verehren.

Faszinierender sind die Felsformationen in der tiefsten Höhle, der »Unberührten Burg«. Hier erscheinen die Stalagmiten und Stalaktiten durch die Wasserspiegelungen draußen fast lebendig. Die nahe gelegene »Pelikanhöhle« **Hang Bo Nau** begeistert durch die Aussicht auf die Bucht.

Rosa angestrahlter, phallusförmiger Felsen in der Höhle Hang Sung Sot

Dong Tam Cung

Die »Höhle der drei Paläste« ist ein gewaltiger Spalt im Karstgestein und besteht aus drei mit Stalaktiten und Stalagmiten gefüllten Kammern. Vor allem die wie Karotten geformten Stalaktiten werden durch klug platzierte Scheinwerfer in Szene gesetzt. Auf viele Besucher wirkt diese Höhle beeindruckender als Hang Dau Go.

Hang Trong

Etwas südöstlich von Hang Bo Nau liegt die kleine »Trommelhöhle«. Starker Wind verursacht zwischen den Stalaktiten und Stalagmiten leise, unheimliche Töne, die an Trommeln in der Ferne erinnern.

Dao Tuan Chau

Die große Insel südlich von Bai Chay wurde als Urlaubsresort und Freizeitpark entwickelt. Hier sieht man einige restaurierte französische Kolonialvillen und eher eintönige Wal-, Delfin- und Seelöwen-Shows. Von Dao Tuan Chau starten auch etliche Touren in die Bucht.

Dao Titop

Die Hauptattraktion auf dieser Insel ist ein abgelegener, aber dennoch sehr beliebter Badestrand. Hier werden auch Wassersportmöglichkeiten wie Parasailing angeboten. Außerdem kann man auf Dao Titop gut zur Inselspitze wandern und die beeindruckende Aussicht über die Bucht von Halong genießen.

Die farbenfrohen »Hausboote« eines schwimmenden Dorfs in der Bucht von Halong

Hotels und Restaurants in Nordvietnam *siehe Seiten 240f und 252f*

Fähren in Hon Gai, Halong City

❷ Halong City

Straßenkarte C1. 164 km O von Hanoi am Hwy 18; 60 km NO von Haiphong am Hwy 10. 200 000. ab Haiphong und Hanoi. ab Haiphong. Halong Tourism, (033) 384 7481. Long Tien-Pagodenfest (Ende Apr).

Halong City entstand 1994 durch die Zusammenlegung der Gemeinden **Bai Chay** und **Hon Gai** zu beiden Seiten der schmalen Cua Luc-Meerenge, die eine Hängebrücke überspannt.

Am Westufer entwickelt sich Bai Chay zu einer aufstrebenden Stadt mit vielen Reiseanbietern, Hotels und Restaurants. Die Vietnamesen lieben diese Stadthälfte wegen des Nachtlebens, das sich vor allem in Karaokebars und oft zwielichtigen Massagesalons abspielt. Auf die meisten ausländischen Besucher wirkt Bai Chay wenig anziehend, aber man kann hier gut essen und übernachten. Zwar haben die Behörden versucht, durch zwei künstliche Strandabschnitte den Reiz der Gegend zu erhöhen, aber das Wasser ist trüb und der Sand verdreckt.

Östlich der Brücke liegt das industriell geprägte Hon Gai, die historische Stadthälfte. Zwar kann man auch hier essen gehen und ein Hotel finden, aber im Grunde ist Hon Gai untouristisch. Seinen Wohlstand – und den Schmutz – verdankt der Ort der Industrie, vor allem den Kohleminen im Tagebau östlich der Stadt.

Jenseits des Kohlestaubs am Hafen erhebt sich der **Nui Bai Tho** (»Gedichteberg«), eine der wenigen Sehenswürdigkeiten von Halong City. Der Kalksteinfelsen verdankt seinen Namen den verwitterten Lobeshymnen auf die Bucht von Halong an den Felswänden. Das älteste Gedicht söll Kaiser Le Thanh Tong 1468 verfasst haben. Im nördlichen Windschatten steht die Long Tien-Pagode, der farbenprächtigste Tempel von Halong City.

❸ Yen Tu-Pilgerstätten

Straßenkarte B1. 130 km NO von Hanoi; 14 km N von Uong Bi. ab Hanoi, Halong City und Haiphong nach Uong Bi. Yen Tu-Pagodenfest (Mitte Feb–Ende Apr).

Der heilige Berg Yen Tu ist mit 1060 Metern der höchste Gipfel der gleichnamigen Gebirgskette. Er ist nach Yen Ky Sinh benannt, einem Mönch, der vor rund 2000 Jahren auf dem Gipfel das Nirwana erreichte. Yen Tu wurde im 13. Jahrhundert durch Kaiser Tran Nhan Tong (reg. 1278–93) berühmt, der sich hierher zurückzog, um fortan als Mönch zu leben. Rund 800 Tempel und Pagoden haben der Kaiser und seine Nachfolger hier errichtet.

Seit Jahrhunderten nehmen Tausende Pilger den beschwerlichen Aufstieg zum Gipfel des Yen Tu auf sich. Besucher allerdings bringt heute eine Seilbahn zur Hoa Yen-Pagode, die etwa auf halbem Weg zum Gipfel liegt. Von hier führt eine weitere Seilbahn zum wichtigsten Tempel auf dem Gipfel, der »Bronzepagode« **Chua Dong** (15. Jh.). Sie ist das spirituelle Zentrum der Truc Lam oder Bambuswald-Schule des Mahayana-Buddhismus. Die Anlage wurde sehr schön neu gestaltet, u. a. mit einer 20 Quadratmeter großen Lotosblüte aus 64 Tonnen Bronze.

Umgebung: An den westlichen Hängen der Yen Tu-Gebirgskette, rund fünf Kilometer nördlich von Sao Dao am Highway 18, stehen zwei der interessantesten Pilgerstätten Vietnams: **Chua Con Son**, eine reizvolle Pagode im Norden, ist Nguyen Van Trai geweiht, dem dichtenden Krieger, der Kaiser Le Loi *(siehe S. 44)* im 15. Jahrhundert bei der Vertreibung Chinas aus Vietnam unterstützte. In dem Tempel erklingen die Gebete und Gesänge von Mönchen und Nonnen fast ohne Pause von früh bis spät.

Im nahen kleinen Tempel **Den Kiep Bac** wird alljährlich im 8. Mondmonat ein großes Fest gefeiert zu Ehren von Tran Hung Dao, einem zum Gott erhobenen General der Tran-Dynastie *(siehe S. 44)* im späten 13. Jahrhundert.

Treppe zum heiligen Chua Con Son, Yen Tu

Ein schwimmendes Fischerdorf in der Bucht von Halong ▶

Ein kleines schwimmendes Dorf bei Cai Rong, Bucht von Bai Tu Long

❹ Bucht von Bai Tu Long

Straßenkarte C1. 60 km O von Halong City. ab Halong City. ab Halong City und Cai Rong.

Hier gibt es flache Küstengewässer, einige größere und viele winzige Eilande, Hunderte von Kalksteinfelsen und einladende Strände. Im Grunde ist die Bucht von Bai Tu Long ebenso schön wie die Bucht von Halong, nur deutlich weniger überlaufen.

Die größte Insel mit der besten Infrastruktur ist **Van Don**. Man erreicht sie auf dem Land- und Seeweg vom Industriehafenort Cua Ong. Die Südostküste der Insel ist dank der tropischen Traumstrände und dichten Mangroven ein beliebtes Ziel.

Die meisten Unterkünfte rund um Bai Tu Long findet man im größten Inselort, dem quirligen ehemaligen Fischerdorf Cai Rong. Der Ort eignet sich auch als Startpunkt für Ausflüge zu den benachbarten Inseln.

Leider hat die Bucht nur wenige Angebote für Besucher – dies liegt nicht zuletzt an der einsamen Lage jenseits des Kohlegebiets zwischen dem Distrikt Hong Gai in Halong City und der Kleinstadt Cam Pha. Die meisten Ausflügler buchen daher eine Tour in Hanoi, erkunden die Bucht und verbringen die Nacht an Bord eines Boots, bevor es zurück nach Hanoi geht.

Eine Alternativroute zur Bucht von Bai Tu Long ist die Fahrt von Hong Gai durch Cam Pha und Cua Ong, vorbei an den riesigen Flächen, wo im Tagebau Kohle abgebaut wird.

Umgebung: Die äußerste der drei Inseln südlich von Van Don ist **Quan Lan**, vor allem wegen des weißen Sandstrands von Bai Bien lohnenswert – und einer der wenigen Orte mit Unterkünften außerhalb von Cai Rong.

Weit draußen im Südchinesischen Meer liegt **Co To**, die von Cai Rong am weitesten entfernte Insel. Die Fähre braucht pro Strecke fünf Stunden hierher. Ein Strand und die primitiven Unterkünfte im Dorf Co To machen das Eiland zum perfekten, einsamen Inselidyll.

Etwa 20 Kilometer von Cai Rong entfernt erstreckt sich auf der und im Wasser rund um die Insel Ba Mun der 2001 eingerichtete **Nationalpark Bai Tu Long** – inzwischen ein beliebtes Naturreiseziel.

Vor der Insel Van Don in der Bucht von Bai Tu Long

❺ Haiphong

Straßenkarte B1. 100 km O von Hanoi am Hwy 5. 2 200 000. ab HCMC und Danang. ab Hanoi. ab Hanoi und Halong City. ab der Insel Cat Ba. Haiphong Tourism, 18 Minh Khai, (031) 382 2616. **haiphongtourism.gov.vn**

Die nach Ho Chi Minh City und Hanoi drittgrößte Stadt Vietnams liegt im Delta des Roten Flusses (Song Hong) und ist der wichtigste Hafen im Norden. Die strategische Lage setzte Haiphong immer wieder Angriffen aus. Im Ersten Indochinakrieg *(siehe S. 47)* und im Vietnamkrieg erlitt die Stadt Bombenangriffe. Heute ist Haiphong mit Zementherstellung, Ölraffinerien und als Umschlagplatz für Kohle eine wichtige Industriemetropole.

Trotz der freundlichen Atmosphäre und einem guten Hotel- sowie Restaurantangebot kommen relativ wenige Besucher hierher. Die wichtigsten Sehenswürdigkeiten sind französische Kolonialbauten, darunter die **Kathedrale** (19. Jh.), das **Opernhaus** an der Quang Trung-Straße sowie das **Haiphong-Museum**, dessen gotische Fassade mehr hermacht als die Ausstellungen selbst. Etwas außerhalb des Zentrums stehen die **Du Hang-Pagode** (Chua Hang) sowie **Dinh Hang Kenh** (Nguyen Cong Tru), ein altes Versammlungshaus.

Zwischen Haiphong und der Insel Cat Ba verkehrt täglich ein Schnellboot (60 Min.).

Haiphong-Museum
11 Dien Tien Hoang. Di, Do 8–11.30, Mi, So 19.30–21.30 Uhr.

Eingang zur Du Hang-Pagode (17. Jh.), Haiphong

❻ Cat Ba

Straßenkarte C1. 45 km O von Haiphong; 22 km S von Halong City. 22 000. Tragflächenboot ab Haiphong, Charterboote ab Halong City und Bai Chay.
catbavietnam.com

Zeichenerklärung
siehe hintere Umschlagklappe

Cat Ba ist als größte Insel des idyllischen Archipels mit mehr als 350 Eilanden eines der schönsten Ziele in Nordvietnam. Die Insel zeichnet sich durch ihre üppige Natur aus, eine Landschaft voller Wasserfälle, Seen, Hügel, Wälder und Mangrovensümpfe. Vor der Insel erstrecken sich Korallenriffe. Es gibt Strände und einige hübsche Dörfer, der Hauptort **Cat Ba Town** (12 000 Einwohner) wirkt jedoch überfüllt und eher schmuddelig.

Die meisten Boote legen hier an, Cat Ba Town hat deshalb eine gute touristische Infrastruktur und bietet komfortable Unterkünfte und gute Restaurants. Mit schäbigen Karaokebars, wenig vertrauenerweckenden Massagesalons und Discos präsentiert sich der Ort zwar an manchen Ecken eher abschreckend, eignet sich aber als Basis zum Besuch der Hauptattraktion der Insel, des **Nationalparks Cat Ba**.

Seit 1986 umfasst der Nationalpark fast die halbe Inselfläche zum Schutz der vielfältigen Tier- und Pflanzenwelt. Die Landschaft mit ihren gezackten Kalksteinfelsen, Seen, Höhlen, Grotten und Mangroven lädt zu Entdeckungstouren ein. Beeindruckend ist die mit 800 Arten höchst vielfältige Flora. Die Wälder bieten unterschiedlichsten Tierarten Lebensraum, darunter Wildschweinen, Hirschen, Makaken und zahlreichen Vogel- und Reptilienarten. Bekannt ist der Park vor allem wegen seiner vom Aussterben bedrohten Population von Cat Ba-Languren (Goldkopflanguren). 2000 lebten die letzten 50 Tiere der Welt hier, seitdem erholt sich der Bestand langsam wieder. 1994 nahm die UNESCO die Insel Cat Ba in die Liste der Biosphärenreservate auf. Man kann den Park wandernd erkunden, es werden auch Trekking- und Campingtouren angeboten *(siehe S. 265)*. Allerdings muss man mit einer begrenzten Infrastruktur rechnen und Ausrüstung und Proviant mitbringen. Der kürzeste und beliebteste Wanderpfad führt zum 200 Meter hohen Ngu Lam, von dessen Gipfel man einen herrlichen Blick über den Park hat. Eine mit vier bis sechs Stunden längere Wanderung führt unter dem dichten Blätterdach des Waldes am Ech-See (»Froschsee«) zum winzigen Dorf Viet Hai. Von hier aus kommt man per Charterboot problemlos nach Cat Ba Town zurück.

Bootstouren führen ab Cat Ba Town auch durch die Bucht von Halong *(siehe S. 186–188)* oder zur kleineren Bucht von Lan Ha im Nordosten: Die einsamen Strände dort hat man gegen eine geringe Gebühr fast für sich allein.

Musella-Blüte, auch Lotosbanane genannt, im Nationalpark Cat Ba

Nationalpark Cat Ba
20 km NW von Cat Ba Town.
tägl. Sonnenauf- bis -untergang.
gegen kleine Gebühr.

Hotels und Gästehäuser mit Meerblick am Ufer von Cat Ba Town

Korallenriffe und Meerestiere

Vor der 3260 Kilometer langen Küste Vietnams und den vielen Inseln erstrecken sich in den tropischen Gewässern prächtige Korallenriffe. Man findet sie im kühleren Wasser der Bucht von Halong im Norden, in den wärmeren Regionen vor Nha Trang und Phu Quoc bis hin zu den abgelegenen Con Dao-Inseln im Süden. Die Riffe bieten den unterschiedlichsten Meereslebewesen Schutz. Der World Wildlife Fund (WWF) hat in vietnamesischen Gewässern rund 340 Korallenarten registriert, das sind knapp 20 Prozent aller Korallenarten weltweit. Klimawandel, Verschmutzung und Dynamitfischen bedrohen die Riffe – viele Organisationen kämpfen für den Erhalt dieser einzigartigen Naturwunder.

Ökosystem der Korallenriffe

Korallenriffe entstehen über viele Jahrhunderte aus den Skeletten von Steinkorallen. Vor allem in Tropengewässern bieten sie vielen Arten Lebensraum, u. a. Fischen, Krebstieren, Weichtieren und Stachelhäutern. Korallenriffe sind die größten von Lebewesen geschaffenen Strukturen.

Die seltene Grüne Meeresschildkröte wird bis zu einen Meter lang und bis zu 200 Kilogramm schwer. Sie ist das größte Tier mit Panzer.

Muränen leben in Riffen bis zu einer Tiefe von 200 Metern. Die im Durchschnitt 1,5 Meter langen, gierigen Jäger lauern in den Spalten von Korallenriffen.

Der Sepia, ein Verwandter des Tintenfischs, hat acht Arme und zwei Tentakel mit Saugnäpfen zur Jagd.

Dugongs oder Seekühe sind friedliche, bis zu drei Meter lange Meeressäuger, die in flachen Riffgewässern leben und sich von Seegras ernähren.

Stachelrochen weisen einen messerscharfen, giftigen Schwanz auf. Die Fische scheinen mit ihrer Brustflosse beim Schwimmen durch das Wasser zu schweben.

Meeressäugetiere in Vietnam

Große Tümmler spielen im Wasser

Die vietnamesischen Gewässer sind Heimat für zahlreiche Meeressäuger wie Delfine und sogar Wale. Der bedrohte Irrawaddy-Delfin lebte einst im Mekong-Delta. In den vergangenen Jahren gab es jedoch keine Sichtung dieser Delfinart mehr. Im offenen Meer sieht man häufig die temperamentvollen Großen Tümmler, während Buckel- und Südlicher Glattwal zu den seltenen Walarten zählen, die man vor den Küsten Vietnams sichten kann.

Buckelwale

Südlicher Glattwal

Bauern bewässern ihre Felder mit Eimern, Kenh Ga

❼ Ninh Binh

Straßenkarte B2. 95 km S von Hanoi am Hwy 1. 155 000. Reunification Express zwischen Hanoi und HCMC. Hanoi. Ninh Binh Tourism, Dinh Tien Hoang, (030) 388 4101. **dulichninhbinh.com.vn**

Ninh Binh ist der ideale Ausgangspunkt für Ausflüge in das südliche Delta des Roten Flusses und entwickelt sich zu einem gut besuchten Reiseziel mit etlichen Sehenswürdigkeiten in der Umgebung.

Hoa Lu, zwölf Kilometer nordwestlich von Ninh Binh, wurde unter Kaiser Tien Hoang De, dem Gründer der Dinh-Dynastie (reg. 968–980), 968 n. Chr. als Hauptstadt errichtet. Der auf diese Zeit zurückgehende Palast und eine Zitadelle wirken sogar als Ruinen noch beeindruckend.

Ein zweiter Herrschertempel ist Le Dai Hanh (reg. 980–1009), dem Gründer der frühen Le-Dynastie, gewidmet, die der Dinh-Dynastie folgte und chinesische durch vietnamesische Münzen ersetzte.

Zwölf Kilometer nordwestlich von Hoa Lu liegt der größte Tempelkomplex des Landes, der **Bai Dinh-Tempel**. Er wurde 2010 geöffnet und wartet mit 500 *Arhat*-Statuen und einer 91 Tonnen schweren Buddha-Bronzestatue auf. Im Südwesten von Hoa Lu in der Provinz Thanh Hoa steht die **Zitadelle von Ho**, seit 2011 UNESCO-Welterbe. Sie wurde im frühen 15. Jahrhundert während der Zeit der Ho-Dynastie gebaut. Erhalten geblieben sind nur vier massive Steinmauern und vier Bogentore.

Tam Coc, die »Drei Höhlen«, etwa zehn Kilometer südwestlich von Ninh Binh, wird in Vietnam gern als »Bucht von Halong an Land« angepriesen: Auch hier stößt man auf Karstgestein, doch die Felsen von Tam Coc erheben sich nicht aus dem Wasser, sondern aus einem Meer grüner Reisfelder. Bei einem Ausflug nach Tam Coc tastet man sich mit metallenen Stechkähnen drei Stunden lang durch eine Wasserlandschaft und drei lange Höhlen, darunter die Grüne Höhle, eine durchflutete Dunkelhöhle von 350 Meter Länge, die viele für die schönste Vietnams halten. **Trang An**, etwa sieben Kilometer westlich von Ninh Binh, bietet wie Tam Coc ebenfalls interessante Unterwasserhöhlen. Seit 2014 gehört es zum UNESCO-Weltkultur- und -naturerbe.

Etwa 21 Kilometer nordwestlich von Ninh Binh liegt das sehenswerte, überwiegend aus leicht schaukelnden Hausbooten bestehende Fischerdorf **Kenh Ga**. Die Boote gruppieren sich um eine kleine Insel und sind umgeben von Karstgestein. Kenh Ga ist in einer dreistündigen Bootsfahrt von Tran Me, sieben Kilometer südlich von Ninh Binh, erreichbar – eine beschauliche Fahrt vorbei an ländlichem Idyll bis zur Van Trinh-Grotte. Kenh Ga erreicht man von der Stadt Tran Me aus, ebenso wie die Schilfgrasmarschen des **Schutzgebiets Van Long**, in dessen Kalksteinfelsen der seltene Delacour-Langur lebt.

In Phat Diem, etwa 30 Kilometer südöstlich von Ninh Binh, steht die **Phat Diem-Kathedrale**, eine der bekanntesten Kirchen Vietnams. Der französische Jesuitenpriester Alexandre de Rhodes, der das erste romanisierte Alphabet Vietnams entwickelte, predigte hier im Jahr 1627. Die Kathedrale entstand jedoch auf Betreiben des vietnamesischen Geistlichen Tran Luc. Der 1898 fertiggestellte Bau ist eine Mischung gotischer Kirchen- und sino-vietnamesischer Tempelbaukunst.

Schutzgebiet Van Long
Distrikt Gia Vien, Provinz Ninh Binh. tägl. nach Anmeldung.

Phat Diem-Kathedrale
(030) 386 2058. tägl.

Die vielen niedrigen Höhlenpassagen von Tam Coc erkundet man per Boot

Hotels und Restaurants in Nordvietnam *siehe Seiten 240f und 252f*

❽ Parfümpagode

Chua Huong, die Parfümpagode, erhebt sich im dichten Wald an Kalksteinhängen. Von hier hat man an vielen Stellen einen schönen Blick auf den Fluss Suoi Yen, über den man Chua Huong auch erreicht. Der Tempel am Nui Huong Tich (»Berg des Dufthauchs«) umfasst einen ganzen Komplex mit 30 buddhistischen Schreinen. Die in einer tiefen Höhle versteckte, der Göttin der Barmherzigkeit Quan Am geweihte Huong Tich-Pagode ist am beeindruckendsten. Beim alljährlichen Parfümpagoden-Fest *(siehe S. 34)* strömen viele Tausende Pilger den Berg hinauf und beten um Vergebung, Gesundheit und Nachwuchs.

Die Thien Tru-Pagode inmitten der grünen Gipfel des Nui Huong Tich

★ Huong Tich-Pagode
Die von Weihrauchschwaden erfüllte Tropfsteinhöhle ist mit vergoldeten Buddha- und Quan Am-Statuen geschmückt. Am Eingang steht »Schönste Höhle unter dem Südhimmel«, von hier führen 120 Stufen in die Tiefe.

★ Thien Tru-Pagode
Die »Pagode der Himmlischen Küche« aus dem 18. Jahrhundert erhebt sich auf drei Ebenen am Berghang. Ein eleganter Glockenturm mit dreigliedrigem Dach steht vor dem Tempel, dessen Inneres von einer Quam An-Statue beherrscht wird.

Außerdem

① **Die Giai Oan-Pagode**, die »Gerechtigkeit stiftende Pagode«, ist bei Pilgern auf der Suche nach Reinigung und Gerechtigkeit beliebt.

② **Die Tien Son-Pagode** ist mit ihren vier rubinroten Statuen der Göttin Quan Am geweiht und einer der heiligsten Tempel.

③ **Die Den Trinh-Pagode** ist die erste Station am Berg. Hier müssen sich alle Pilger melden, Gläubige beten für den Segen ihrer Reise zum Huong Tich.

Stufen zum Huong Tich
Der Aufstieg zum Huong Tich dauert eine Stunde. Beim Parfümpagoden-Fest drängen sich hier Tausende Pilger und grüßen einander mit dem frommen *nam mo A Di Da phat*, »Lob dem Amitabha Buddha«.

★ Suoi Yen
Eine ganze Bootsflotte, ausschließlich von Frauen gesteuert, bringt Besucher auf dem majestätischen Fluss Suoi Yen zur Parfümpagode. Die eineinhalbstündige Fahrt ist ein stilles Gleiten durch fruchtbare Reisfelder, nur unterbrochen vom Ruderschlag.

Bootstouren zur Parfümpagode
In My Duc warten Einheimische mit Metallruderbooten auf Besucher, um sie zur Parfümpagode zu bringen.

Infobox

Information
Straßenkarte B1. 65 km SW von Hanoi am Hwy 21, Gemeinde My Duc. tägl.
Eine Seilbahn bringt Besucher von der Thien Tru-Pagode zur Huong Tich-Pagode. Der Fahrpreis ist nicht im Eintrittspreis enthalten.

Anfahrt
ab Zentrum Hanoi und Ninh Binh.

Der seltene Hirsch *Cervus nippon* im Nationalpark Cuc Phuong

9 Nationalpark Cuc Phuong

Straßenkarte B2. Distrikt Nho Quan, 45 km W von Ninh Binh; 140 km SW von Hanoi. (030) 384 8006. Minibus ab Ninh Binh. tägl. 8–17.30 Uhr. nach Anmeldung bei der Parkleitung.
cucphuongtourism.com

Cuc Phuong wurde im Jahr 1962 als erster Nationalpark Vietnams eingerichtet und umschließt 223 Quadratkilometer tropischer Wälder mit einer beeindruckenden Pflanzen- und Tiervielfalt. Dazu zählen jeweils über 100 Säugetier- und Reptilienarten und über 300 Vogelarten. Seinen Ruf verdankt der Park auch der Pflanzenvielfalt. Hier wachsen u. a. Heilpflanzen und 1000-jährige Bäume.

Eine der vielen Attraktionen im Park ist das 1993 gegründete **Endangered Primate Rescue Center**, die erste und bisher einzige Rettungsstation für bedrohte Affen in Asien. Hier werden bedrohte und verletzte Primaten gesund gepflegt, nachgezüchtet und ausgewildert. Arten wie Languren, Gibbons und Loris kann man hier hautnah erleben.

Cuc Phuong hat gute Trekkingpfade *(siehe S. 265)* und viele Sehenswürdigkeiten wie Wasserfälle und einen botanischen Garten. In einem nahen Dorf der Muong findet man einfache Unterkünfte.

Endangered Primate Rescue Center
(090) 326 7599. tägl.
cucphuongnationalpark.com/cuc-phuong-rescue-center.html

⑩ Hoa Binh

Straßenkarte B3. 74 km SW von Hanoi. 115 000. Hanoi. Hoa Binh Tourist, 395 An Duong Vuong, (018) 385 4374.

Die freundliche, kleine Stadt Hoa Binh heißt »Frieden«. Ironischerweise wurde sie wegen ihrer strategischen Lage am Song Da (»Schwarzer Fluss«) Schauplatz vieler Gefechte im Ersten Indochinakrieg *(siehe S. 47)*. Spuren davon zeigt das **Hoa Binh-Museum**, darunter ein französisches Landungsboot und einen zerstörten französischen Panzer.

Hoa Binh wird von Muong bewohnt. Einige gute Restaurants machen den Ort zu einem idealen Stopp bei einem Ausflug von Hanoi zu Zielen wie Moc Chau oder dem Mai Chau-Tal.

Einige Kilometer nordwestlich der Stadt liegt der Stausee **Song Da**. Lokale Reiseveranstalter arrangieren Trips zu dem Stausee sowie zu Dörfern ethnischer Minderheiten.

Hoa Binh-Museum
6 An Duong Vuong.
(018) 385 2177. tägl. 7–11, 13.30–16.30 Uhr.

Französischer Panzer aus dem Ersten Indochinakrieg, Hoa Binh-Museum

⑪ Mai Chau-Tal

Straßenkarte B2. 140 km SW von Hanoi; 70 km SO von Moc Chau am Hwy 6. 50 000. ab Hanoi und Son La.

Grüne Reisfelder und beschauliche Dörfer mit Pfahlbauten prägen das fruchtbare Tal unterhalb der Gebirgskette von Truong Son. Die meisten Bewohner sind Weiße Thai. Die für ihre Gastfreundschaft bekannten Familien bieten in ihren Pfahlbauten Homestays *(siehe S. 233)* an – eine Chance, das Leben der Bergvölker unverfälscht zu entdecken, auch wenn es an Wochenenden ziemlich voll werden kann. Einige der größeren Homestays veranstalten Thai-Tänze und Gesänge. Abends kann man den regionalen Alkohol *ruou can* kosten, den man mit Strohhalmen aus einem gemeinsamen Krug trinkt.

Zu den Höhepunkten dieser Gegend gehören Trekkingtouren auf den Trails durch die Felder und Dörfer im Tal.

Weiße-Thai-Mädchen in traditionellen Trachten beim Volkstanz, Mai Chau

⑫ Moc Chau

Straßenkarte B1. 200 km SW von Hanoi; 121 km SO von Son La am Hwy 6. 118 000. ab Hanoi und Son La.

Das ländlich geprägte Moc Chau liegt auf einem Plateau gleichen Namens und ist für seine Teeplantagen und eine florierende Milchwirtschaft bekannt. Die frische Kuhmilch, cremiger Joghurt und süßen Milchprodukte gehen von hier täglich nach Hanoi in den Verkauf.

Moc Chau eignet sich für längere Aufenthalte weniger als das Mai Chau-Tal, sodass die meisten Besucher auf der Fahrt von Hanoi nach Son La hier nur Rast machen. Volksgruppen wie die Hmong *(siehe S. 202f)* und Thai leben in den umliegenden Dörfern, die in jedem Fall einen Besuch lohnen.

⑬ Son La

Straßenkarte A1. 320 km NW von Hanoi am Hwy 6; 150 km O von Dien Bien Phu am Hwy 6. 92 000. Hanoi. ab Hanoi und Dien Bien Phu.

Der kleine, lebendige Ort Son La zu beiden Seiten des schmalen Flusses Nam La war einst als »Vietnamesisches Sibirien« gefürchtet. Diesen Ruf verdankt die Stadt dem berüchtigten Gefängnis aus der französischen Kolonialzeit, **Son La**. Der Komplex steht noch auf einem bewaldeten Hügel. Das kühle Klima und die isolierte Lage waren ideal für die Inhaftierung vietnamesischer Nationalisten und Revolutionäre. Widerspenstige Insassen wurden in Fußfesseln in fensterlose Zellen verbannt, viele mit der Guillotine hingerichtet. Doch wie so oft erwies sich das Gefängnis als revolutionäre Keimzelle: Unter den politi-

Frauen der Schwarzen Thai an improvisierten Ständen, Son La

Hotels und Restaurants in Nordvietnam *siehe Seiten 240f und 252f*

schen Gefangenen waren die späteren KP-Generalsekretäre Vietnams, Truong Chinh und Le Duan. Der Komplex umfasst heute auch ein Museum mit Zeugnissen der französischen Brutalität und Folter, u. a. Erdlöcher und Beineisen. Nicht ganz passend sind die ebenfalls ausgestellten Kunstobjekte und Trachten der Bergvölker.

Eine Sehenswürdigkeit im Ort ist der Markt am Ostufer des Nam La. Frisches Obst und Gemüse, aber auch Kunsthandwerk und handgewebte Stoffe der Schwarzen und Weißen Thai werden hier feilgeboten. Hühner, Enten und Hängebauchschweine werden ebenso verkauft wie Ziegenfleisch, *thit de*, eine Spezialität der Region. Wer mutig ist, probiert *tiet canh*, geronnenes Ziegenblut mit Schalotten und gehackten Erdnüssen.

Etwa sieben Kilometer nördlich liegt das Dorf Ban Hin der Schwarzen Thai, wo Stelzenhäuser von Obstplantagen und Kaffeebüschen umgeben sind. Die Landschaft rund um Son La ist einmalig schön. Die Fahrt nach Dien Bien Phu führt durch malerische Felder und an Dörfern verschiedener ethnischer Volksgruppen vorbei.

Gefängnis Son La
Dai Khao Ca. (022) 385 2859.
tägl. 7.30–11, 13.30–16.30 Uhr.

⓮ Dien Bien Phu

Straßenkarte A1. 470 km NW von Hanoi; 150 km W von Son La.
70 000. Hanoi. ab Hanoi, Son La und Lai Chau.

Dien Bien Phu liegt in einem fruchtbaren Tal an der Grenze zu Laos. Die Stadt verdankt ihre historische Berühmtheit der Entscheidungsschlacht von Dien Bien Phu *(siehe S. 47)*. Im Jahr 1954 eroberten hier die Viet Minh-Truppen in fast zwei Monate dauernden Kämpfen die französische Festung. Der französische Oberbefehlshaber, General de Castries, und seine Einheiten kamen in Kriegsgefangenschaft.

Hölzerne Pfahlbauten inmitten überfluteter Reisfelder bei Son La

Heute entwickelt sich die Stadt in rasantem Tempo. Ursprünglich gehörte Dien Bien Phu zur Provinz Lai Chau, die durch die Flutungen für den Son La-Staudamm dem Wasser weichen musste. Deshalb schuf man die neue Provinz Dien Bien, deren Hauptstadt dank öffentlicher Bauten und Wohnhäuser für die Umgesiedelten wirtschaftlich boomt.

Auf dem historischen Schlachtfeld am Ostufer des Flusses Nam La stehen einige verrostete französische Panzer.

Marmorgrabstein eines Helden auf dem Friedhof Dien Bien Phu

In der Nähe gedenkt ein Ehrenmal der französischen Gefallenen. Das **Dien Bien Phu-Museum** dokumentiert mit Waffen, Fotos, Karten und Dioramen die Schlacht, persönliche Gegenstände der Soldaten erinnern an die menschliche Seite des Kampfes. Die gefallenen Viet Minh sind gegenüber auf dem **Friedhof Dien Bien Phu** bestattet.

Nördlich von hier erhebt sich der berühmte **Hügel A1**, den die Franzosen nach einer der Geliebten von General de Castries »Elaine« tauften. Zu besichtigen ist hier der Bunker des Generals. Auf der Hügelspitze ist ein Tunneleingang der Viet Minh in das Lager der Franzosen (das sie mit einer Mine sprengten) erhalten. Ein Denkmal ehrt die gefallenen Kriegshelden Vietnams. Weiter nördlich steht das 109 Tonnen schwere bronzene Siegerdenkmal zum 50. Jahrestag der Schlacht – eines der größten Denkmäler des Landes.

Dien Bien Phu-Museum
1 Muong Thanh. tägl. 7.30–11, 13.30–17 Uhr.

Blick auf den Tram Ton-Pass an der Nordflanke des Fansipan, Sapa

⑮ Sapa

Straßenkarte A1. 380 km NW von Hanoi. 41 000. ab Hanoi nach Lao Cai. Lao Cai. Sapa Tourism, 2 Fansipan, (020) 387 1975. Sa, So. **sapa-tourism.com**

Sapa schmiegt sich mit seinen Reisterrassen inmitten üppiger Vegetation auf 1600 Meter Höhe an die östlichen Hänge der Hoang Lien-Berge. Die Schönheit und das milde Klima sprachen sich 1918 durch Jesuitenpriester bis nach Hanoi herum. Schon vier Jahre später wurde der Bergort Sapa gegründet. Die Franzosen verwandelten die Region mit Villen, Hotels und Tennisplätzen in ein Ferienziel. Hier genossen die *colons* sommerliche Flirts ebenso wie frisch geerntete Erdbeeren und Wein. Damit war es mit der japanischen Invasion 1941 plötzlich vorbei. Im Ersten Indochinakrieg und im Vietnamkrieg *(siehe S. 47–49)* wurden viele Villen und Hotels aufgegeben oder zerbombt. Noch zerstörerischer war der chinesisch-vietnamesische Krieg 1979, unter dem die ganze Stadt litt.

Mit Beginn der Wirtschaftsreformen in den 1990er Jahren und der allmählichen Öffnung für den Tourismus erlebte auch Sapa einen Aufschwung. Dank lokaler Unternehmer und der jetzt wieder anreisenden Besucher gewann die Stadt schrittweise ihre alte Bedeutung aus der Kolonialzeit zurück.

Sapa erstreckt sich über mehrere Ebenen an den Abhängen, die Straßen sind kurvig, teils gibt es nur steile Treppen. Hier leben verschiedene Bergvölker, Kinh und – angezogen von der Bergluft und der wunderbaren Aussicht – eine wachsende Zahl Ausländer.

Trekking- und Wandertouren sind populär, Wanderungen zu Nachbardörfern kann man bei einem der Veranstalter im Ort buchen. Die meisten Besucher kommen wegen des Markts am Wochenende, obwohl der Markt nun auch unter der Woche geöffnet ist.

Hotelgebäude in Sapa

Eine große Gruppe unter den Bergvölkern bilden die meist Indigofarbe tragenden Schwarzen Hmong, gefolgt von den Roten Dao. Junge Frauen, bekleidet mit den fein bestickten Röcken und Jacken, herausgeputzt mit schwerem Silberschmuck und Haartracht, tummeln sich auf dem quirligen Markt. Die kleine, schlichte Kirche von Sapa (1930) bildet das Stadtzentrum, wo sich zu Festtagen der ganze Ort einfindet.

Südöstlich der Stadt erhebt sich der **Ham Rong** (»Drachenkiefer-Berg«). Der sanfte Aufstieg führt durch Felsen und Grotten zum Gipfel. Von oben

Frau mit Kind der Schwarzen Dao, gekleidet in traditioneller Tracht

Hotels und Restaurants in Nordvietnam *siehe Seiten 240f und 252f*

bietet sich eine weite Aussicht über die bewaldeten Täler mit ihren bunten Häusern. Am Gipfel gibt es manchmal Aufführungen traditioneller Tänze der Bergvölker.

Umgebung: Das »Tor nach Sapa«, **Lao Cai**, liegt rund 40 Kilometer nordöstlich von Sapa. In der unattraktiven Grenzstadt bleibt niemand lange, allerdings bietet Lao Cai auf dem Weg nach China oder Sapa und Bac Ha solide Hotels und Restaurants.

Etwa acht Kilometer von Sapa entfernt erhebt sich der mit 3143 Metern höchste Gipfel Vietnams, der **Fansipan**. Der Berg ist bis zu einer Höhe von 200 Metern mit dichter subtropischer Vegetation bedeckt, darüber folgt Laubwald. Trotz des schwierigen Terrains und des mitunter schlechten Wetters zieht es viele Bergsteiger auf den Gipfel *(siehe S. 265)*. Der Plan des Baus einer Seilbahn, die Sapa mit dem Gipfel des Fansipan verbinden soll und den Gipfel so für viele Menschen zugänglich machen würde, hat Proteste von Umweltschützern hervorgerufen, die eine zu große Verletzung der unberührten Natur befürchten.

Cat Cat, ein reizvolles Dorf der Schwarzen Hmong *(siehe S. 202)*, liegt drei Kilometer südlich von Sapa. Meist wandern Besucher den steilen Pfad hinab. Der Weg zurück in die Stadt lässt sich leichter mit einem Motorradtaxi bewältigen. Die Hmong leben in Häusern aus Lehm, Flechtwerk, Bambus und Stroh, umgeben von Fässern voller Indigo zum Färben ihrer Kleidung.

Nur vier Kilometer von Cat Cat entfernt stößt man auf das Hmong-Dorf **Sin Chai**. **Ta Phin**, eine Siedlung der Roten Dao *(siehe S. 25)*, ist nur zehn Kilometer von Sapa entfernt. Der Weg dorthin führt durch ein Tal mit Reisterrassen, die im Sonnenlicht glitzern. Kurz vor Ta Phin entdeckt man ein halb zerstörtes französisches Priesterseminar von 1942.

15 Kilometer nordwestlich von Sapa, an der Straße zum Tram Ton-Pass, lohnt ein Besuch des **Thac Bac** (»Silber-Wasserfall«), dessen Wasser 100 Meter in die Tiefe stürzt. Frauen der Kinh, Schwarzen Dao und Roten Hmong verkaufen hier leckere Früchte.

⓰ Bac Ha

Straßenkarte A1. 330 km NW von Hanoi, 69 km O von Lao Cai. 12 000. ab Lao Cai und Sapa. So. (020) 378 0661.
bachatourist.com

Die kleine Stadt in den Hügeln am Chay-Fluss liegt 900 Meter über dem Meeresspiegel. An Wochentagen wirkt Bac Ha fast verlassen, doch sonntagmorgens strömen Angehörige der Bergstämme aus den umliegenden Dörfern in den Ort. Dao, Tay, Thai, Nung und die auffallend bunt gekleideten Blumen-Hmong – alle ziehen mit Körben voller Waren in den Ortskern mit seinem Markt.

Farbenfroh bestickte Accessoires der Roten Dao

Hier wird mit Gewürzen, Früchten, Gemüse und Fleisch von Wildtieren gehandelt, aber die Frauen bieten auch aufwendig bestickte Stoffe an. Die meisten Bergbewohner decken sich auf dem Markt im Gegenzug mit alltäglichen Gebrauchs- und Luxusgegenständen ein. So bekommt man hier Toilettenartikel, Weihrauchstäbchen und religiöse Utensilien aller Art, aber auch Nadel und Faden sowie Stoffe für Stickereien gehören zu den gefragten Artikeln.

Bunt gekleidete Frauen der Blumen-Hmong auf dem Markt von Bac Ha

Umgebung: Viele Besucher fahren von Bac Ha weiter nach Norden und kombinieren den Besuch des Markts mit einem Ausflug in das winzige Dorf **Can Cau**. Es liegt rund 20 Kilometer von Bac Ha entfernt und hat am Samstag einen bei Einheimischen und Besuchern beliebten, äußerst lebendigen und farbenfrohen Markt.

Der Distrikt Bac Ha ist für seinen starken Maisschnaps bekannt, der vor allem im Dorf **Ban Pho**, einer Siedlung der Blumen-Hmong nur vier Kilometer westlich von Bac Ha, gebrannt wird.

Angehörige regionaler Bergvölker auf dem Wochenmarkt von Bac Ha

Hmong in Nordvietnam

Die Hmong oder Meo sind eine der größten ethnischen Gruppen Vietnams. Das Nomadenvolk zog im frühen 19. Jahrhundert aus China nach Vietnam und siedelte im nördlichen Hochland. Die Hmong (der Name bedeutet in ihrer Sprache »frei«) sind für ihre Unabhängigkeit bekannt. Sie halten unbeirrt an ihren Sitten fest und wollen sich nicht assimilieren. Heute haben die Hmong die Brandrodung meist aufgegeben. Sie leben, oft verarmt, als sesshafte Bauern und betreiben Viehzucht. Die Volksgruppe ist nach der Kleiderfarbe der Frauen in fünf Hauptstämme gegliedert: Blumen-Hmong, Schwarze, Grüne, Rote und Weiße Hmong.

Zur schnelleren Assimilation wird in den Schulen Vietnamesisch gelehrt

Hmong-Dörfer, *giao* genannt, sind sehr kleine Gemeinden mit strohgedeckten Holzhütten. Im Gegensatz zu anderen Bergvölkern errichten die Hmong keine Pfahlbauten, sondern bauen nach uralten Traditionen, nach denen Häuser nur auf einem von den Vorfahren gesegneten Stück Land errichtet werden dürfen.

Leuchtende Stoffstreifen, oft mit auffallenden Blumen-, Vogel- und geometrischen Mustern bestickt, verzieren die Blusen der Hmong-Frauen.

Das rituelle Opfern von Büffeln sieht man vor allem bei Festen. Die Hmong sind traditionellerweise Animisten und glauben, das geopferte Fleisch stimme die Schutzgeister gnädig. Bei den Zeremonien werden Instrumente wie Trommeln, Wasserbüffelhörner und *queej*, eine Mundharmonika, gespielt.

Die Schwarzen Hmong leben vor allem um Sapa und fallen durch ihre schwarz gefärbte Kleidung auf. Die Männer tragen weite Hosen, kurze Tuniken und Kappen, die Frauen Hosen oder Röcke und Gamaschen. Ihr Haar ist in offenen Hüten aufgetürmt.

Der Trockenreisanbau basiert auf traditioneller Brandrodung und wird im Hochland betrieben. Die Hmong bauen außerdem Mais, Getreide und Roggen an. Hanf und Baumwolle liefern Kleidung, mitunter wird Mohn zur illegalen Opiumherstellung gepflanzt.

Indigo nutzen Schwarze und Grüne Hmong zum Färben von Hosen, Röcken und Schärpen, die aus Hanf handgewebt sind. Die bunte Kleidung wird oft mit Batikmustern verziert.

Hmong-Textilstände findet man auf den Wochenmärkten des nördlichen Hochlandes überall. Die Hmong haben mit ihrem Kunsthandwerk bei Besuchern großen Erfolg, ihre Stickereien mit Applikationen sind beliebte Souvenirs.

Gui oder Webtaschen, in welchen Babys transportiert werden können, binden sich die Hmong-Mütter auf den Rücken, um die Hände zum Arbeiten frei zu haben.

Blumen-Hmong besuchen den Markt von Bac Ha, um hier einmal in der Woche frische Produkte, Honig, Bambus und Gewürze zu verkaufen und selbst Nützliches wie Streichhölzer, Tuch, Nadeln und Küchenutensilien zu erstehen.

Bestickte Taschen und Schürzen verraten den Ehestand und die gesellschaftliche Stellung.

Farbenprächtige Blumen-Hmong

Die Blumen-Hmong, die größte Untergruppe der vietnamesischen Hmong, werden wegen ihrer auffallenden, prächtigen Trachten bewundert. Zur farbenfroh gemusterten Kleidung der Frauen gehören Kopfschals, Faltenröcke sowie aufwendiger Silber- oder Zinnschmuck. Die Frauen betreiben sehr erfolgreich Handel und verkaufen ihre fein gearbeitete Stickerei, Batiken und Kleidung mit Applikationen auf den Märkten der Region.

Die Frauen der Roten Hmong fallen durch ihre aufgetürmte Haartracht auf. Alle verlorenen Haare werden sorgfältig gesammelt und zusammen mit dem Kopfhaar gewickelt. Auch Haare verstorbener Verwandter flicht man auf diese Weise mit ein.

Schwerer Silberschmuck wird von Hmong-Frauen als Statussymbol getragen. Die feinen Ohrringe, Halsketten und Armreife zeigen oft Schlangenmotive – ein Talisman gegen böse Kräfte. Auch Männer und Kinder tragen Schmuck, da er Körper und Seele zusammenhalten soll.

Morgendämmerung am glitzernden See des Nationalparks Ba Be

⓱ Nationalpark Ba Be

Straßenkarte B1. 240 km N von Hanoi; 60 km N der Stadt Bac Kan. ☎ (0281) 387 1180. nach Anmeldung bei der Parkbehörde.

Der Park erstreckt sich im entlegenen Hochland rund um drei miteinander verbundene Seen (Ba Be heißt »Drei Meere«). Zusammen bilden sie den größten Süßwassersee Vietnams. Auf etwa 100 Quadratkilometern sieht man hier schroffe Kalksteinfelsen, tropischen Regenwald, Bambushaine, Wasserfälle und Grotten. In den Wäldern leben zahlreiche Tierarten, u. a. der Tonkinlangur und die bedrohte Tonkin-Schnupfnase, zwei Affenarten.

Zu den schönsten Ausflugszielen im Nationalpark zählt der spektakuläre, kaskadenartige **Wasserfall Dau Dang** am nordwestlichen Seezipfel. Ebenso sehenswert ist **Hang Puong**, eine Höhlenformation, die sich quer durch die Berge frisst. Die schmale Höhle kann man rund zwölf Kilometer stromaufwärts am Fluss Nang im Rahmen eines Tagesausflugs per Boot erkunden.

Südlich des Sees trifft man auf **Pac Ngoi**, ein hübsches Dorf, in dem Angehörige des Tay-Stammes wohnen. Viele Dorfbewohner bieten in ihren Häusern Homestays für Besucher an.

⓲ Cao Bang

Straßenkarte B1. 270 km N von Hanoi am Hwy 3. 45 000. ab Hanoi und Lang Son.

Im dicht bewaldeten Grenzgebiet zu China, rund um die Kleinstadt Cao Bang, leben ethnische Volksgruppen wie die Tay, Dao und Nung. Die Stadt kann man zugunsten der eindrucksvollen Naturkulisse links liegen lassen, viele Besucher kommen der Trekkingmöglichkeiten wegen hierher. Für die Vietnamesen hat die Region historische Bedeutung: Die Herrscher der Mac-Dynastie (16. Jh.) regierten das Reich von hier aus. Jahrhunderte später diente Cao Bang Ho Chi Minh bei seiner Rückkehr nach Vietnam drei Jahrzehnte lang als Basis.

Nung-Mädchen in Cao Bang

Umgebung: Etwa 60 Kilometer nordwestlich von Cao Bang liegt **Hang Pac Bo**, die »Wasserrad-Höhle«, in der sich Ho Chi Minh 1941 nach seiner Rückkehr aus dem selbst gewählten Exil versteckte. Ein kleines Museum gedenkt der historischen Bedeutung der Höhle als Geburtsort der Viet Minh (Liga für die Unabhängigkeit Vietnams).

Etwa 90 Kilometer nordöstlich von Cao Bang rauscht der größte Wasserfall Vietnams, **Thac Ban Gioc**. Da er die Grenze zu China berührt, benötigt man für den Besuch eine Sondererlaubnis der Polizei von Cao Bang.

⓳ Dong Van Karst Plateau Geopark

Straßenkarte B1. 342 km N von Hanoi. Ha Giang. **Genehmigung** Immigration Office, 5 Tran Quoc Toan, Ha Giang. ☎ (021) 9387 5210. Mo–Fr 7–11.30, 13.30–16.30 Uhr.

Der Dong Van Karst Plateau Geopark in Vietnams nördlichster Provinz Ha Giang wartet mit einer fantastischen Landschaft auf. Seit 2010 gehört der Park zum globalen Netzwerk der UNESCO-Geoparks. Auf 2500 Quadratkilometern erstreckt sich eine Landschaft mit Kalksteingipfeln, die durchschnittlich 1500 Meter hoch sind. Besucher müssen sich in Ha Giang eine Genehmigung besorgen und brauchen ein Auto mit Vierradantrieb oder ein Motorrad, um die Straßen befahren zu können. Die spektakulären Ausblicke beginnen am Himmelstor oberhalb der Stadt Tam Son, wo ein grünes Tal an das Karstgebirge stößt. Von hier führt die Route über Yen Minh nach Dong Van, vorbei an Dörfern, in denen Minderheiten leben. Zu den Sehenswürdigkeiten bei Dong Van gehören der Vuong-Palast und der Lung Cu-Flaggenturm, der den nördlichsten Punkt des Landes markiert. Von Dong Van geht es über den Ma Phi Leng-Pass nach Meo Vac. Von dort kann man südlich nach Cao Bang oder über Bao Loc zum See Ba Be fahren.

Zwischen den Felsen im Dong Van Karst Plateau Geopark wächst Gras

Hotels und Restaurants in Nordvietnam *siehe Seiten 240f und 252f*

Flora und Fauna Nordvietnams

Unter dem dichten Blätterdach der immergrünen Wälder Nordvietnams gedeiht eine vielfältige Natur- und Tierwelt. Tausende Pflanzenarten sowie unzählige Vogel-, Säugetier- und Reptilienarten leben hier. Von den vielen Spezies sind einige nur in Vietnam zu finden, zahlreiche sind vom Aussterben bedroht. Dazu gehören das Kouprey-Rind und der braune Stumpfnasenaffe. Auch der Asiatische Elefant und der Pandalangur sind gefährdet. Glücklicherweise werden Wilderei und kommerzielle Ausbeutung mittlerweile bekämpft. Einige Schutzgebiete dienen auch als Nachzuchtstation. Durch Naturschutz- und Aufforstungsprogramme findet Nordvietnam sein ökologisches Gleichgewicht hoffentlich wieder.

Pflanzenwelt

Die Berge und Täler Nordvietnams sind mit dichten Wäldern bedeckt, die eine reichhaltige tropische und subtropische Pflanzenwelt schützen – riesige Regenwaldbäume, Zwergbambus und winzige Farne, Kletterpflanzen, Orchideen und farbenprächtige Rhododendren.

Waldreiches Karstgestein prägt die Landschaft vor allem rund um Tam Coc, Cao Bang und die Bucht von Halong.

Orchideen blühen überall in Vietnam. Von den rund 40 einheimischen Arten wachsen 18 am Fansipan *(siehe S. 201)*.

Salanganen sind schwalbengroße, schnelle Insektenfresser. Sie verlassen ihre Nester in den Kalksteinhöhlen im Morgengrauen und kehren abends zurück.

Der Annam-Silberfasan lebt an den Hängen des Truong Son und Hoang Lien Son. Seine roten Beine, der rote Kopf und die schwarze Brust kontrastieren mit dem silbrigen Federkleid.

Tierwelt

Im Truong Son-Gebirgszug leben mehr Säugetiere, die erst im späten 20. Jahrhundert entdeckt wurden, als irgendwo sonst auf der Welt. Dazu gehören das Vu Quang-Rind, der Riesenmuntjak und der Truong Son-Muntjak. In den Wäldern gibt es auch viele Primaten, vor allem in Cuc Phuong (siehe S. 197).

Der Rotschenkel-Kleideraffe hat rötlich braune Hinterbeine und rötliche Augenpartien. Der lange Schwanz macht das Tier zum behänden Kletterer.

Das Vu Quang-Rind *(Saola)* ist ein extrem scheues Waldtier, das 1992 im Vu Quang-Schutzgebiet entdeckt wurde. Es wiegt 90 Kilogramm, hat ein braunes Fell mit einem schwarzen Rückenstreifen und lange, schlanke Hörner.

Der Indochina-Tiger streifte früher durch die Wälder Nordvietnams. Die Tigerjagd zu traditionellen medizinischen Zwecken hat die Anzahl dieser prachtvollen Tiere in Vietnam auf weniger als 50 reduziert.

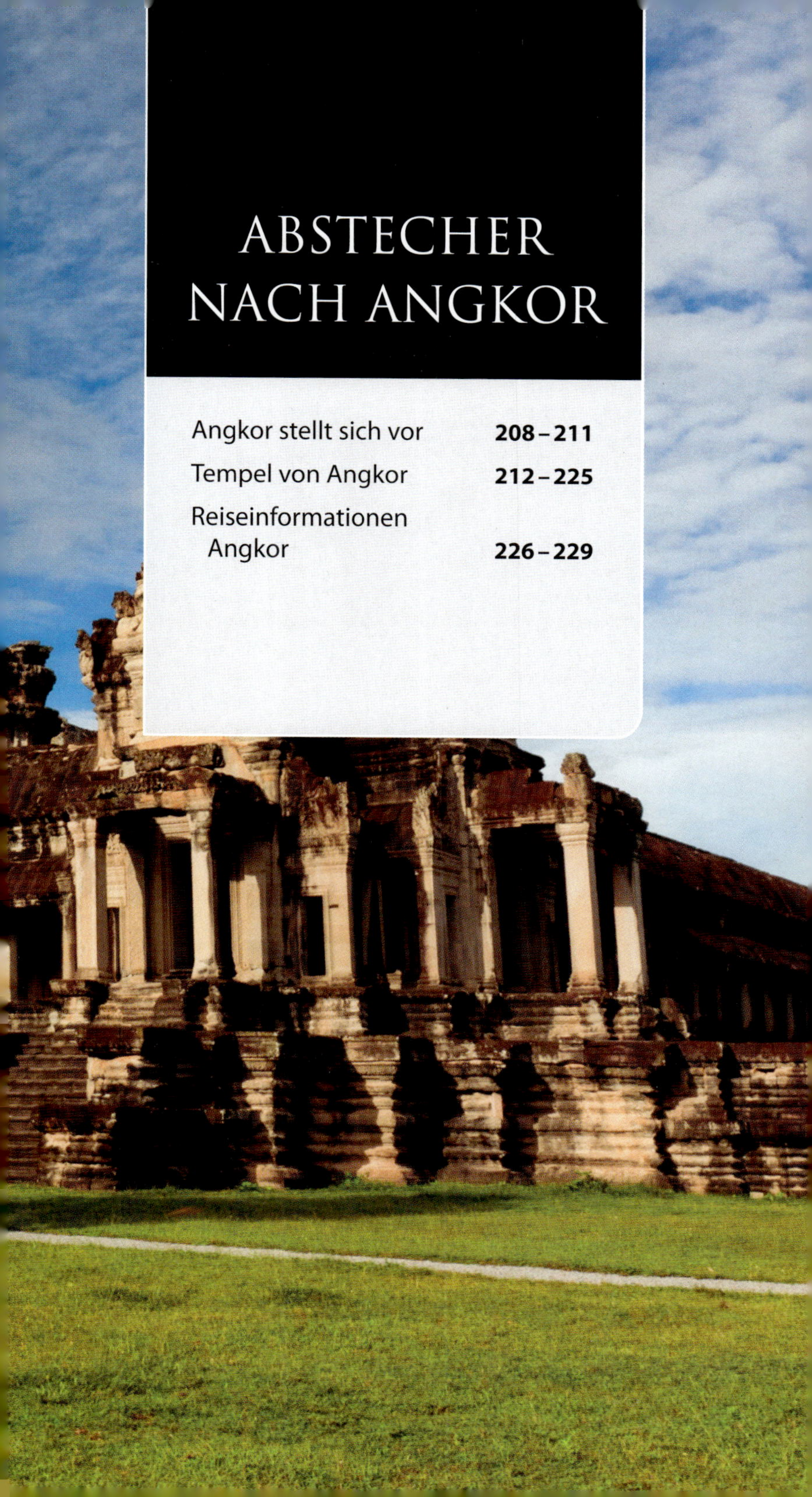

ABSTECHER NACH ANGKOR

Angkor stellt sich vor

Angkor, heute eine Region nahe der Stadt Siem Reap in Kambodscha, war vom 9. bis 15. Jahrhundert die Hauptstadt des Khmer-Reichs. Weltbekannt sind die Zeugnisse der Baukunst der Khmer, vor allem Angkor Wat, der größte Tempelkomplex der Welt. Die Tempel im dichten Dschungel der heißen, trockenen Tiefebene entführen in eine märchenhafte und geheimnisvolle Welt.

Tiefebenen kennzeichnen die Landschaft Kambodschas, das sich auf 180000 Quadratkilometer Fläche zwischen Laos im Norden, Thailand im Nordwesten sowie Vietnam im Osten erstreckt. Hauptstadt des Landes ist heute Phnom Penh, früher jedoch war es Angkor. Sechs Jahrhunderte lang, zwischen 802 und 1432 n. Chr., war Angkor das politisch-religiöse Zentrum des Khmer-Reichs, das einst vom Südchinesischen Meer bis an die Bucht von Bengalen reichte. Die Ruinen der alten Hauptstadt bedecken heute 200 Quadratkilometer im Nordwesten Kambodschas. Während die Holzbauten und -paläste bereits vor Jahrhunderten zerfielen, haben die stolzen Tempel aus Stein, errichtet von einer Dynastie selbst ernannter Gottkönige, überdauert. Angkor liegt zwischen zwei *baray* (künstliche Seen) und umfasst 70 Tempel, Gräber und andere historische Bauten, darunter Angkor Wat, den weltweit größten Tempelkomplex.

Tänzerin, Königliches Ballett Kambodscha

Fluss bei Siem Reap *(siehe S. 212)*, dem Tor zu den Tempeln von Angkor

Religion

Das alte Kambodscha war vor allem südostasiatischen Einflüssen ausgesetzt, man betete zu Hindu-Göttern wie Vishnu und Shiva. Ab dem 10. Jahrhundert n. Chr. breitete sich im Khmer-Reich allmählich der Buddhismus aus und erhielt während der Regentschaft des Angkor-Herrschers Jayavarman VII. (reg. 1181–1218) wachsende Bedeutung. Beide Religionen wurden parallel praktiziert, sodass die Architektur von Angkor hinduistische und buddhistische Stilelemente vereinte. Schließlich erwies sich der Theravada-Buddhismus (»Weg der Älteren«) als die stärkere Religion und ersetzte den Hinduismus als Reichsreligion.

Geschichte

Das Reich der Khmer entstand Anfang des 9. Jahrhunderts, als Jayavarman II. (reg. 802–850) sich zum *devaraja*, dem göttlichen König des Landes, ausrief. Als Shiva-Gläubiger baute er einen riesigen, pyramidenähnlichen Tempelberg als Symbol für den Berg Meru, den heiligen Sitz der Hindu-Gottheiten. Mit dieser Anlage war Angkor gegründet *(siehe S. 218f)*. Der Nachfolger Jayavarmans II., Indravarman I. (reg. 877–889), dehnte das Reich aus, Yasovarman I. (reg. 889–910) verlegte die Hauptstadt von Roluos nach Angkor und ließ dort einen wun-

◀ Die im 12. Jahrhundert erbaute Tempelanlage Angkor Wat *(siehe S. 216–219)*

Buddhistische Mönche vor der Kulisse des imposanten Tempelkomplexes Angkor Wat *(siehe S. 216f)*

dervollen Tempel auf dem Berg Phnom Bakheng errichten sowie den Ost-Baray, ein Wasserreservoir von 7,5 Kilometer Länge, anlegen. Die Prachtbauten von Angkor, Angkor Wat und Angkor Thom, entstanden unter Suryavarman II. (reg. 1113–50) bzw. Jayavarman VII. Nach dessen Tod verfiel Angkor und lag vergessen im Dschungel, als thailändische Invasoren das Land verwüsteten.

Erst im 19. Jahrhundert stießen europäische Forscher wieder auf Angkor. Bis zur Mitte des 20. Jahrhunderts wurde die Dschungelstadt restauriert, geriet dann jedoch in die Kriegswirren. Während des Vietnamkriegs *(siehe S. 48f)* nutzten vietnamesische Kommunisten Kambodscha als Aufmarschgebiet, US-amerikanische Bombenangriffe töteten Tausende Zivilisten. 1975 kam die radikal-maoistische Partei von Diktator Pol Pot, die Roten Khmer, an die Macht. Als das Regime vier Jahre später durch vietnamesische Truppen gestürzt wurde, waren ihm zwei Millionen Kambodschaner zum Opfer gefallen – einer der schlimmsten Völkermorde der Geschichte.

Angkor heute

Seit dem Zusammenbruch der Diktatur der Roten Khmer Anfang der 1990er Jahre hat sich Angkor schrittweise für Besucher geöffnet: Erstaunlicherweise sind die Tempel in diesem vom Krieg arg heimgesuchten Land größtenteils intakt geblieben. Heute wird die Tempelanlage – nach der Räumung von Minen und Urwaldrodungen – umfassend restauriert. Als eine der weltweit wichtigsten archäologischen Stätten zieht Angkor jährlich Millionen Besucher an – eine willkommene Einnahmequelle im ansonsten armen, vorwiegend agrarisch geprägten Kambodscha.

Historische Daten

802 n. Chr. Gründung des Khmer-Reichs.
900 n. Chr. Hauptstadt wird von Roluos nach Angkor verlegt.
1113–1150 Suryavarman II. lässt Angkor Wat errichten.
1181–1201 Jayavarman VII. baut den Bayon und Angkor Thom.
1352–1431 Vier verschiedene Angriffe aus Siam gegen Angkor.
1863 Kambodscha wird französisches Protektorat.
1953 Kambodscha unter König Sihanouk unabhängig von Frankreich.
1970 USA beginnen Flächenbombardements von Nord- und Ostkambodscha.
1975 Rote Khmer ergreifen die Macht.
1979 Vietnamesische Truppen stürzen die Roten Khmer.
1998 Tod von Diktator Pol Pot.
2005 UNO richten Tribunal zur Verurteilung von Roten-Khmer-Führern ein.

Überblick: Angkor Archaeological Park

Die Bauten von Angkor, zwischen dichten Dschungelwäldern und Reisfeldern verborgen, gehören zu den spektakulärsten Architekturwundern Südostasiens. Im Herzen der Region Angkor, nördlich der Stadt Siem Reap, liegen Angkor Wat mit seinen imposanten Türmen und die prächtige Stadt Angkor Thom mit ihrer Prozessionsstraße und den lächelnden Gesichtern am Haupttempel Bayon. Vor allem kurz nach Sonnenaufgang oder kurz vor Sonnenuntergang sind die Monumente ein unvergesslicher Anblick. Nördlich davon stehen die kleineren Tempel Preah Khan und Preah Neak Pean. Östlich von Angkor Thom liegt das geheimnisvolle Ta Prohm, von Baumwurzeln überwuchert. Weiter im Nordosten erheben sich die rosafarbenen Sandsteinbauten von Banteay Srei, im Südosten die Ruinen von Roluos, die ältesten in Angkor.

Filigrane Steinfiguren tanzender *apsaras* am Bayon, Angkor Thom

Sehenswürdigkeiten auf einen Blick

Historische Baudenkmäler

- ❷ *Angkor Wat S. 216f*
- ❸ Phnom Bakheng
- ❹ *Angkor Thom S. 220–223*
- ❺ Preah Khan
- ❻ Prasat Neak Pean
- ❼ Ta Prohm
- ❽ Prasat Kravan
- ❾ Banteay Srei
- ❿ Roluos-Gruppe

Stadt

- ❶ Siem Reap

Dicke Baumwurzeln überwuchern die Steinmauern und -decken von Ta Prohm

Weitere Zeichenerklärungen *siehe hintere Umschlagklappe*

In Angkor unterwegs

Für einen Besuch des Angkor Archaeological Park braucht man Zeit und ein motorisiertes Verkehrsmittel. Zwar kann man die Hauptsehenswürdigkeiten auch per Motorrad anfahren, aber in der heiß-dunstigen Luft ist ein klimatisierter Pkw mit Fahrer angenehmer. Zu Kolonialzeiten legten die Franzosen zwei bis heute genutzte Rundwege ab Angkor Wat fest. Die »kleine Rundfahrt« (18 km) führt an einem Tag zu den wichtigsten Tempeln bis nach Ta Prohm und dann über Banteay Kdei zurück nach Angkor Wat. Die »große Rundfahrt« (mindestens zwei volle Tage, 27 km) beinhaltet darüber hinaus auch die äußeren Tempel bis über Preah Neak Pean nach Ta Som und südlich zurück nach Pre Rup.

Zur Orientierung

Fein ausgearbeitete Flachreliefs in Angkor Wat

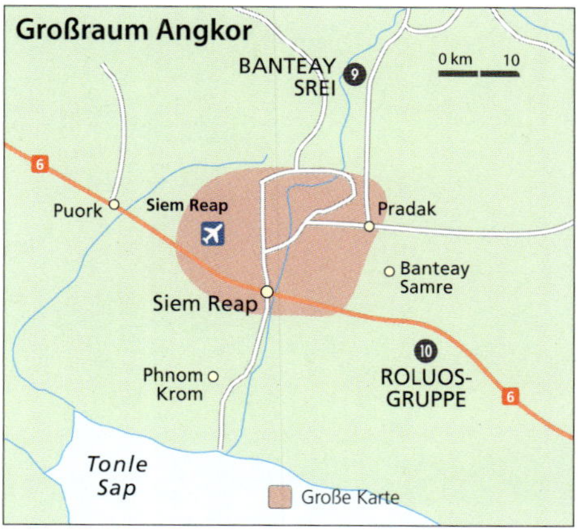

Mehr über Angkor? Vis-à-Vis Kambodscha & Laos.

❶ Siem Reap

Siem Reap heißt wörtlich »Besiegtes Siam« – eine Erinnerung an den Khmer-Sieg über das Thai-Königreich von Ayutthaya im 17. Jahrhundert. Als Hauptstadt der gleichnamigen Provinz im nordwestlichen Kambodscha dient Siem Reap heute als Tor für Ausflüge zu den Tempeln Angkor und Roluos, nicht zuletzt wegen des neuen Flughafens, vieler neu eröffneter Hotels und Restaurants – eine Entwicklung, die sich weiter fortsetzen dürfte.

Infobox

Information
250 km NW von Phnom Penh. 150 000. Khmer Angkor Tour Guide Association, (063) 9582 8248. Wasserfestival (Okt/Nov).
tourismcambodia.com

Anfahrt
ab Battambang und Phnom Penh.

Rasen vor dem Raffles Grand Hotel d'Angkor *(siehe S. 241)*, Siem Reap

Überblick
Siem Reap hat sich trotz einiger Millionen Besucher im Jahr sein ländliches Flair bewahrt. Die charmante Kleinstadt mit der guten touristischen Infrastruktur eignet sich bestens zum Ausruhen nach einer Tour durch Angkor.

Das restaurierte kolonialfranzösische **Raffles Grand Hotel d'Angkor** ① erhebt sich majestätisch an den Königlichen Gärten im nördlichen Teil der Stadt. In der Nähe steht der kleine, von König Sihamoni selten besuchte **Königspalast** ②.

Südlich der Vishnu-Statue führt die Pokambor Avenue am rechten Ufer des Flusses Siem Reap ins Zentrum, zum **Psar Chaa** ③, dem alten Markt, der sich prächtig eignet, um Souvenirs zu erstehen. Nicht weit von hier bietet das restaurierte französische Viertel etliche Restaurants mit viel Flair. Wer bummeln möchte, kann am Ufer des Siem Reap an blau bemalten Pfahlbauten und quietschenden Bambuswasserrädern vorbeischlendern. Das moderne **Angkor National Museum** hat sich der Sammlung, Erhaltung und Präsentation der Artefakte Angkors verschrieben und bietet viele interessante Informationen.

Etwa zehn Kilometer weiter südlich liegt der Fähranleger am **Tonle Sap**, dem größten See Südostasiens und heute ein Biosphärenreservat.

Die Tempel von Angkor und das Ticketbüro liegen sechs Kilometer nördlich der Stadt. Auf halbem Weg passiert man **Wat Thmei**, einen *stupa* mit den Schädeln der Khmer-Opfer aus der Region.

Angkor National Museum
968 Charles De Gaulle. (063) 966 601. tägl. 8.30–18 Uhr.
angkornationalmuseum.com

Zentrum von Siem Reap
① Raffles Grand Hotel d'Angkor
② Königspalast
③ Psar Chaa

Legende
Französisches Viertel

0 Meter 500

Zeichenerklärung
siehe hintere Umschlagklappe

Hotels und Restaurants in Siem Reap *siehe Seiten 241 und 253*

Sonnenuntergang über Angkor, Phnom Bakheng

❷ Angkor Wat

Siehe S. 216f.

❸ Phnom Bakheng

Etwas S von Angkor Thom.
tägl. Sonnenauf- bis -untergang.
allgemeines Ticket für Angkor.

Der Tempelkomplex von Phnom Bakheng erhebt sich auf einem steilen, 67 Meter hohen Hügel über die umliegende Ebene. Er wurde unter Yasovarman I. (reg. 889–910) für den Hindu-Gott Shiva erbaut und weist einen der ersten Tempelberge *(siehe S. 218)* der Region auf – ein Stil, der die Architektur der Khmer-Sakralbauten prägen sollte.

Leider haben nur einige der einst 109 Türme rund um Bakheng überdauert, aber die herausragend gearbeiteten Löwenstatuen zu beiden Seiten der fünf terrassierten Tempel haben überlebt. Das Hauptheiligtum ist mit Statuen und Säulen mit *apsaras* (himmlische Tänzerinnen) sowie *makaras* (mystische Meereswesen) versehen.

Für Fußgänger führt ein Rundweg am Osthang des Hügels zum Gipfel. Am Südhang werden Besucher auf Elefanten nach oben gebracht. Auf dem Gipfel hat man eine herrliche Aussicht über Angkor und den West-Baray. Besonders abends tauchen die letzten Sonnenstrahlen den Tonle Sap und die Türme von Angkor Wat in ein faszinierendes Licht.

❹ Angkor Thom

Siehe S. 220–223.

❺ Preah Khan

2 km NO von Angkor Thom.
tägl. Sonnenauf- bis -untergang.
allgemeines Ticket für Angkor.

Der nach dem heiligen Schwert von König Jayavarman II. benannte Tempel wurde von Jayavarman VII. (reg. 1181–1218) als Kloster und Religionsschule gegründet. Wahrscheinlich diente Preah Khan auch kurzzeitig als Hauptstadt für Jayavarman VII., als Angkor Thom nach der Zerstörung durch die Champa im Jahr 1177 wieder aufgebaut wurde. Eine hier 1939 gefundene Stele mit Inschrift deutet darauf hin, dass der Tempel, Angkors größter Bau dieser Art, im Herzen einer alten Stadt namens Nagarajayacri lag (*jayacri* heißt auf Siamesisch »heiliges Schwert«). Der Hauptschrein war ursprünglich Buddha geweiht, aber die Hindu-Herrscher nach König Jayavarman VII. zerstörten viele buddhistische Elemente im Tempel und ersetzten viele Buddha-Bildnisse an den Wänden durch die von Hindu-Gottheiten.

Heute erstreckt sich der Tempel innerhalb einer drei Kilometer langen Mauer aus Lateritgestein auf einer Fläche von 57 Hektar mit einem großen See, einem *baray*.

Den kreuzförmigen Haupttempel erreicht man durch vier nach den Himmelsrichtungen erbaute Tore. Ein Highlight ist die wegen ihrer filigranen Flachreliefs mit *apsaras* berühmte Halle der Tänzer. Am »Schrein der Weißen Fürstin«, einer Frau von Jayavarman VII., beten noch heute Gläubige und bringen Blumen- sowie Weihrauchopfer dar. Am beeindruckendsten an der gesamten Anlage ist jedoch der »Tempel der vier Gesichter«, so genannt wegen der steinernen Gesichter am Hauptturm.

Betender Eremit, Preah Khan

Wie auch in Ta Prohm *(siehe S. 224)* stehen in Preah Khan riesige Bäume, deren Wurzeln die Laterit- und Sandsteinbauten überwuchern. Doch anders als Ta Prohm hat man Preah Khan mit großem Aufwand restauriert. In den vergangenen Jahren wurden viele der knorrigen alten Bäume gefällt und die Mauern sorgfältig restauriert bzw. wiederaufgebaut.

Detailreiches Relief mit *apsaras* in der Halle der Tänzer, Preah Khan

Buddhistische Mönche vor dem »Turm der Gesichter« am Bayon, Angkor Thom *(siehe S. 216–219)* ▶

❷ Angkor Wat

Angkor Wat ist der weltweit größte Sakralbau und heißt wörtlich »Stadt, die ein Tempel ist«. Die im 12. Jahrhundert unter König Suryavarman II. (reg. 1113–50) erbaute Anlage war ursprünglich dem Hindu-Gott Vishnu, dem Bewahrer der Schöpfung, geweiht. Der Grundriss folgt einem *mandala*, dem heiligen Plan des hinduistischen Universums: Der fünftürmige Tempel im Zentrum erinnert an eine Lotosknospe und symbolisiert den Berg Meru, den mystischen Sitz der Götterwelt und Zentrum des Universums. Die Außenmauern stehen für das Ende der Welt, der Tempelgraben für den kosmischen Ozean. Besonders interessant sind die feinen Steinverzierungen an den Mauern, darunter ein 600 Meter langes Flachrelief und 2000 Darstellungen von *apsaras*, himmlischen Tänzerinnen. Ungewöhnlich ist die Tempelausrichtung nach Westen zur untergehenden Sonne, dem Symbol des Todes.

Steinreliefs an den Mauern des Haupttheiligtums

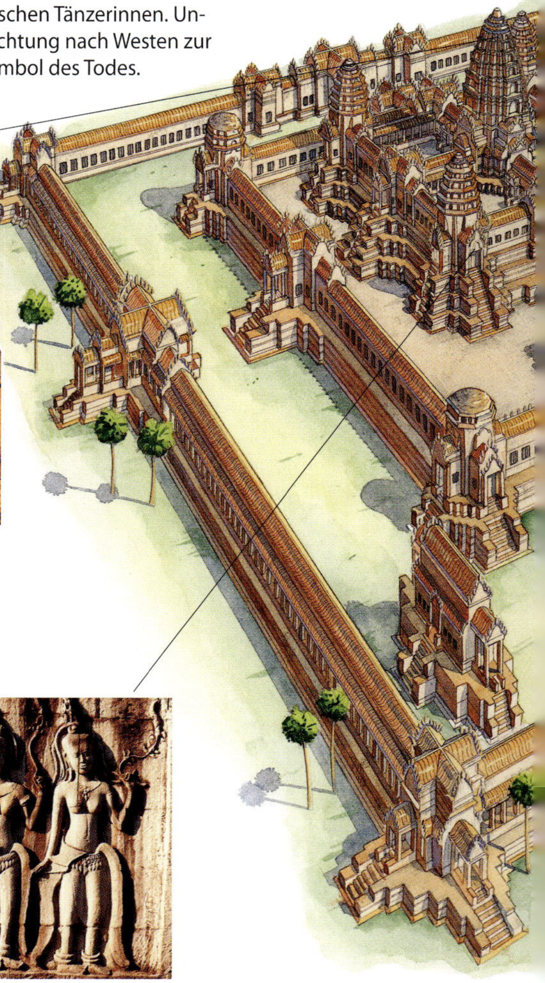

★ Haupttheiligtum
Zum Haupttheiligtum führt eine steile Treppe. Die vier Eingänge weisen Buddha-Bildnisse auf – ein Indiz für die allmähliche Verdrängung des Hinduismus in Kambodscha.

★ Apsaras
Steinreliefs mit Hunderten von *apsaras* (halb menschliche, halb göttliche Frauen) zieren die Mauern. Die Tänzerinnen tragen Kopfschmuck, sind aber bis auf einen Lendenschurz nackt.

Blick auf die Türme
Die fünf Türme erheben sich auf drei Ebenen bis zum imposanten Hauptheiligtum. Die ganze Anlage ist von massiven Mauern und einem Graben geschützt – Symbole für das Ende der Welt und das Meer des Universums. Der Blick von der anderen Seite des Grabens, in dessen Wasser sich die Türme spiegeln, ist beeindruckend.

Infobox

Information
6 km N von Siem Reap.
Khmer Angkor Tour Guide Association, Siem Reap, (063) 9582 8248. tägl. 5–18 Uhr.
allg. Ticket für Angkor.
tourismcambodia.com

Anfahrt
nach Siem Reap.

★ Flachrelief-Galerie
Der südliche Abschnitt der Westgalerie zeigt Szenen aus dem indischen Hindu-Epos *Mahabharata*. Die Flachreliefs fallen durch die detaillierte Darstellung Hunderter schwer bewaffneter Krieger während der Schlacht von Kurukshetra auf.

Prozessionsstraße
Der zentrale Tempelweg zum Haupteingang im Westen der Anlage eröffnet eine fantastische Aussicht auf Angkor Wat. Der Weg ist zu beiden Seiten von Steinbalustraden in Form gemeißelter *nagas* (Schlangen) gesäumt.

Außerdem

① **Die Flachreliefs in der Südgalerie** zeigen Bildnisse von König Suryavarman II., der mit dem Bau von Angkor Wat begann.

Tempelarchitektur

Die Architektur der Angkor-Epoche begann im 9. Jahrhundert n. Chr. mit der Khmer-Hauptstadt von Jayavarman II. bei Roluos *(siehe S. 225)*. Bis zum 13. Jahrhundert bildeten sich fünf architektonische Stile heraus: Der älteste, Preah Ko, war dem Erbe von Sambor Prei Kuk im Osten Angkors sowie dem Stil des Kompong Preah aus dem 8. Jahrhundert verpflichtet. Überreste davon findet man in Prasat Ak Yum am West-Baray. Nach ihrem Höhepunkt mit dem Bau von Angkor Wat verlor die Khmer-Architektur an Glanz.

Rosafarbene Bibliothek aus Sandstein im Banteay Srei

Preah Ko (875–890)

Typisch für den Preah Ko-Stil ist eine einfache Anlage mit mindestens einem Steinturm auf einem Fundament aus Lateritgestein. Damals entstanden erstmals runde Einfriedungen, die man durch ein turmähnliches Tor, den *gopura*, betrat. Neu war auch ein Bibliotheksanbau, in dem vermutlich ein heiliges Feuer brannte.

Die gut erhaltene Wächterstatue aus Sandstein steht in einer äußeren Ziegelsteinmauer eines heiligen Turms im Lolei-Tempel der Roluos-Gruppe (9. Jh.).

Der östliche Tempelweg von Bakong führt direkt vom zentralen *gopura* zu einem hohen Hauptturm auf einer rechteckigen Pyramide mit einem symbolischen Tempelberg.

Bakheng bis Pre Rup (890–965)

Die Architektur der Tempelberge nach dem Vorbild des Bergs Meru zeigt sich im klassischen Aufbau in Phnom Bakheng *(siehe S. 213)*, Phnom Krom und Phnom Bok: vier Türme in jeder Ecke und ein fünfter im Zentrum. Der Pre Rup-Stil entwickelte sich unter Rajendravarman II. (reg. 944–68) und erweiterte den Bakheng-Stil, indem die Türme höher und steiler wurden.

Phnom Bakheng ist ein herausragendes Beispiel für den Bakheng-Stil. Die Anlage diente im 9. Jahrhundert in der ersten Khmer-Hauptstadt in Angkor als Staatstempel. Sie erhebt sich majestätisch über einer Pyramide rechteckiger Terrassen bis zu den fünf heiligen Haupttürmen.

Pre Rup fällt durch seine Größe und den steilen Tempelberg mit mehreren Ebenen bis zum Hauptheiligtum auf. Die fein verzierten Türstürze aus Sandstein sind detailreicher als bei älteren Stilen. Archäologen nehmen an, dass der Bau als königliches Krematorium diente, denn *pre rup* heißt »Wende den Körper«.

Banteay Srei bis Baphuon (965–1080)

Der Baustil wird durch das fein verzierte Banteay Srei *(siehe S. 225)* repräsentiert. Typisch sind die detailreichen Steinbildnisse von *apsaras* (himmlische Tänzerinnen) und *devadas* (Tänzer). In der Mitte des 11. Jahrhunderts, als die Khmer-Architektur ihren Höhepunkt erreichte, entwickelte sich der Stil zur Baphuon-Architektur mit riesigen Proportionen und Gewölbegalerien. Die Skulpturen dieser Epoche sind realistischer und erzählender.

Das fünfstufige Baphuon, der Staatstempel von Udayadityavarman II. (reg. 1050–66), wurde im 13. Jahrhundert von dem chinesischen Chronisten Zhou Daguan als »wahrlich erstaunliches Ereignis mit zehn Kammern im Fundament« beschrieben.

Banteay Srei, zwischen 967 und 1000 erbaut, zeichnet sich durch feine Handwerkskunst aus, etwa die filigranen Reliefs und die Türstürze mit Skulptierungen.

Angkor Wat (1080–1175)

Kunsthistorisch gilt Angkor Wat *(siehe S. 216f)* als Höhepunkt der Architektur- und Bildhauerkunst der Khmer. Der imposanteste Tempelberg enthält die feinsten Flachreliefs, die ganze Geschichten erzählen. Die Kunst der Skulptierungen an Türstürzen erreichte in dieser Ära ihre Blütezeit.

Flachreliefs Suryavarmans II. im Westabschnitt der Südgalerie zeigen den König auf seinem Thron, umgeben von Höflingen mit Fächern und Sonnenschirmen. Unter ihm werden Prinzessinnen und Hofdamen in Sänften getragen. Ein anderes Relief stellt den König auf einem Kriegselefanten dar.

Diese Luftansicht von Angkor Wat verdeutlicht die Größe und den symbolträchtigen Grundriss. Alles in Angkor hat eine Bedeutung. Am offensichtlichsten ist das bei den Türmen im Zentrum, die die fünf Gipfel des heiligen Bergs Meru symbolisieren.

Bayon (1175–1240)

Der Bayon-Stil, der letzte bedeutende Architekturstil Angkors, ist eine Synthese früherer Stile. Zwar wirkt er noch beeindruckend, läutete aber einen künstlerischen Niedergang ein. Lateritgestein wird von Sandstein verdrängt, die Hindu-Themen durch buddhistische Motive ersetzt.

Die Flachreliefs mit Schlachtszenen am Bayon-Tempel von Angkor Thom *(siehe S. 220–223)* gewähren einen spannenden Einblick in die Kriege zwischen dem Khmer-Reich und dem Königreich von Champa. Der Krieg endete mit dem Sieg des Khmer-Königs Jayavarman VII. 1181.

Das Südtor von Angkor Thom wird von einer großen viergesichtigen Skulptur des Gottkönigs *(devaraja)* Jayavarman VII. überragt. Er wird als Bodhisattva Avalokitesvara dargestellt und blickt in die ewige Weite der vier Himmelsrichtungen.

❹ Angkor Thom

Das in seiner Größe und Architektur beeindruckende Angkor Thom – in der Sprache der Khmer bedeutet dies »Große Stadt« – wurde Ende des 12. Jahrhunderts von König Jayavarman VII. gegründet. Die einst größte Stadt des Khmer-Reichs wird durch eine acht Meter hohe, rund 13 Kilometer lange Mauer und einen breiten Graben geschützt. Fünf Tore, alle mit vier riesigen Steingesichtern geschmückt, führten nach Angkor Thom, vier davon in den Himmelsrichtungen und ein weiteres an der Ostseite. In der Stadt liegen zahlreiche Ruinen, darunter der berühmte Bayon-Tempelkomplex.

»Schlangenhalter« säumen den Weg zum Südtor von Angkor Thom

★ Rätselhafte Gesichter
Die Haupttürme der Anlage zieren vier riesige, rätselhaft lächelnde Gesichter mit Blick in die vier Himmelsrichtungen. Wahrscheinlich symbolisierten sie den allsehenden und allwissenden Bodhisattva Avalokitesvara, den König Jayavarman VII. personifizierte.

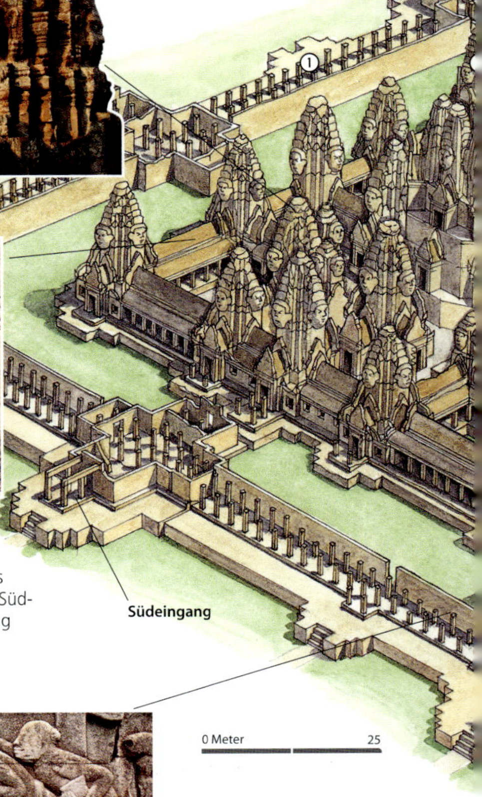

Westliche Galerie
Eine Gläubige betet mit Weihrauchstäbchen an einer Statue des Hindu-Gottes Vishnu. Sie stammt wahrscheinlich aus der Gründungszeit des Tempels und steht im Südabschnitt der Westgalerie, einer der vielen lang gestreckten Galerien rund um den Bayon.

★ Flachreliefs der Südgalerie
Die in den Stein gemeißelten Flachreliefs zeigen Alltagsszenen aus dem Angkor des 12. Jahrhunderts. Dazu gehören Motive wie Hahnenkämpfe, die Essenszubereitung, Feste und Markttreiben.

Außerdem

① **Äußere Einfriedung**

② **Hauptturm**

③ **Flachrelief eines Khmer-Zirkus**

④ **Innere Einfriedung**

★ **Südansicht des Bayon-Tempels**
Aus der Ferne wirkt der Bayon wie ein verwirrendes Gebirge, doch die 54 imposanten Türme und 216 Steinskulpturen bilden bei näherer Betrachtung ein Ehrfurcht gebietendes, großartiges architektonisches Gesamtkunstwerk.

Infobox

Information
2 km N von Angkor Wat; 8 km N von Siem Reap. Khmer Angkor Tour Guide Association, Siem Reap, (063) 9582 8248. tägl. 5–18 Uhr. allgemeines Ticket für Angkor.

Ein *devada* (Tänzer), klar unterschieden von den halb göttlichen *apsaras (siehe S. 216)*, konnte Mann oder Frau sein.

Aufmarsch der Khmer
Das Flachrelief an der Ostgalerie zeigt unglaublich fein gearbeitete Motive aus dem Krieg zwischen den Khmer und den Cham. In dieser Szene führt der König der Khmer, hoch auf einem Elefanten thronend, seine Armee in die Schlacht.

Bayon

Im Zentrum von Angkor Thom versinnbildlicht der Bayon die »untergegangene Kultur« Angkors. Der symbolträchtige Tempelberg erhebt sich über drei Ebenen mit 54 Türmen, die mit über 200 riesigen, rätselhaften Steingesichtern verziert sind. Man betritt den Bayon durch acht kreuzförmig angeordnete Türme, die früher durch überdachte Galerien verbunden waren. Sie umfassen einige der prächtigsten Flachreliefs von Angkor mit Alltagsszenen und Bildern aus Schlachten, vor allem gegen die Cham.

Angkor Thom: Gesamtkomplex

Die Festungsstadt Angkor Thom erstreckt sich auf fast zehn Quadratkilometern und bot in ihrer Blütezeit einer Million Menschen Platz. Unter den fünf Stadttoren ist das Südtor das meistbenutzte. Von hier führt ein Weg direkt zum Bayon-Tempel. Dahinter liegen die Ruinen vieler bedeutender Baudenkmäler, etwa der Baphuon und der Phimeanakas. Auch wenn die meisten Bauten halb zerfallen sind, rufen sie doch immer noch ein Bild von der Macht und dem Glanz des Khmer-Reichs hervor.

Ein riesiges lächelndes Gesicht blickt am Südtor in die Ferne

Südtor ①

Das wuchtige Südtor ist der am besten erhaltene der fünf Torbogen von Angkor Thom. Zum Tor führt ein beeindruckender Prozessionsweg, der von 154 Steinstatuen – Göttern auf der linken, Dämonen auf der rechten Seite, gesäumt ist, die eine Schlange tragen.

Das Südtor ist ein 23 Meter hoher Bau, dessen drei Türme vier riesige Steingesichter in den vier Himmelsrichtungen zieren. Zu beiden Seiten des Tors steht der dreiköpfige Elefant Erawan, Träger des Hindu-Gottes Indra.

Bayon ②

Der Bayon repräsentiert die künstlerische Blüte jener Epoche und ist ein einzigartiger Tempel: Die Pyramide zeigt mehrere riesige, still lächelnde Gesichter an den Türmen sowie viele faszinierende Flachreliefs in den Galerien *(siehe S. 220f)*.

Baphuon ③

Der Baphuon entstand im 11. Jahrhundert unter König Udayadityavarman II. Der pyramidenähnliche Bau symbolisiert den mystischen Göttersitz am Berg Meru. Ein Zentralturm mit vier Eingängen erhob sich einst auf der Spitze, ist aber zerfallen.

Den Tempel erreicht man über einen 200 Meter langen, erhöhten Weg und vier Tore. Jedes ist mit eleganten Flachreliefs voller Szenen aus Hindu-Epen wie dem *Mahabharata* und dem *Ramayana* (*Reamker* in Khmer) geschmückt. Innen nimmt ein riesiger liegender Buddha die westliche Länge des Baus ein. Die Statue wurde wahrscheinlich erst im 15. Jahrhundert in den Hindu-Tempel integriert. Der schwer beschädigte Bau wurde restauriert und ist für Besucher wieder voll zugänglich.

Phimeanakas ④

König Rajendravarman II. erbaute den königlichen Palasttempel im 10. Jahrhundert, Jayavarman VII. erweiterte ihn. Der hinduistische Tempel, auch »Himmelspalast« genannt, wird assoziiert mit dem sagenhaften Goldenen Turm, dem Sitz der neunköpfigen Schlange, der an dieser Stelle gestanden haben soll. Die Schlange erschien dem König als Frau, der Herrscher schlief mit ihr, bevor er seine anderen Frauen und Konkubinen aufsuchte. Hätte er die Schlange verschmäht, wäre er gestorben, so aber sicherte er die Nachfolge.

Der pyramidenähnliche Palast steht auf einer rechteckigen Basis, die 15 Hektar große Fläche wird von einer fünf Meter hohen Mauer aus Lateritgestein umgeben. Der Palast hat fünf von Steinlöwen bewachte Zugänge. Treppen führen an allen vier Seiten nach oben. An den vier Ecken wachen Elefanten. Von der obersten Ebene bietet sich eine herrliche Aussicht auf den südlich gelegenen Baphuon-Komplex.

Preah Palilay und Tep Pranam ⑤

Zwei kleinere Bauten, Preah Palilay und Tep Pranam, liegen etwas weiter entfernt nordwestlich der Terrasse des Lepra-Königs.

Das buddhistische Heiligtum Preah Palilay stammt aus dem 13. Jahrhundert und liegt versteckt hinter einer rechteckigen, jeweils 50 Meter langen Mauereinfriedung. Der teilweise eingestürzte Tempel ist nur durch ein Tor erreichbar und verjüngt sich an der Spitze zu einem Steinturm. Ein 33 Meter langer Weg führt zu einer Terrasse östlich des Schreins. Auffallend sind hier die Balustraden mit Schlangen *(naga)*.

Die pyramidenähnliche Fassade des Phimeanakas, Angkor Thom

Hotels und Restaurants in Siem Reap *siehe Seiten 241 und 253*

Gemeißelte Reliefs und Elefantenfiguren schmücken die Elefantenterrasse

Östlich davon steht Tep Pranam (16. Jh.), der früher wohl dem Mahayana-Buddhismus diente. Heute wird hier Theravada-Buddhismus vor einer Statue des sitzenden Buddhas (*mudra* oder »die Erde als Zeuge rufend«) zelebriert.

Schrittweise Restaurierung der Terrasse des Lepra-Königs

Terrasse des Lepra-Königs ⑥

Einen kurzen Fußweg südöstlich von Tep Pranam steht diese kleine Terrasse aus dem 12. Jahrhundert. Auf ihrer Spitze thront eine kopflose Statue, die als Lepra-König bekannt ist. Sie stellt wohl König Jayavarman VII. dar, der angeblich an der Krankheit litt, wirkt aber eigentlich wie eine Inkarnation des hinduistischen Unterweltgottes Yama. Die heutige Figur ist eine Kopie, das Original steht im Nationalmuseum von Phnom Penh.

Die Terrasse wird durch zwei wunderschön restaurierte Mauern mit Flachreliefs begrenzt. Die innere Mauer ist mit Figuren der Unterwelt, göttlichen Frauen, *nagas* mit fünf, sieben oder neun Köpfen, *devadas*, *apsaras*, Kriegern mit gezogenem Schwert und bizarren Meereswesen aufwendig verziert.

Die genaue Bedeutung der Terrasse, die wie eine Erweiterung der Elefantenterrasse wirkt, ist nicht ganz klar. Vielleicht diente sie königlichen Empfängen oder aber Einäscherungen.

Elefantenterrasse ⑦

Der über 300 Meter lange Bau von König Jayavarman VII. erstreckt sich vom Baphuon bis zur Terrasse des Lepra-Königs und besteht aus drei Haupt- und zwei kleineren Ebenen. Die Terrasse diente dem König bei militärischen und anderen Paraden. Den Bau schmücken lebensgroße Elefantenstatuen aus Sandstein, die wie in einer Prozession mit Elefantentreibern aufgereiht sind. Daneben sieht man Bildnisse von Tigern, Löwen, heiligen Gänsen, Schlangen und Garuda, dem Reittier Vishnus.

Nord- und Süd-Khleang ⑧

Die zwei sehr ähnlichen Bauten stehen östlich der an der Elefantenterrasse vorbeilaufenden Straße. Der Nord-Khleang entstand Ende des 10. Jahrhunderts unter König Jayaviravarman, der Süd-Khleang im frühen 11. Jahrhundert unter König Suryavarman I. (reg. 1002–50). Architektonisch fallen beide durch die Türbogen aus Sandstein sowie elegante Fensterbalustraden auf. Die offizielle Funktion der Bauten ist unbekannt. *Khleang* bedeutet »Lagerhaus« und ist vermutlich eine irreführende, moderne Benennung.

Angkor Thom

① Südtor
② Bayon
③ Baphuon
④ Phimeanakas
⑤ Preah Palilay und Tep Pranam
⑥ Terrasse des Lepra-Königs
⑦ Elefantenterrasse
⑧ Nord- und Süd-Khleang

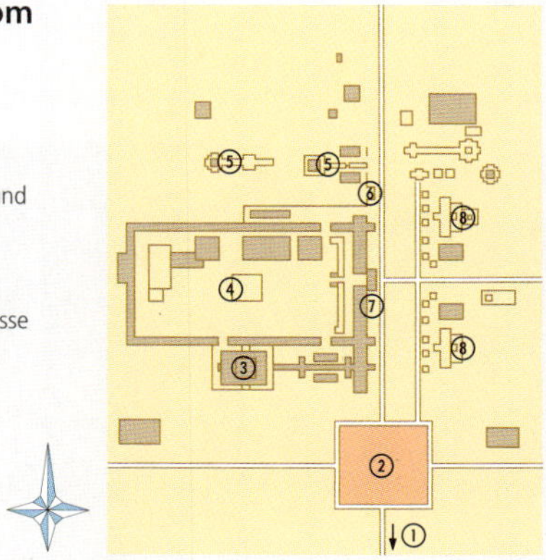

0 Meter 500

Legende

Illustration *siehe S. 220f*

❻ Prasat Neak Pean

4 km NO von Angkor Thom.
tägl. 5–18 Uhr. allgemeines Ticket für Angkor.

Prasat Neak Pean, einer der ungewöhnlichsten Tempel Angkors, bedeutet »Zusammengerollte Schlange«. Wie viele Bauten in Angkor wurde er im späten 12. Jahrhundert unter König Jayavarman VII. errichtet. Der buddhistische Tempel liegt in der Mitte eines ausgetrockneten Sees, dem Nördlichen Baray.

Der Bau erstreckt sich rund um einen künstlichen Teich, flankiert von vier kleineren, rechteckigen Teichen, die nur zur Regenzeit mit Wasser gefüllt sind. In der Mitte liegt eine Insel mit dem Hauptschrein für Bodhisattva Avalokitesvara. Ineinander verschlungene Schlangen zieren das Fundament – daher der Name. Östlich der Insel steht eine Statue von Balaha, einer Inkarnation von Avalokitesvara, der sich einer buddhistischen Legende nach in ein Pferd verwandelte, um Schiffbrüchige vor einem Ungeheuer zu retten.

Der Teich versinnbildlicht den mystischen See Anavatapta, den Ursprung der vier großen Flüsse der Welt, symbolisiert durch vier Fontänen, durch die Wasser in die vier Außenteiche strömt. Die östliche Fontäne ist ein Kopf, die südliche ein Löwe, die westliche ein Pferd, die nördliche ein Elefant. Als die Anlage noch ein Kloster war, suchten die Gläubigen hier Rat und badeten dann im heiligen Wasser unterhalb jener Fontäne, die die Mönche für sie ausgewählt hatten.

Wasserspeier in Form eines Kopfes, Prasat Neak Pean

❼ Ta Prohm

1 km O von Angkor Thom.
tägl. 5–18 Uhr. allgemeines Ticket für Angkor.

Ta Prohm ist der geheimnisvollste Tempel von Angkor. Der Name bedeutet »Vorfahr von Brahma«. Ursprünglich war der Tempel ein buddhistisches Kloster, erbaut unter Jayavarman VII. Eine steinerne Stele beschreibt die Macht des Klosters, das in seiner Blütezeit 3000 Dörfer und 80 000 Diener umfasste. 18 Hohepriester und über 600 Tempeltänzer gehörten ebenfalls dazu. Der Reichtum des Tempels und seines Gründers Jayavarman VII. wird u. a. mit über 35 Diamanten und 40 000 Perlen angegeben.

Die Franzosen begannen hier während der Kolonialzeit mit der Erhaltung von Ruinen. Bis heute will man Ta Prohm so authentisch wie möglich belassen und restauriert daher sehr zurückhaltend, lässt also das Dschungeldickicht wuchern. Riesige Banyan- und Kapokbäume wachsen heute über den Ruinen und lassen sie so wirken, wie sie auch die ersten Entdecker sahen.

Der Tempel thront auf einer Hügelspitze und besteht aus einem steinernen Komplex in einer rechteckigen Mauereinfriedung aus Lateritgestein. Die schmalen Wege nach oben, vorbei an gewaltigen Kapokbäumen, führen durch natürliche grüne Gänge – eine Erholung von der tropischen Sonne. Der Haupteingang ist trotz des Zerfalls noch immer wunderschön und zeigt zahlreiche Buddha-Bildnisse, die man aus den Ruinen gerettet hat.

Hinter dem Tor kommt man in den beeindruckenden Saal der Tänzer. Der sehenswerte Sandsteinbau ruht auf quadratischen Säulen und ist mit blinden Türen und Reihen von Flachreliefs mit *apsaras* (himmlische Tänzerinnen) verziert. Westlich davon steht das Hauptheiligtum, eine einfache Steinkonstruktion mitten im Dschungel.

❽ Prasat Kravan

3 km O von Angkor Wat.
tägl. 5–18 Uhr.
allgemeines Ticket für Angkor.

Der aus fünf Ziegeltürmen bestehende, kleinere Tempel der Anlage entstand Anfang des 10. Jahrhunderts auf Geheiß von Harshavarman I. (reg. 915–23) für den Hindu-Gott Vishnu.

Der Tempelname bedeutet »Kardamom-Heiligtum« und ist vor allem wegen des Mauerwerks und der Flachreliefs sehenswert. Diese zeigen Vishnu, seinen Begleiter Lakshmi, sein Adlerreittier Garuda, die Schlange Naga und andere göttliche Diener.

Die Tore und Türstürze der fünf Türme bestehen aus Sandstein. Der südlichste Turm zeigt ein schönes Bildnis Vishnus,

Ein Kapokbaum (Wollbaum) überwuchert den Tempel Ta Prohm

Hotels und Restaurants in Siem Reap *siehe Seiten 241 und 253*

der auf Garuda reitet. In der Mitte des Zentralturms diente ein herausragender Stein wohl rituellen Waschungen.

❾ Banteay Srei

30 km NO von Siem Reap.
tägl. 5–18 Uhr.
allgemeines Ticket für Angkor.

Der einsam gelegene Tempelkomplex von Banteay Srei (»Zitadelle der Frauen«) begeistert durch seine detaillierten Reliefs. Die aus rosafarbenem Sandstein erbaute Anlage errichteten hinduistische Priester in der zweiten Hälfte des 10. Jahrhunderts – sie ist also im Gegensatz zu vielen Bauten in Angkor kein Tempel eines Herrschers.

Das rechteckige Hauptheiligtum ist von drei Seiten durch eine Mauer und Überreste eines Grabens geschützt. Innen sind reich verzierte Schreine Shiva, dem Hindu-Gott der Zerstörung, geweiht. Über den Eingängen sieht man fein gemeißelte Szenen aus dem großen Hindu-Epos *Ramayana*. Bildnisse von Shiva, seinem Helfer Parvati, dem Affenkönig Hanuman, dem göttlichen Ziegenhirten Krishna und dem Dämonenkönig Ravana sind alle wunderschön ausgeführt. Ebenso herausragend sind die Statuen der Gottheiten in den Nischen der Türme des Heiligtums. Die männlichen Götter tragen Lanzen und einfache Lendenschurze. Die Göttinnen sind mit langen, zu Knoten geflochtenen Haaren, indisch anmutenden Kleidern und Schmuck dargestellt.

Göttin am Hauptschrein im inneren Heiligtum, Banteay Srei

Hauptschrein im Lolei-Tempel, Roluos-Gruppe

Statue im Tempel Banteay Srei

❿ Roluos-Gruppe

12 km SO von Siem Reap.
tägl. 5–18 Uhr.
allgemeines Ticket für Angkor.

Die alten Tempel sind nach der Stadt Roluos benannt. Sie gelten als älteste in Angkor und markieren den Standort von Hariharalaya, der ersten Khmer-Hauptstadt, die von Indravarman I. (reg. 877–889) gegründet wurde.

Drei Hauptkomplexe stehen noch: Nördlich des Highway 6, auf dem Weg nach Phnom Penh, liegt **Lolei**. Der unter Yasovarman I. (reg. 889–910) errichtete Tempel steht auf einem künstlichen Erdhügel. Auf doppeltem Fundament und eingerahmt von einer Mauer aus Lateritgestein, erhebt er sich in der Mitte eines kleinen Sees. Die vier zentralen Ziegeltürme weisen erstaunlich gut erhaltene blinde Türen und Inschriften auf. Südlich von Lolei stößt man auf **Preah Ko**, den »Heiligen Bullen«. Der unter Indravarman I. errichtete Hindu-Tempel ist Shiva geweiht und wurde zu Ehren von Jayavarman II., dem Gründer des Khmer-Reichs, sowie der Eltern des Herrschers erbaut. Das Hauptheiligtum besteht aus sechs gemauerten Türmen auf einem erhöhten Lateritstein-Fundament. In der Nähe stehen drei ungewöhnlich gut erhaltene Statuen des heiligen Bullen Nandi.

Alle Motive auf den Türstürzen, Geheimtüren und Säulen haben die Jahrhunderte sehr gut überdauert und zeigen *kala*, breit grinsende Fabelwesen mit riesigen Augen, *makara*, Seewesen mit rüsselähnlichen Schnauzen, und Garuda, das Adlerreittier des Gottes Vishnu. Der Tempel liegt idyllisch in einer ländlichen Gegend und wurde umfangreich restauriert.

Jenseits von Preah Ko kann man den massiven Bau von **Bakong** kaum übersehen: Der Tempel ist Shiva geweiht und wurde im 9. Jahrhundert unter Indravarman I. errichtet. Der Bau ist das mit Abstand größte Baudenkmal der Roluos-Gruppe. Man nähert sich ihm über einen von einer siebenköpfigen *naga* geschützten und von Pilgerhäusern gesäumten Straße.

Im Herzen der Anlage ragt ein künstlicher Erdhügel auf, ein Symbol des heiligen Berges Meru, des Zentrums der hinduistischen Welt und Sitz der Götter. Der Hügel erhebt sich in fünf Ebenen. Die ersten drei sind mit Steinelefanten verziert. Auf dem Gipfel thront der rechteckige Hauptschrein mit einem vierstufigen, lotosförmigen Turm in der Mitte. Das Ganze wird von acht massiven, gemauerten Türmen mit den für die Roluos-Gruppe typischen Sandsteinreliefs eingerahmt.

Mehr über Angkor? Vis-à-Vis Kambodscha & Laos.

Reiseinformationen

Die meisten Besucher von Angkor reisen bequem per Flugzeug nach Kambodscha. Busse aus Vietnam und Thailand bieten eine preiswerte Alternative. Der Highway zwischen Phnom Penh und Siem Reap ist zwar verbessert worden, aber viele Straßen sind so schlecht, dass man mit Verspätungen und unbequemen Fahrten rechnen muss. Beeindruckender ist die Anreise per Fähre oder Boot. Eine reguläre Verbindung mit Tragflächenbooten existiert zwischen Siem Reap und Phnom Penh sowie zwischen Siem Reap und Chau Doc *(siehe S. 104)* in Vietnam. In und um Angkor kann man sich mit vielen verschiedenen Verkehrsmitteln bewegen.

Beim Boarding auf dem Siem Reap International Airport

Reisezeit

Die beste Reisezeit für Angkor sind die kühlen Monate zwischen November und Februar – wobei viele Besucher das Klima auch dann recht warm finden. Eine Alternative ist die Regenzeit (Juni–November), wenn Angkor grün und sehr feucht ist. Zu dieser Zeit sind viele *barays* (Seen) und bestimmte Tempel wie Prasat Neak Pean *(siehe S. 224)* überschwemmt. Die heiße Zeit (März–Mai) sollte man wegen der unerträglich hohen Temperaturen unbedingt meiden.

Anreise

Kambodscha hat mit dem **Phnom Penh International Airport** und dem **Siem Reap International Airport** zwei internationale Flughäfen. Da viele ausländische und nationale Airlines beide Destinationen anfliegen, kann man bequem nach Angkor reisen. Zu den wichtigen internationalen Fluggesellschaften zählen **Vietnam Airlines**, **Lao Airlines**, **Malaysia Airlines**, **SilkAir**, **Thai Airways**, **Bangkok Airways**, **Jetstar** und **Air Asia**. Abgesehen von Thai Airways, bieten alle Airlines auch Direktflüge von beliebten Urlaubszielen wie Hanoi, Ho Chi Minh City, Kuala Lumpur, Bangkok und Singapur nach Siem Reap an.

Die nationale Airline **Cambodia Angkor Air** fliegt täglich von Phnom Penh und Ho Chi Minh City nach Siem Reap. Allerdings ändern sich Flugpläne mitunter unerwartet, lokale Airlines können den Betrieb auch komplett einstellen. Aktuelle Informationen über Routen, Tarife und Flugzeiten erhält man in Reisebüros.

Dank der erfolgten Grenzöffnung für Ausländer, die aus Thailand und Vietnam einreisen, sind Bus- und Sammeltaxi-Fahrten unkompliziert und preiswert. Aus Vietnam kann man über acht Grenzübergänge einreisen. Am meisten genutzt sind die Strecken von Moc Bai nach Bavet und via Fähre von Chau Doc nach Phnom Penh. Viele Busse fahren von Ho Chi Minh City über Phnom Penh nach Siem Reap. Mit der neuen Brücke Neak Loeung über den Mekong dauert die Fahrt weniger als zwölf Stunden und kostet 30 bis 33 US-Dollar. Bei **Camboticket** kann man online buchen.

Angkor lässt sich auch per Boot oder Fähre, u. a. über den Mekong zwischen Vietnam und Kambodscha, ansteuern. Täglich verkehren Flussfähren von Phnom Penh nach Siem Reap, die Fahrt kann jedoch bis zu sechs Stunden dauern (25–35 US-Dollar). Auch von Ho Chi Minh City werden Bootstouren nach Siem Reap angeboten. Die Fahrt dauert etwa eine Woche und kostet mehr als 2500 US-Dollar. Eine der bekanntesten Agenturen hierfür ist u. a. **Pandaw Cruises**.

Einreise

Die Einreise nach Kambodscha gestaltet sich einfach: Ein einmonatiges Visum wird bei der Einreise an den Flughäfen von Phnom Penh und Siem Reap, aber auch an den Land- und Flussgrenzübergängen ausgestellt. Ein Touristenvisum kostet 30 US-Dollar. Man braucht dafür ein Passbild und einen mindestens noch sechs Monate gültigen Reisepass. Ein Visum kann man sich für 37 US-Dollar (zahlbar per Kreditkarte)

Einer der vielen Busse, die Besucher nach Siem Reap bringen

auch via Internet ausstellen lassen: www.evisa.gov.kh. Es wird zugemailt und muss ausgedruckt mit Passbild und Pass bei der Einreise vorgelegt werden.

Touren ab Vietnam

Verschiedene renommierte Reisebüros in Hanoi und Ho Chi Minh City veranstalten ab Vietnam Ausflüge nach Angkor. Zwar sind dies Pauschaltouren, aber man kann auch eigene Routen zusammenstellen lassen. Im Preis inbegriffen sind Reisekosten und ein Führer. Visum, Ausreisesteuer und Angkor-Ticket werden extra berechnet.

In Angkor unterwegs

In Siem Reap und Angkor kann man die verschiedensten Verkehrsmittel mieten – von Fahrrädern, Mofas und *motos* (Motorradtaxis) über Minibusse bis Tuk-Tuks. Eine Fahrradtour (Leihräder kann man in Fahrradläden und Hotels mieten) nach Angkor ist besonders schön. Am bequemsten ist ein Mietwagen, den Hotels in der Stadt gern organisieren. Ein klimatisierter Pkw mit Fahrer kostet zwischen 25 und 50 US-Dollar am Tag, je nach Strecke und Saison.

Motorradtaxis findet man überall in Siem Reap

Zoll

Kambodscha hat strikte Zollbestimmungen. Die Einfuhr von Drogen und Pornografie ist verboten. Auch die Mitnahme von Sprengstoffen ist untersagt. Wer über 10 000 US-Dollar dabeihat, muss diese anmelden. Sehr genau kontrolliert wird das Schmuggeln von Antiquitäten aus der Angkor-Epoche.

Ausreisesteuer

Bei Auslandsflügen ist bei Ausreise aus Kambodscha eine Steuer von 25 US-Dollar pro Person fällig. Bei Inlandsflügen werden sechs US-Dollar Gebühr erhoben, die jedoch zumeist schon im Ticketpreis enthalten ist.

Auf einen Blick

Botschaften

Deutschland
76–78 Rue Yougoslavie (Street 214), Phnom Penh.
T +855 (0)23 216 193.
W **phnom-penh.diplo.de**

Österreich
No. 1 Q. House Lumpini, Unit 1801, 18. Stock, South Sathorn Road, Thungmahamek, Sathorn, Bangkok 10120.
T +66 (0)2 1056 710.
W **aussenministerium.at/bangkok**

Schweiz
35 North Wireless Road, Bangkok 10330.
T +66 (0)2 674 6900.
W **eda.admin.ch/bangkok**

Vietnam
436 Monivong Blvd, Phnom Penh.
T +855 (0)23 726 274.
W **vietnamembassy-cambodia.org**

Flughäfen

Phnom Penh International Airport
T (023) 890 890.
W **cambodia-airports.aero**

Siem Reap International Airport
T (063) 761 261.
W **cambodia-airports.aero**

Fluglinien

Air Asia
179 Street Sisowath, Phnom Penh.
T (023) 890 035.
W **airasia.com**

Bangkok Airways
Siem Reap.
T (063) 965 424.
W **bangkokair.com**

Cambodia Angkor Air
House 17D, Omkhun Street, Siem Reap.
T (063) 969 268.
W **cambodiaangkorair.com**

Jetstar
Siem Reap.
T (063) 964 388.
W **jetstar.com**

Lao Airlines
114 Hwy 6, Siem Reap.
T (063) 963 169
W **laoairlines.com**

Malaysia Airlines
Siem Reap International Airport.
T (063) 964 135.
W **malaysiaairlines.com**

SilkAir
Siem Reap International Airport.
T (063) 964 993 313.
W **silkair.com**

Thai Airways
1F Unit 8A, Regency Complex-A Building, 298 Mao Tse Toung Blvd, Phnom Penh.
T (023) 214 359 294.
W **thaiair.com**

Vietnam Airlines
342 Hwy 6, Siem Reap.
T (063) 964 488.
W **vietnamairlines.com**

Busse

Camboticket
W **camboticket.com**

Bootstouren

Pandaw Cruises
T (090) 371 1239 (Ho Chi Minh City).
W **pandaw.com**

Touranbieter

Diethelm Travel
65 St 240, Phnom Penh.
T (023) 219 151.
W **diethelmtravel.com**

Exotissimo Travel
B20-21, St 60m (Spean Neak), Siem Reap.
T (063) 964 323.
W **exotissimo.com**

Hanuman Tourism
5 Krom 2, Siem Reap.
T (063) 963 213.
W **hanuman.travel**

Praktische Hinweise

Nach jahrelangen Unruhen erlebt Kambodscha eine wirtschaftliche Erholung und eine rasche Entwicklung. Eine wichtige Rolle dabei spielt der stark zunehmende Tourismus: Grundlage dafür ist vor allem die einzigartige Kulturgeschichte von Angkor, die jährlich Millionen von Besuchern anzieht. Das einst verschlafene Siem Reap ist heute der lebendige Ausgangspunkt mit Hotels und Restaurants für jeden Geldbeutel. Das simple Ticketsystem für Angkor, die leicht zu arrangierenden Verkehrsmittel und moderne Kommunikationsmöglichkeiten machen das Sightseeing in Angkor unkompliziert und bequem.

Schön eingerichtetes Zimmer im Victoria Sapa Resort ***(siehe S. 241)***

Eintrittspreise und Öffnungszeiten

Das Ticket für eine Tour durch Angkor muss man an den Schaltern am Haupteingang von Angkor (geöffnet tägl. 5–18 Uhr) kaufen. Auf den ersten Blick erscheinen die Preise eher teuer, doch bietet das Ticket recht viel, und ein Teil der Einkünfte kommt dem Erhalt der Bauten zugute.

Man kann unter drei Ticketarten wählen. Alle drei gelten für alle Baudenkmäler außer Phnom Kulen, Koh Ker und Beng Melea. Der Ein-Tages-Pass kostet 20 US-Dollar, für 40 US-Dollar kann man die Tempel an drei Tagen innerhalb einer Woche erkunden, der einen Monat gültige Sieben-Tage-Pass kostet 60 US-Dollar. Für Kinder unter zwölf Jahren ist der Eintritt bei Vorlage des Passes kostenlos.

Neben dem Eintrittspreis muss man ein Passfoto für den Ticketpass vorlegen – man kann ein eigenes Foto mitbringen oder eine Aufnahme am Ticketschalter machen lassen.

Information

Das privat geführte **Tourism Information Office** in Siem Reap ist in einem weißen Bau an der Pokambor Avenue untergebracht, aber bis auf Reservierungen wenig hilfreich. Nützlicher (und im selben Gebäude zu finden) ist die **Khmer Angkor Tour Guide Association**, die Mietwagen sowie englischsprachige Fahrer vermittelt. Die Website von **Tourism of Cambodia** ist ebenfalls informativ.

Das vierteljährlich erscheinende Magazin *Siem Reap Angkor Visitors Guide* liefert aktuelle Besucherinformationen, inklusive Einkaufs- und Verkehrshinweise, dazu Restaurant- und Hotelführer. Das Magazin liegt kostenlos in vielen Hotels aus oder ist online unter canbypublications.com/siemreap/srhome.htm abrufbar.

Der Besuch von Waisenhäusern ist in Siem Reap zwar recht populär, bedenken Sie jedoch, dass es sich auch um einen Betrugsversuch handeln könnte. Besuchen Sie deshalb vorher die Informationsstellen, die Websites von gemeinnützigen Organisationen wie ConCert (www.concertcambodia.org) und Khmer for Khmer (www.kko-cambodia.org) oder die Website www.thinkchildsafe.org/thinkbeforevisiting, wenn Sie wirklich helfen wollen.

Hotels

Früher bot Siem Reap nur wenige, unattraktive Unterkünfte, heute scheinen ständig neue Hotels und Gästehäuser zu eröffnen – von Fünf-Sterne-Häusern wie dem Raffles Grand Hotel d'Angkor *(siehe S. 241)* bis hin zu einfachen Hotels und preisgünstigen Gästehäusern.

Besucher, die nicht vorher gebucht haben, können sich am Flughafen über Unterkünfte informieren. Die aufdringlichen Zimmervermittler am Flughafen sollte man ignorieren, Betrügereien sind nicht selten. Die meisten Unterkünfte, selbst das bescheidenste Gästehaus, werden einen Fahrer mit Wagen zum Abholen schicken. Ebenso einfach und oft deutlich preiswerter ist eine Online-Buchung. Berücksichtigen Sie, dass die Preise zwischen Hoch- (November–März) und Nebensaison (Mai–Oktober) extrem schwanken.

Restaurants

Vielfalt und Qualität der Restaurants in Siem Reap dürften für jeden Geschmack etwas bieten – von der Thai-Küche und Spezialitäten Kambodschas bin hin zu vietnamesischer, chinesischer, indischer, französischer und italienischer Küche.

Vor allem bei Psar Chaa gibt es preiswerte, gute Lokale und viele Stände mit regionalen

Gäste genießen ihr Essen im Red Piano ***(siehe S. 253)*****, Siem Reap**

Spezialitäten. Zu den meisten Gästehäusern gehört ein kleines Café, große Hotels haben in der Regel ein gehobenes Restaurant dabei.

Gesundheit und Sicherheit

Kambodscha ist ein armes Land mit einem nicht sehr hoch entwickelten Gesundheitswesen. Im Ernstfall sollte man sich nach Bangkok ausfliegen lassen. Doch mit etwas Vorsicht wird man nicht krank: Wasser nur aus Flaschen trinken, gut gekochte Speisen essen, Eis meiden und sich vor jedem Essen die Hände waschen. Um Dehydrierung oder Hitzschlag vorzubeugen, sollten Sie bei Ausflügen stets Mineralwasser dabeihaben, eine Kopfbedeckung tragen und die heißeste Tageszeit meiden.

Fast ganz Kambodscha ist Malariagebiet, nur die Gegend um Angkor gilt als malariafrei. Dagegen sind Denguefieber, Hepatits und Tollwut Risiken. Fragen Sie vor Reiseantritt Ihren Hausarzt nach entsprechenden Impfungen. Schützen Sie sich vor Geschlechtskrankheiten und Aids. In Siem Reap sind Minen bis heute eine Gefahr: Verlassen Sie nie die ausgewiesenen Pfade und folgen Sie den Führern.

Wie überall sollten Sie einsame Gegenden meiden, keinen auffallenden Schmuck sowie als Frau keine aufreizende Kleidung tragen. Deponieren Sie Wertgegenstände im Hotelsafe. Die Touristenpolizei unterhält überall in Angkor Wachen.

Banken und Währung

Die Währung Kambodschas ist der *riel*, für einen Euro bekommt man über 4400 *riel*. Geldscheine gibt es von 50 r bis 100 000 r, wobei selbst der größte Schein nur rund 23 Euro wert ist. Allerdings benötigt man die einheimische Währung nur selten, meist zahlt man in US-Dollar oder in thailändischen *bhat*. Dennoch sollte man einige *riel* für Trinkgelder oder den Kauf von Getränken und anderen Kleinigkeiten dabeihaben.

In Siem Reap gibt es mehrere Banken, die Geld wechseln und Reiseschecks (am besten in US-Dollar) einlösen. Banken haben meist montags bis freitags von 9 bis 16 Uhr geöffnet, Wechselstuben länger. Bargeld spielt zwar eine wichtige Rolle, aber die üblichen Kreditkarten werden von vielen Stellen akzeptiert. Geldautomaten der **ANZ Royal Bank** sind eine weitere Möglichkeit, an Bargeld zu kommen. Debitkarten mit VPay-Logo sind in Kambodscha nicht gültig.

Eine der vielen Banken in Siem Reap

Kommunikation

Die Netzabdeckung in Kambodscha ist sehr gut. Die internationalen Roaming-Gebühren sind zwar hoch, diese kann man jedoch vermeiden, indem man sich eine SIM-Karte von einem der sieben kambodschanischen Serviceprovider besorgt. Die meisten Läden wollen einen Pass mit gültigem Visum sehen, bevor sie eine SIM-Karte verkaufen.

Günstiges Wi-Fi gibt es fast überall, auch beschränkt die Regierung den Internet-Zugang nicht. Viele Hotels, Hostels und Cafés bieten freies Wi-Fi.

Post- und Kurierdienste kann man im Postamt oder bei Anbietern wie **DHL** und **EMS** erledigen lassen.

Behinderte Reisende

Gegenwärtig findet man in Angkor keine besonderen Einrichtungen für behinderte Reisende. Allerdings bemühen sich viele der neuen Luxushotels jetzt um eine bessere Ausstattung für alle Gäste, die besondere Hilfe benötigen.

Auf einen Blick

Information

Khmer Angkor Tour Guide Association
(063) 9582 8248.
khmerangkortourguide.com

Tourism of Cambodia
tourismcambodia.com

Notrufnummern

Feuerwehr
Siem Reap.
(012) 784 464.

Touristenpolizei
Gegenüber dem Hauptticketschalter von Angkor.
(012) 402 424,
(012) 969 991.

Krankenhäuser

Angkor Hospital for Children
PO Box 50, Siem Reap.
(063) 963 409.
fwab.org

International Dental Clinic
545 National Road 6A, Siem Reap.
(063) 767618.
imiclinic.com

Royal Angkor International Hospital
Hwy 6, Airport Rd, Siem Reap.
(063) 761 988.
royalangkorhospital.com

Banken

ANZ Royal Bank
566–70 Tep Vong, Siem Reap.
(023) 726 900.
anzroyal.com

Cambodia Asia Bank
Am Flughafen und Ecke Sivutha Blvd und Airport Rd beim Angkor Holiday Hotel, Siem Reap.
(063) 868 222.
cab.com.kh

Union Commercial Bank
61, St 130, Siem Reap.
(023) 724 931.
ucb.com.kh

Kurierdienste

DHL Express
15A Sivatha, Siem Reap.
(063) 964 949.

EMS
Porkambor, Phum Mondul 2, Siem Reap. (063) 760 433.

ZU GAST IN VIETNAM

Hotels

Unterkünfte in Vietnam umfassen mittlerweile die ganze Bandbreite von historischen Boutique-Hotels und eleganten Luxustempeln über Ferienanlagen bis hin zu einfachen, preiswerten Guesthouses. Spitzenhotels konzentrieren sich in Großstädten und an schönen Stränden, preiswerte Hotels findet man fast überall. Größere Häuser bieten Einrichtungen wie Pool, Fitnessraum, Restaurants und sogar Diskotheken. Auch in den meist an der Zentralküste liegenden Resorts kann man sich seine Zeit angenehm mit Aktivitäten vertreiben. Preiswerte Hotels und Guesthouses verzichten zwar auf Luxus, aber bis auf die billigsten Unterkünfte gibt es auch hier Klimaanlage, westliche Toiletten und Warmwasser. Jugendherbergen und Campingplätze sind in Vietnam eher selten zu finden. Eine Alternative sind Homestays, in denen man bei einer Familie wohnt – eine Chance, das ländliche Vietnam zu erleben und die Küche des Landes zu kosten.

Hotelauswahl

In Vietnam gibt es zwar jetzt offizielle Hotelkategorien, doch meist lässt der Preis am besten auf den Standard schließen. Hotels mit Zimmerpreisen über 150 US-Dollar pro Nacht entsprechen einem europäischen Fünf-Sterne-Haus. Gleichwohl bietet ein und dasselbe Hotel oft unterschiedliche Standards an – von pompösen Suiten bis zu einfachen Zimmern.

Wichtig ist die Unterscheidung zwischen Hotel *(khach san)* und Guesthouse/Gästehaus *(nha khach)*: Letzteres kann wie ein preiswertes Hotel funktionieren, verfügt aber meist über keinen Zimmerservice und weniger Angebote.

Imposante Fassade des Continental Hotel *(siehe S. 236)*, Ho Chi Minh City

Luxushotels

Fast an allen Orten, die ausländische Besucher anziehen, findet man heute auch Luxushotels. Vor allem in Ho Chi Minh City, Hanoi, Nha Trang und Mui Ne gibt es internationale Hotelketten wie Sheraton, Hilton, Marriott, Novotel, Sofitel und Ana Mandara/Six Senses. Die Kette Victoria Hotels and Resorts bietet luxuriöse Unterkünfte auf dem Land, die meist in schönen Gebäuden in reizvoller Landschaft liegen.

All diese Hotels erfüllen in Ausstattung und Service internationalen Standard. Das elegant gekleidete Personal liest den Gästen jeden Wunsch von den Lippen ab. Die Zimmer sind in der Regel geräumig und klimatisiert. Moderne Services wie Minibar und Kabelfernsehen gehören zum Standard. Wi-Fi gibt es ebenfalls, teilweise aber zu horrenden Preisen. Die Hotels verfügen außerdem über Fitnessräume. Geschäftsreisende wissen die vielen Business-Angebote, Konferenzräume, Einrichtungen für Internet- und Telefonkonferenzen zu schätzen.

So gut wie jedes Vier- oder Fünf-Sterne-Haus serviert exzellente Küche. Die Top-Restaurants bieten ausländische Gourmetküche aus Frankreich, China, Japan und Italien. Auch das Frühstück fällt hier meist mit europäischen, amerikanischen und vietnamesischen Gerichten sehr üppig und vielfältig aus.

Am Abend inszenieren viele Spitzenhotels glamouröse, westlich orientierte Shows, in vielen Luxushotels kann man abends in Diskotheken auch tanzen gehen oder in den Bars und Lounges regelmäßig Live-Musik hören.

Das elegante Interieur des luxuriösen Caravelle *(siehe S. 236)*

◀ Bunte Strohhüte auf einem schwimmenden Markt

Resort-Hotels

Vietnam hat eine lange Tradition eleganter Hotels, die auf die reiselustigen Franzosen der Kolonialzeit zurückgeht. Einige dieser historischen Häuser existieren noch, etwa das schön restaurierte Dalat Palace *(siehe S. 238)* in Dalat.

Doch der Trend geht eher in Richtung moderner Hotelanlagen, die meist an der Küste liegen. Bekannte Luxustempel sind das Nam Hai *(siehe S. 239)* in Hoi An und das Six Senses Hideaway *(siehe S. 238)* in Ninh Hoa.

Einige neue Hotels wirken wie jeder andere Hotelturm auch, liegen aber oft weit außerhalb der Städte und gelten daher als Resorts. Urlaubsorte mit großen Anlagen sind vor allem Nha Trang und Phan Thiet. Die vielen Strandhotels haben Pools, gute Restaurants und natürlich weiße Sandstrände. Die meisten Anlagen bieten auch zahlreiche Sportmöglichkeiten an.

Viele Resorts organisieren Ausflüge: Touren zu den Bergstämmen kann man etwa in Sapa von örtlichen Führern und Hotel-Reisebüros organisieren lassen. In Hue veranstalten viele Hotels historisch orientierte Ausflüge auf dem Parfümfluss. Das Sun Spa Resort *(siehe S. 239)* in Dong Hoi bietet zahlreiche Wellness- und Gesundheitsprogramme an, beispielsweise Diäten, Yoga, Aromatherapie und Kräuteranwendungen.

Billardtisch in Miss Loi's Guesthouse ***(siehe S. 236)***

Gästehäuser und preiswerte Hotels

Vietnamesische Guesthouses sind meist bequem und sauber. Sie haben Duschen und Toiletten nach westlichem Standard, heißes Wasser, Kabel-TV, oft auch Wi-Fi und manchmal eine Minibar. Meist werden Gästehäuser von einer Familie betrieben, die im selben Gebäude wohnt. Nicht selten bekommt man hier für wenig Geld auch Frühstück oder einen Imbiss. Normalerweise bieten die Vermieter einen Wäscheservice an, organisieren Touren, vermieten Fahrräder oder Motorräder oder besorgen alle Arten von Tickets. Viele Gästehäuser haben mehr Charme als größere Hotels.

In Städten, die schon längere Zeit Tourismus kennen, etwa Ho Chi Minh City oder Nha Trang, drängen sich die preiswerten Hotels in einem Viertel (in Ho Chi Minh City etwa in Pham Ngu Lao). In solchen Fällen reguliert die Konkurrenz den Preis, und man muss nicht verhandeln. In Häusern dagegen, die einzeln oder gar abseits liegen, kann sich ein wenig Verhandlungsgeschick oft bezahlt machen.

Ein Gästehaus oder ein einfaches Hotel kann man in Orten wie Dalat schon ab acht US-Dollar bekommen, in Ho Chi Minh City ab 25 US-Dollar. In einer Kleinstadt sollte man für ein klimatisiertes Zimmer mit Kabel-TV und oft sogar Balkon zwischen zehn und 15 US-Dollar veranschlagen. Sehr einfache Hotels (manchmal mit Zimmern ohne Fenster) beginnen bei sechs US-Dollar, sind aber nicht immer sauber und wenig einladend.

Swimmingpool im Resort Victoria Can Tho ***(siehe S. 237)*** **in Can Tho**

Homestays

Homestays werden in Gebieten ethnischer Minderheiten immer beliebter. Die meisten Homestays findet man in Teilen des Mekong-Deltas, etwa in Vinh Long *(siehe S. 94)* und im nördlichen Hochland. Privatunterkünfte kosten meist ab 15 US-Dollar pro Nacht. Homestays kann man über Reisebüros in Ho Chi Minh City oder Hanoi buchen.

Innoviet hat sich auf Thementouren spezialisiert, die auf individuelle Wünsche zugeschnitten sind, inklusive Homestays. Auch örtliche Tourismusbüros vermitteln Homestays.

Majestic Hotel *(siehe S. 236)* **an der Dong Khoi-Straße, Ho Chi Minh City**

Preise

Vietnam bietet bequeme und bezahlbare Hotels für jeden Geldbeutel. Selbst Zimmer der Luxusklasse kosten normalerweise nicht so viel wie im Westen. In Großstädten ist ein einfaches Zimmer mit Klimaanlage und Fernseher schon für 15 US-Dollar zu haben, noch weniger kostet es in Kleinstädten. Mittlere Hotels verlangen durchschnittlich 40 bis 70 US-Dollar, für 150 US-Dollar bekommt man in Spitzenhäusern echten Luxus.

Wissen sollte man, dass die meisten Hotels unterschiedliche Preise für vietnamesische und ausländische Gäste veranschlagen. Selbst die Nationalität des Gastes kann beim Preis eine Rolle spielen. Dies gilt besonders in Häusern, die staatlich betrieben werden.

Reservierung

Wer zur Hochsaison *(siehe S. 270)* durch Vietnam reist, sollte besser reservieren, vor allem für größere Hotels und Resorts. Hanoi und Ho Chi Minh City sind ganzjährig geschäftige Business-Ziele, Hotels für Geschäftsreisende können deshalb zu jeder Jahreszeit unvermittelt gut gebucht sein.

Bequem ist eine Reservierung über ein Reisebüro, aber es geht auch direkt: Alle besseren Hotels haben Websites mit sicherer Online-Buchung, auch erstaunlich viele preiswerte Häuser bieten diesen Service an. Hotels ohne eigene Website verfügen meist über eine E-Mail-Adresse. Eine Alternative zum Buchen sind Hotelanbieter vor Ort, etwa **Hotels in Vietnam**, **Vietnam Stay** und **TNK Travel**. Auf deren Websites kann man unter vielen Hotels, Ferienanlagen, Apartments und Gästehäusern wählen. Diese Agenturen sind nicht nur zuverlässig, sondern handeln für ihre Kunden auch oft die besseren Preise aus.

Einchecken

Beim Einchecken muss der Reisepass vorgelegt werden, den das Hotel für die Dauer des Aufenthalts behalten darf. Früher waren die Häuser dazu verpflichtet und mussten die Gästeliste bei den Behörden melden, heute kopieren Hotels den Pass nur noch. Kleinere Landunterkünfte verlangen den Reisepass gern als Sicherheitspfand bis zur Abreise.

Ferienapartments

Wer längere Zeit an ein und demselben Ort wohnt, kann in einem Apartment oder einer Wohnung (inkl. Service) Geld sparen. Zu den besten Anbietern gehören die **Sedona Suites** in Hanoi und Ho Chi Minh City mit stilvollen, komplett möblierten Suiten.

Preiswerter, aber auch aufwendiger ist es, über den Immobilienmarkt ein Apartment anzumieten. Das erfordert viel Papierkram und eine Anmeldung bei der lokalen Polizei. Relativ einfach und billig ist die Zimmeranmietung in einem Privathaushalt. Am leichtesten findet man Zimmerangebote an den Schwarzen Brettern in Cafés und Restaurants, die von Backpackern frequentiert werden. Wenn man ein Zimmer mietet, muss man sich bei der örtlichen Polizei anmelden.

Steuern

Gehobene Hotels schlagen zehn Prozent Steuern sowie fünf Prozent Servicegebühr auf den Preis auf und weisen dies auch auf der Rechnung aus. Bei preiswerten Unterkünften sind Steuer und Service im Preis enthalten und erscheinen nicht auf der Rechnung.

Der üppige Garten am Pool des Ancient House *(siehe S. 239)*, **Hoi An**

Verhandeln

In jedem Hotel – sofern nicht ausgebucht – ist der Preis verhandelbar. Bei einwöchigem Aufenthalt oder einfacher ausgestatteten Zimmern kann der Preis in größeren Hotels um bis zu 30 Prozent sinken. Auch Billighotels lassen unter Umständen einige Dollar nach, haben aber weniger Spielraum.

Außenbereich des Victoria Sapa *(siehe S. 241)*

Trinkgeld

Trinkgelder waren im kommunistischen Vietnam nicht üblich, sind aber inzwischen Normalität. In größeren Hotels, die eine Servicegebühr aufschlagen, ist der Gast zwar nicht verpflichtet, doch jeder aufmerksame und hilfsbereite Mitarbeiter freut sich über einen US-Dollar. In kleineren Hotels kann man sich mit wenig Trinkgeld einen deutlich netteren Service »erkaufen«.

Mit Kindern reisen

Zwar gibt es außer in Luxusanlagen keine speziellen Einrichtungen für Kinder *(siehe S. 272)*, aber die Kleinen sind in allen Hotels willkommen. Die meisten Häuser berechnen für Kinder bis zu zwölf Jahren, die im Bett der Eltern schlafen, nichts. Gegen eine kleine Gebühr erhält man in guten Hotels ein Zusatzbett. Auch die einfachsten Unterkünfte freuen sich über Kinder und sorgen für einen bequemen Aufenthalt. Fast jedes Hotel ist bereit, für relativ wenig Geld einen erfahrenen Babysitter zu arrangieren.

Behinderte Reisende

Leider bieten die wenigsten Hotels in Vietnam Einrichtungen für behinderte Reisende *(siehe S. 272)* an. Nur die großen, neuesten Luxushotels haben Rollstuhlrampen und behindertengerechte Aufzüge, in preiswerteren Häusern fehlt all das gänzlich. Auch ältere Hotels mit winzigen französischen Aufzügen eignen sich nicht für Rollstuhlfahrer. Allerdings organisieren die meisten Häuser ohne Probleme einen bezahlbaren (wenn auch in der Regel nicht ausgebildeten) Betreuer oder eine Begleitperson.

Hotelkategorien

Die im Folgenden aufgeführten Übernachtungsmöglichkeiten wurden sorgfältig ausgewählt und beinhalten die besten in ihren jeweiligen Kategorien: von Luxus- und Boutique-Hotels über historische Hotels und Resorts bis hin zu preisgünstigen Unterkünften und Hostels. Diese Kategorien spiegeln die zunehmende Vielfalt der Unterkünfte in Vietnam wider, einem Land, in dem es erst seit 25 Jahren ein signifikantes Besucheraufkommen gibt. Doch Vietnam holt auf, in den Ferienorten öffnen Filialen internationaler Hotelketten. Zu den Auswahlkriterien gehörten nicht nur generelle wie Einrichtungen, Lage und Service, sondern auch, ob das Personal ausreichend Englisch spricht. In ihrer Kategorie herausragende Hotels erscheinen unter **Vis-à-Vis-Tipp**.

Auf einen Blick

Homestays

Innoviet
161 Bui Vien, Distrikt 1, HCMC.
Stadtplan 2 D5.
(08) 2216 5303.
innoviet.com

Reservierung

Hotels in Vietnam
48 Ngo Si Lien, Hanoi.
Stadtplan 1 C4.
(08) 3500 7222.
hotels-in-vietnam.com

TNK Travel
220 De Tham, Distrikt 1, HCMC.
Stadtplan 2 D5.
(08) 3920 5847/4767.
tnktravelvietnam.com

Vietnam Stay
91 Ly Nam De, Distrikt Hoan Kiem, Hanoi.
Stadtplan 2 D2.
(04) 3747 3482.
vietnamstay.com

Ferienapartments

Sedona Suites
65 Le Loi Blvd, Distrikt 1, HCMC.
Stadtplan 2 E4.
(08) 3822 9666.
96 To Ngoc Van, Hanoi.
(04) 3718 0888.
sedonahotels.com.sg

Elegante Fassade des La Veranda Resort auf Phu Quoc *(siehe S. 238)*

Hotelauswahl

Ho Chi Minh City

Cholon

Hotel Equatorial $$$
Luxus **Stadtplan** 4 F3
242 Tran Binh Trong
(08) 3839 7777
equatorial.com/hcm
Exklusives Hotelhochhaus im westlichen Stadtzentrum. Sehr gute Restaurants, u. a. The Orientica.

Windsor Plaza $$
Luxus **Stadtplan** 4 F4
18 An Duong Vuong
(08) 3833 6688
windsorplazahotel.com
Die Zimmer in den oberen Stockwerken des Hotelhochhauses bieten fantastische Blicke. Das Café Central ist ein Muss.

Distrikt 1

An An 1 $
Günstig **Stadtplan** 2 D5
40 Bui Vien
(08) 3837 8088
anan.vn
Geräumige Zimmer mit Computer und freiem WLAN. Gute Lage mitten im Trubel der Stadt.

Bali Boutique Hotel $
Günstig **Stadtplan** 2 D5
82 Bui Vien
(08) 3920 9804
baliboutiquehotel.vn
Wenn man im Zentrum der Action sein will, ist man hier richtig. Die günstigeren Zimmer haben keine Fenster.

Diep Anh Guest House $
Günstig **Stadtplan** 2 D5
241/31 Pham Ngu Lao
(08) 3836 7920
Familiengeführtes Guesthouse mit Zimmern mit Bad in zentraler Lage.

Dong Do $
Günstig **Stadtplan** 2 F4
35 Mac Thi Buoi
(08) 3827 3637
dongdohotelvn.com
Eines der preisgünstigen Hotels in der Nähe der Dong Khoi. Alle Annehmlichkeiten.

Vis-à-Vis-Tipp

Madam Cuc $
Günstig **Stadtplan** 2 D5
64 Bui Vien
(08) 3836 5073
madamcuchotels.com
Madam Cuc hat ein einfaches Rezept: Deine Gäste sind deine Familie. Es funktioniert so gut, dass sie mehrere Filialen eröffnet hat. Diese liegt am günstigsten. Die Zimmer sind einfach, aber sauber. Frühstück, Tee, Snacks und WLAN sind im Preis inbegriffen.

Miss Loi's Guesthouse $
Günstig **Stadtplan** 2 E5
178/20 Co Giang
(08) 3837 9589
In einer engen Gasse südlich vom Distrikt 1, einfache Zimmer, freundlicher Service, Frühstück inklusive.

Spring $
Günstig **Stadtplan** 2 F3
44–46 Le Thanh Ton
(08) 3829 7362
springhotelvietnam.com
Komfortable, preisgünstige Zimmer, das Spring ist ein Schnäppchen unter den Hotels der Stadt.

Continental $$
Historisch **Stadtplan** 2 F3
132–134 Dong Khoi
(08) 3829 9201
continentalvietnam.com
Die große alte Dame unter den Hotels in Saigon. Koloniales Flair bestimmt das herrliche Ambiente.

Preiskategorien
Die Preise beziehen sich auf ein Doppelzimmer pro Nacht in der Hochsaison, inkl. Steuern, Gebühren und Frühstück.

$	unter 50 US-$
$$	50–150 US-$
$$$	über 150 US-$

Lavender $$
Boutique **Stadtplan** 2 E4
208–210 Le Thanh Ton
(08) 2222 8888
lavenderhotel.com.vn
Elegant eingerichtete Zimmer, guter Service und gute Lage in der Nähe des Ben Thanh-Markts.

Majestic $$
Historisch **Stadtplan** 2 F4
1 Dong Khoi
(08) 3829 5517
majesticsaigon.com.vn
Herrliches Kolonialhotel am Fluss, Art-déco-Interieur. Sechs Restaurants und Bars. Nur Nichtraucher.

Rex $$
Historisch **Stadtplan** 2 E4
141 Nguyen Hue
(08) 3829 2185
rexhotelvietnam.com
Berühmt für seine Bar auf der Dachterrasse, bietet das Hotel vornehme Zimmer und Suiten.

Vis-à-Vis-Tipp

Caravelle $$$
Luxus **Stadtplan** 2 F3
19–23 Lam Son Square
(08) 3823 4999
caravellehotel.com
Es gilt als eines der besten Hotels der Stadt. Das Caravelle bietet superb eingerichtete Luxus-Zimmer und Suiten. Ideale Lage in der Nähe der Dong Khoi und ihrer Läden. Alle Annehmlichkeiten, verbunden mit einem Spitzenservice.

Catina $$$
Luxus **Stadtplan** 2 F4
109 Dong Khoi
(08) 3829 6296
hotelcatina.com.vn
In der Nähe von Notre Dame, kleine, aber stilvoll eingerichtete Zimmer. Gutes Personal.

Grand $$$
Luxus **Stadtplan** 2 F4
8 Dong Khoi
(08) 3915 5555
grandhotel.vn
Ein Juwel aus der Kolonialzeit, ausgebaut und renoviert. Die Zimmer sind ziemlich plüschig.

Schön angestrahlter Swimmingpool des eleganten Hotels Caravelle

Hotelkategorien *siehe Seite 235*

Hotel Nikko Saigon $$$
Luxus **Stadtplan** 2 D5
235 Nguyen Van Cu
(08) 3925 7777
hotelnikkosaigon.com
Exklusives Hotel. Großer Zimmer in minimalistischem Design. Mehrere Restaurants im Haus.

Park Hyatt $$$
Luxus **Stadtplan** 2 E3
2 Lam Son Square
(08) 3824 1234
saigon.park.hyatt.com
Exzellente Lage an der Oper mit superben Restaurants und einem der besten Spas der Stadt.

Distrikt Tan Binh

Park Royal $$
Modern **Stadtplan** 1 A1
309B Nguyen Van Troi
(08) 3842 1111
parkroyalhotels.com
Gute Alternative zum vorhergehenden Novotel Garden Plaza nur wenige Minuten vom Flughafen.

Abstecher von Ho Chi Minh City

LONG HAI: Thuy Duong Resort $$
Resort **Straßenkarte** C6
Stadt Phuoc Hai
(064) 388 6215
thuyduongresort.com.vn
Erschwingliches Resort am Sandstrand. Zimmer in unterschiedlichen Kategorien. Online-Reservierungen sind günstiger.

LONG HAI: Alma Oasis Long Hai $$$
Resort **Straßenkarte** C6
44A Long Hai, Ba Ria
(064) 386 2222
almaoasislonghai.com
Die einstige kaiserliche Villa ist ein preisgekröntes Resort, ein wahres Luxusrefugium.

Vis-à-Vis-Tipp

VUNG TAU: Binh An Village $$
Resort **Straßenkarte** C6
1 Tran Phu
(064) 351 0016
binhanvillage.com
Das schöne Resort besteht aus zehn traditionellen Villen, die um Holzsäulen herumgebaut sind. Das Interieur ist eine Mischung aus Alt und Modern. Alle Suiten und einige Zimmer verfügen über einen Außenbereich zum Garten hin. Superbes Restaurant mit Meerblick.

Komfortables Zimmer im Victoria Chau Doc Hotel

VUNG TAU: Palace Hotel $$
Modern **Straßenkarte** C6
1 Nguyen Trai
(064) 385 6411
palacehotel.com.vn
Solides Hotelhochhaus mit geräumigen Zimmern, Flachbildschirm, Stimmungsbeleuchtung.

VUNG TAU: Lotus Resort $$$
Resort **Straßenkarte** C6
165C Thuy Van
(064) 352 3460
lotusvungtauresort.com
Luxuriöses Strand-Resort mit eigenem Pool und Tennisplatz. In der Nähe liegt ein wesentlich günstigerer Campingplatz.

Mekong-Delta und Südvietnam

BAC LIEU: Bac Lieu Hotel $$
Modern **Straßenkarte** B6
4–6 Hoang Van Thu
(0781) 395 9697
baclieuhotel.com
Sieht von außen großartig aus, die Zimmer sind zwar einfach, doch komfortabel. Massagen und Sauna im Haus.

BEN TRE: Hung Vuong $
Günstig **Straßenkarte** B6
148 Hung Vuong
(075) 382 2408
hungvuonghotelbentre.vn
Gute Lage in der Nähe des Zentrums, gutes Preis-Leistungs-Verhältnis. Einige Zimmer mit Blick auf den Fluss.

CAN THO: Saigon Can Tho $
Modern **Straßenkarte** B6
55 Phan Dinh Phung
(0710) 382 5831
saigoncantho.com.vn
Solides Geschäftshotel mit schönen Zimmern, guter Ausstattung und freundlichem Service.

CAN THO: Tay Ho $
Günstig **Straßenkarte** B6
42 Hai Ba Trung
(0710) 382 3392
tayhohotel.com
Gut gelegenes Haus, hilfreiche Eigentümer. Fragen Sie nach Zimmer mit Blick auf den Fluss.

CAN THO: Victoria Can Tho $$$
Resort **Straßenkarte** B6
Cai Khe Ward
(0710) 381 0111
victoriahotels.asia
Eleganz im Kolonialstil bietet das exklusive Hotel auf eigener Halbinsel nördlich der Stadt.

CHAU DOC: Song Sao $
Günstig **Straßenkarte** B6
12 Nguyen Huu Canh
(076) 356 1776
Hotelhochhaus mit komfortablen Zimmern, freundlichem Personal in zentraler Lage. Freies WLAN.

CHAU DOC: Chau Pho $$
Modern **Straßenkarte** B6
88 Trung Nu Vuong
(076) 356 4139
chauphohotel.com
Ein Klassiker unter den Hotels in Chau Doc. Helle, große Zimmer und freundliches Personal.

CHAU DOC: Victoria Chau Doc $$$
Resort **Straßenkarte** B6
32 Le Loi
(076) 386 5010
victoriahotels.asia
Das einzige Fünf-Sterne-Resort der Stadt bietet große Zimmer mit Balkonen und Flussblick.

CON DAO-INSEL: Saigon Con Dao Resort $$
Resort **Straßenkarte** B6
18–24 Ton Duc Thang
(064) 383 0336
saigoncondao.com
Wer sein Geld nicht im Six Senses verprassen will, für den ist es das beste Haus vor Ort.

CON DAO-INSEL: Six Senses Hideaway $$$
Resort **Straßenkarte** B6
Dat Doc Beach
(064) 383 1222
sixsenses.com
Super Luxusresort mit Privatstrand. Stilvolle Villen, jede mit ihrem eigenen Butler.

MY THO: Chuong Duong $
Günstig **Straßenkarte** B6
10 Thang 30/4
(073) 387 0875
Solide, komfortable Zimmer mit Balkonen zum Fluss. Im Hotel ist eines der besten Restaurants der Stadt.

Stadtplan Ho Chi Minh City *siehe Seiten 82–87* **Straßenkarte** *siehe hintere Umschlaginnenseiten*

PHU QUOC-INSEL: Beach Club $
Günstig **Straßenkarte** A6
Tran Hung Dao, Long Beach
(077) 398 0998
beachclubvietnam.com
Ziemlich abgelegener Strandbungalow mit einfachen Zimmern rund um ein Restaurant.

PHU QUOC-INSEL: Saigon Phu Quoc Resort $$
Resort **Straßenkarte** A6
62 Tran Hung Dao
(077) 384 6999
sgphuquocresort.com.vn
Am Nordende des Long Beach liegt das Luxusresort mit Spa, Pool und Wassersportaktivitäten.

Vis-à-Vis-Tipp

PHU QUOC-INSEL: La Veranda $$$
Resort **Straßenkarte** A6
Hung Dao, Long Beach
(077) 398 2988
laverandaresorts.com
In französischem Kolonialstil erbaut, ist das La Veranda das luxuriöseste Resort auf Phu Quoc. Zur Ausstattung zählen ein Spa, ein Pool und das Restaurant Pepper Tree auf der oberen Terrasse.

SOC TRANG: Phong Lan I $
Günstig **Straßenkarte** B6
136 Dong Khoi
(079) 382 1619
Schlichtes Hotel am Fluss im Zentrum von Soc Trang. Einfache Zimmer. Gegenüber dem Markt.

TRA VINH: Cuu Long $
Günstig **Straßenkarte** B6
999 Nguyen Thi Minh Khai
(074) 386 2615
Nahe dem Stadtzentrum gelegen, gut ausgestattete Zimmer, freundliches Personal, gutes Essen.

VINH LONG: Phuong Hoang $
Günstig **Straßenkarte** B6
2H Hung Vuong
(070) 382 5185
Gut geführtes kleines Hotel. Besser als viele anderen.

Südliches Zentralvietnam

BUON MA THUOT: Dam San Hotel $
Günstig **Straßenkarte** C5
212 Nguyen Cong Tru
(500) 385 1234
damsanhotel.com.vn
Komfortable, große Zimmer mit herrlichem Ausblick.

Tische im Garten des La Veranda Resort auf der Insel Phuc Quoc

Vis-à-Vis-Tipp

DALAT: Dreams $
Günstig **Straßenkarte** C5
151 Phan Dinh Phung
(063) 383 3748
dreamshoteldalat.com
So beliebt, dass es fast immer ausgebucht ist. Großes Frühstück, freie Computer und 24-Stunden-Zimmerservice werden geboten. Im Ableger, wenige Meter entfernt, gibt es einige Zimmer mit Jacuzzi.

DALAT: Hotel du Parc $$
Boutique **Straßenkarte** C5
7 Tran Phu
(063) 382 5777
dalatresorts.com
Renoviertes Kolonialhaus im Zentrum, das alle Annehmlichkeiten in klassischer Atmosphäre bietet.

DALAT: Dalat Palace $$$
Luxus **Straßenkarte** C5
12 Tran Phu
(063) 382 5444
dalatresorts.com
Das Top-Hotel bietet prunkvoll eingerichtete Zimmer und elegante Gemeinschaftsbereiche.

KONTUM: Indochine $
Günstig **Straßenkarte** C4
30 Bach Dang
(060) 386 3335
indochinehotel.vn
Ein Monolith mit acht Stockwerken, gut ausgestattete Zimmer, herrliche Blicke auf den Fluss.

MUI NE: Mui Ne Backpackers $
Günstig **Straßenkarte** C6
88 Nguyen Dinh Chieu
(062) 384 7047
muinebackpackers.com
Schlafsäle und private Zimmer. Sehr beliebt. Freies WLAN.

MUI NE: Coco Beach Resort $$
Resort **Straßenkarte** C6
58 Nguyen Dinh Chieu
(062) 384 7111
cocobeach.net
Das erste und beste Resort in Mui Ne, stilvolle Bungalows auf Stelzen in einem Kokoshain.

MUI NE: Mia Resort $$$
Resort **Straßenkarte** C6
24 Nguyen Dinh Chieu
(062) 384 7440
miamuine.com
Exklusives Boutique-Resort mit luxuriösen Hütten in üppigem, tropischem Garten.

NHA TRANG: La Suisse $
Günstig **Straßenkarte** C5
34 Tran Quang Khai
(058) 352 4353
lasuissehotel.com
Die beste unter den Billigherbergen in Nha Trang, nur wenige Schritte zum Strand. Einige Zimmer haben Balkone.

NHA TRANG: Nha Trang Lodge $$
Modern **Straßenkarte** C5
42 Tran Phu
(058) 352 1500
nhatranglodge.com
Solides Haus mit geräumigen Zimmern im Zentrum der Strandpromenade.

NHA TRANG: Sheraton $$$
Luxus **Straßenkarte** C5
26 Tran Phu
(058) 388 0000
sheratonnhatrang.com
Direkt am Strand von Nha Trang. Zehn Zimmerkategorien, umfangreiche Ausstattung.

NINH HOA: Six Senses Hideaway $$$
Resort **Straßenkarte** C5
Ninh Van Bay
(058) 352 4268
sixsenses.com
Auf einer Privatinsel gelegen, ist dieses Refugium mit jedem erdenklichen Luxus ausgestattet.

PHAN RANG: Ho Phong $
Günstig **Straßenkarte** C5
363 Ngo Gia Tu
(068) 392 0333
Nur wenige Touristen übernachten in Ho Phong. Für die, die es doch tun, ist dies hier der beste Platz.

PHAN THIET: Ocean Dunes $$
Resort **Straßenkarte** C6
1A Ton Duc Thang
(062) 382 2393
oceandunesresort.com.vn
Das Hotel ist ein ruhiges Refugium in der Nähe von Mui Ne, aber abseits des Trubels.

Hotelkategorien *siehe Seite 235* **Preiskategorien** *siehe Seite 236*

QUANG NGAI: My Khe Resort $
Resort **Straßenkarte** C4
Tinh Khe, Son Tinh
(055) 384 3316
mykheresort.com.vn
Das Resort liegt 9 km von der Stadt entfernt; wenige Annehmlichkeiten, aber tolle Zimmer.

QUY NHON: Avani Resort & Spa $$$
Resort **Straßenkarte** C5
Ghenh Rang, Bai Dai Beach
(056) 384 0132
avanihotels.com
Sehr schönes Resort an einem herrlichen Strand. Kostenfreie Wellnessangebote.

Zentralvietnam

CHINA BEACH: Fusion Maia Da Nang $$$
Resort **Straßenkarte** C4
Vo Nguyen Giap, Danang
(0511) 396 7999
fusionmaiadanang.com
Ein All-inclusive-Spa-Resort. Jedes Zimmer mit eigenem Pool. Sehr aufmerksames Personal.

DANANG: Sun River $$
Modern **Straßenkarte** C4
132–136 Bach Dang
(0511) 384 9188
sunriverhoteldn.com.vn
Hochhaus mit Glasfassade mit herrlichem Blick auf den Fluss, exzellenter Service.

Vis-à-Vis-Tipp

DANANG: Intercontinental Danang Sun Resort $$$
Resort **Straßenkarte** C4
Bai Bac, Halbinsel Son Tra
(0511) 393 8888
danang.intercontinental.com
Das beeindruckende Resort liegt auf einer grünen Halbinsel im Norden Danangs. Die luxuriösen Zimmer bieten einen fantastischen Blick. Superbes Spa und Restaurant.

DONG HOI: Sun Spa Resort $$
Resort **Straßenkarte** B3
My Canh, Bao Ninh
(052) 384 2999
sunsparesortvietnam.com
Schöne Lage, helle, luftige Zimmer, umfangreiche Ausstattung. Guter Ausgangspunkt für Ausflüge in den Nationalpark Phong Nha-Ke Bang.

HOI AN: Cua Dai Hotel $
Resort **Straßenkarte** C4
54A Cua Dai
(0510) 386 2231
hotelcuadai-hoian.com
Das freundliche Hotel zwischen der Stadt und dem Cua Dai Beach ist immer eine gute Wahl.

HOI AN: Ancient House $$
Resort **Straßenkarte** C4
377 Cua Dai
(0510) 392 3377
ancienthouseresort.com
Im Zentrum des familiengeführten, weitläufigen Resorts steht ein 200 Jahre altes Haus.

HOI AN: Victoria Hoi An $$
Resort **Straßenkarte** C4
Cua Dai Beach
(0510) 392 7040
victoriahotels.asia
Herausragendes Resort, angelegt wie ein traditionelles Fischerdorf mit Pool.

HOI AN: Nam Hai $$$
Resort **Straßenkarte** C4
Hamlet 1, Dien Duong Village
(0510) 394 0000
ghmhotels.com
Eines der Top-Resorts in Vietnam auf einem herrlichen Grundstück am Strand. Viele Villas haben ihren eigenen Pool.

HUE: Hue Nino $
Günstig **Straßenkarte** C3
14 Nguyen Cong Tru
(054) 625 2171
hueninohotel.com
Die Zimmer sind mit antiken vietnamesischen Möbeln eingerichtet, freundlicher Service, beste Preise.

Eleganter Speisesaal des Sun River Hotel, Danang

HUE: La Residence Hotel & Spa $$$
Luxus **Straßenkarte** C3
5 Le Loi
(054) 383 7475
la-residence-hue.com
Eines der führenden Hotels in Hue. Moderne Kunst und geschmackvoll eingerichtete Zimmer.

HUE: Saigon Morin $$$
Luxus **Straßenkarte** C3
30 Le Loi
(054) 382 3526
morinhotel.com.vn
Seit mehr als 100 Jahren bietet dieses Wahrzeichen mit Top-Ausstattung ein Zuhause für Reisende.

LANG CO BEACH: Lang Co Beach Resort $$
Günstig **Straßenkarte** C3
Stadt Lang Co
(054) 387 3555
langcobeachresort.com.vn
Ein stilles Refugium an einem der schönsten Strände des Landes, umfangreiche Ausstattung.

VINH: Saigon Kim Lien $$
Modern **Straßenkarte** B2
25 Quang Trung
(038) 383 8899
saigonkimlien.com.vn
Solides, von der Regierung geführtes Hotel in Vinh. Kleiner Pool und Infobüro für Touristen.

Hanoi

Französisches Viertel

De Syloia $$
Boutique **Stadtplan** 2 F5
17A Tran Hung Dao
(04) 3824 5346
desyloia.com
Eine gute Wahl im französischen Viertel. Gut ausgestattete Zimmer, persönlicher Service und gute Lage.

Melia $$
Luxus **Stadtplan** 2 E4
44B Ly Thuong Kiet
(04) 3934 3343
melia.com
Das Melia ist herausragend wegen seiner elegant gestalteten Zimmer, der Ausstattung und des guten Service.

Mövenpick $$
Modern **Stadtplan** 2 D4
83A Ly Thuong Kiet
(04) 3822 2800
moevenpick.com
Geschäftshotel mit vornehmen Zimmern und guter Ausstattung. Eine Etage nur für Frauen.

Zéphyr $$
Luxus **Stadtplan** 2 E4
4 Ba Trieu
(04) 3934 1256
zephyrhotel.com.vn
Kleines Luxushotel mit großen Zimmern beim Hoan Kiem-Sees.

Hilton Hanoi Opera $$$
Luxus **Stadtplan** 2 F5
1 Le Thanh Tong
(04) 3933 0500
hanoi.hilton.com
Besser als andere Hilton-Hotels. Vietnamesische Möbel und Dekor, dazu ein exzellenter Service.

Sofitel Legend Metropole $$$
Luxus **Stadtplan** 2 F4
15 Ngo Quyen
(04) 3826 6919
sofitel.com
Herrlich restauriertes Kolonialhaus mit schallgedämpften Zimmern und großen Badewannen.

Altstadt

Classic Street $
Günstig **Stadtplan** 2 E3
41 Hang Be
(04) 3825 2421
classicstreet-phocohotel.com
Überraschend schöne Zimmer zu kleinen Preisen. Freundliches Personal, gute Lage.

Hanoi Backpackers Hostel $
Hostel **Stadtplan** 2 E2
9 Ma May
(04) 3935 1891
vietnambackpackerhostels.com
Hervorragende Lage für eine Jugendherberge mit Schlafsälen oder Doppelbettzimmern.

Hanoi Guest House $
Günstig **Stadtplan** 2 E2
85 Ma May
(04) 3935 2571
hanoiguesthouse.com
Sogar die Honeymoon Suite kostet unter 50 Dollar in diesem einfachen, aber gemütlichen Guesthouse. Freundliches Personal.

Hanoi Moment $
Modern **Stadtplan** 2 D2
42 Hang Cot
(04) 3927 6999
hanoimomenthotel.com
Schicke Zimmer in Schwarz-Weiß mit Holzböden, Doppelverglasung, Stimmungslicht.

Win $
Günstig **Stadtplan** 2 E3
34 Hang Hanh
(04) 3826 7150
winhotel.com.vn
Hervorragende Lage in ruhiger Seitenstraße. Gut ausgestattete Zimmer, freundliches Personal.

Vis-à-Vis-Tipp

Garden Queen $$
Boutique **Stadtplan** 2 E3
65 Hang Bac
(04) 3826 0860
queentravel.com
Ein Haus mit Charakter, liebevoll von seinem Besitzer gestaltet. Stimmungsvolle Zimmer mit traditionellen Möbeln, hölzernen Böden und Extras wie DVD-Player. Im Boutique-Hotel ist auch das Büro von Queen Travel, einem zuverlässigen Reiseveranstalter.

Hong Ngoc Tonkin $$
Günstig **Stadtplan** 2 E3
14 Luong Van Can
(04) 3826 7566
hongngochotels.com
Etwas teurer als andere günstige Unterkünfte, dafür sind die Zimmer und Gemeinschaftsbereiche etwas besser eingerichtet.

La Suite $$
Modern **Stadtplan** 2 E2
52 Ma May
(04) 3926 4921
hanoilasuitehotel.com
Das zentral gelegene La Suite bietet günstige Familienzimmer, einige sind ohne Fenster. Zur Begrüßung gibt es einen Obstkorb. Spa.

Oriental Central $$
Modern **Stadtplan** 2 E3
39 Hang Bac
(04) 3935 1117
orientalcentralhotel.com
Das Hotel bietet kleine, aber hell und stylish eingerichtete Zimmer direkt im Herzen der Altstadt.

Heller Raum mit großem Bett im Hotel Nikko Hanoi

Westlich des Hoan Kiem-Sees

Church Boutique $$
Boutique **Stadtplan** 2 E3
9 Nha Tho
(04) 3928 9955
churchhotel.com.vn
Original der drei Church-Boutique-Häuser. Tolle Lage zum Shoppen.

Sofitel Plaza $$
Luxus **Stadtplan** 1 B1
1 Thanh Nien
(04) 3823 8888
sofitel.com
Hotelhochhaus am Westsee. Panoramablick, viele Restaurants.

Nikko Hanoi $$$
Luxus **Stadtplan** 1 C5
84 Tran Nhan Tong
(04) 3822 3535
hotelnikkohanoi.com.vn
Geschäftshotel mit luxuriösen Zimmern. Schönes Spa.

Sheraton Hanoi $$$
Luxus **Stadtplan** 1 A3
K5 Nghi Tam, 11 Xuan Dieu
(04) 3719 9000
sheraton.com/hanoi
Schöne Lage am Ufer des Westsees. Übliche, exzellente Ausstattung der Sheraton-Hotels.

Nordvietnam

BA BE-NATIONALPARK: Ba Be National Park Guesthouse $
Günstig **Straßenkarte** B1
National Park Headquarters, Ba Be
(0281) 389 4026
Idealer Standort zum Besuch des Nationalparks. Schöne Zimmer, Pool und Restaurant.

BAC HA: Sao Mai $
Günstig **Straßenkarte** A1
Ban Pho
(020) 382 2083
saomaitours.com
Ideal für den Besuch des Sonntagsmarkts. Mehrere Zimmer, auf drei Häuser verteilt.

CAO BANG: Hoang Anh $
Günstig **Straßenkarte** B1
131 Kim Dong
(026) 385 8969
Das beste unter den kleinen Hotels in der abgelegenen Stadt. Große Zimmer mit Flussblick.

CAT BA-INSEL: Holiday View $$
Modern **Straßenkarte** C1
1 Thang 4
(031) 388 7200
holidayviewhotel-catba.com
Typisches Hotelhochhaus mit schönem Blick auf die Bucht.

DIEN BIEN PHU:
Muong Thanh $$
Modern **Straßenkarte** A1
514, 7 Thang 5
(0230) 381 0043
muongthanh.vn
Das beste Haus am Ort mit gutem Restaurant, Pool und freundlichem Personal.

HAIPHONG: Harbour View $$$
Luxus **Straßenkarte** B1
12 Tran Phu
(031) 382 7827
avanihotels.com/haiphong
Zwar kein Blick auf den Hafen, aber klassische Zimmer, exzellenter Service und sehr gutes Restaurant.

HALONG CITY:
Novotel Halong Bay $$
Modern **Straßenkarte** C1
Halong Road, Bai Chay
(033) 384 8108
novotelhalongbay.com
Solider Novotel-Komfort. Gut ausgestattete Zimmer, gemütliche Gemeinschaftsbereiche und freundlicher Service.

HALONG CITY:
Indochina Sails $$$
Luxus **Straßenkarte** C1
27 A6 Dam Trau, Hanoi
(04) 3984 2362
indochinasails.com
Die schönste Art, die Bucht von Halong zu erleben, ist an Bord dieser Luxus-Dschunke.

MAI CHAU VALLEY:
Mai Chau Lodge $$$
Luxus **Straßenkarte** B2
Mai Chau
(0218) 386 8959
maichaulodge.com
Schwimmen, Kajak fahren, Fahrrad fahren oder klettern – die luxuriöse Lodge ist der ideale Standort in Mai Chau.

NINH BINH:
Emeralda Resort $$$
Luxus **Straßenkarte** B2
Van Long Reserve, Gia Van Commune, Distrikt Gia Vien
(030) 365 8333
emeraldaresort.com
Große Zimmer, komfortable Betten und Blick auf die Berge bietet das schöne Resort. Spa und mehrere Speiseoptionen.

SAPA: Hmong Sapa $$
Boutique **Straßenkarte** A1
10 Thach Bac
(020) 377 2228
hmongsapahotel.com
Die Zimmer sind geschmackvoll eingerichtet, von der Terrasse hat man einen wundervollen Blick auf die Berge.

Schön eingerichtete Lounge im Victoria Sapa

Vis-à-Vis-Tipp

SAPA: Victoria Sapa $$$
Resort **Straßenkarte** A1
Xuan Vien
(020) 387 1522
victoriahotel.asia
Das Resort im alpinen Stil am oberen Stadtende ist die beste Unterkunft in Sapa. Schöne Zimmer, herrliche Ausblicke und Touren. Ein Luxuszug, der Victoria Express, bringt die Gäste von Hanoi hierher.

SON LA: Trade Union Hotel $
Günstig **Straßenkarte** A1
4, 26 Thang 8
(022) 385 2804
Freundliches, hilfsbereites Personal heißt Sie in dem einfachen Hotel willkommen.

Angkor

SIEM REAP: Earthwalkers $
Hostel **Straßenkarte** A5
Sala Kanseng Village, Sangkat Nr. 2
(012) 967 901
earthwalkers.co
Von Norwegern geführtes Haus, Schlafsäle, Doppel- oder Familienzimmer für Rucksacktouristen.

SIEM REAP: Ei8ht Rooms $
Günstig **Straßenkarte** A5
138–139 Streoung Thamey Village, Svydangkum Commune
(063) 969 788
Zentrumsnaher Traveler-Treff. Zimmer in traditionellem Khmer-Stil mit Klimaanlage, Kabel-TV.

SIEM REAP: Rosy's Guesthouse $
Günstig **Straßenkarte** A5
74 Phum Slor Kram
(063) 965 059
rosyguesthouse.com
Von Europäern geführtes Haus in alter Villa, gut ausgestattete Zimmer, Hängematten, freies WLAN.

SIEM REAP:
Two Dragons Guesthouse $
Günstig **Straßenkarte** A5
110 Wat Bo Village
(063) 965 107
twodragons-asia.com
Spartanische Zimmer, freundliche Stimmung, gute Reisetipps.

SIEM REAP:
Mysteres d'Angkor $$
Boutique **Straßenkarte** A5
235 Slorkram Village
(063) 963 639
mysteres-angkor.com
Französisch geführtes Boutique-Hotel mit Zimmern im Kolonialstil. Pool im Garten.

Vis-à-Vis-Tipp

SIEM REAP: Raffles Grand Hotel d'Angkor $$$
Luxus **Straßenkarte** A5
1 Charles de Gaulle, Khum Svay Dang tum
(063) 963 888
raffles.com
Wenn Sie Angkor besichtigen wollen, finden Sie hier eines der besten Hotels. Das Kolonialgebäude strahlt Stil und Klasse aus. Die Zimmer sind aufwendig möbliert und bestens ausgestattet.

SIEM REAP:
La Residence d'Angkor $$$
Luxus **Straßenkarte** A5
River Rd
(063) 963 390
residencedangkor.com
Zimmer und Suiten in großem, tropischem Garten, mit Spa, Pool und Fitnesscenter.

SIEM REAP: Shinta Mani $$$
Luxus **Straßenkarte** A5
Ecke Oum Khun und 14th Street
(063) 761 998
shintamani.com
Gehobenes Hotel mit Pool, Spa, Bibliothek und Kunst.

Restaurants

Vietnamesen essen gern und akzeptieren für sich selbst und für Besucher nur die beste Küche. Überall im Land findet man eine erstaunliche Restaurantvielfalt – von Handkarren über Straßenstände und Straßencafés bis hin zu Feinschmeckerrestaurants. Die leckere vietnamesische Küche schmeckt am besten mit heißem grünem Tee, der überall gereicht wird, oder einem kalten Bier. Essen in Vietnam ist nicht zuletzt wegen der extrem niedrigen Preise ein großes Vergnügen, und die kulinarische Vielfalt der einheimischen Küche bietet etwas für jeden Geschmack und Geldbeutel. Zunehmend vertreten ist westliches Fast Food, italienische, amerikanische und vor allem indische und thailändische Restaurants findet man vor allem in den Großstädten immer häufiger. Internationale Küche wird besonders in großen Hotels und eleganten Restaurants serviert und ist dort in der Regel sehr gut zubereitet. Schmackhafte, frische vietnamesische Gerichte werden dagegen an fast jeder Straßenecke angeboten.

Thuy Ta Restaurant *(siehe S. 252)* mit Blick auf den Hoan Kiem-See, Hanoi

Restaurants und typische Gerichte

Restaurants mit ausgebildeten Kellnern, Speisekarten und Stoffservietten findet man in Vietnam vor allem in den Großstädten und in großen Hotels und Ferienanlagen.

Vietnamesische Restaurants mit Tischservice sind oft auf ein bestimmtes Gericht spezialisiert. Am häufigsten findet man *bun thit nuong*. Das ist mariniertes, gegrilltes Fleisch (meist Rind oder Schwein) auf Reis oder Reisnudeln mit frischem Gemüse und Kräutern. Oft wird es mit *nuoc cham*, einer Variante der Fischsauce, serviert. *Banh xeo* bezeichnet Pfannkuchen, die auf der Basis von Reis- oder Maismehl hergestellt und mit Schweinefleisch oder Garnelen, Sprossen und Gemüse gefüllt werden. Meist serviert man dazu Brühe. Ein *lau* ist ein Topf voller würziger Brühe, der auf den Tisch gestellt wird. Wie bei einem Fondue kann man Gemüse und Fleisch darin garen.

In vietnamesischen Cafés bekommt man immer ein frisches Baguette, heißen Kaffee und Fruchtsäfte. Pizzerien, Fast-Food-Restaurants und US-amerikanische Diners findet man in Hanoi, Ho Chi Minh City und in Urlaubsorten. Europäische Gourmetküche wird in manchen Hotelrestaurants angeboten.

Com und Pho

Ein Restaurant, in dem man große Reisportionen mit Fleisch und Gemüse erhält, heißt *quan com* (*com* ist das vietnamesische Wort für Reis). Meist ist dies ein sehr schlichtes Lokal für nur eine Handvoll Gäste. Das Essen ist in einer Vitrine am Eingang zu sehen, sodass man nur mit dem Finger darauf zeigen muss. Fleisch und Fisch werden geschmort, gegrillt oder im Eintopf serviert, Fisch oft in einer Sauce eingelegt. Dazu isst man geschmorte Bambussprossen, gegrillte Auberginen, frittiertes Gemüse und Tofu.

Die Nudelsuppe *pho (siehe S. 244)* ist Vietnams Nationalgericht. Es gibt sie oft in kleinen Familienlokalen. Der Duft der *pho* führt sicher zum nächsten Lokal. Auf der Speisekarte stehen in der Regel acht bis zehn Varianten, meist mit Rindfleisch, Huhn, Fisch oder Gemüse.

Straßenhändler

Vietnam hat eine lange Tradition an Straßenimbissen. In allen Städten und Dörfern verkaufen Straßenhändler mit riesigen Körben leckere Kleinigkeiten wie Tamarindenstücke, Baguettes, süßen Reis oder frisches Obst. Einige Straßenköche bieten verschiedene *banh* an, scharfe oder süße Köstlichkeiten, die in Bananenblätter eingewickelt und dann gedünstet oder gebraten werden. Oft sieht man ganze Küchen auf Handkarren für die Zubereitung von *pho*, Bratnudeln, Tofu oder *chao*, einem Reiseintopf, auch *congee* genannt. Spannend ist die Zubereitung vor den Augen der Kunden. Einige Händler tragen das Essen auf einem Bügel auf dem Rücken und verkaufen Snacks oder Gemüse, andere sind mit einem kleinen Herd unterwegs, auf dem schnell ein kleines, heißes Gericht gezaubert wird.

Der schön beleuchtete Speiseraum des Bassac, Chau Doc *(siehe S. 248)*

Biergärten und Bia hoi

Biergärten findet man vor allem im stets warmen Süden. Manche dieser Freiluftlokale haben nur wenige Tische, andere scheinen sich endlos auszubreiten. Meist wird nur eine Biermarke ausgeschenkt, eine Woche später kann es schon eine andere sein. Zum Bier isst man Grillfleisch mit Gemüse. Mit Reispapier *(siehe S. 99)* rollt man die Speisen zusammen und tunkt sie in scharfe Saucen.

Bia hoi, eine Spezialität von Hanoi, heißt wörtlich »frisches Bier« und meint vor allem Bier vom Fass. In der Regel stammt es aus einer Mikrobrauerei oder ist gar selbst gebrautes Bier. Diese erfrischende Spezialität kommt ohne Zusatzstoffe aus und kostet pro Glas nur ein paar Cent. Das Bier bekommt man beispielsweise in den *Bia hoi*-Bars, die vor allem von vietnamesischen Männern besucht werden. Ausländische Urlauber können es ihnen gleichtun – eine gute Gelegenheit, die einheimische Kneipenkultur zu entdecken.

Vegetarische Gerichte

Zwar findet man nur selten ein rein vegetarisches Restaurant, dennoch kann man in Vietnam ohne rotes Fleisch sehr gut essen. Viele Restaurants bieten Fisch, Geflügel und natürlich Gemüse an. Wer streng vegetarisch oder vegan lebt, sollte auf *nuoc mam* achten: Die beliebte Fischsauce taucht in fast allen Gerichten, auch in angeblich vegetarischen auf. Doch viele Restaurants sind sich vegetarischer Grundsätze bewusst und erfüllen gern Sonderwünsche. Dennoch sollten Vegetarier ihre Wünsche und Abneigungen bei der Essensbestellung deutlich und klar äußern.

Preise

Essen wird wahrscheinlich den kleinsten Teil Ihres Reisebudgets ausmachen. Selbst ein komplettes Menü in einem Hotelrestaurant kostet mitunter weniger als 15 US-Dollar pro Kopf. Allerdings vervierfacht importierter Alkohol den Preis leicht. Die Steuern auf Wein sind sehr hoch, importierte Spirituosen sind etwas günstiger, Bier aus Südostasien hat günstige Preise.

Wer auf Alkohol weitgehend verzichtet und in kleinen Lokalen oder an Straßenständen schlemmt, muss für Essen nur mit etwa sechs US-Dollar pro Tag rechnen.

Tischsitten

Im Gegensatz zu westlichen Gepflogenheiten werden Speisen in Vietnam nicht nacheinander, sondern gleichzeitig auf den Tisch gebracht bzw. dann, wenn sie fertig sind. Meist bestellt jeder Gast ein anderes Gericht, dann kann man sich alle Speisen teilen. Die Tischsitten sind einfach *(siehe S. 273)*: Die Gäste sollten das Essen genießen und dies auch deutlich zeigen. Vietnamesen essen mit Hingabe und unterhalten sich dabei angeregt.

Trinkgeld

Trinkgeld war im kommunistischen Vietnam lange unbekannt, heute wird es in Lokalen geradezu erwartet. Zehn Prozent des Rechnungsbetrags sind angemessen, wenn der Service gut war. In modernen Restaurants und Hotels wird oft eine Servicegebühr von fünf Prozent aufgeschlagen. Dann liegt es an Ihnen, ob Sie zusätzlich noch etwas geben möchten.

Restaurantkategorien

Die Restaurants auf den folgenden Seiten wurden so ausgewählt, dass sie einen guten Überblick über die Optionen im ganzen Land geben. In Vietnam gibt es nicht nur traditionelle Küche mit regionalen Variationen wie etwa die kaiserliche Küche von Hue, man kann auch chinesisch, indisch, französisch, italienisch und mexikanisch essen gehen. Vor allem in Ferienorten muss man dafür nicht einmal das Lokal wechseln. Dort findet sich auf den Speisekarten oft eine bunte Mischung. In innovativeren Restaurants wird Fusion-Küche serviert, wobei Zutaten und Techniken verschiedener Stile, etwa der französischen und der vietnamesischen Küche, kombiniert werden. Da es in Vietnam in erster Linie um die Güte des Essens geht, mangelt es etlichen hier aufgeführten Lokalen nach westlichen Maßstäben an Präsentation und Ambiente. Restaurants, die man unbedingt besuchen sollte, sind unter **Vis-à-Vis-Tipp** aufgeführt.

Terrasse des Restaurants Red Bridge *(siehe S. 250)* in Hoi An

Vietnams Küche

Im Lauf seiner Geschichte hat Vietnam zwar viele kulinarische Einflüsse aufgenommen, aber dennoch eine eigenständige Küche bewahrt. Die chinesische Herrschaft hat ihre Spuren auch in der Küche hinterlassen – in Form von Stäbchen, Sojasauce und Tofu. Die französische Kolonialzeit brachte westliche Produkte wie Kaffee und Brot ins Land. Im Süden zeigen sich indische, Khmer- und Thai-Einflüsse in der Verwendung von Kokosnuss und Currys.

Pfefferminz-, Basilikum- und Korianderbüschel

Eine Frau beim Kochen an einem Marktstand in Hoi An

Vietnamesische Küche

Die fruchtbaren Flussregionen am Roten Fluss im Norden und am Mekong im Süden machen Vietnam zu einer Reiskammer. Fisch und Meeresfrüchte kommen von den langen Küsten, aus den Seen und Flüssen, und im tropischen Klima gedeihen überall exotische Früchte und Gemüse. Die vietnamesische Küche verwendet zahlreiche Gewürze und Kräuter, vor allem Koriander, Pfefferminze, Ingwer, Zitronengras und Lauch sowie Fischsauce. Das Hauptnahrungsmittel ist Reis *(siehe S. 99)*: Das zeigt sich sogar in der Sprache. Der übliche Gruß *Ban an com chua?* bedeutet: »Hast du heute schon Reis gegessen?« Die Vietnamesen haben für die diversen Reissorten, den Anpflanzungs- und Wachstumsprozess, die Ernte und natürlich die verschiedenen Reisgerichte individuelle Begriffe. Im Alltag essen Vietnamesen gewöhnlichen, nichtklebrigen Reis, den *gao te*, während man bei Festen und für Opfergaben *gao nep*, glutenhaltigen Klebreis, nimmt. Reismehl ist die Grundlage vieler Produkte wie Nudeln, Kuchen und Reispapier. Reis wird auch zur Her-

Eine Auswahl tropischer Früchte, die man in ganz Südostasien findet

Vietnamesische Gerichte und Spezialitäten

Beilage zur *pho*

Die vietnamesische Küche kennt drei kulinarische Regionen: Im kühlen Norden wird recht einfach gekocht. Exotisches Fleisch, darunter auch Hund, gilt als Delikatesse. Überall wird Schlangenschnaps getrunken. Zentralvietnam hat eine vegetarische Tradition und ist auf die feine kaiserliche Küche der alten Kaiserstadt Hue stolz. Der Süden verarbeitet vor allem die vielen tropischen Produkte. *Pho*, eine traditionelle Nudelsuppe, ist das vietnamesische Gericht schlechthin. Die einfache Suppe entstand im Norden, ist heute aber das Nationalgericht ganz Vietnams und dank der Rindfleischstreifen in heißer Brühe auch sehr nahrhaft. Kenner essen *pho* an Straßenständen so spät wie möglich, um eine möglichst kräftige Brühe zu bekommen.

Pho ist ein Klassiker mit weißen Nudeln, Rindfleischstreifen und Lauchzwiebeln in einer fetten Brühe.

Fische werden für *nuoc mam* in der Sonne getrocknet, Nha Trang

stellung von Reisschnaps und Reiswein verwendet.

Dank der langen buddhistischen Geschichte Vietnams hat sich eine hochwertige vegetarische Küche entwickelt. Vor allem Hue, das traditionelle buddhistische Zentrum des Landes, ist für seine ausgezeichneten vegetarischen Gerichte bekannt. Oft wird das Fleisch in bekannten Gerichten durch Tofu oder Pilze ersetzt, manchmal bekommt man aber auch extrem leckere Gemüse- und Fruchtkombinationen.

Zu den eher exotischen Aspekten der vietnamesischen Küche zählen ausgefallene Fleischsorten wie Frosch, Schlange, Sperlinge, Schnecken und Schildkröten. Einige Restaurants servieren auch Wildtiere wie beispielsweise Stachelschweine, verstoßen damit aber gegen Artenschutzgesetze.

Straßenstände

Der Ausdruck *com binh dan* (»beliebtes Essen«) oder *com bui* (»staubiges Essen«) meint immer Essen an Straßenständen. Fast überall in Vietnam ist es zum nächsten Stand mit leckeren kleinen Gerichten nicht weit. Stände, an denen sich Einheimische auf Plastikstühlen drängen, servieren meist das beste Essen. *Pho* (Nudelsuppe), *banh xeo* (Pfannkuchen) und belegte Baguettes sind am beliebtesten.

Straßenverkäufer mit Baguettes in Ho Chi Minh City

Ein typisches Straßenbild in Vietnam sind Frauen, die an einem langen Stab je einen Topf tragen: Die Töpfe enthalten Zutaten wie Nudeln, Fleisch, Gemüse, Gewürze und einen kleinen Herd – tragbare Küchen, auf denen so manches wunderbare Gericht kreiert wird.

Auf der Speisekarte

Nuoc mam Scharfe Sauce aus gegorenen Fischen.

Nuoc cham Fischsauce mit Zucker, Limette, Knoblauch, Chili.

Nem ran Frittierte Frühlingsrollen in Reispapier.

Banh cuon Mit Fleisch gefüllte Brötchen aus Reismehl.

Chao tom Garnelenpaste, die auf Zuckerrohrstückchen serviert wird.

Canh chua ca Saure Suppe.

Lau Hotpot, eine Art Fondue.

Chao Reisbrei.

Che Süßer Dessertbrei.

Canh chua ca, eine süßsaure Suppe, wird meist mit Ananas, Fisch und sehr viel Chili zubereitet.

Banh xeo ist Pfannkuchen, gefüllt mit Garnelen und Schweinefleisch. Dazu gehört ein Limette-Chili-Dip.

Cha ca, ein Gericht aus Hanoi, enthält gebratenen Fisch, Nudeln, Dill, Erdnüsse und *nuoc cham*.

Restaurantauswahl

Ho Chi Minh City

Cholon

Café Central An Dong $$
International **Stadtplan** 4 F4
18 An Duong Vuong
(08) 3833 6688
Ein fantastisches Buffet, das eine große Zahl an Gerichten aus der vietnamesischen, japanischen und internationalen Küche offeriert. Sie können auch Menüs à la carte wählen.

Orientica $$$
Chinesisch/Japanisch
Stadtplan 4 F3
242 Tran Binh Trong
(08) 3839 7777
Superbes, preisgekröntes Restaurant im Hotel Equatorial. Auf dem »wet market« können Gäste ihre Meeresfrüchte aussuchen, die dann in der offenen Küche zubereitet werden.

Distrikt 1

Asian Kitchen $
International **Stadtplan** 2 D5
185/22 Pham Ngu Lao
(08) 3836 7397
Das etwas versteckt gelegene Lokal bietet eine sehr große Auswahl an vietnamesischen, japanischen und vegetarischen Speisen in angenehmer Atmosphäre. Versuchen Sie unbedingt Hühnchen im Tontopf.

Bo Tung Xeo $
Vietnamesisch **Stadtplan** 2 E3
31 Ly Tu Trong
(08) 3825 1330
Großes Restaurant mit ausgedehntem Garten, benannt nach seinem Spezialgericht *bo tung xeo* – Rindfleischstreifen, die der Gast selbst am Tisch grillt.

Bun Cha Hanoi $
Vietnamesisch **Stadtplan** 2 F3
26/1 Le Thanh Ton
(08) 3827 5843
Eines der beliebtesten Restaurants der Stadt, wenn es um gegrilltes Schwein mit Gemüse (Salat, Bohnensprossen, Gurken) geht oder Reis-Vermicelli, eine Hanoi-Spezialität.

Huong Lai $
Vietnamesisch **Stadtplan** 2 E3
38 Ly Tu Trong
(08) 3822 6814
Japanisch geführtes Restaurant, in dem Waisen typisch vietnamesische Gerichte in einem Speisesaal im Kolonialstil servieren.

Vis-à-Vis-Tipp

Nha Hang Ngon $
Vietnamesisch **Stadtplan** 2 E3
160 Pasteur
(08) 3827 7131
An einfachen Kochplätzen werden köstliche regionale Spezialitäten bereitet. Den Beinamen »Ngon«, der »köstlich« bedeutet, trägt der Platz zu Recht. Für jeden, der die vietnamesische Küche kennenlernen will, ist das Restaurant in und um eine koloniale Villa ein Muss. Günstige Preise, sehr gut besucht.

Pho 24 $
Vietnamesisch **Stadtplan** 2 F4
71–73 Dong Khoi
(08) 3825 7505
Filialen der beliebten Kette finden sich im ganzen Land. Hier wird das Nationalgericht *pho* serviert, eine Nudelsuppe mit Rindfleisch. Alles sehr sauber und mit Klimaanlage.

Wrap and Roll $
Vietnamesisch **Stadtplan** 2 F4
111 Nguyen Hue
(08) 3837 1231
Wer gern mit den Händen isst, wird diesen Platz lieben. Sie bestellen Ihre Zutaten, wickeln sie in Reispapier und tunken sie dann in würzige Saucen.

Black Cat $$
International **Stadtplan** 2 F4
13 Phan Van Dat
(08) 3829 2055
Hier gibt es einfache, aber gute Gerichte wie Waffeln oder Burger. Für den großen Hunger wählen Sie den 300-Gramm-Double-Trouble-Cheeseburger. Es gibt auch einige vietnamesische und italienische Gerichte sowie Sandwiches.

Preiskategorien
Die Preise beziehen sich auf ein Drei-Gänge-Menü und ein Glas Wein, inklusive Steuern und Trinkgeld (15–20 %).

$	**unter 10 US-$**
$$	**10–30 US-$**
$$$	**über 30 US-$**

Hum Vegetarian $$
Vegetarisch **Stadtplan** 2 F3
2 Thi Sach
(08) 3823 8920
Im Hum werden fantastische vegetarische Gerichte serviert. Sie sind so gut, dass selbst Fleischesser sie lieben werden. Auf der Karte stehen auch viele vegane Gerichte. Eine weitere Filiale gibt es in Distrikt 3.

Lemongrass $$
Vietnamesisch **Stadtplan** 2 F4
4 Nguyen Thiep
(08) 3822 0496
Das Lemongrass erstreckt sich über drei Etagen. Serviert werden klassische Speisen wie Garnelen auf Zuckerrohr oder Krebs in scharfer Sauce. Günstige Mittagsmenüs. Für den Abend Reservierung empfohlen.

Marina Saigon $$
Seafood **Stadtplan** 2 D3
172 Nguyen Dinh Chieu
(08) 3930 2379
Mit Filialen im ganzen Land ist das Lokal bei Einheimischen für seine Meeresfrüchte beliebt. Versuchen Sie Krebs in Tamarindensauce oder Zuckerrohrgarnelen.

Noir $$
International **Stadtplan** 2 F4
Lane 178 Hai Ba Trung
(08) 6263 2525
In diesem berühmten Konzept-Restaurant wird in absoluter Dunkelheit Haute Cuisine von blinden Kellnern serviert. Die Idee dahinter ist, dass man sich so ganz auf den Geschmack konzentriert.

Chefköche bereiten Gerichte in der offenen Küche des Orientica

Restaurantkategorien *siehe Seite 243*

Elegantes Interieur des populären Thai-Restaurants Spice

Tandoor $$
Indisch **Stadtplan** 2 F4
39 Ngo Duc Ke
(08) 3930 4839
Durchgehend gutes Essen bietet das indische Restaurant in zentraler Lage. Serviert werden nord- und südindische Gerichte. Sehr beliebt, deshalb reservieren.

Temple Club $$
Vietnamesisch **Stadtplan** 2 E4
29–31 Ton That Thiep
(08) 3829 9244
Eines der stimmungsvollsten Restaurants der Stadt liegt in einem ehemaligen chinesischen Tempel. In der Retro-Lounge sind Hühnchen-Curry oder *cha ca* nach Hanoi-Art zu empfehlen, ebenso wie die Desserts und Kaffee.

Bonsai Cruises $$$
Vietnamesisch **Stadtplan** 2 F4
Bach Dang Pier am Fuß von Nguyen Hue
(012) 8600 0141
Die Dinner-Kreuzfahrten auf dem Saigon-Fluss sind ein Vergnügen. Großes Buffet mit vietnamesischer und internationaler Küche, dazu Live-Musik an Deck.

Camargue $$$
Mediterran **Stadtplan** 2 F3
74/7D Hai Ba Trung
(08) 3520 4888
Das im Zentrum gelegene Camargue serviert Spitzenküche in elegantem Ambiente.

Maxim's Nam An $$$
Vietnamesisch **Stadtplan** 2 F4
13–17 Dong Khoi
(08) 3829 6676
Der Besuch in diesem Restaurant gleicht eine Zeitreise in die französische Kolonialzeit. Die Architektur, die elegant gedeckten Tische, die Live-Musik und die gute, traditionelle Küche Vietnams begeistern als Gesamtkunstwerk.

Vis-à-Vis-Tipp

Vietnam House $$$
Vietnamesisch **Stadtplan** 2 F4
93–95 Dong Khoi
(08) 3829 1623
Ein idealer Platz für jeden, der die Geschmacksvielfalt der vietnamesischen Küche entdecken will. Das Restaurant liegt in einem schönen Kolonialhaus, das Personal trägt traditionelle Kleidung, leise Live-Musik, wählen Sie zwischen à la carte oder Festpreismenü.

Xu Restaurant and Lounge $$$
Vietnamesisch **Stadtplan** 2 F3
71–75 Hai Ba Trung
(08) 3824 8468
Das Xu ist ultrachic, sowohl Lokal als auch Nachtclub. Serviert wird innovative vietnamesische Küche in intimer Atmosphäre.

Distrikt 2

Sozo $
International
51, 24A St, Area 5, An Phu Ward
(08) 6271 9176
Die Bäckerei mit Café ist perfekt für ein entspanntes Essen. Das Personal besteht aus Straßenkindern, die hier ausgebildet werden.

Distrikt 3

Spice $$
Thailändisch **Stadtplan** 2 D3
27 Le Quy Don
(08) 3930 7873
In der Nähe des Kriegsmuseums ist das Spice das vielleicht beste thailändische Restaurant in Vietnams Hauptstadt. Hier werden exzellente Thai-Klassiker wie *tom yam kung* oder feurige Currys serviert.

Au Lac do Brazil $$$
International **Stadtplan** 1 C2
238 Pasteur
(08) 3820 7157
Hier wird exzellente brasilianische Küche serviert. Das *churrasco*, eine Platte voller Grillfleisch, wird selbst den hungrigsten Fleischesser zufriedenstellen.

Abstecher von Ho Chi Minh City

VUNG TAU: Binh An Village $
International **Straßenkarte** C6
1 Tran Phu
(064) 351 0016
Stimmungsvollstes Restaurant in Vung Tau. Exzellente Speisen.

VUNG TAU: Bistro Nine $$
International **Straßenkarte** C6
9 Truong Vinh Ky
(064) 351 1571
Das Bistro Nine ist ein überaus freundliches Café, das ein gutes Frühstück und einen üppigen Mittagstisch mit internationalen Gerichten bietet – oder einfach nur einen Espresso. Außerdem gibt es auch hausgemachte französische Baguettes und wunderbare Eiscreme.

VUNG TAU: Ganh Hao $$
Seafood **Straßenkarte** C6
3 Tran Phu
(064) 355 0909
Das Ganh Hao serviert mit die besten Meeresfrüchte in Vung Tau. Essen Sie an einem der Tische auf der Terrasse auf einer Landspitze am Meer oder im gemütlichen Speiseraum. Versuchen Sie zum Beispiel Hummer, Jumbo-Shrimps oder Zackenbarsch.

Mekong-Delta und Südvietnam

CAN THO: Nam Bo $$
International **Straßenkarte** B6
1 Ngo Quyen
(0710) 381 9139
Im Nam Bo wird vietnamesische Fusion- und internationale Küche serviert. Im Obergeschoss gibt es eine bootsförmige Bar.

CAN THO: Spices $$$
International **Straßenkarte** B6
Victoria Can Tho Resort, Cai Khe Ward
(0710) 381 0111
Ein Essen auf der Terrasse am Pool des Victoria Resort lohnt die etwas längere Anfahrt. Wählen Sie zwischen traditioneller vietnamesischer und internationaler Küche wie Foie gras und Zackenbarsch.

CAO LANH: A Chau $
Vietnamesisch **Straßenkarte** B6
42 Ly Thuong Kiet
(067) 385 2202
Das A Chau etwas nördlich des Stadtzentrums serviert englische Küche, gute *banh xeo* (gebratene Pfannkuchen) und eine Auswahl an Reisgerichten.

CHAU DOC: Bay Bong $
Vietnamesisch **Straßenkarte** B6
22 Thuong Dang Le
(076) 867 271
Das einfache Lokal mit kleinen Stühlen und Tischen serviert exzellente Tontopfgerichte und Fischsuppe zu günstigen Preisen.

Stadtplan Ho Chi Minh City *siehe Seiten 82–87* **Straßenkarte** *siehe hintere Umschlaginnenseiten*

Speisen mit Blick auf den gleichnamigen Fluss im Bassac

CHAU DOC: Bassac $$$
International **Straßenkarte** B6
32 Le Loi, Victoria Chau Doc Hotel
(076) 386 5010
Das Bassac ist der beste Platz in Chau Doc für ein romantisches Abendessen auf der Terrasse mit Blicken auf den Fluss Bassac. Versuchen Sie zum Beispiel geröstete Ente oder Fisch und dazu ein Glas Wein.

CON DAO-INSEL: Saigon Con Dao $$
Vietnamesisch **Straßenkarte** B6
18–24 Ton Duc Thang
(064) 383 0336
Das Saigon Con Dao ist eine der besten unter den wenigen Optionen in Con Son. Serviert werden im eleganten Restaurant oder auf der luftigen Terrasse fantastische Meeresfrüchtegerichte.

HA TIEN: Hai Van $
International **Straßenkarte** B6
57 Lam Son
Das Hai Van liegt direkt neben dem gleichnamigen Hotel und ist bekannt für seine konstant guten vietnamesischen Gerichte und sein exzellentes europäisches Frühstücksbuffet.

MY THO: Chuong Duong Restaurant $$
Vietnamesisch **Straßenkarte** B6
10, 30 Thang 4
(073) 387 0875
Das Chuong Duong liegt sehr schön am Ufer des Tien Giang und hat sich auf typisch vietnamesische Gerichte mit Fisch und Meeresfrüchten spezialisiert. Darüber hinaus gibt es noch zahlreiche Alternativen. Hier kann man auch Zimmer mieten.

PHU QUOC-INSEL: Oasis $
International **Straßenkarte** A6
118/5 Tran Hung Dao
(0909) 259 605
Hinter dem La Veranda Resort werden einfache Gerichte serviert. Lebhaft am Abend, wenn die Fernseher Sportübertragungen zeigen und die Pooltische belegt sind.

Vis-à-Vis-Tipp

PHU QUOC-INSEL: Palm Tree $
Vietnamesisch **Straßenkarte** A6
118/11 Tran Hung Dao (La Veranda Resort)
Die einfache Ausstattung des Restaurants könnte irreführend sein. Die Küche zeichnet sich durch hervorragende Speisen aus, ob Gerichte aus dem Tontopf oder Meeresfrüchte vom Grill. Das gute Essen lässt schnell vergessen, dass es keinen Blick aufs Meer gibt.

PHU QUOC-INSEL: Pepper Tree $$$
International **Straßenkarte** A6
La Veranda Resort, Tran Hung Dao, Duong Dong Beach
(077) 398 2988
Das fantastischste Restaurant auf Phu Quoc, mit Terrasse und Blick über den Strand am La Veranda Resort. Kleine Auswahl an exzellent zubereiteten Speisen.

SOC TRANG: Quan Com Hung $
Vietnamesisch **Straßenkarte** B6
6/24 Hung Vuong
(079) 382 2268
Spezialität des Hauses ist Steak. Da nur wenige Touristen hierherkommen, kann die Verständigung schwierig sein.

VINH LONG: Thien Tan $
Vietnamesisch **Straßenkarte** B6
56/1 Pham Thai Buong
(070) 382 4001
Südlich des Stadtzentrums von Vinh Long liegt das Lokal, das sich auf Grillgerichte spezialisiert hat. Der im Bambusrohr gegarte Fisch ist eine ganz besondere Delikatesse.

Südliches Zentralvietnam

BUON MA THUOT: Black & White $
Café/Bar **Straßenkarte** C5
171 Nguyen Cong Tru
(0500) 384 4960
Das geschmackvoll eingerichtete Café liegt gegenüber dem Dam San Hotel nahe dem Zentrum. Keine Speisen, aber Kaffee und Cocktails.

DALAT: An Lac $
Vegetarisch **Straßenkarte** C5
71 Phan Dinh Phung
(063) 382 2025
Eine große Auswahl an vegetarischen Gerichten, die die Vielfalt der frischen Produkte auf dem Markt der Stadt widerspiegeln. Es gibt auch einige Gerichte mit Tofu.

DALAT: Café V $
International **Straßenkarte** C5
1/1 Bui Xui Thuan
(063) 352 0215
Gemütliches Café, das von einem amerikanisch-vietnamesischen Paar geführt wird. Gegrilltes Schwein und die hausgemachten Kuchen sind hier besonders zu empfehlen.

DALAT: Long Hoa $
International **Straßenkarte** C5
6, 3 Thang 2
(063) 382 2914
Familienfreundliches Restaurant im Bistro-Stil im Stadtzentrum. Herrliche Fondues und Suppen sowie superber, hausgemachter Joghurt. Es gibt zusätzliche Tische im hinteren Raum, wenn es vorn zu voll ist.

DALAT: Café de la Poste $$
International **Straßenkarte** C5
Tran Phu
(063) 382 5444
Gegenüber der Post liegt dieses Café im französischen Stil, das vom Du Parc Hotel geführt wird. Frühstücksbuffet, Sandwiches, Steaks und Pasta werden hier serviert. Auf der Tageskarte finden sich asiatische und europäische Spezialitäten.

Restaurantkategorien *siehe Seite 243* **Preiskategorien** *siehe Seite 246*

DALAT: Le Rabelais $$$
Französisch **Straßenkarte** C5
Dalat Palace Hotel, 12 Tran Phu
(063) 382 5444
Das Restaurant ist sicher mit Abstand das feinste in Dalat, wenn es um Preis und Qualität geht. Beste französische Küche in majestätischem Ambiente, hilfreicher Service.

KONTUM: Dakbla $
International **Straßenkarte** C4
168 Nguyen Hue
(060) 386 2584
Kleines, lebhaftes Café, das bei Reisenden sehr beliebt ist für seine Wokgerichte, Sandwiches und den Kaffee. Die ausgestellten Utensilien der Bergstämme stehen teilweise zum Verkauf.

MUI NE: Shree Ganesh $
Indisch **Straßenkarte** C6
57 Nguyen Dinh Chieu
(062) 374 1330
Hier gibt es eine Auswahl herzhafter Speisen der nordindischen und der *Tandoori*-Küche. Im Obergeschoss gibt es einen hübschen Balkon. Intime Atmosphäre dank leiser Musik.

MUI NE BEACH: Lam Tong $
International **Straßenkarte** C6
92 Nguyen Dinh Chieu
(062) 384 7598
Legeres Lokal am Strand, das köstliche und bessere Speisen serviert als die meisten schicken Restaurants in Mui Ne – und das zu weit günstigeren Preisen.

MUI NE BEACH: Rung (Forest) $$
Vietnamesisch **Straßenkarte** C6
67 Nguyen Dinh Chieu
(062) 384 7589
Kinder lieben das Rung, weil man hier zwischen Lianen und Bächen wie im Dschungel isst. Das Essen ist gut, dazu gibt es am Abend traditionelle Live-Musik.

Vis-à-Vis-Tipp

MUI NE BEACH: Champa $$$
Mediterran **Straßenkarte** C6
Coco Beach Resort, 58 Nguyen Dinh Chieu
(062) 384 7111 Mo
Das Champa bietet romantisches Ambiente auf einer Terrasse mit Blick über Pool und Palmenhain. Hier wird nur Abendessen serviert, verführerische Köstlichkeiten wie in Whisky gerösteter Hummer oder Kalbsfilet in Pfeffer-Sesam-Kruste. Aber lassen Sie Platz für die Schokoladen-Buttertoffees.

NHA TRANG: Da Fernando $
Italienisch **Straßenkarte** C5
96 Nguyen Thien Thuat
(058) 352 8034
Gute Pizzas und Pastagerichte sowie beste Steaks zum Beispiel mit grünem Pfeffer werden hier serviert. Beachtliche Auswahl an guten italienischen Weinen.

NHA TRANG: Lanterns $
Vietnamesisch **Straßenkarte** C5
34/6 Nguyen Thien Thuat
(058) 247 1674
Das Lanterns ist ein weiteres Restaurant, in dem benachteiligte Jugendliche eine Chance haben, Karriere zu machen. Exzellente Meeresfrüchte und im Tontopf gegarter Fisch. Auch Kochkurse sind hier möglich.

NHA TRANG: Louisiane Brewhouse $$
International **Straßenkarte** C5
29 Tran Phu
(058) 352 1948
Brauereilokal am Strand. Hier gibt es vietnamesische, japanische und internationale Küche, dazu gutes, selbst gebrautes Bier.

NHA TRANG: Sandals $$
International **Straßenkarte** C5
Sailing Club Nha Trang, 72–74 Tran Phu
(058) 352 4628
Schickes Lokal am Strand, Innen- und Außenbereich, große Speisekarte, die vom Rindercarpaccio bis zu Käsekuchen vieles bietet.

QUANG NGAI: Cung Dinh $$
Vietnamesisch **Straßenkarte** C4
5 Ton Duc Thang
(055) 381 8444
Am Fluss liegt eines der besten Restaurants der Stadt. Exzellenter Meeresfrüchtesalat und *don* (Schneckensuppe).

QUY NHON: Seafood 2000 $$
Seafood **Straßenkarte** C5
1 Tran Doc
(056) 381 2787
An der Küste dreht sich alles um die Köstlichkeiten aus dem Meer. Einheimische genießen hier Riesengarnelen, Haisteaks oder Eintöpfe mit Meeresfrüchten.

Zentralvietnam

CHINA BEACH: Blue Whale $$
Seafood **Straßenkarte** C4
My Khe Beach
(0511) 394 2777
In der Kolonialvilla am Strand genießt man Seafood mit schönem Blick. Informieren Sie sich vor Bestellung über die Preise.

DANANG: Bread of Life $
International **Straßenkarte** C4
4 Dong Da
(0511) 356 5185 So
Das ungewöhnliche, von einer amerikanischen Familie geführte Café serviert Burger und Pizzas. Das Personal sind Gehörlose, die hier eine Chance bekommen, einen Beruf auszuüben.

DANANG: Apsara $$
Vietnamesisch **Straßenkarte** C4
222 Tran Phu
(0511) 356 1409
Danangs protzigstes Restaurant im Cham-Stil und mit Nachbildung eines Cham-Turms im Garten. Serviert wird hier klassische vietnamesische Küche, viel Fisch und Meeresfrüchte.

DANANG: Waterfront $$
International **Straßenkarte** C4
150–152 Bach Dang
(0511) 384 3373
Smart präsentiert sich das Waterfront mit Bar und Restaurant auf zwei Etagen. Genießen Sie mit Blick auf den Fluss die Fettuccine marinara oder Spareribs. Große Auswahl an Getränken.

Vis-à-Vis-Tipp

HOI AN: Mermaid Restaurant $
Vietnamesisch **Straßenkarte** C4
2 Tran Phu
(0510) 386 1527
In einer Stadt mit vielen schicken Restaurants, die gutes Essen servieren, ist dieses familiengeführte Lokal kaum zu übertreffen. Versuchen Sie die mit Shrimps gefüllten Klöße, *cao lau* (eine delikate Nudelsuppe mit Bohnensprossen und Schwein) oder den gegrillten Fisch in Bananenblättern.

Im Lanterns wird bestes Seafood und frischer Fisch serviert

HOI AN: Morning Glory $
Vietnamesisch **Straßenkarte** C4
106 Nguyen Thai Hoc
(0510) 224 1555
Eines von mehreren Lokalen des örtlichen Gastwirts Trien Diem Vy, das in einem schönen Kolonialhaus liegt. Probieren Sie so köstliche Gerichte wie Entenbrust mit Bananenblütensalat.

HOI AN: Nhu Y $
Vietnamesisch **Straßenkarte** C4
2 Tran Phu
(0510) 386 1527
Das einfache Restaurant ist sehr beliebt für seine *wontons*, Tintenfisch, gefüllt mit Schwein, oder gefüllte Tomaten. Auch vietnamesische Kochkurse werden hier angeboten.

HOI AN: Red Bridge $
Vietnamesisch **Straßenkarte** C4
Thon 4, Cam Thanh
(0510) 393 3222
Schickes Restaurant außerhalb der Stadt. Hier lässt sich problemlos ein ganzer Tag verbringen. Nehmen Sie an einem Kochkurs teil, genießen Sie Ihr Mittagessen am Pool. Abendessen nur auf Reservierung.

HOI AN: Tam Tam Café & Bar $
International **Straßenkarte** C4
110 Nguyen Thai Hoc
(0510) 386 2212
In dem bei Touristen sehr beliebten Treff wird gute französische, italienische, mediterrane sowie vietnamesische Küche serviert. Zum Restaurant gehört darüber hinaus eine der beliebtesten Bars der Stadt.

Glücksrolle, die im Red Bridge in Hoi An serviert wird

HOI AN: Ancient Hue $$
Vietnamesisch **Stadtplan** C3
104/47 Kim Long
(054) 359 0356
Inmitten alter Gebäude kann man hier kaiserliche Küche kosten. Hin und wieder finden auch Aufführungen mit traditioneller Musik und Tanz statt.

HOI AN: Mango Rooms $$
Fusion **Straßenkarte** C4
111 Nguyen Thai Hoc
(0510) 391 0839
Die Namen der Gerichte auf der Karte sind so innovativ wie die Speisen selbst. Dancing Phoenix ist etwa marinierte Entenbrust, Magnum Opus Thunfisch mit Mangosalsa.

HUE: La Boulangerie Française $
Französisch **Straßenkarte** C3
46 Nguyen Tri Phuong
(054) 383 7437
Benachteiligte Kinder haben hier eine Chance, einen Beruf zu erlernen. Die französische Bäckerei bietet exzellente Baguettes und Kuchen. Top zum Frühstücken.

HUE: Lac Thien $
Vietnamesisch **Straßenkarte** C3
6 Dinh Tien Hoang
(054) 352 7348
Eines von drei Lokalen, die von einer Familie von Stummen geführt werden und eine große Leidenschaft für das Kochen hegen. Mit Gerichten wie *banh xeo* haben sie sich auf die Hue-Küche spezialisiert.

HUE: Les Jardins de la Carambole $$
Französisch **Straßenkarte** C3
32 Dang Tran Con
(054) 354 8815
In einer schönen Kolonialvilla in der Altstadt liegt dieses Lokal, das wunderbare französische und vietnamesische Küche serviert. Der freundliche französische Besitzer berät Sie gern persönlich bei der Essenswahl.

HUE: Le Parfum $$$
International **Straßenkarte** C3
La Residence Hotel, 5 Le Loi
(054) 383 7475
Das Le Parfum serviert die beste europäische Küche in Hue. Lamm mit Rosmarin oder gedünsteter Fisch des Tages sind empfehlenswert. Das Ambiente ist elegant und entspannt.

LANG CO BEACH: Thanh Tam $$
Vietnamesisch **Straßenkarte** C3
Thanh Tam Resort, Lang Co Beach
(054) 387 4456
Das Thanh Tam ist immer einen Besuch wert. Bekannt ist es für seine saisonalen Austernspezialitäten. Genießen Sie die frische Seeluft und die Köstlichkeiten des Meeres.

Hanoi

Französisches Viertel

Quan An Ngon $
Vietnamesisch **Stadtplan** 2 D4
18 Phan Boi Chau
(04) 3942 8162
Erfolgreiches Restaurant mit einer großen Bandbreite regionaler Spezialitäten. Schöner Innen- und Außenbereich. Zu Essenszeiten sehr gut besucht.

Al Fresco's $$
International **Stadtplan** 2 E4
23L Hai Ba Trung
(04) 3826 7782
Sie haben Appetit auf einfache Gerichte? Im Al Fresco's gibt es Spareribs, Steaks oder Pizzas. Die Desserts sind so gut wie das Bier und der Kaffee.

Cay Cau $$
Vietnamesisch **Stadtplan** 2 F5
De Syloia Hotel, 17A Tran Hung Dao
(04) 3933 1010
Im kultivierten Ambiente des im Kolonialstil erbauten De Syloia Hotels werden exzellente vietnamesische Speisen serviert. Traditionelle Live-Musik (19–21 Uhr).

Indochine $$
Vietnamesisch **Stadtplan** 1 C4
38 Thi Sach
(04) 3942 4097
Touristentreff, der aber wegen des schönen Kolonialbaus und der Bandbreite der klassischen vietnamesischen Speisen einen Besuch lohnt.

Pots 'n Pans $$
Vietnamesisch **Stadtplan** 2 E5
57 Bui Thi Xuan
(04) 3944 0205
Absolventen der KOTO-Akademie (Know One, Teach One) leisten einen tadellosen Service in anspruchsvollem Ambiente. Die innovative Küche bereitet Gerichte wie Lammschulter in aromatischen Gewürzen.

San Ho $$
Seafood **Stadtplan** 2 D4
58 Ly Thuong Kiet
(04) 3934 9184
Fisch und Meeresfrüchte werden hier auch für große Gruppen köstlich bereitet. Genießen Sie das frische Bier und die Live-Musik am Piano. Aufmerksamer Service.

Le Beaulieu $$$
Französisch **Stadtplan** 2 F4
Sofitel Legend Metropole, 15 Ngo Quyen
(04) 3826 6919
In Hanois Top-Hotel serviert das Le Beaulieu französische Küche vom Feinsten. Der sonntägliche Brunch ist legendär. Geschmackserlebnisse, die jedoch auch ihren Preis haben.

Ly Club $$$
International **Stadtplan** 2 F4
4 Le Phung Hieu
(04) 3936 3069
Ly Club ist eines der exklusivsten Restaurants der Stadt. Die Cocktailbar befindet sich im Erdgeschoss, das Restaurant mit traditioneller Live-Musik (19–21 Uhr) im ersten Stock.

Distrikt Hai Ba Trung

Chim Sao $
Vietnamesisch
65 Ngo Hue
(04) 3976 0633
Das skurrile Restaurant ist eine Entdeckung wert. Hier gibt es viele ungewöhnliche Gerichte wie gebratene Taube und gegrilltes Büffelfleisch. Es werden auch viele vegetarische Gerichte serviert.

Wild Rice $$
Vietnamesisch **Stadtplan** 2 E5
6 Ngo Thi Nham
(04) 3943 8896
Ein renoviertes Kolonialgebäude bildet das klassische Ambiente, in dem traditionelle vietnamesische Küche mit modernem Touch serviert wird. Versuchen Sie das Grillhähnchen mit Chili und Zitronengras oder Schwein mit Auberginen.

Altstadt

Cha Ca Thang Long $
Vietnamesisch **Stadtplan** 2 D3
31 Duong Thanh
(04) 3824 5115
Der beste Platz, um Hanois Fischspezialität *cha ca* *(siehe S. 245)* mit Dill, Lauch und Bohnensprossen zu probieren, das bei den Einheimischen sehr beliebt ist.

Little Hanoi $
International **Stadtplan** 2 E3
21–23 Hang Gai
(04) 3828 8333
Freundliches und günstiges, kleines Lokal am Nordende des Hoan Kiem-Sees. Ein guter Ort, um dem Trubel der Stadt zu entkommen. Auf der Karte finden sich Sandwiches, gebratenes Huhn, Burger und Salate.

Elegante Fassade des exklusiven Restaurants Ly Club

Vis-à-Vis-Tipp

New Day $
Vietnamesisch **Stadtplan** 2 E2
72 Ma May
(04) 3828 0315
Manchmal sind die einfachsten Restaurants auch die besten. Das ist sicher zutreffend für das New Day. Ein legeres Lokal im Herzen der Altstadt, in dem das Essen besser ist als in vielen teureren Restaurants der Stadt. Fantastische Frühlingsrollen und Spareribs zu absolut günstigen Preisen.

Tandoor $
Indisch **Stadtplan** 2 E3
24 Hang Be
(04) 3824 5359
Das Tandoor ist einfaches indisches Restaurant in guter Altstadtlage. Serviert werden hier zahlreiche Gerichte, einschließlich vegetarischer und nicht vegetarischer *thalis*. Im Obergeschoss ist es ruhiger.

Essence $$
Vietnamesisch/International **Stadtplan** 2 E2
22 Ta Hien
(04) 3935 2485
Das gemütliche Restaurant im gleichnamigen Hotel serviert superbe vietnamesische Gerichte wie Rindfleisch in Bambus sowie eine Auswahl exzellenter westlicher Gerichte. Toller Service.

Highway 4 $$
Vietnamesisch **Stadtplan** 2 F3
5 Hang Tre
(04) 3926 4200
Diese Filiale ist eine der besten der ungewöhnlichen Bar- und Restaurantkette. Das Highway 4 serviert nicht nur sehr gute vietnamesische Küche zu angemessenen Preisen, sondern auch lokal gebrannte Schnäpse.

Khazaana $$
Indisch **Stadtplan** 2 D3
34 Duong Thanh
(04) 3934 5657
Im Khazaana wird sehr gute indische Küche serviert. Sowohl Präsentation als auch Service sind exzellent. Mittagsmenüs zu vernünftigen Preisen.

Vis-à-Vis-Tipp

Green Tangerine $$$
Fusion **Stadtplan** 2 E3
48 Hang Be
(04) 3825 1286
Eines der stimmungsvollsten Restaurants der Stadt in einem Kolonialhaus. Die wechselnde Karte mischt das Beste aus der französischen und vietnamesischen Küche auf wunderbar innovative Art. Das Mittagsmenü ist eine Möglichkeit, zwei oder drei Gerichte zu testen, ohne zu viel zu bezahlen.

Tay Ho

Don's Bistro $$$
Vietnamesisch/International
16 Quang An
(04) 3719 3719
Genießen Sie den Blick auf den Westsee, während Sie köstlichen Hackbraten oder Lammstelzen essen. Dazu gibt es einen der vielen Weine.

Westlich des Hoan Kiem-Sees

KOTO $
International **Stadtplan** 1 B4
59 Van Mieu
(04) 3747 0337
Die Schule für benachteiligte Kinder beim Tempel der Literatur serviert großartige Sandwiches und Salate. Vom Dach hat man einen fantastischen Blick.

Khai's Brothers $$
Vietnamesisch **Stadtplan** 1 C3
26 Nguyen Thai Hoc
(04) 3733 3866
Ein großes Buffet in einem Kolonialhaus. Eine Vielzahl köstlicher Speisen werden hier zum Mittag und Abendessen bereitet.

Mediterraneo $$
Italienisch **Stadtplan** 2 E3
23 Nha Tho
(04) 3826 6288
Traditionelles, italienisches Restaurant mit Trattoria-Stimmung in der Nähe der Kathedrale St. Joseph und der trendigen Läden auf der Nha Tho.

Thuy Ta $$
International **Stadtplan** 2 F3
1 Le Thai To
(04) 3828 8148
Beliebtes Café in idealer Lage am nordwestlichen Ufer des Hoan Kiem-Sees. Ausflügler genießen erfrischende Drinks, Baguettes, Kuchen und Eiscreme.

Vine $$$
International
1A Xuan Dieu
(04) 3719 8000
Ein wahrer Genuss für Weinkenner, an den Wänden reihen sich die Regale mit Weinen. Die Speisekarte führt hauptsächlich Gerichte aus der italienischen und mexikanischen Küche – alle exzellent zubereitet.

Nordvietnam

BAC HA: Cong Fu $
Vietnamesisch **Straßenkarte** A1
Cong Fu Hotel
(020) 388 0254
Im kleinen Bac Ha ist die Auswahl an Restaurants nicht groß. Das Cong Fu im gleichnamigen Hotel mitten im Stadtzentrum serviert keine Gourmet-Küche, aber köstliche und preiswerte Gerichte.

CAT BA-INSEL: Green Mango $$
International **Straßenkarte** C1
231, 1 Thang 4
(031) 388 7151
Stilvolles Ambiente, große Karte, das Angebot reicht von Joghurt und Müsli bis zu geröstetem Lachs und geräucherten Entenröllchen. Stolze Preise, aber Service und Essen sind spitze.

DIEN BIEN PHU: Lien Tuoi $
Vietnamesisch **Straßenkarte** A1
Hoang Van Thai
(023) 382 4919
Sicher eines der besten unter den wenigen Lokalen in Dien Bien Phu. Speisekarte in Englisch. Bietet gute vietnamesische und chinesische Speisen für wenig Geld.

HAIPHONG: Texas BBQ $
International **Straßenkarte** B1
22h Minh Khai
(031) 382 2689
Das Lokal ist bei Einheimischen sehr beliebt wegen der günstigen Pizzas, Spareribs und Steaks. Es gibt auch thailändische und mexikanische Gerichte.

HAIPHONG: Nam Phuong $$
Vietnamesisch **Straßenkarte** B1
12 Tran Phu
(031) 382 7827
Das elegante Restaurant im Avani Harbor View ist nur abends geöffnet. Die exzellente Zubereitung klassischer vietnamesischer Gerichte lohnt den Besuch. Versuchen Sie gegrillten Zackenbarsch mit Zitronengras.

HALONG CITY: Bien Mo Floating Restaurant $$
Vietnamesisch **Straßenkarte** C1
35 Ben Tau, Hong Gai
(033) 382 8951
In der Bucht von Halong beste Meeresfrüchte direkt auf dem Wasser zu genießen – der Traum jedes Besuchers wird in diesem gehobenen Restaurant Wirklichkeit.

Im Vine zieren Weinflaschen die Wände

HALONG CITY: The Square $$$
Vietnamesisch/International **Straßenkarte** C1
Novotel, 160 Halong Rd
(033) 384 8108
Das Restaurant ist das mit Abstand beste in Halong City und offeriert sowohl À la carte als auch Menüs sowie am Abend ein Buffet. Dazu gibt es eine gute Weinauswahl. Schickes Dekor und effizienter Service.

NINH BINH: Trung Tuyet $
Vietnamesisch **Straßenkarte** B2
14 Hoang Hoa Tham
(098) 367 7324
Das einfache, familiengeführte Lokal in Bahnhofsnähe serviert köstliche vietnamesische Gerichte in üppigen Portionen.

Vis-à-Vis-Tipp

SAPA: Nature Bar & Grill $
Vietnamesisch **Straßenkarte** A1
24 Cau May
(091) 227 0068
Das Nature Bar & Grill ist ein großes Loft im alpinen Stil mit offenem Kamin. Serviert werden vor allem Grillgerichte auf heißer Steinplatte. Versuchen Sie Rinderfilet oder Wildbret zusammen mit Frühlingsrollen. Der Service ist sehr zuvorkommend. Meist ist der Besitzer selbst anwesend und berät seine Gäste gern bei der Auswahl der Speisen.

SAPA: Baguette & Chocolat $$
International **Straßenkarte** A1
Thac Bac
(020) 387 1766
Das stilvolle Café gehört zur Hoa Sua-Schule und gibt benachteiligten Kindern die Chance, einen Beruf zu erlernen. Sehr komfortabel, guter Kaffee und Kuchen sowie Hauptmahlzeiten.

SAPA: Delta $$
Italienisch **Straßenkarte** A1
33 Cau May
(020) 387 1799
Nach einer Wanderung über die Hügel rund um Sapa finden Sie hier im Stadtzentrum Holzofenpizza, Pasta, australische Steaks oder Lasagne. Die Weinstube im Obergeschoss des Delta bietet eine sehr große Auswahl.

SAPA: Viet Emotion $$
International **Straßenkarte** A1
27 Cau May
(020) 387 2559
Hier findet sich für jeden etwas, von Tapas bis zum großen Frühstück, von hausgemachten Sup-

Gartenterrasse mit stylishem Sonnenschutz im Nest Angkor

pen bis zu leckenern Hauptgerichten wie Lachs auf Reis. Freies WLAN und Bücher zum Stöbern.

Angkor

SIEM REAP: Café Central $
International **Straßenkarte** A5
Ecke 9 Street und 11 Street
(017) 692 997
Schöner Platz im Zentrum, egal ob für Kaffee und Kuchen oder ein Essen mit Fish 'n Chips oder Burger. Es gibt aber auch Gerichte für Gesundheitsbewusste. Karte für Kinder.

SIEM REAP: Common Grounds $
International **Straßenkarte** A5
719–721 St 14
(063) 965 687
Das Café im amerikanischen Stil unterstützt nicht nur humanitäre Projekte, sondern serviert auch hervorragendes Essen, gutes Frühstück, Suppen und Säfte.

SIEM REAP: Khmer Kitchen $
Khmer **Straßenkarte** A5
Pub St
(063) 964 154
Ein guter Platz, um die Khmer-Küche kennenzulernen: *amok* (mildes Curry mit gedämpftem Fisch) oder *beef lok lak* (Rindfleisch in würziger Marinade). Kochkurse werden angeboten.

SIEM REAP: The Soup Dragon $
Fusion **Straßenkarte** A5
369 St 8
(063) 964 933
Das einfache Lokal über drei Etagen bietet mit das beste und günstigste Essen in Siem Reap. Berühmt für *pho* (Nudelsuppe) und *amok* (Curry).

SIEM REAP: Nest Angkor $$
Khmer **Straßenkarte** A5
Sivatha Blvd
(063) 966 381
Die Speisen in diesem atemberaubenden Restaurant sind erfrischend anders. Rinderfilet mit Flusshummer, gegrillte Entenbrust mit Honig, oder versuchen Sie die Sushi- und Nudelgerichte. Es gibt auch eine große Auswahl an Cocktails.

SIEM REAP: Red Piano $$
International **Straßenkarte** A5
Pub St
(063) 477 730
Angelina Jolie war während der Dreharbeiten für *Tomb Raider* Stammkundin in dem beliebten Restaurant, das sich mit Bar über zwei Etagen erstreckt. Serviert werden internationale Gerichte wie Steaks und Sandwiches, aber auch Thai- und indische Küche.

SIEM REAP: Sugar Palm $$
Khmer **Straßenkarte** A5
Ta Phul Rd
(063) 636 2060
Wer sich fragt, wo die Restaurantbesitzer von Siem Reap hingehen, um fein zu speisen, erhält hier ist die Antwort. Superbe Khmer-Gerichte wie *amok* oder gegrillte Auberginen mit Schwein werden auf der luftigen Terrasse serviert.

SIEM REAP: Terrasse des Elephants $$
Khmer **Straßenkarte** A5
Sivatha Rd
(063) 965 572
Nach einer der Sehenswürdigkeiten von Angkor benannt, genießt der Besucher hervorragende Khmer-Gerichte auf einer Terrasse mit herrlichem Ausblick.

SIEM REAP: Viroth's $$
Khmer **Straßenkarte** A5
99 Wat Bo Rd
(012) 826 346
Schön gelegen, von Bambus und dichtem Grün umrankt, ist hier der perfekte Platz, beste Khmer-Küche zu genießen. Versuchen Sie den Shrimp-Ananas-Salat oder die saure Khmer-Suppe.

SIEM REAP: Viva $$
Mexikanisch **Straßenkarte** A5
697, 2 Thou
(092) 209 154
Kein klassischer Mexikaner, aber das Viva ist typisch für den internationalen Charakter der Stadt. Genießen Sie hier *tacos*, *fajitas*, *enchiladas* oder *burritos* und dazu eine leckere *margarita*.

Vis-à-Vis-Tipp

SIEM REAP: Cuisine Wat Damnak $$$
Fusion **Straßenkarte** A5
Wat Damnak Village
(077) 347 762 ● So, Mo
Der französische Koch bereitet in einem schönen traditionellen Holzhaus aus ungewöhnlichen Zutaten moderne Variationen der traditionellen kambodschanischen Küche. Nur Abendessen.

SIEM REAP: FCC Angkor $$$
International **Straßenkarte** A5
Pokambor Ave
(063) 760 283
Im ultramodernen FCC Hotel liegt eines der vornehmeren Restaurants in Siem Reap. Internationale Küche wie Steaks und Pasta wird ebenso serviert wie traditionelle lokale Gerichte wie das berühmte *amok*.

Shopping

Früher fielen vietnamesische Geschäfte vor allem durch leere Regale auf. Das hat sich mittlerweile drastisch geändert. Läden und Märkte bieten heute eine unglaubliche Vielfalt an den unterschiedlichsten Waren an, darunter Designermode, Seide, vietnamesische Rundhüte, bunte Lampions, elegantes Porzellan und filigrane Bambusmöbel zu erstaunlich günstigen Preisen. Am kostbarsten sind jedoch traditionelle vietnamesische Produkte, etwa die prächtig bestickten Stoffe, Kunsthandwerk und Schmuck der Volksgruppen. In Großstädten findet man exklusive Einkaufszentren, aber am verlockendsten sind die örtlichen Märkte sowie die Einkaufsstraßen und -viertel von Hanoi und Ho Chi Minh City. Auch das Straßengewirr von Hoi An ist mit seinem Angebot von Lackarbeiten, Kleidung und Kunsthandwerk ein wahres Shopping-Paradies für jeden Besucher.

Stoffangebot in einem Dorf der Weißen Thai bei Mai Chau

Öffnungszeiten

In den größeren Städten haben die meisten Läden ab 8 Uhr morgens bis 20 oder 21 Uhr geöffnet. Moderne Einkaufszentren und Warenhäuser in Großstädten öffnen oft erst um 10 Uhr, bleiben aber dann bis 22 Uhr offen. Manchmal schließen die Geschäfte jedoch schon früher als zur angegebenen Zeit. Traditionelle Märkte wie Ben Thanh *(siehe S. 70)* in Ho Chi Minh City und Dong Xuan *(siehe S. 162)* in Hanoi haben meist von Sonnenaufgang bis -untergang geöffnet. Manche bieten auch einen Nachtmarkt (meist bis Mitternacht) an. Fast alle Geschäfte haben jeden Tag in der Woche geöffnet. Nur zum Tet-Fest *(siehe S. 32f)* schließen einige Läden, andere dagegen bleiben offen.

Bezahlung

Der vietnamesische *dong* (VND) ist zwar die offizielle Landeswährung, aber niemand weist US-Dollar zurück. In Gegenden mit vielen ausländischen Besuchern, vor allem in besseren Vierteln und in Feriengebieten, bevorzugen die meisten Läden US-Dollar – wegen der hohen Inflation und der schlechten Wechselkurse ist der vietnamesische *dong* wenig beliebt.

In exklusiveren Geschäften, Hotels und Restaurants, in Großstädten und Urlaubsorten werden Kreditkarten akzeptiert. In kleinen Orten, im Bus, auf dem Markt und an Straßenständen kann man nur mit Bargeld bezahlen.

Bunte Taschenauswahl auf dem Binh Tay-Markt, Ho Chi Minh City

Rechte und Umtausch

Grundsätzlich sind alle Käufe endgültig. Einige moderne Kaufhäuser in Großstädten bieten zwar einen Umtausch an, aber im Allgemeinen ist ein Kauf in Vietnam unumkehrbar. Einige Elektronikartikel wie etwa Mobiltelefone, Smartphones und Computer werden mit Garantie verkauft – die jedoch keine Rückzahlung des Kaufpreises, sondern nur Reparatur oder Umtausch des Geräts umfasst. Bei einfachen technischen Geräten ist es deshalb sinnvoll, sie möglichst schon vor dem Kauf auszuprobieren.

Verhandeln

Nur für Speisen und Getränke sowie in modernen Läden und Einkaufszentren ist der Preis festgelegt. Ansonsten kann und muss man verhandeln, denn oft liegt der zunächst angegebene Preis doppelt so hoch wie der tatsächliche Preis – das gilt für Waren, aber auch für Dienstleistungen wie Fahrten mit dem *Honda om*.

Beim Verhandeln sollten Sie drei Prinzipien berücksichtigen: Bleiben Sie in jedem Stadium der Verhandlung freundlich, ja sogar humorvoll – ein Handel hat schließlich auch eine zwischenmenschliche Ebene. Bringen Sie Zeit mit – es kann schon mal zehn Minuten dauern, bis Sie einen Preis von 50 auf 25 US-Dollar heruntergehandelt haben. Wenn alles nichts hilft, geben Sie vor, einfach wegzugehen – das bewirkt manchmal wahre Wunder.

Diamond Department Store und Diamond Plaza, Ho Chi Minh City

Kaufhäuser und Shopping-Center

In großen Städten gibt es immer mehr Luxus-Shopping-Malls und Kaufhäuser. **Vincom Shopping Center** in Ho Chi Minh City ist eines der größten Shopping-Paradiese mit internationalen Marken und Fast-Food-Ketten. Eine anderes Shopping-Center ist **Diamond Plaza**. Hier gibt es auch ein Kino und eine Bowlingbahn.

Ganz in der Nähe lockt das **Parkson**, ein schickes, vierstöckiges Kaufhaus mit Marken wie Nike, Guess, Estée Lauder und Mont Blanc. Auch hier findet man einen Supermarkt und Lokale. Die vielen Läden am zentral gelegenen **Saigon Square** sind preiswerter als andere, und die sechsstöckige **Zen Plaza** mit Geschäften und Cafés bietet Möbel, Bekleidung und Kunst an. Nicht weit von hier kann man Elektronikartikel und Spielwaren im **Saigon Shopping Center** kaufen. Hier findet man auch einen Supermarkt und einen Buchladen. Wer durch Cholon bummelt, sollte in der **An Dong Plaza** vorbeischauen, wo man asiatische Produkte erhält.

In Hanoi bietet **Trang Tien Plaza** internationale und einheimische Marken an, während man im Supermarkt **Big C Thang Long** nicht nur leckere Delikatessen kaufen kann: In der zweistöckigen Mall findet man frische Produkte, Mode, Elektronik- und Deko-Artikel. Das größte Shopping-Center in Hanoi ist die **Vincom Mega Mall** in der Royal City. Hier kann man nicht nur einkaufen – es gibt auch einen Wasserpark, eine Eislauf- und Bowlingbahn sowie Kinosäle.

Märkte und Straßenverkäufer

Trotz aller modernen Einkaufszentren, die in vielen Großstädten entstehen, kann man auf traditionellen Märkten noch immer am besten shoppen gehen. Die Märkte sind billiger und haben eine authentische, quirlige Atmosphäre. Die größten Märkte in Ho Chi Minh City sind der Ben Thanh *(siehe S. 70)* im Distrikt 1 und Binh Tay *(siehe S. 75)* in Cholon. Auf beiden erhält man von Kleidung über Lebensmittel bis zu Elektronik und Möbeln fast alles. Importierte Lebensmittel, Souvenirs und vieles mehr bekommt bietet der **Old Market**.

In Hanoi ist der **Dong Xuan-Markt** *(siehe S. 162)* mit Haushaltswaren, Kleidung, Souvenirs und mehr bei Besuchern sehr beliebt. Eine riesige Stoffauswahl (und Maßschneider) findet man auf dem **Hang Da-Markt**. Einer der reizvollsten Märkte befindet sich in Hoi An *(siehe S. 128–132)*. Tagsüber werden hier Kleidung, Lack- und Keramikwaren, Schuhe und Kunsthandwerk verkauft, abends lädt der Markt zum Bummeln ein.

Neben den örtlichen Märkten gibt es überall Straßenverkäufer, die Souvenirs, Küchenutensilien, Kleidung und Produktimitate anbieten.

Shopping-Straßen und -Viertel

Die Straßen in der Altstadt von Hanoi *(siehe S. 160f)* sind nach den hier verkauften Waren benannt: So bekommt man in der Ma-(Papier-)Straße Papierwaren, in der Hon Gai-(Hanf-)Straße Seide, in der Chieu-(Matten-)Straße Binsenmatten und Bambusrollos, in der Thiec-(Blech-)Straße Metall- und Glaswaren sowie Spiegel. Die Zuordnungen der Waren sind zwar heute nicht mehr so strikt, aber Preiswertes findet man noch immer.

Das Haupteinkaufsviertel von Ho Chi Minh City ist Dong Khoi *(siehe S. 60f)* mit einer großen Auswahl an Mode-, Antiquitäten-, Kunsthandwerks- und Möbelläden.

Fälschungen

Vietnam scheint voller gefälschter Produkte zu sein: Falsche Rolex-Uhren, CDs, DVDs, Zippo-Feuerzeuge und angebliche Relikte der US-Army werden an jeder Straßenecke angeboten.

Kaffee und Tee

In Vietnam bekommt man eine breite Auswahl an Kaffeesorten, etwa mit Vanille-, Anis- oder Schokoladen-Aroma. Der teure Ca Phe Chon, auch Weasel Coffee (»Wieselkaffee«) genannt, stammt traditionell aus Kaffeekirschen, die eine vietnamesische Schleichkatzenart frisst, wobei die unverdaulichen Bohnen wieder ausgeschieden werden. Heute sehen die meisten Bohnen keinen Tiermagen mehr, sondern werden mit einem Enzym behandelt.

In Vietnam wird gern grüner, mit Lotosblüten aromatisierter Tee getrunken. Am besten kauft man Kaffee und Tee auf Märkten wie Ben Thanh in Ho Chi Minh City oder Dong Xuan in Hanoi.

Lampengeschäft, Dong Khoi, Ho Chi Minh City

Eine Auswahl an Kunsthandwerk, Hoi An

Kunsthandwerk

Traditionelles Kunsthandwerk wird fast überall in Vietnam hergestellt. Prächtig bestickte Stoffe, fein geschnitzte Objekte und Figuren sowie Seidenlampions sind einige der Produkte. Feine Stoffe, handbestickte Seide französischer und japanischer Künstler findet man in Chi Vang (Hanoi). **Craft Link** ist ein gemeinnütziger Laden mit einer guten Auswahl an Kunsthandwerk und gewebten Produkten. In Hoi An verkauft **Reaching Out Arts & Crafts** von Behinderten hergestellte handwerkliche Produkte. Im Distrikt Dong Khoi in Ho Chi Minh City arbeiten viele Seidenhändler wie **Bao Nghi**, der auch Leinen- und andere Stoffe bereithält.

Antiquitäten und Kunsthandwerk der ethnischen Bergstämme, darunter auch Textilien und Schmuck, kann man in Hanoi bei **54 Traditions** kaufen. **Hanoi Moment** und **Craft Window** bieten eine große Kunsthandwerksauswahl. In Ho Chi Minh City bekommt man bei **Miss Ao Dai** hochqualitative Souvenirs, in Hoi An ist der **Hoi An Arts and Crafts Manufacturing Workshop** für Keramik, Schnitzereien und Stickereien die erste Adresse.

Keramik, Geschirr und Seidenlampen findet man im Straßengewirr von Hoi An. Schönes Porzellan wie Teesets, Vasen und Schüsseln bietet **Emem** in Ho Chi Minh City an. Die **Hanoi Gallery** ist eine gute Adresse für kommunistische Propagandakunst. In Distrikt 1 in Ho Chi Minh City präsentiert die **Tara & Kys Art Gallery** schöne Drucke, die **Galerie Quynh** moderne Arbeiten von heimischen und internationalen Künstlern. Auch die **Hoi An Art Gallery** in Hoi An ist einen Besuch wert, die **Hanoi Art Gallery** verkauft Werke zeitgenössischer vietnamesischer Künstler.

Souvenirfigur

Mode

Zweifellos ist Hoi An das Einkaufsmekka Vietnams für Kleidung. Viele Läden schneidern in wenigen Stunden jedes Modell aus Modemagazinen nach – zu einem Bruchteil des Preises, den man im Westen zahlen würde. Sehr gute Qualität und Service garantiert **Yaly Couture**, der auch Frauenschuhe herstellt. Kleider von der Stange und einfache Schnitte bekommt man auf dem **Hoi An-Kleidermarkt**. Mode aus Seide kann man bei **Bibi Silk** kaufen, **Bao Khanh Silk Tailors** ist auf maßgeschneiderte Abendgarderobe spezialisiert. Einen Besuch wert sind auch **Thuong Gia** für Kleidung und **Friendly Shoe Shop** für Schuhe.

Eine Schneiderin nimmt an ihrer Kundin Maß, Geschäft in Hoi An

In Hanoi ist **Khaisilk** vor allem für elegante Kleidung eine gute Adresse, **Ha Noi Silk** schneidert Anzüge in 24 Stunden. Hervorragende Seidengeschäfte findet man an der Hang Gai-Straße. Größere Kleidergrößen findet man bei **Things of Substance**.

In Ho Chi Minh City schneidert **H & D Tailors** für Herren. Damen kaufen ihren *ao dai*, das traditionelle vietnamesische Kleid, bei **Ao Dai Minh Thu**. Auch **Creations** bietet Maßgeschneidertes an.

Möbel

Möbel gelten in Vietnam als Kunst. Die meisten Produkte werden aus fein verarbeiteten Harthölzern produziert, oft mit Perlmutteinlagen oder kunstvollen Schnitzereien verziert. Individuelle Wünsche werden gern erfüllt, die Waren dann auch ins Heimatland verschickt.

In Ho Chi Minh City verkauft **Furniture Outlet** schöne Stücke zu guten Preisen. **Tien An** ist auf leichte Bambusstühle-, Schränke und Grasmatten spezialisiert, **The Lost Art** auf Antiquitäten und Kopien. **Mosaique** in Hoi An bietet nicht nur Möbel an, sondern auch Heimdekorationen.

Lackarbeiten und Keramik

Vietnam ist für seine dekorativen Lackkunstarbeiten sowie für Teeservice, Vasen, Schüsseln, Tabletts und Malereien bekannt. Manche Lackprodukte sind mit erstaunlich filigranen Einlegearbeiten verziert, Porzellan weist oft feinste Muster auf. In Ho Chi Minh City verkauft **Gaya** Produkte der renommierten Designerin Michele de Albert. **Quang's Ceramics** in Hanoi hat ein herausragendes Angebot, in der Le Duan-Straße befinden sich ebenfalls gute Läden. Auch in Hoi An kann man in vielen Läden traditionelle vietnamesische Produkte finden.

Auf einen Blick

Kaufhäuser und Shopping-Center

An Dong Plaza
18 An Duong Vuong, Cholon, HCMC.
Stadtplan 4 F4.
(08) 3832 3288.

Big C Thang Long
222 Tran Duy Hung, Hanoi.
(04) 3784 8596.
bigc.vn/en

Diamond Plaza
34 Le Duan, Distrikt 1, HCMC.
Stadtplan 2 E3.
(08) 3822 5500.
diamondplaza.com.vn

Parkson Plaza
35–45 Le Than Ton, Phuong Ben Nghe, HCMC.
Stadtplan 2 E3.
(08) 3827 7636.

Saigon Shopping Center
65 Le Loi, Distrikt 1, HCMC.
Stadtplan 2 E4.
(08) 3829 4888.
saigoncentre.com.vn

Saigon Square
77 Nam Ky Khoi Nghia, Distrikt 1, HCMC.
Stadtplan 1 B2.

Trang Tien Plaza
Hang Bai, Hanoi.
Stadtplan 2 E4.
(04) 3934 9734.
trangtienplaza.vn

Vincom Mega Mall
72A Nguyen Trai, Thanh Xuan, Hanoi.
(04) 6285 7417.
vincomjsc.com

Vincom Shopping Center
171 Dong Khoi, Distrikt 1, HCMC.
Stadtplan 2 4.
(08) 3936 9999.

Zen Plaza
54 Nguyen Trai, Distrikt 1, HCMC.
Stadtplan 2 D5.
(08) 3925 0339.

Märkte

Hang Da-Markt
Ecke Hang Ga und Doung Thanh, Hanoi.
Stadtplan 2 D2.

Old Market
Ecke Ham Nghi und Ton That Dam, Distrikt 1, HCMC. **Stadtplan** 2 F4.

Kunsthandwerk

54 Traditions
30 Hang Bun, Hanoi.
Stadtplan 2 D1.
(04) 3715 0194.
54traditions.com.vn

Bao Nghi
127 Dong Khoi, Distrikt 1, HCMC. **Stadtplan** 2 F4.
(08) 3823 4521.

Chi Vang
27 Trang Tien, Hanoi.
Stadtplan 2 F4.
(04) 3828 6576.

Craft Link
43 Van Mieu, Hanoi.
Stadtplan 1 B4.
(04) 3733 6101.
craftlink.com.vn

Craft Window
99 Nguyen Thai Hoc, Hanoi. **Stadtplan** 1 C3.

Emem
38 Mac Thi Buoi, Distrikt 1, HCMC.
Stadtplan 2 F4.
(08) 3829 4408.
ofcvn.com/emem/en

Galerie Quynh
151 Dong Khoi, Distrikt 1, HCMC.
Stadtplan 2 F4.
(08) 3824 8284.
galeriequynh.com

Hanoi Art Gallery
36 Trang Tien, Hanoi.
(04) 3934 7192.
hanoi-artgallery.com

Hanoi Gallery
110 Hang Bac, Hanoi.
Stadtplan 2 E3.
(04) 3826 7850.

Hanoi Moment
101 Hang Gai, Hanoi.
Stadtplan 2 D3.
(04) 3928 7170.
hanoimoment.vn

Hoi An Art Gallery
6 Nguyen Thai Hoc, Hoi An. (982) 868 086.
hoianartcenter.com

Hoi An Arts and Crafts Manufacturing Workshop
9 Nguyen Thai Hoc, Hoi An. (0510) 3910 216.

Miss Ao Dai
21 Nguyen Trung Ngan, Distrikt 1, HCMC.
Stadtplan 2 F2.
(08) 3822 2139.

Reaching Out Arts & Crafts
103 Nguyen Thai Hoc, Hoi An.
(0510) 391 0168.
reachingoutvietnam.com

Tan My
66 Hang Gai, Hanoi.
Stadtplan 2 E3.
(04) 3825 1579.
tanmyembroidery.com.vn

Tara & Kys Art Gallery
101 Dong Khoi, Distrikt 1, HCMC.
Stadtplan 2 E4.
(08) 3823 8149.
tarakys.vn

Mode

Ao Dai Minh Thu
129 De Tham, Distrikt 1, HCMC. **Stadtplan** 2 D5.
(08) 3836 1947.
aodaiminhthu.com

Bao Khanh Silk Tailors
101 Tran Hung Dao, Hoi An. (0510) 386 1818.
baokhanhsilk.com

Bibi Silk
13 Phan Chu Trinh, Hoi An. (091) 343 3260.

Creations
105 Dong Khoi, Distrikt 1, HCMC.
Stadtplan 2 F4.
(08) 3829 5429.
creations.vn

Friendly Shoe Shop
18 Tran Phu, Hoi An.
(935) 211 382.
friendlyshophoian.com

H & D Tailors
New World Hotel, Pham Hong Thai, Distrikt 1, HCMC. **Stadtplan** 2 E4.
(08) 3824 3517.
hdtailor.vn

Ha Noi Silk
Thang Long Opera Hotel, 1 Tong Dan, Hanoi. **Stadtplan** 2 F4.
(04) 3926 3469.
hanoisilkvn.com

Hoi An-Kleidermarkt
Ecke Tran Phu und Hoang Dieu, Hoi An.

Khaisilk
113 Hang Gai, Hanoi.
Stadtplan 2 C3.
(04) 3828 6198.
khaisilkcorp.com

Things of Substance
5 Nha Tho, Hanoi.
Stadtplan 2 E3.
(04) 3828 6965.
prieure.com.vn

Thuong Gia
41 Nguyen Thai Hoc, Hoi An. (0510) 386 1816.

Yaly Couture
358 Nguyen Duy Hieu, Hoi An.
(0510) 391 4995.
yalycouture.com

Möbel

Furniture Outlet
2C Nguyen Thanh, Distrikt 1, HCMC.
Stadtplan 2 D1.
(08) 2243 7955.

The Lost Art
45 Nguyen Huu Canh, Distrikt Binh Thanh, HCMC.
(08) 3514 6080.
saigonlostart.com

Mosaique
427 Dong Kim Nguu, Hanoi.
(04) 3971 3797.
mosaiquedecoration.com

Lackarbeiten und Keramik

Gaya
1 Nguyen Van Trang, Distrikt 1, HCMC.
Stadtplan 2 D5.
(08) 3925 1495.

Quang's Ceramics
95 Ba Trieu, Hanoi.
Stadtplan 2 E5.
(04) 3945 4235.
quangceramic.com

Souvenirs

Weitläufige, authentische Märkte, Straßenhändler und selbst die Shopping-Center bieten eine vielfältige, faszinierende Souvenirauswahl. Fast jede Art Kleidung, Schuhe oder Schmuck ist preiswert. Lokales Kunsthandwerk wie Keramik, Korbwaren, Lackarbeiten und Bilder aller Art sind wunderschöne Mitbringsel. Die auffallendsten Stücke sind handbestickte Stoffe und der Silberschmuck der Bergstämme. Ganz im Gegensatz dazu, oft aber ebenso verlockend, stehen die vielen gefälschten, überall angebotenen Markenprodukte.

Handgefärbte Seide der Weißen Thai, mit schönen Mustern verziert

Mode, Schuhe und Accessoires

Für Frauen ist das traditionelle *ao dai* ein Muss. Das zweiteilige Kleid wird aus Baumwolle, Seide oder Synthetik und in verschiedensten Farben hergestellt. Vietnam ist für preiswerte Bekleidung – von T-Shirts über Seidenkleider bis hin zu Designerwaren – bekannt. Vietnamesische Seidenhemden und -hosen sind günstig und rasch geschneidert. Die bestickten Wollschals und -stolen der Bergvölker sind jeden *dong* wert.

Reich bestickte Taschen der Roten Dao

Seidenkleid mit China-Kragen

Fein gewebte Stola mit Fransen

Bunte Flip-Flops

Schüssel mit leuchtendem Lacküberzug

Lackarbeiten

Die Viet erlernten die Lackproduktion aus Sumac-Bäumen vor rund 2000 Jahren – und bis heute findet man im Land die schönsten Lackarbeiten. Selbst einfache Kästchen, Vasen und Schmuck verwandeln sich dank des Lacküberzugs in Kostbarkeiten. Bei dem mehrmonatigen Prozess wird der Lack auf eine Holzoberfläche aufgebracht und dann bemalt oder mit feinen Einlegearbeiten weiter verziert.

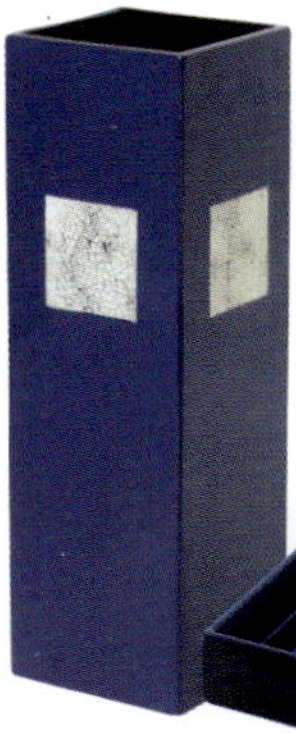

Lackprodukte mit Einlegearbeiten

Traditionell bemalte Gewürzdöschen

Bleistiftkästchen mit Perlmutteinlage

Seekompass mit Tierkreiszeichen

Schmuckkasten mit Vogel- und Blumenmotiven

Keramik

Von riesigen Töpfen bis hin zu winzigen Teetassen: Vietnamesische Töpfer produzieren wunderschöne, nützliche Keramik, die überall im Land verkauft wird. Als besonders kostbar gelten Produkte aus Bat Trang bei Hanoi – die Region ist für die hohe Qualität des weißen Tons und der hier entwickelten Glasurstile wie der »Alten Perlglasur« und der »Indigoblauen Blumenglasur« berühmt.

Handbemalte Porzellanelefanten

Blau-weißer chinesischer Porzellankrug

Riesenvasen mit geschwungenen Blumen und Elfenbeinglasur

Malerei

Vietnam entwickelt sich rasch zum Mekka für Sammler. Wasserfarben- und Ölgemälde sind allgegenwärtig, einzigartig sind Lack- und Seidenmalerei. Kunstwerke findet man auch in den Kulturzentren von Hanoi, Hoi An und Hue.

Farbenfrohes Gemälde eines zeitgenössischen Künstlers

Kopfschmuck der Roten Dao

Silberschmuck der Bergstämme

Silber ist bei vielen Bergvölkern ein traditionelles Wohlstandssymbol. Alte Ohrringe, klobige Anhänger und Armreife erhält man in vielen Dorfläden im Hochland. Die verzierten Silbergürtel für Frauen sind besonders attraktive Schmuckstücke.

Verschiedene Silberohrringe

Serviertabletts aus Rattan

Hölzerne Obstschalen

Traditioneller vietnamesischer Bauernhut

Tabletts aus Korbgeflecht, mit Porzellangriffen

Kosmetikdöschen

Bambus, Binsen, Blätter und Gräser

Kunstvoll geflochtene Gras- und Binsenmatten werden in allen Größen und Formen als Matratzen, Sitzkissen und Vorhänge verwendet. Tabletts und Schüsseln aus Weidengeflecht sind ebenso beliebt wie bestickte Bambus-Paravents und Küchenutensilien. Der traditionelle *non la* (Bauernhut) ist überall erhältlich, oft wird er aus dicken, getrockneten Palmenblättern geflochten. In Hue zeigen die Hüte im Gegenlicht oft feine, gemalte Muster.

Grell bemalte Tet-Maske aus Weidengeflecht

Unterhaltung

Das kulturelle Leben Vietnams war niemals so aufregend und lebendig wie heute. Jahrhundertealte, traditionelle Theater- und Musikformen feiern auf Festivals im ganzen Land eine Wiedergeburt. Es ist vor allem die beeindruckende Kulturtradition Vietnams, die internationale Besucher anzieht – trotz all der neuen Clubs und Multiplexkinos in den Großstädten. In Konzertsälen kann man Opernarien hören oder Popstars mit den neuesten Schnulzen auf provisorischen Bühnen feiern. Ho Chi Minh City leidet längst nicht mehr unter der mitternächtlichen Sperrstunde, überall verführen Bars und Clubs mit Live-Musik und Cocktails zum Feiern bis in den frühen Morgen. Wasserpuppen-Theater floriert insbesondere in Hanoi, ebenso wie der Jazz. Pop, Rock und Techno hört man selbst in Kleinstädten. Selbst Wetten ist erlaubt – aber nur auf Windhunde und Pferde.

Information

Das offizielle Monatsmagazin der Vietnam National Administration of Tourism, *Travellive*, liefert Informationen zu Touren und Lifestyle in ganz Vietnam, ebenso das Bordmagazin *Heritage* von Vietnam Airlines.

Freizeit- und Lifestyle-Themen sowie Veranstaltungen und aktuelle Programme findet man in den Monatsmagazinen *The Word* und *AsiaLife*.

In Hotels, Restaurants und Bars liegt kostenlos *Vietnam Pathfinder* aus mit Unterhaltungs- und Reiseinfos fürs ganze Land.

Die nationale englischsprachige Zeitung *Viet Nam News* und die monatlich erscheinende *Saigon Times* enthalten Programmteile zu Hanoi und Ho Chi Minh City.

Tickets

Kartenvorverkauf ist in Vietnam kein Standard, aber viele Hotels kaufen oder reservieren auf Anfrage für ihre Gäste Tickets. Online-Buchung ist selten möglich und wird nur von ein paar Kinos angeboten. Die meisten Vietnamesen (und auch Besucher) kaufen Karten deshalb direkt an der Abendkasse.

Traditionelles Theater, Musik und Tanz

Traditionelle Musik, Tanz und Theater bilden in Vietnam eine untrennbare Einheit. Trotz der stürmischen Modernisierung des Landes in den vergangenen Jahren sind diese Kunstformen nicht zuletzt durch den Tourismus wieder neu belebt worden.

Hanoi gilt als kulturelles Zentrum des Landes und ist u. a. Geburtsstätte der wohl eigenwilligsten Kunstform Vietnams, des Wasserpuppen-Theaters *(siehe S. 163)*. Dabei werden mit Marionetten auf einer Wasserbühne spannende Geschichten inszeniert. Am besten sieht man sich diese Kunstform im **Wasserpuppen-Theater Thang Long** *(siehe S. 162)* in Hanoi an. Auch das **Golden-Dragon-Wasserpuppen-Theater** in Ho Chi Minh City präsentiert täglich Aufführungen. Das **Binh Quoi Tourist Village** bietet ebenfalls Wasserpuppen-Shows. Und im **Wasserpuppen-Theater** in Nha Trang finden jeden Nachmittag und jeden Abend Aufführungen statt.

In Vietnam sind verschiedene Theaterformen überaus beliebt und verbreitet: Das traditionelle vietnamesische Theater *(siehe S. 28f)* lässt sich in drei grundlegende Dramenstile unterteilen: *hat boi*, *hat cheo* und *cai luong*. Alle drei Formen werden gesungen – *hat* bedeutet »singen« – und erinnern in ihren Formen stark an westliche Opern. Das durch ausgefallene Kostüme und Make-up sowie ein hochgradig stilisiertes Schauspiel geprägte *hat boi* oder *tuong* ist vietnamesisch, verrät aber auch Einflüsse des chinesischen Theaters.

Eine vereinfachte, kompaktere Form des *hat boi* ist das *hat cheo*. Auch dieses der Operette ähnliche Theater dreht sich um großes Drama und Tragödien, gewürzt mit einer Prise Ironie.

Cai luong entstand dagegen zu Beginn des 20. Jahrhunderts und erinnert an westliche Musicals mit aufwendiger Kulisse und melodramatischen Szenen. Unabhängig von der Geschichte oder von den Liedtexten drücken bestimmte Melodien Gefühle wie Glück, Trauer, Misstrauen usw. aus. Die echten Fans kennen alle Melodien auswendig.

Aufwendig kostümierte Puppen, Wasserpuppen-Theater, Hanoi

Das traditionelle Theater genießt heute vor allem in Hanoi größte Popularität. *Hat cheo*-Stücke sieht man regelmäßig im **Hanoi Cheo Theater**. Das **Golden Bell Theater** zeigt einstündige Aufführungen aus den unterschiedlichsten Regionen des Landes. An Wochenenden zeigt Den Ngoc Son *(siehe S. 164)* Auszüge von *Hat cheo*-Werken. Vor Ort sollte man auch die Zeitungen nach Theaterproduktionen im Tempel der Literatur *(siehe S. 170f)* durchforsten.

Neben der Oper enthält die klassische vietnamesische Musik Vokal- und Instrumentalwerke. Die einst am Kaiserhof von Hue strikt regulierte Klassik erlebte während der französischen Kolonialzeit eine neue Blüte, wobei sich drei unterschiedliche Stile entwickelten: *bac* im Norden, *trung* in Zentralvietnam und *nam* im Süden des Landes.

Die Kammermusik setzt sich aus Streich-, Schlag- und Holzblasinstrumenten zusammen und schafft so einen unverwechselbaren Klang. Beim traditionellen Theater gehören auch Blechinstrumente dazu, um dramatische Effekte zu erzielen. Musiker spielen u. a. im Palast der Wiedervereinigung *(siehe S. 65)* in Ho Chi Minh City.

Wie Hanoi und Ho Chi Minh City haben auch die meisten größeren Städte Kulturzentren und Theater: In Hoi An präsentiert das **Hoi An Traditional Theatre** fast jeden Abend Konzerte und Theater. Das **Nguyen Hien Dinh Theater** in Danang und das Biennial Arts Festival in Hue (jeden Juni in geraden Jahres) erhalten altes vietnamesisches Theater, Tanz und Musik lebendig. Im Hon Chen-Tempel *(siehe S. 152)* in Hue stehen im dritten und siebten Mondmonat Musik und Tanz im Mittelpunkt.

Eine Aufführung traditioneller Musik in Ho Chi Minh City

Zeitgenössische Musik und Konzerte

Die wichtigsten Konzertsäle Vietnams sind das Opernhaus *(siehe S. 166)* in Hanoi und das Stadttheater *(siehe S. 62)* in Ho Chi Minh City. In beiden Häusern stehen Orchestermusik, westliche und asiatische Opern sowie Popkonzerte auf dem Programm. **Nhac Vien**, das Musikkonservatorium in Ho Chi Minh City, ist Sitz des Sinfonieorchesters und präsentiert Klassik, Oper und Jazz.

Dank des warmen Wetters sind Vietnamesen große Fans von Open-Air-Konzerten: In Ho Chi Minh City ist der malerische **Van Hoa-Park** populär, in Hanoi hört man Musik am Hoan Kiem-See *(siehe S. 164)*. Bei den meisten dieser Konzerte wird vietnamesische Popmusik gespielt, manchmal finden auch revueähnliche Tänze von Frauen im traditionellen *ao dai* statt. Zwar wirken diese Aufführungen recht kommerziell, doch die fröhliche Stimmung ist ansteckend.

Schauspieler in *Cai luong*-Kostüm

Sportstadien wie das **Military Zone 7 Stadium** in Ho Chi Minh City dienen ebenfalls als Konzertorte, in denen einheimische Künstler von Teenagern gefeiert werden.

Einige Restaurants, Bars und Modehäuser in Ho Chi Minh City und Hanoi veranstalten ebenfalls regelmäßig Konzerte, die in den lokalen Medien angekündigt werden. Der Hotelempfang ist in der Regel gut darüber informiert.

Der **Maxim's Club** in Ho Chi Minh City ist eine der ältesten Bühnen dieser Art. Im Maxim bietet man dem Gast ein solides Essen, guten Wein und eine meist gute und spannende Show an – vom klassischen Streichquartett über Popshows bis hin zu vietnamesischen Volksliedern und sogar den angesagtesten Rockgruppen des Landes.

Modernes Theater

Trotz vieler guter und ambitionierter Autoren, die kritische Dramen und Komödien schreiben, ist modernes Theater in Vietnam eine Nischenkunst. Die meist in der Landessprache inszenierten Stücke werden in kleinen Theatern aufgeführt. Eine gute Adresse für ausländische Besucher ist das **Ho Chi Minh City Drama Theater**, das Produktionen mit englischen Untertiteln zeigt. In Hanoi gilt das **Youth Theater** als eines der besten Theater Vietnams: Der Chefregisseur Le Hung studierte in Moskau, seinen durch Stanislawski und Brecht geprägten Stil wendet er nun bei den modernen Inszenierungen an. Viele Stücke des Ensembles schrieb Le Hung selbst, andere sind Adaptionen vietnamesischer und internationaler Bühnenwerke. Am interessantesten sind modernisierte Versionen des *hat cheo*, die hier auch gelegentlich gespielt werden.

Eine der vielen Bierbars *(bia hoi)* in Hanoi

Kino

Vietnamesische Filme sind manchmal synchronisiert oder mit englischen Untertiteln versehen. Einheimische Kunstfilme sowie ausländische Produktionen kann man in Hanoi in der **Cinemathèque** und im **National Cinema Theater** sehen.

In allen Großstädten zeigt das **CGV Cinemas** aktuelle internationale Filme. Ausländische Filme sind selbst in Kleinstädten populär. Allerdings werden die meisten Filme wohl eher auf kopierten DVDs in privater Umgebung gesehen.

Nachtclubs, Discos und Bars

Selbst in den Anfangsjahren der Wirtschaftsreformen war in Ho Chi Minh City ein laues Bier in einer Backpacker-Absteige so ziemlich das einzige legale Vergnügen am Abend. Mittlerweile hat sich jedoch auch das Nachtleben befreit: **Hien and Bob's Place**, eine der ältesten Bars in Ho Chi Minh City, war das Vorbild für viele Nachahmer.

Es wirkt, als würden Bars fast wöchentlich eröffnen oder schließen, aber Klassiker wie Vietnams berühmtester Club **Apocalypse Now** sind immer noch angesagt.

Im Backpacker-Viertel rund um die Pham Ngu Lao-Straße gibt es viele Bars und Clubs. Chic ist hier die Sportsbar **163 Cyclo Bar** mit toller Aussicht auf die Straße. Gelassener genießt man Drinks im **La Fenetre Soleil**, einem coolen Platz, um bei Live-Musik einen Cocktail zu trinken. Bei **Vasco's** und **O'Brien's** gibt es kaltes Bier und kleine Gerichte, die satt machen. Ebenfalls beliebt ist das **Blue Gecko**, komplett mit Billard und Darts. Im **Spotted Cow**, das bei Expats angesagt ist, sieht man sich beim Bier Sport auf einem Riesenbildschirm an, die **Carmen Bar** ist wegen der lateinamerikanischen und Flamenco-Musik bekannt. Im Nachtclub **Lush** feiert man mit den besten DJs der Stadt von Hip-Hop bis House.

Mehr Stil und Klasse findet man in Dachbars der eleganten Hotels an der Dong Khoi-Straße, etwa im **Rooftop Garden** des Rex *(siehe S. 64)*. Dasselbe gilt für das Saigon Saigon des Caravelle Hotel *(siehe S. 62)*, die **Breeze Sky Bar** und **Level 23**. Im **Sax n Art** kann man bei Jazz entspannen.

Hanoi gibt sich nicht ganz so glamourös wie Ho Chi Minh City, aber auch hier weiß man, wie gefeiert wird: Winzige Läden, in denen das lokale Bier *bia hoi (siehe S. 243)* ausgeschenkt wird, sind besonders beliebt. Leider hat das hippe Restaurant Bobby Chinn geschlossen, der berühmte Küchenchef ist nach London weitergezogen.

Klassische Piano- und Violinenklänge hört man im **Ly Club**, im **Seventeen Cowboys** wird der Wilde Westen gefeiert. **Le Pub** ist ein großartiger Ort, um zu entspannen.

Am spannendsten ist die lebendige Jazzszene Hanois, deren wechselnde Clubs man der lokalen Presse entnehmen kann. Die Nummer eins der Clubs ist der **Binh Minh Jazz Club**, in dem der vietnamesische Saxofonmeister Quyen Van Minh fast jeden Abend spielt.

In Hoi An erinnert das Dekor im **Tam Tam Café & Bar** *(siehe S. 250)* an das alte Indochina – trotz der hippen DJs. Das **White Marble** bietet die größte Weinauswahl der Stadt.

In Nha Trang beginnt man den Abend angenehm im **Louisiane Brewhouse**. Den einzigen Grappa im Ort serviert **La Bella Napoli**. Einer der besten Clubs ist der **Sailing Club**, tagsüber Bar, abends Disco. In Hue taucht man in der **DMZ Bar** in längst vergangene Zeiten ein oder schaut auf einen Cocktail in der **Why Not Bar** vorbei.

Karaoke-Clubs sollte man am besten meiden – es sind oft getarnte Bordelle. Die Polizei bekämpft diese Bars gegenwärtig sehr gezielt.

Sportveranstaltungen

Fußball ist zweifellos der Nationalsport schlechthin. Regionalteams und -ligen werden gefeiert, und zur Fußball-WM steht das Land still. Die meisten größeren Spiele finden im **Thong Nhat-Stadion** in Ho Chi Minh City und dem **My Dinh-Nationalstadion** in Hanoi statt.

Fast ebenso beliebt ist Badminton, das die Vietnamesen noch lieber selbst spielen, als nur die Meisterschaften zu verfolgen.

Glücksspiel gehört zur vietnamesischen Kultur, ist aber noch überwiegend illegal. Doch die staatliche Lotterie, Rennen im **Saigon Racing Club** und Windhundrennen im **Lam Son-Stadion** garantieren ganz legalen Nervenkitzel.

Pferderennen im berühmten Saigon Racing Club

Auf einen Blick

Traditionelles Theater, Musik und Tanz

Binh Quoi Tourist Village
1147 Xo Viet Nghe Tinh, Distrikt Binh Thanh, HCMC.
(08) 3898 6696.

Golden Bell Theater
72 Hang Bac, Hanoi.
Stadtplan 2 E3.
(098) 830 7272.
goldenbellshow.vn

Golden-Dragon-Wasserpuppen-Theater
55B Nguyen Thi Minh Khai, Distrikt 1, HCMC.
Stadtplan 2 D4.
(08) 3827 2653.

Hanoi Cheo Theater
15 Nguyen Dinh Chieu, Hanoi.
(04) 3934 7361.

Hoi An Traditional Theatre
75 Nguyen Thai Hoc, Hoi An.
(0510) 386 1159.

Nguyen Hien Dinh Theater
155 Phan Chu Trinh, Danang.
(0511) 356 1291.

Wasserpuppen-Theater Nha Trang
46 Tran Phu, Nha Trang.
(058) 352 7828.

Wasserpuppen-Theater Thang Long
57B Dinh Tien Hoang, Hanoi. **Stadtplan** 2 E3.
(04) 3824 9494..

Zeitgenössische Musik und Konzerte

Maxim's Club
13, 15, 17 Dong Khoi, Distrikt 1, HCMC.
Stadtplan 2 F4.
(08) 3822 5554.
maxims.com.vn

Military Zone 7 Stadium
2 Pho Quang, Tan Binh, HCMC.

Nhac Vien (Musik-konservatorium)
112 Nguyen Du, Distrikt 1, HCMC.
Stadtplan 2 D4.
(08) 3822 5841.

Van Hoa-Park
115 Nguyen Du, Distrikt 1, HCMC.
Stadtplan 2 D3.

Modernes Theater

Ho Chi Minh City Drama Theater
30 Tran Hung Dao, Distrikt 1, HCMC.
Stadtplan 2 E5.
(08) 3836 9556.

Youth Theater
11 Ngo Thi Nham, Hanoi. **Stadtplan** 2 E5.
(04) 3943 8020.
nhahattutuoitre.com

Kino

Cinemathèque
22A Hai Ba Trung, Hanoi. **Stadtplan** 2 E4.
(04) 3936 2648.

CVG Cinemas
cgv.vn

National Cinema Theater
87 Lang Ha, Hanoi.
Stadtplan 1 A3.
(04) 3514 1791.
vietnamtuong theatre.com

Nachtclubs, Discos und Bars

163 Cyclo Bar
163 Pham Ngu Lao, Distrikt 1, HCMC.
Stadtplan 2 D5.
(08) 3920 1567.

Apocalypse Now
2B Thi Sach, Distrikt 1, HCMC. **Stadtplan** 2 F3.
(08) 3825 6124.
apocalypsesaigon.com

Binh Minh Jazz Club
1 Trang Tien, Hanoi.
Stadtplan 2 F4.
(04) 3942 0400.
minhjazzvietnam.com

Blue Gecko
31 Ly Tu Trong, Distrikt 1, HCMC.
Stadtplan 2 E3.
(08) 8824 3483.
bluegeckosaigon.com

Breeze Sky Bar
Majestic Hotel, 1 Dong Khoi, Distrikt 1, HCMC.
Stadtplan 2 F4.
(08) 3829 5517.
majesticsaigon.com

Carmen Bar
8 Ly Tu Trong, Distrikt 1, HCMC.
(08) 3829 7699.

DMZ Bar
60 Le Loi, Hue.
(054) 382 3414.
dmz.com.vn

Hien and Bob's Place
43 Hai Ba Trung, Distrikt 1, HCMC.
Stadtplan 2 F3.
(08) 3823 0661.

La Bella Napoli
60 Hung Vuong, Nha Trang.
(058) 352 7299.

La Fenetre Soleil
44 Ly Tu Trong, Distrikt 1, HCMC.
(08) 3824 5994.
lafenetresoleil.com

Le Pub
25 Hang Be, Hanoi.
Stadtplan 2 E3.
(04) 3926 2104.

Level 23
Sheraton Hotel, 88 Dong Khoi, Distrikt 1, HCMC. **Stadtplan** 2 F4.
(08) 3827 2828.
sheratonsaigon.com

Louisiane Brewhouse
Lot 29, Tran Phu, Nha Trang.
(058) 352 1948.

Lush
2 Ly Tu Trong, Distrikt 1, HCMC. **Stadtplan** 2 F2.
(08) 3824 2496.
lush.vn

Ly Club
4 Le Phung Hieu, Hanoi.
Stadtplan 2 F4.
(04) 3936 3069.
lyclub.vn

O'Brien's
74A2 Hai Ba Trung, Distrikt 1, HCMC.
Stadtplan 2 F3.
(08) 3829 3198.

Sailing Club
72 Tran Phu, Nha Trang.
(058) 352 4628.
sailingclubvietnam.com

Sax n Art
28 Le Loi, Distrikt 1, HCMC. **Stadtplan** 2 E3.
(08) 3822 8472.
saxnart.com

Seventeen Cowboys
98B Tran Hung Dao, Hanoi. **Stadtplan** 2 D4.
(090) 443 8883.
seventeencowboys.com

The Spotted Cow
111 Bui Vien, Distrikt 1, HCMC. **Stadtplan** 2 D5.
(08) 3519 4138.

Tam Tam Café & Bar
110 Nguyen Thai Hoc, Hoi An.
(0510) 386 2212.

White Marble
98 Le Loi, Hoi An.
(0510) 391 1862.

Why Not Bar
46 Pham Ngu Lao, Hue.
(054) 382 4793.
whynot.com.vn

Sportveranstaltungen

Lam Son-Stadion
15 Le Loi, Vung Tau.
(064) 351 3555.

My Dinh-Nationalstadion
Le Duc Tho, Distrikt Tu Liem, Hanoi.
(969) 763 667.

Saigon Racing Club
2 Le Dai Hanh, Distrikt 11, HCMC.
Stadtplan 3 C2.
(090) 366 6433.

Thong Nhat-Stadion
138 Dao Duy Tu, Distrikt 10, HCMC.
Stadtplan 4 E3.
(08) 3855 7865.

Sport und Aktivurlaub

Mit seinen hohen, oft wolkenverhangenen Berggipfeln, den üppigen tropischen Regenwäldern, den reißenden Flüssen und den immer internationaleren Großstädten lockt Vietnam mit vielfältigen Möglichkeiten, den Urlaub aktiv zu gestalten. Die über weite Strecken fast unberührte, Hunderte Kilometer lange Küste mit ihren einsamen Sandstränden, klaren Buchten und ihrer Brandung ist ein Traum für Wassersportler. Wanderer und Naturliebhaber zieht es in die Nationalparks und Tierreservate, auf die Bergpfade und die vielen Wanderwege. Immer mehr Radsportler erkunden das Land auf einsamen Straßen zwischen Hanoi und Ho Chi Minh City. In den vergangenen Jahren sind luxuriöse und gut gepflegte Golfplätze für die vielen ausländischen Besucher rund um die Großstädte und in den Urlaubsorten entstanden. Feinschmecker können ihre Gaumen bei verschiedensten Gourmetreisen verwöhnen, etwa mit der kaiserlichen Küche von Hue oder mit den exotischen Früchten des Mekong-Deltas. Vietnam bietet ein schier unbegrenztes Freizeitangebot. Es ist ein überaus facettenreiches Land mit den unterschiedlichsten Möglichkeiten für jede Vorliebe und für jeden Geldbeutel.

Taucher vor einem Tauchgang, Nha Trang

Tauchen, Schnorcheln und Schwimmen

Der am besten entwickelte Ort für Taucher ist der Ferienort Nha Trang *(siehe S. 112–115)*. Hier versammeln sich zahlreiche Anbieter, Lehrer für Schnellkurse, Ausrüster und Bootsverleiher. Der älteste und beste Tauchanbieter ist **Rainbow Divers** mit Ablegern an vielen Tauchgebieten Vietnams. In Nha Trang findet man viele weitere solide Anbieter wie **Sailing Club Divers**.

Etwa 60 Kilometer nördlich der Stadt ist das **Whale Island Resort** für Schnorchler und Taucher ein zunehmend verlockendes Ziel. Südlich bieten Phu Quoc *(siehe S. 105)* und Con Dao *(siehe S. 102)* flache Korallenriffe – eine ernste Konkurrenz für Nha Trang, denn beide Inseln sind noch relativ unverdorben, werden aber auch immer schneller erschlossen. Rainbow Divers ist hier gegenwärtig der einzige Anbieter.

Die wie an einer Perlenschnur aufgereihten Fischerinseln vor **Hoi An** *(siehe S. 128–132)* sind nur eine Stunde Bootsfahrt vom Festland entfernt und garantieren hervorragende Tauchgründe in Zentralvietnam. Ein-, Zwei- und Drei-Tage-Ausflüge zu diesen Inseln bietet das **Cham Island Diving Center** an.

An den meisten Stränden zwischen Danang *(siehe S. 138)* und Nha Trang herrschen in der Regel ideale Bademöglichkeiten. Einer der sichersten Strände ist Mui Ne Beach *(siehe S. 110f)*, wo die Unterströmung am schwächsten ausfällt.

In Städten laden Hotelpools zum Schwimmen ein. Auch Nichthotelgäste können sie gegen eine geringe Gebühr nutzen. In Ho Chi Minh City bietet das **Grand Hotel** *(siehe S. 236)* eine der günstigsten Tagesraten an, im International Club Pool kann man Sauna, Dampfbad und Fitnessraum für weniger als zehn US-Dollar am Tag genießen. In Hanoi sind die Swimmingpools des **Army Hotel** und des **Thang Loi Hotel** preiswert. Wasserfreizeitparks wie **Dam Sen** *(siehe S. 75)* in Ho Chi Minh City, der **Ho Tay Water Park** in Hanoi und der **Phu Dong Water Park** in Nha Trang sorgen für großen Familienspaß.

Surfen, Kitesurfen und Windsurfen

Nur wenige Vietnamesen surfen selbst, aber viele Urlauber stürzen sich gern in die guten, wenn auch nicht allzu großen Wellen am China Beach *(siehe S. 137)*. Bretter kann man vor Ort mieten.

Mui Ne Beach *(siehe S. 110f)* ist in letzter Zeit vom Kitesurfing-Fieber erfasst worden. Alljährlich findet hier ein internationaler Wettkampf statt. Die ruhige See und starke Winde garantieren auch perfekte Bedingungen zum Windsurfen. Anbieter für Windsurfer und Kitesurfer sind die **Sailing Club Kite School** und das **C2Sky Kitecenter**. In **Jibe's Beach Club** in Mui Ne trifft man sich mit anderen Surfbegeisterten.

Kitesurfer und Windsurfer im Südchinesischen Meer bei Mui Ne

Kajak fahren

Kajaks nutzte man erstmals in der Bucht von Halong *(siehe S. 186–188)*, sie erwiesen sich als ideal zur Erkundung der Inseln, Buchten und Höhlen. Gleichwohl gelten sie in Vietnam als Neuheit. Man kann Gewässer auf eigene Faust erkunden, besser sind jedoch Touren von Spezialanbietern. Solide und bewährte Veranstalter sind Sinh Tourist *(siehe S. 273)* und **Buffalo Tours**, die beide Kajakreisen organisieren. Empfehlenswert ist wegen der kleinen Gruppen, eigenen Kajaks und Führer auch **Handspan Adventure Travel**. **Green Trail Tours** bietet Kajakfahrten durch die Bucht von Halong, auf dem Ba Be-See *(siehe S. 204)* sowie im Mekong-Delta an.

Mit dem Kajak durch das klare Wasser der Bucht von Halong

Golf

Golf war für die Kommunistische Partei zeitweise der Inbegriff westlicher Dekadenz – heute spielen immer mehr Vietnamesen den von Besuchern und hier lebenden Ausländern eingeführten Sport. Die Clubbeiträge sind sehr hoch, die Gebühren für Gäste dagegen eher niedrig.

Die Golfplätze liegen rund um Ho Chi Minh City, Mui Ne, Danang, Dalat und Hanoi. Die **Rach Chiec Driving Range** findet man zehn Minuten nördlich vom Stadtzentrum. Der **Vietnam Golf Country Club** ist eine Spitzenadresse mit zwei 18-Loch-Anlagen und Flutlicht.

In Hanoi kann man seinen Abschlag auf der **Lang Ha Driving Range** trainieren, und eine Autostunde westlich lädt das exklusive **BRG King's Island Golf Resort** ein. Die beliebtesten Plätze liegen in und rund um Dalat *(siehe S. 118–120)*. Zwei sehr stilvolle Golfclubs sind **Dalat Palace** aus der französischen Kolonialzeit und **Ocean Dunes**, der von Nick Faldo in Phan Thiet gestaltet wurde. **Sea Links** in Mui Ne gehört zu den exklusivsten Golfclubs Vietnams.

Die elegante Golfanlage Ocean Dunes fast direkt am Strand, Phan Thiet

Wandern

Die landschaftliche Vielfalt macht Vietnam zu einem Wander- und Trekkingparadies. Man hat die Wahl zwischen Pfaden in Nationalparks oder Wanderungen an Berghängen, Abenteuertouren durch Dschungel oder langen Spaziergängen am Strand.

Die nördliche Bergregion rund um Sapa *(siehe S. 200f)* ist eine Wandergegend, die bei Vietnamesen und Besuchern besonders beliebt ist. Hier findet man auch viele Touranbieter, etwa **Topas Adventure**, **Exotissimo** und **Footprints**. Alle Veranstalter arbeiten mit lokalen Guides zusammen, die in den Dörfern der Bergstämme ersten Kontakt knüpfen.

Auch Nationalparks laden mit ihren gepflegten Pfaden und einfacher Infrastruktur zum Sportwandern ein. Der Nationalpark Cat Ba *(siehe S. 193)* hat einen der schwierigsten Bergsteigerpfade: Er führt 47 Kilometer lang durch Dschungel bis zu einem der höchsten Gipfel im Park. Kondition, gutes Schuhwerk, wasserfeste Kleidung und viel Trinkwasser sind hier ein Muss, ein lokaler Führer empfiehlt sich auch. Jedes Hotel in der Region wird bei der Buchung eines Guide weiterhelfen.

Im Nationalpark Cuc Phuong *(siehe S. 197)* sind nicht alle Wege markiert, sodass man sich unbedingt mit einem Guide auf den Weg machen sollte. Der längste Pfad ermöglicht eine fünfstündige Wanderung zum Dorf Kanh. Hier übernachtet man und kehrt per Wildwasser-Rafting auf dem Buoi-Fluss zurück. Auf einem acht Kilometer langen Pfad durch den Regenwald kommt man zu einem gewaltigen, angeblich 1000-jährigen Baum. Kürzere Wanderungen führen durch einen botanischen Garten, zum Primate Rescue Center und zu einer Höhle.

Einige der schönsten Wanderwege findet man im Nationalpark Bach Ma *(siehe S. 140)*. Der Summit Trail führt zur Spitze des Bach Ma Mountain (»Berg des Weißen Pferdes«), so genannt wegen der weißen Wolken am Gipfel. Die schöne Aussicht belohnt den Aufstieg. Der Five Lakes Cascade Trail schlängelt sich zu Wasserfällen, der Rhododendron Trail macht im Frühling seinem Namen alle Ehre.

Abschnitt des Five Lakes Cascade Trail, Nationalpark Bach Ma

Rad fahren

Das unverfälschte Vietnam kann man wunderbar vom Fahrradsattel aus erleben. Die Route zwischen Hanoi und Ho Chi Minh City ist das Mekka vieler Radfahrer. Da der Highway 1 zunehmend unter Staus und Überflutungen leidet, nehmen viele den Highway 14. Zwar fehlt hier die Meeresbrise der Küstenroute, aber die Strecke ist sehr malerisch.

Durch das Mekong-Delta fährt man auf ebenen Strecken. Die Landschaft hier ist wunderschön, vor allem während der Reisernte. Im zentralen Hochland sind immer mehr Mountainbiker unterwegs. Die Straßenbedingungen im südlichen Teil sind wechselhaft. Flüsse an der Strecke laden zum Rasten ein.

Veloasia organisiert eine Reihe maßgeschneiderter Touren durch einsame Regionen Vietnams. Ein ebenso ausgezeichneter Anbieter ist **SpiceRoads** mit Hauptsitz in Bangkok. Touren rund um Dalat und durch das südliche zentrale Hochland bietet **Phat Tire Ventures** an. Im Winter sollte man wegen gefährlicher Straßenbedingungen das nördliche Hochland meiden.

Wer auf eigene Faust radeln möchte, sollte seine eigene Ausrüstung mitbringen, denn Leihräder sind oft nicht im besten Zustand. Radreparaturen sind dank der vielen Fahrradläden problemlos.

Häufig sieht man Menschen beim Kampfsport-Training in Parks

Kampfsport

Kampfsportarten sind ein wichtiges Element der vietnamesischen Kultur und des Sports. Neben dem einheimischen, vor 2000 Jahren entstandenen *vo dao* werden hier zahlreiche Kampfsportarten ausgeübt. *Vo dao* ist eine Mischung aus Judo und Kung-Fu, die Energie des Gegners wird dabei gegen ihn verwendet. Es gibt zahlreiche Schlagarten. Auch Waffen wie Totschläger, Schwerter und Äxte gehören mitunter dazu.

Kurse und Schaukämpfe bietet die **Nam Huynh Dao School** in Ho Chi Minh City an. Eine weitere vietnamesische Kampfkunst ist *sa long cuong*. Dabei wird die geistige Stärke über Körperkraft gesetzt, Flexibilität zählt mehr als strikte Prinzipien. Unterrichtet wird der Sport im **Youth Culture House of HCMC** in Ho Chi Minh City.

Im **Saigon Sports Club** in Ho Chi Minh City kann man gegen eine geringe Gebühr Judo, Aikido und Kung-Fu ausüben oder einfach kostenlos anderen dabei zusehen.

In einigen Stadtparks, vor allem in Cholon, sieht man oft Kampfsportlehrer beim ausgiebigen, harten Training. In Hanoi ist Taekwondo – eine Selbstverteidigungsform ohne Waffen – am beliebtesten. Der Club **Bay Taekwondo** in Hanoi ist eine der besten Adressen, um diesen Sport zu trainieren.

Auf dem Fahrrad durch Hoi An

Vogelbeobachtung

Mit mehr als 800 gesichteten Vogelarten ist Vietnam ein wahres Paradies für Vogelkundler. Das Land ist auch ein bedeutender Nistplatz für viele Wandervögel, und die meisten gewöhnlichen Vogelarten sieht man überall. Tourveranstalter bieten Spezialvogelreisen an, in Touristeninformationen erhält man entsprechendes Informationsmaterial. Im vergangenen Jahrzehnt war zwar auch Vietnam von mehreren Ausbrüchen der Vogelgrippe betroffen, doch aktuell ist die Situation unter Kontrolle.

Frische Zutaten und Gewürze beim Kochen, Hue

Gourmeturlaub

Vietnam hat eine der faszinierendsten Küchen der Welt. Gourmetreisen sind zwar nicht gerade preiswert, aber Feinschmecker schwören darauf. Die New Yorker Agentur **Absolute Travel** veranstaltet Luxusreisen ab Ho Chi Minh City über Hoi An *(siehe S. 128–132)* und Hue *(siehe S. 142–149)* bis nach Hanoi. In weniger als einer Woche schlemmt man sich durch alle Grundrichtungen vietnamesischer Küche.

Eine Alternative sind die Kochkurse vieler Hotels. Als bestes Angebot gilt der Kurs von Madame Thi Kim Hai im Sofitel Legend Metropole Hotel *(siehe S. 166)* in Hanoi. Die halbtägige Unternehmung beginnt auf dem Markt und endet in der Küche, wo man nordvietnamesisch kocht. Einen ähnlichen Kurs bietet **Vy's Market Restaurant & Cooking School** in Hoi An.

Spas

Einige der besten Spas gehören zu Luxushotels, so das Six Senses Hideaway Ninh Van Bay *(siehe S. 238)* in Ninh Hoa. Doch auch immer mehr kleinere Spas sind lohnenswerte Ziele, etwa **Thap Ba Hot Springs** *(siehe S. 114)* in Nha Trang oder **Botanica Spa** und **Forester Beach Spa** in Mui Ne.

Häuschen mit Meerblick, Six Senses Hideaway Ninh Van Bay *(siehe S. 238)*

Auf einen Blick

Tauchen, Schnorcheln und Schwimmen

Army Hotel
1A Nguyen Tri Phuong, Hanoi. **Stadtplan** 2 F4.
(04) 6299 3322.
armyhotel.com.vn

Cham Island Diving Center
88 Nguyen Thai Hoc, Hoi An.
(0510) 391 0782.
vietnamscuba diving.com

C2Sky Kitecenter
82 Nguyen Dinh Chieu, Mui Ne.
(091) 665 5241.
c2skykitecenter.com

Ho Tay Water Park
614 Lac Long Quan, Hanoi.
(04) 3718 4222.

Phu Dong Water Park
Tran Phu, Nha Trang.

Rainbow Divers
90A Hung Vuong, Nha Trang.
(058) 352 4351.
divevietnam.com

Sailing Club Divers
72–74 Tran Phu, Nha Trang.
(058) 352 2788.
sailingclubdivers.com

Thang Loi Hotel
200 Yen Phu, Ho Tay, Hanoi.
(04) 3289 4211.

Whale Island Resort
2 Me Linh, Nha Trang.
(058) 384 0501.
anislandinvietnam.com

Surfen, Kitesurfen und Windsurfen

Jibe's Beach Club
90 Nguyen Dinh Chieu, Mui Ne, Phan Thiet.
(062) 384 7008.
windsurf-vietnam.com

Sailing Club Kite School, Mia Resort
24 Nguyen Dinh Chieu, Mui Ne, Phan Thiet.
(062) 384 7440.
sailingclubkite school.com

Kajak fahren

Buffalo Tours
70–72 Ba Trieu, Hanoi.
(04) 3828 0702.
buffalotours.com

Green Trail Tours
Hanoi. (04) 3754 5268. **greentrail-indochina.com**

Handspan Adventure Travel
78 Ma May, Hanoi.
(04) 3926 2828.
handspan.com

Golf

BRG King's Island Golf Resort
Dong Mo-See, Son Tay.
(034) 3368 6555.
brgkingsislandgolf.vn

Dalat Palace
Phu Dong Thien Vuong, Dalat. (063) 382 1201.
dalatresorts.com

Lang Ha Driving Range
6 Lang Ha, Hanoi.
(04) 3835 0909.

Ocean Dunes
1 Ton Duc Thang, Phan Thiet. (062) 382 3366.

Rach Chiec Driving Range
An Phu Village, Distrikt 9, HCMC.
(08) 3986 0756.

Sea Links Golf & Country Club
Nguyen Thong, Mui Ne, Phan Thiet.
(062) 374 1741.
sealinkscity.com

Vietnam Golf Country Club
Long Thanh My Village, Distrikt 9, HCMC.
(08) 6280 0103.
vietnamgolfcc.com

Wandern

Exotissimo
261–3 Phan Xich Long, HCMC. **Stadtplan** 2 E2.
(08) 3995 9898.
exotravel.com

Footprints
10 Ly Nam De, Hanoi. **Stadtplan** 2 D2.
(04) 3933 2844.
footprintsvietnam.com

Topas Adventure
Tay Ho, Hanoi.
(04) 3715 1005.
topastravel.vn

Rad fahren

Phat Tire Ventures
109 Nguyen Van Troi, Dalat. (063) 382 9422.
phattireventures.com

SpiceRoads
spiceroads.com

Veloasia
283/20 Pham Ngu Lao, Distrikt 1, HCMC. **Stadtplan** 2 D5.
(08) 3837 6766.
veloasia.com

Kampfsport

Bay Taekwondo
Lane 35, Dang Thai Mai, Tay Ho, Hanoi.
(097) 805 5322.

Nam Huynh Dao School
29 Tran Quang Khai, Distrikt 1, HCMC. **Stadtplan** 1 C1.

Saigon Sports Club
514B Huynh Tan Phat, Distrikt 7, HCMC.
(096) 3773 0513.
saigonsc.vn

Youth Culture House of HCMC
4 Pham Ngoc Thach, Distrikt 1, HCMC. **Stadtplan** 2 E3.
(08) 3829 4345.

Gourmeturlaub

Absolute Travel
absolutetravel.com

Vy's Market Restaurant & Cooking School
3 Nguyen Hoang, Hoi An.
(0510) 224 1555.
msvy-tastevietnam.com

Spas

Botanica Spa
83 Nguyen Dinh Chieu, Mui Ne, Phan Thiet.
(948) 877 203.

Forester Beach Spa
82 Nguyen Dinh Chieu, Mui Ne, Phan Thiet.
(062) 374 1317.

Thap Ba Hot Springs
15 Ngoc Son, Nha Trang.
(058) 383 5345.
thapbahotspring.com.vn

GRUND-INFORMATIONEN

Praktische Hinweise

Vietnam gilt heute als ein populäres Reiseziel mit jährlich wachsenden Besucherströmen. Zwar hat sich das Land schon Mitte der 1990er Jahre dem Tourismus geöffnet, aber Infrastruktur und Angebote für die Millionen Besucher, die jedes Jahr das Land besuchen, verbesserten sich erst nach und nach. In größeren Städten findet man jede Art von Hotels – vom Fünf-Sterne-Haus bis hin zu preiswerten Gästehäusern. In den meisten Orten lockt eine abwechslungsreiche Restaurantszene. Heute ist fast die gesamte Küste für die touristische Entwicklung geöffnet, neue Ferienanlagen sprießen überall aus dem Boden. Die weißen Sandstrände und die atemberaubend schönen Korallenriffe sind ebenso verlockend wie das einsame, noch relativ unerschlossene Hochland im Norden. Angesichts der vielen Reisebüros und Tourveranstalter mit Angeboten für diese Region wird sich das Idyll hier allerdings bald ändern. Vietnams staatliche Stellen gelten als nicht besonders dienstleistungsorientiert, dafür organisieren private Veranstalter Reisen in fast alle Teile dieses faszinierenden Landes.

Beste Reisezeit

Temperaturen und Niederschläge weisen in Vietnam starke regionale Unterschiede auf *(siehe S. 38f)*. Deshalb sollten Sie Ihre Reiseroute entsprechend planen und vor allem die Monsunzeiten meiden. Im Süden gehen die schwersten Regenfälle von Mai bis November nieder, im Norden zwischen Mai und August. Diese Regenzeiten sind die Nebensaison, in der eine Vietnamreise viel preiswerter ausfällt, wegen Überflutungen und schlechter Sicht allerdings auch deutlich weniger verlockend sein kann.

Wer wichtige Feste wie das Tet-Fest *(siehe S. 32f)* erleben möchte, sollte trotz höherer Preise zwischen Dezember und Februar reisen. Besseres Wetter und weniger Besucher kennzeichnen die Monate März, April und Mai – eindeutig die beste Reisezeit.

Ein herrlicher Nachmittag im Januar, Phan Thiet *(siehe S. 110)*

Reisevorbereitung

Es gibt nur wenige Dinge, die man nicht in vietnamesischen Städten kaufen kann, und bestimmt bekommt man sie zu Hause nicht so preiswert. In Dörfern und ländlichen Gegenden ist die Auswahl natürlich beschränkter. Generell sollte man einen breitkrempigen Hut tragen und viel Sonnenschutzmittel benutzen. In der Regenzeit ist ein Klappschirm ein absolutes Muss. Ein Taschenmesser, eine Taschenlampe, Batterien sowie ein Antimückenspray können sich ebenfalls als nützlich erweisen.

Die beste Kleidung für das warme, tropische Klima sind leichte, gedeckte Baumwoll- oder Seidenstoffe sowie leichtes Schuhwerk. Im Norden, vor allem im Hochland, sind die Nächte kalt und selbst die Tagestemperaturen niedrig. Hier empfehlen sich mehrere Lagen Kleidung.

Buchung

Die Hochsaison dauert in Vietnam von Dezember bis Februar, wenn viele Tausende Viet Kieu, die ausgewanderten Vietnamesen, zum Weihnachts- oder Tet-Fest ihre Familien in der Heimat besuchen. Für diese Reisezeit sollte man mindestens drei Monate im Voraus buchen. Manche Besucher versuchen, dem Chaos durch eine Einreise über Laos oder Kambodscha zu entgehen, aber diese Jahreszeit ist überall in Südostasien schwierig. Zwischen Dezember und Februar empfiehlt sich ebenfalls eine Hotelreservierung, vor allem wenn man in Luxushotels absteigen möchte. Preiswerte Häuser sind dagegen meist kein Problem. Buchungen in Vietnam übernehmen bewährte Reisebüros *(siehe S. 273 und S. 283)*.

Werbeplakat mit Angeboten für Spezialtouren eines Reisebüros

Einreise

EU-Bürger brauchen einen Reisepass (der mindestens einen Monat länger als die Aufenthaltszeit gültig ist). Seit Juli 2015 ist für deutsche Staatsangehörige eine Einreise für einen Aufenthalt bis maximal 15 Tage visumfrei möglich.

◀ **Eine Frau fährt mit dem Rad durch die grünen Felder von Tam Coc *(siehe S. 195)***

Business-Pass für die Grenzkontrolle bei der Einreise aus China

Hierfür muss der Pass mindestens noch sechs Monate gültig sein. Die visumfreie Einreise ist zunächst bis Ende Juni 2017 befristet.

Alle anderen EU-Bürger sowie deutsche Staatsangehörige, die länger in Vietnam bleiben wollen, brauchen ein Visum, das von den Botschaften Vietnams ausgestellt wird. Man kann sie dort direkt oder über ein Reisebüro beantragen. Das Antragsformular findet man auch im Internet (http://visa.mofa.gov.vn).

Ein »normales« Touristenvisum ist 30 Tage lang gültig, kann aber zweimal verlängert werden. Visa für einen längeren Zeitraum können (gegen eine höhere Gebühr) beantragt werden, Visa für Geschäftsreisende für die Dauer von bis zu einem Jahr. Eine Verlängerung der Gültigkeitsdauer des Visums in Vietnam ist möglich.

Ein Kinderausweis muss mit einem Lichtbild versehen sein. Da Schwierigkeiten mit diesem Dokument nicht auszuschließen sind, empfiehlt es sich, auch für Kinder einen eigenen Reisepass mitzuführen.

Zoll

Die Zollkontrolle in Vietnam ist normalerweise unkompliziert. Besucher aus der EU dürfen 1,5 Liter Alkohol über 22 Prozent und 200 Zigaretten oder 100 Zigarren zollfrei einführen. Bargeld über 7000 US-Dollar muss deklariert werden.

Bei der Einreise füllt man ein Zollformular aus, die gelbe Kopie erhält man zurück. Diesen Durchschlag muss man aber nicht mehr bei der Ausreise vorlegen. Ausländische Besucher werden kaum durchsucht, aber religiös Anstößiges oder politisch Kritisches kann beschlagnahmt werden.

Aktuelle Infos über Zollvorschriften liefert auch die Website der Vietnamesischen Botschaft in den USA.

Impfungen

Die Weltgesundheitsorganisation empfiehlt für Reisen nach Südostasien eine Reihe von Impfungen, darunter gegen Hepatitis A und B, Tetanus, Röteln, Masern, Diphtherie, Tollwut, Mumps, Typhus und Japanische Encephalitis. Eine Malaria-Prophylaxe hängt von Reisezeit und Region ab. Städte sind malariafrei, Risiko besteht vor allem im Süden und im Hochland. Die Website des Auswärtigen Amts liefert Merkblätter über Krankheiten und das Malaria-Risiko. Am besten informieren Sie sich vor der Reise bei Ihrem Hausarzt oder einem Tropenmediziner über nötige Impfungen. Auch die Website des Robert-Koch-Instituts (www.rki.de) ist eine gute Informationsquelle.

Denguefieber ist mittlerweile ein ernsthaftes Problem. Leider kann man sich dagegen nicht impfen lassen. Da das Fieber von Mücken übertragen wird, stellen Insektenschutzmittel und Netze den besten Schutz dar. Bei Einreise aus einem Land mit Gelbfieber ist eine gültige Impfung nicht älter als ein Jahr erforderlich. Weitere Infos *siehe S. 274f.*

Auf einen Blick

Botschaften

Sozialistische Republik Vietnam
Elsenstraße 3,
12435 Berlin.
(030) 5363 0108.
vietnambotschaft.org

Felix-Mottl-Straße 20,
1190 Wien.
(01) 368 075 510.
vietnamembassy.at

Schlösslistrasse 26, 3008 Bern.
(031) 388 7878.
vietnam-embassy.ch

Deutschland
29 Tran Phu, Hanoi.
Stadtplan 1 B3.
++84 (0)4 3267 3335.
hanoi.diplo.de

Österreich
Prime Center, 53 Quang Trung, 8. Stock, Distrikt Hai Ba Trung, Hanoi. **Stadtplan** 2 D5.
++84 (0)4 3943 3050.
aussenministerium.at/hanoi

Schweiz
Hanoi Central Office Building, 44B Ly Thuong Kiet, 15. Stock, Hanoi. **Stadtplan** 2 E4.
++84 (0)4 3934 6589.
eda.admin.ch/hanoi

Aktuelle Infos

auswaertiges-amt.de
bmeia.gv.at
eda.admin.ch

Vietnamesische Botschaft in den USA
vietnamembassy-usa.org

Besuchergruppe vor dem Ho Chi Minh-Mausoleum ***(siehe S. 169)***

Neonlicht und Logo von Saigon Tourist, Ho Chi Minh City

Information

Die vietnamesische Tourismusindustrie ist immer noch in der Entwicklung. Es gibt nur zwei offizielle Besucherinformationen, **Saigon Tourist** und **Vietnam Tourism**. Beide sind staatliche Unternehmen, die als Hotelbetreiber und Touranbieter Geld verdienen. Die Websites der Firmen sind ebenfalls sehr nützlich und informativ. Unabhängige Reisebüros und Anbieter *(siehe auch S. 283 und S. 285)* sind eine deutlich serviceorientiertere Alternative, sofern man seine Reise auf eigene Faust organisieren oder individuelle Touren buchen möchte. Trotz einiger Ausnahmen sind die meisten Anbieter zuverlässig und gut informiert.

Eintritt

Die meisten Museen, Zoos und botanischen Gärten in Vietnam verlangen ein geringes Eintrittsgeld, meist einen US-Dollar oder sogar noch weniger. Das Zweiklassen-Ticketsystem, bei dem Ausländer fünfmal so viel zahlten wie Einheimische, wurde offiziell abgeschafft, ist mancherorts aber noch in Kraft. Pagoden und Tempel verlangen in der Regel keinen Eintritt, aber eine Spendenbüchse findet man hier fast immer an prominenter Stelle platziert.

Behinderte Reisende

Leider gibt es für behinderte Reisende, vor allem für Rollstuhlfahrer, in Vietnam nur sehr beschränkte Einrichtungen. Zwar sind die Bürgersteige in den Städten breit, aber zwischen den vielen Straßenhändlern und den geparkten Fahr- oder Motorrädern kommt man kaum voran. Die abgeflachten Bordsteine dienen vor allem den Motorrädern. Aufzüge sind selten, Behindertentoiletten praktisch unbekannt.

Dennoch müssen Sie sich von dieser sehr begrenzten Infrastruktur für behinderte Besucher nicht abschrecken lassen, auch wenn Sie sich auf Unbequemlichkeiten einrichten sollten. Viele gehobene Hotels und Ferienresorts sind für Behinderte adäquat ausgestattet, und Reisebüros organisieren einen Helfer oder Pfleger, sofern notwendig. Mit etwas Planung und der Hilfe von spezialisierten Agenturen wie **Accessible Journeys** oder der **Society for Accessible Travel and Hospitality** kann man auch in einem Land wie Vietnam als behinderter Besucher reisen.

Mehrsprachiges Schild im Tempel

Mit Kindern reisen

Vietnam ist eine familienorientierte Gesellschaft, in der Kinder fast überall herzlich willkommen sind. Sehr oft sieht man Eltern mit Kleinkindern auf der Reise. Windeln, Babynahrung und andere Produkte für die Kleinen sind überall leicht erhältlich, vor allem in größeren Städten. Auch Restaurants geben sich kinderfreundlich, wenn auch ein Kinderteller so gut wie nie im Angebot ist. Einige Speisen sind für Kinder zu scharf, aber Joghurt, frisches Obst und Eiscreme können eine gute Alternative sein. Hotels bieten zwar wenig für Kinder, aber viele Zimmer haben drei oder mehr Einzelbetten.

In Tempeln korrekte Kleidung tragen

Sprache

Vietnamesisch ist wegen der vielen tonalen Variationen sehr schwierig zu erlernen. Viele Einheimische, insbesondere alle, die etwas verkaufen möchten, sprechen jedoch Englisch – wenn auch nur bruchstückhaft und mitunter schwer verständlich. Allerdings können die meisten Verkäufer etwas in Englisch notieren, da auch Vietnamesisch mit lateinischen Buchstaben geschrieben wird. In allen großen Hotels, in Banken und bei Airlines wird Englisch gesprochen. Auf dem Land reist man am besten mit einem Dolmetscher oder Führer (zwischen 25 und 50 US-Dollar pro Tag plus Ausgaben).

Etikette

Vietnamesische Umgangsformen folgen zwar genauen Regeln, sind aber leicht zu befolgen. Generell sollte man viel lächeln und als ausländischer Besucher nie die Stimme erheben oder gar auf Menschen zeigen. Möchte man jemanden auf sich aufmerksam machen, sollten die Handinnenflächen bei Gesten niemals in Richtung des anderen deuten. Außerdem ist es fast immer kontraproduktiv, in schwierigen Situationen Ungeduld zu zeigen. Vietnamesen reagieren auf Beschwerden eher, wenn man diese höflich äußert. Bei Begrüßungen schüttelt man sich meist die Hände. Einen Vietnamesen am Kopf zu berühren, dem Sitz der Seele, ist sehr unhöflich.

Dennoch mögen Vietnamesen Körperkontakt: Menschen des gleichen Geschlechts gehen Arm in Arm, klopfen sich auf die Schulter und halten sogar Händchen – das gilt nicht für Freunde

Entspannung bei einem Essen in einem Straßencafé

unterschiedlichen Geschlechts, es sei denn bei Ehepaaren. Vietnamesen freuen sich sehr über ausländische Babys, kneifen sie in die Wange oder knuddeln sie intensiv. Manche Besucher mögen dies als störend empfinden, aber derart spontane Gesten drücken Zuneigung aus.

Viele Männer tragen nur einfache, bequeme Shorts, die meisten Frauen kleiden sich konservativ. In Vietnam achtet man dennoch sehr auf ordentliche Kleidung, vor allem in Tempeln. Hier sollte man niemals mit nackten Armen oder Beinen umherlaufen.

Bei Tisch wartet man, bis der älteste Gast mit dem Essen anfängt – es sei denn, man ist Ehrengast. Man sticht nie mit Stäbchen ins Essen oder stellt sie aufrecht hinein (ein Zeichen des Todes). Vietnamesen essen mit Hingabe und zeigen, dass es ihnen schmeckt. Essenseinladungen werden fast immer für Restaurants, selten für zu Hause ausgesprochen. Hinweise zu Tischsitten und Trinkgeld finden Sie auf Seite 243.

Fotografieren

Vietnam ist ein Land mit unglaublich fotogenen Menschen und Landschaften. Qualitativ gute Kameras, Filme und Speicherkarten kann man preiswert in Ho Chi Minh City, Hanoi und anderen Großstädten kaufen. Auch die Filmentwicklung ist billig und unkompliziert, ebenso leicht finden Sie Läden, die Ihre Fotos von der Speicherkarte auf CDs brennen.

Rund um Polizeistationen und Militärbereiche ist Fotografieren strengstens verboten. Wer religiöse Stätten oder Mitglieder ethnischer Minderheiten fotografieren möchte, sollte vorher besser fragen.

Auf Fotojagd

Zeit und Kalender

Vietnam ist der Mitteleuropäischen Zeit (MEZ) sechs Stunden voraus, in der Sommerzeit sind es fünf Stunden. Zwar wird heute für offizielle und geschäftliche Termine weitgehend der westliche, d. h. der gregorianische Kalender genutzt, aber der Mondkalender dient bei religiösen Festen und Anlässen noch immer als wichtige Grundlage zur Berechnung der jeweiligen Festtage.

Gewichte und Maße

In Vietnam gilt analog zu Kontinentaleuropa seit französischen Kolonialzeiten das metrische System.

Elektrizität

Wie überall in Südostasien beträgt die Stromspannung in Vietnam etwa 220 Volt Wechselstrom.

Die meisten Steckdosen passen zwar für runde französische und amerikanische flache Stecker – für deutsche Stecker allerdings nur in Ausnahmefällen. Meist hält das Hotel Adapter bereit, man kann sie aber auch preiswert in Läden für Haushaltswaren kaufen. Akkus für Taschenlampen, Laptops und Mobiltelefone sollten Sie regelmäßig aufladen – vor allem auf dem Land kommt es immer wieder zu plötzlichen Stromausfällen.

Auf einen Blick

Information

Ann Tours
58 Ton That Tung, Distrikt 1, HCMC. **Stadtplan** 1 C5.
(08) 3925 3636.
anntours.com

Saigon Tourist
45 Le Thanh Ton, Distrikt 1, HCMC. **Stadtplan** 2 E3.
(08) 3827 9279.
saigontourist.net
etravelvietnam.com

The Sinh Tourist
52 Luong Ngoc Quyen, Hanoi. **Stadtplan** 2 E2.
(04) 3926 1568.
246 De Tham, Distrikt 1, HCMC.
Stadtplan 2 D5.
(08) 3838 9593.
thesinhtourist.vn

TNK Travel Vietnam
220 De Tham, Distrikt 1, HCMC. **Stadtplan** 2 D5.
(08) 3920 4766.
tnktravelvietnam.com

Tuan Travel
209 Pham Ngu Lao, Distrikt 1, HCMC. **Stadtplan** 2 D5.
(08) 3837 9667.
tuantravel.com

Vietnam Tourism
146 Nguyen Cong Tru, Distrikt 1, HCMC. **Stadtplan** 2 F4.
(08) 3824 1241.
80 Quan Su, Hanoi.
Stadtplan 2 D4.
(04) 3942 2070.
vietnamtourism.com

Behinderte Reisende

Allg. Behindertenverband Deutschland e.V.
abid-ev.de

Accessible Journeys
disabilitytravel.com

Disability World
disabilityworld.com

Society for Accessible Travel and Hospitality
sath.org

Weitsprung Reisen
weitsprung-reisen.de

Sicherheit und Gesundheit

Vietnam gilt dank der autoritären Regierungsform und der sehr gesetzestreuen Gesellschaft als sicheres Reiseziel. Hier kann man selbst abends gefahrlos durch die Straßen bummeln, auch wenn man grundlegende Vorsichtsmaßnahmen beachten sollte. Leider steigt die Kleinkriminalität in Großstädten an, ist aber kein weitverbreitetes Problem. Vietnamesen sind sehr saubere Menschen, sodass selbst Imbissstände sicher sind. Wasser sollte man nur aus Flaschen trinken. Es gibt nicht viele gut ausgerüstete Krankenhäuser mit Notaufnahme. Auf jeden Fall sollten Sie eine Reisekrankenversicherung (mit Rücktransport) abschließen.

Vorsichtsmaßnahmen

Reisen durch Vietnam sind zwar recht sicher, dennoch sollte man einige Grundregeln beachten. Kleinkriminalität wie Handtaschenraub oder Taschendiebstahl passiert vor allem in Großstädten wie Ho Chi Minh City, Hanoi und Nha Trang. Hier sollte man keine größeren Bargeldmengen oder wertvollen Schmuck bei sich tragen. Am besten verwahren Sie Bargeld, Reiseschecks und Pass in einem versteckten Bauchgürtel, den Rest der Wertsachen im Hotelsafe. Bei Spaziergängen sollten Sie Kamera und Geld dicht am Körper tragen – zum Schutz gegen motorisierte Diebe. Empfehlenswert sind Kopien von Reisepass, Ausreisekarte und anderen Dokumenten, die Sie separat aufbewahren sollten.

Grundsätzlich sollten Sie unbekannte Gegenden nachts meiden. Nehmen Sie keine Einladungen von Fremden in Ho Chi Minh City an – eine Masche der philippinischen Mafia.

Schutzpolizisten

Verkehrspolizist

Vietnam leidet unter einem wachsenden HIV-Problem, die Übertragung durch sexuelle Kontakte steht heute als Hauptansteckungsweg noch vor Bluttransfusionen. Laut Schätzungen der UNO leben in Vietnam rund 260 000 HIV-positiv infizierte Menschen.

Eine zunehmende Gefährdung geht vom Straßenverkehr aus. Bei der Anzahl der Verkehrstoten rangiert Vietnam in der Weltstatistik vorn.

Touristenpolizei

Die vietnamesische Touristenpolizei ist neben der Verkehrsregulierung zum Schutz der Besucher vor Straßenhändlern, Bettlern und Betrügern in den touristischen Zentren präsent. Diese Polizeibeamten an populären Sehenswürdigkeiten helfen manchmal auch mit Informationen weiter.

Im Umgang mit der Polizei sollten Sie immer äußerst höflich sein. Bei Diebstählen sollte die Polizei (gegebenenfalls mithilfe eines Dolmetschers) für die Versicherung einen Bericht anfertigen.

Medizinische Versorgung

Die meisten modernen medizinischen Einrichtungen mit halbwegs westlichem Standard findet man in Ho Chi Minh City und Hanoi. Wer bei einem Aufenthalt in einer Kleinstadt ernsthaft erkrankt, sollte versuchen, eine der beiden Großstädte zu erreichen. Krankenhäuser sind dort für den medizinischen Alltag und kleinere Operationen gut ausgerüstet, doch teilweise mangelt es an entsprechenden Medikamenten oder Instrumenten. Das gilt auch für die Zahnmedizin. Bei ernsthaften Verletzungen oder Erkrankungen sollten Sie möglichst in größere Städte wie etwa Bangkok, Hongkong oder Singapur ausreisen.

Die meisten Apotheken in Hanoi und Ho Chi Minh City haben ein großes Angebot an Medikamenten. Achten Sie jedoch auf das Verfallsdatum. Spezielle Medikamente, die Sie ständig einnehmen müssen, sollten Sie von zu Hause mitbringen.

Reiseversicherung

Eine Reisekrankenversicherung ist für Südostasien unbedingt anzuraten. Neben der Behandlung bei Erkrankungen und Unfällen sollte sie auch den Rücktransport aus medizinischen Gründen abdecken.

Straßenstand mit frischen Tropenfrüchten

Erkrankungen durch Wasser und Speisen

Die häufigsten Reiseerkrankungen in Vietnam sind Beschwerden wie Durchfall, Dysenterie und Magen-Darm-Infektionen. Alle diese Krankheiten sind einerseits mit Antibiotika behandelbar, aber andererseits auch relativ leicht zu verhindern: Waschen Sie sich vor jedem Essen gründlich die Hände. Essen Sie nur an sauberen Orten, wählen Sie gut durchgekochte Gerichte oder lassen Sie sich die Speisen vor Ihren Augen zubereiten. Schälen und schneiden Sie Obst nur selbst. Straßenimbisse sind nicht grundsätzlich risikoreich – bleiben Sie trotzdem vorsichtig, selbst bei Buffets in Fünf-Sterne-Häusern.

Wer selbst wenig würzt, sollte bedenken, dass man in Vietnam ziemlich scharf isst. Dieser Wechsel allein reicht schon für Magen- oder Darmbeschwerden. Nehmen Sie deshalb Mittel gegen Durchfall mit. Durch Wasser übertragene Krankheiten wie Typhus und Cholera vermeiden Sie, indem Sie ausschließlich Wasser aus Flaschen trinken. Tee ist meist ungefährlich, da das Wasser bis zum Kochen erhitzt wird.

Hitze

Im Sommer steigen die Temperaturen in Vietnam mitunter auf sehr hohe Werte an. Wer bei schwülheißem Wetter reist, sollte ausreichend und regelmäßig Wasser trinken sowie stets genug davon dabeihaben. Schutz vor einem Hitzschlag bieten Hut, Sonnenbrille und locker am Körper sitzende Kleidung, gegen Sonnenbrand schützen Lotionen mit hohem Lichtschutzfaktor.

Insektenstiche und Infektionen

Ein Moskitostich kann zu einer Denguefieber- oder seltener zu einer Malaria-Infektion führen, zwei gefährlichen Erkrankungen, die man mit Vorsicht verhindern kann. Moskitos sind vor allem in der Dämmerung aktiv. Benutzen Sie Antimückenmittel, schlafen Sie unter einem Moskitonetz. In Zimmern mit Klimaanlage oder Ventilator sind Moskitos in der Regel nicht aktiv.

Da sich auch kleine Wunden in dem feuchtheißen Klima schnell entzünden, sollten Sie immer eine desinfizierende Wundsalbe dabeihaben.

Seuchen

Vogelgrippe, Schweinegrippe sowie Maul- und Klauenseuche (besonders gefährlich für Kinder) stellen seit dem Jahr 2005 in Vietnam immer wiederkehrende Probleme dar. Man sollte deshalb öffentliche Kinderbetreuungseinrichtungen meiden.

In Tempeln sieht man oft Vögel in Käfigen, die während der Gebete freigelassen werden und herumfliegen. Von diesen Vögeln sollte man sich möglichst fernhalten.

Bomben und Minen

Minen, Bomben und Granaten, die nicht explodiert sind, bilden in Regionen wie der Demilitarisierten Zone *(siehe S. 153)* bis heute eine Gefahr. In Urlaubszentren ist diese Bedrohung jedoch absolut gebannt. Wer abseits des Weges einen verdächtigen Gegenstand findet, sollte ihn auf keinen Fall anfassen, vorsichtig weggehen und die Behörden darüber informieren.

Eine ausländische Besucherin mit Kind beim Straßenbummel

Alleinreisende Frauen

Alleinreisende, ausländische Frauen sind in Vietnam mittlerweile nichts Ungewöhnliches mehr. Auf dem Land schauen Einheimische zwar neugierig, aber ohne jede Aggression. Vietnamesen sind gastfreundlich, und alleinreisende Frauen werden nicht selten zum Essen oder über Nacht eingeladen – ohne Hintergedanken. Verzichten Sie als Frau jedoch auf knappe Kleidung. Abends gelten die bekannten Vorsichtsmaßnahmen.

Auf einen Blick

Notrufnummern

Ambulanz, landesweit
☎ 115.

Feuerwehr, landesweit
☎ 114.

Polizei, landesweit
☎ 113.

Gesundheitsinformationen

Diamond Plaza Clinic
34 Le Duan, Distrikt 1, HCMC.
☎ (08) 3822 7848.

Family Medical Practice Hanoi
298 I Kim Ma, Van Phuc, Distrikt Ba Dinh, Hanoi.
☎ (04) 3843 0748.

Robert-Koch-Institut
W **rki.de**

Vietnam Family Medical Practice
W **vietnammedical practice.com**

Weltgesundheitsorganisation
W **who.int/ith**

Schwule und lesbische Reisende

Utopia
W **utopia-asia.com**

Schwule und lesbische Reisende

Der Einfluss der westlichen Kultur hat in der vietnamesischen Gesellschaft zu wesentlich mehr Toleranz gegenüber Homosexualität geführt. In Ho Chi Minh City gibt es eine lebendige Gay-Szene. Mehr Informationen finden Sie auf Websites wie der von **Utopia**.

Öffentliche Toiletten

Öffentliche Toiletten sind in Vietnam sehr selten, selbst in Ho Chi Minh City gibt es sie nur im Stadtzentrum (mit Personal, Benutzung gegen Gebühr). Hoi An hat die höchste Pro-Kopf-Zahl an WCs, meist Toiletten zum Hocken, oft ohne jegliche Privatsphäre. Toilettenpapier dabeizuhaben ist sinnvoll, aber spülen Sie es bitte nicht in die Toilette!

Banken und Währung

In allen größeren und mittleren Städten sowie in Urlaubsregionen findet man problemlos Banken, Wechselstuben und Geldautomaten, nicht jedoch auf dem Land und in Gegenden abseits der Besucherströme. Es kann leicht passieren, dass die nächste Bank mehr als eine Tagesreise entfernt ist. Reiseschecks kann man auch in guten Hotels einlösen. Viele Hotels und Läden nehmen gern US-Dollar – allerdings nicht immer zum günstigsten Kurs. An Geldautomaten kann man mit Kreditkarten (mit PIN) oder auch – nur bei der Vietcombank – mit der girocard (früher Maestro-/EC-Karte) gegen Gebühr Bargeld abheben.

Kartenverlust

Allg. Notrufnummer
T 0049 116 116.
W **116116.eu**

American Express
T 0049 69 9797 1000.

MasterCard
T 1 636 722 7111.

Visa
T 1 201 0288, auf Ton warten, dann 888 710 7781.

girocard
T 0049 69 740 987.

Beim Geldabheben an einem Geldautomaten der ANZ

Banken und Banköffnungszeiten

Die führenden Banken in Vietnam sind **Vietcombank** und **Sacombank**, die am weitesten verbreiteten internationalen Geldhäuser **ANZ**, **Citibank** und **HSBC**. Alle Banken unterhalten überall Filialen mit Geldautomaten und sind dem »Plus«-System angeschlossen. Geldwechseln ist in Banken zeitaufwendiger als an Geldautomaten oder in Wechselstuben.

Banken haben mit geringen Abweichungen werktags von 8 bis 17 Uhr geöffnet, manche schließen mittags. Private Wechselstuben haben meist längere Öffnungszeiten.

Geldautomaten

Noch 1999 gab es in Vietnam nur zwei Geldautomaten – beide in Hanoi. Heute findet man Automaten in und an fast allen Banken. Die meisten Automaten sind rund um die Uhr zugänglich, manche nur zu den Geschäftszeiten der Bank. Erläuterungen gibt es auf Vietnamesisch und auf Englisch, akzeptiert werden die üblichen Kreditkarten. Geld wird nur in der Landeswährung ausgegeben und nach dem aktuellen Dollar-Wechselkurs verrechnet. Pro Tag kann man beliebig oft Geld zwischen zwei und fünf Millionen *dong* abheben (bei der Citibank acht Millionen). Pro Abbuchung sind zwischen zwei und drei US-Dollar Gebühr fällig.

Geldwechsel

Der Geldwechsel wurde in den vergangenen Jahren einfacher, aber lange Schlangen sind in Banken noch immer die Regel. Schneller geht es in privaten Wechselstuben, aber hier sind die Kurse nicht so gut. Die besten Kurse geben Juweliere, doch erhält man oft gefälschte Banknoten. Meiden Sie Geldwechsler auf der Straße.

Kredit- und Debitkarten

In kleineren Orten werden Kreditkarten oft nicht angenommen. In Großstädten akzeptieren Airlines, Reisebüros, gute Hotels und Restaurants sowie viele Läden **American Express**, **MasterCard** und **Visa**. Mit der Kreditkarte erhält man an Geldautomaten Bargeld, mit der **girocard** kann man an Automaten der Vietcombank Geld abheben. Achtung: Debitkarten mit VPay-Logo sind in Vietnam *nicht* gültig.

Währung

Die vietnamesische Landeswährung ist der *dong*, offiziell mit VND, sonst meist mit d abgekürzt. Der *dong* ist eine der schwächsten Währungen der Welt, in den letzten Jahren ist die Inflationsrate, die man 1990 in den Griff bekam, wieder im Steigen begriffen. Seit 2008 ist der *dong* weltweit die Währung mit dem niedrigsten Wert. US-Dollar sind zwar keine offizielle Währung, werden aber überall gern genommen. Den *dong* kann man nur in Vietnam (zurück-)tauschen.

Reiseschecks

Reiseschecks (in US-Dollar) kann man in Banken und Wechselstuben einlösen, gegen Gebühr auch in Hotels und bei Airlines. Bei Scheckverlust erhält man Ersatz nur in Großstädten.

Eine Filiale der Vietcombank, eine gute Adresse für den Geldwechsel

Banknoten

Vietnamesische Banknoten gibt es im Wert von 500, 1000, 2000, 5000, 10 000, 20 000, 50 000, 100 000, 200 000 und 500 000 dong. Werte unter 10 000 dong (Ende 2016: ca. 0,41 Euro) kommen kaum mehr vor. Alle Noten zeigen das Bild von Ho Chi Minh, Scheine ab 10 000 dong sind aus Polymer hergestellt.

500 000 *dong*

100 000 *dong*

50 000 *dong*

200 000 *dong*

20 000 *dong*

10 000 *dong*

5000 *dong*

200 *dong*

500 *dong*

1000 *dong*

2000 *dong*

Münzen

2004 wurden Geldscheine im Wert von 200, 500, 1000, 2000 und 5000 dong durch entsprechende Münzen ersetzt. Sie sind eine praktische Alternative zu den großen Bündeln Papiergeld, die man in Vietnam braucht. Einige Läden und Straßenhändler nehmen die Münzen jedoch nicht an, da sie zu schwer sind.

5000 *dong*

Auf einen Blick

ANZ Bank
39 Le Duan, Distrikt 1, HCMC. **SP** 2 E2. (08) 3881 5977. 14 Le Thai To, Hanoi. **SP** 2 F3. **anz.com**

Citibank
115 Nguyen Hue, Distr. 1, HCMC. **SP** 2 F4. (08) 3824 2118. 17 Ngo Quyen, Hanoi. **SP** 2 E5. (08 44) 3825 1950. **citibank.com.vn**

HSBC Bank
235 Dong Khoi, Distr. 1, HCMC. **SP** 2 F4. (08) 3829 2288. **vn.hsbc.com**

Sacombank
278 Nam Ky Khoi Nghia, Distr. 3, HCMC. **SP** 1 C2. (08) 3932 2585. **sacombank.com**

Vietcombank
37 Ton Duc Thang, HCMC. **SP** 2 E2. (08) 3910 1993. 2 Hang Bai, Hanoi. **SP** 2 E4. (04) 3934 3472. **vietcombank.com.vn**

Kommunikation

Das Kommunikationsnetz Vietnams galt als unzuverlässig, aber in den vergangenen Jahren hat das Land enorme Fortschritte gemacht. Heute kann man selbst in den entlegensten Regionen internationale Ferngespräche führen oder E-Mails versenden. Fast jeder Vietnamese besitzt ein Mobiltelefon – die Netze sind vor allem in und um Städte flächendeckend. Öffentliche Telefone findet man seltener, sie funktionieren aber zuverlässig. Internet-Zugang ist in Vietnam denkbar einfach, da viele Hotels und Cafés Internet anbieten. Wichtige internationale Medien erhält man in Großstädten, auch erscheinen einheimische englischsprachige Titel. Das Postwesen ist effizient, die Postbeamten sehr hilfsbereit. Gleichwohl sind private Kurierdienste meist schneller. Pakete werden vor dem Verschicken vom Zoll geöffnet und kontrolliert.

Kleine, verlässliche Internet-Cafés gibt es überall in Ho Chi Minh City

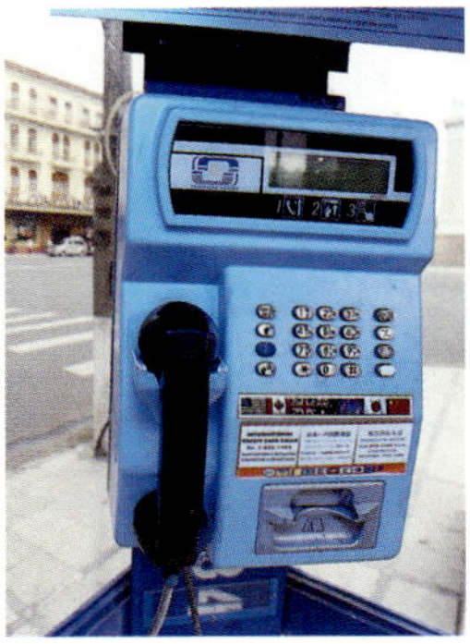
Öffentliches Telefon an einer Straßenecke in Ho Chi Minh City

Internationale und lokale Telefonanrufe

Internationale Anrufe kann man von fast jedem Hotel aus führen, dort sind sie aber meist sehr teuer. Besser erledigt man Telefonate in einem Postamt. Hier kann auch der Empfänger die Gebühren übernehmen.

Da die meisten Hotels und Restaurants mittlerweile Wi-Fi bieten, telefoniert man am besten über einen Online-Service wie Skype. Wenn Sie kein internetfähiges Gerät dabeihaben, ist das preiswerte Internet-Telefon (Voice Over Internet Protocol, VoIP) eine Alternative. Dafür wählt man entweder 171 oder 178, dann 00, die Länder- und schließlich die Ortsvorwahl und die Rufnummer. Für beide Nummern gibt es auch vorbezahlte Telefonkarten, die man überall erhält.

Anrufe innerhalb des Landes sind günstig. 2008 stellte Vietnam sein Telefonsystem um. Zu jeder Festnetznummer kam vorn eine Ziffer (meist eine 3) dazu. Damit haben die meisten Orte siebenstellige Teilnehmernummern, außer Hanoi, Ho Chi Minh City und Haiphong City, die achtstellige Rufnummern haben. Jede Provinz hat eine eigene Vorwahl. Die Überlandleitungen sind meist zuverlässig, aber bei Ferngesprächen muss man sich auf einen hohen Pegel von Nebengeräuschen einstellen.

Die meisten Läden bieten einen preiswerten Telefonservice an, zu erkennen an dem blauen Zeichen. *Dien thoai cong cong* heißt öffentliches Telefon.

Man kann in Vietnam problemlos mit seinem deutschen Handy samt SIM-Karte telefonieren. Wer länger bleibt, sollte sich überlegen, eine vietnamesische SIM-Karte zu kaufen. Die drei wichtigsten Mobilfunkanbieter sind VinaPhone, MobiFone und Viettel.

Bunte vietnamesische Briefmarken

Internet

Heute gibt es selbst in der kleinsten Stadt Internet. In Orten mit vielen ausländischen Besuchern findet man an jeder Ecke einen Internet-Zugang. In den meisten Hotels und ebenfalls in den meisten Hostels für Rucksacktouristen gibt es Wireless LAN (WLAN, engl. Wi-Fi) auf den Zimmern. In vielen Restaurants und Bars wird ebenfalls Wi-Fi angeboten, was sich als besonders nützlich erweist, wenn man mit einem Laptop, Notebook oder Smartphone unterwegs ist.

Vietnam blockt permanent einige Websites, andere periodisch. Dazu zählen Seiten von sozialen Netzwerken, die Seite der BBC und eine Vielzahl von Blogs und Nachrichtenseiten, die sich kritisch mit der Regierung auseinandersetzen.

Post

In Vietnam ist es zum nächsten Postamt nie sehr weit. Vietnamesen schreiben gern, viel und versenden mit Hingabe Geschenke an Freunde und Verwandte. Das Postsystem spielt also im Alltag Vietnams eine große Rolle. Postämter haben meist sieben Tage die Woche von 8 bis 21 Uhr geöffnet. Die Mitarbeiter sind hilfsbereit, sie verpacken Pakete, füllen die Zollformulare aus und erledigen die richtige Portoauswahl (ca. 0,50 US-Dollar für einen Standardbrief nach Europa). Die Postauslieferung ist leider weder schnell noch zuverlässig. In Hanoi oder Ho Chi Minh City aufgegebene Briefe benötigen nach Europa etwa zehn bis

14 Tage, Pakete aufgrund von Zolluntersuchungen teilweise Monate. Post aus einer Kleinstadt ins Ausland kann sogar noch länger unterwegs sein, bevor sie überhaupt das Land verlässt. Einen schnelleren Service bieten international tätige Kurierdienste wie **DHL**, **Federal Express** und **UPS**.

Das Postleitzahlsystem funktioniert in Vietnam ähnlich wie in den meisten anderen Ländern auch. In Großstädten wie Hanoi und Ho Chi Minh City kann man gegen eine geringe Gebühr Sendungen auch postlagernd *(Poste restante)* empfangen.

Bedenken Sie, dass alle Paketsendungen ins Ausland, auch die von Kurierdiensten, von den vietnamesischen Behörden geöffnet und kontrolliert werden. Auch nach Vietnam geschickte Sendungen, die CDs, DVDs, Videos oder

Einige in Vietnam erhältliche internationale und lokale Zeitungen

Fotos enthalten könnten, werden von vietnamesischen Behörden stichprobenweise durchsucht.

Zeitungen und Magazine

In größeren Hotels und an Kiosken in Großstädten kann man einige französische und englische Zeitungen wie *New York Times*, *Le Monde* und *Bangkok Post* kaufen sowie Magazine wie *Time* und *Newsweek*. Mitunter findet man sogar eine deutsche Zeitung. Auch viele Bars in Ho Chi Minh City und Hanoi halten für ihre Gäste Zeitungen bereit.

Die größte englischsprachige Tageszeitung ist *Viet Nam News*. Das Blatt ist nützlich für Kultur-Events, ebenso die Freizeitbeilage am Sonntag. Aktuelle Infos über Veranstaltungen findet man auch in Zeitungen wie *Word* und *AsiaLife*.

Sämtliche Medien unterliegen der staatlichen Zensur. Journalisten, die die Regierung kritisiert haben, sind mitunter wegen »Freiheitsmissbrauchs« inhaftiert worden.

Fernsehen und Radio

Das vietnamesische Fernsehen und der Rundfunk (VTV und Voice of Vietnam) sind staatlich und senden vor allem Nachrichten, Seifenopern und einheimische Popmusik. Internationale Sender wie CNN, HBO, BBC, ESPN, News Asia aus Singapur und MTV kann man in größeren Hotels empfangen. Sportsender sind in Vietnam populär.

Vietnamesische Adressen

Vietnamesische Adressen sind einfach: Hausnummer, Straße, Stadt. In Ho Chi Minh City folgt auf die Straße der Distrikt. Hinter den Straßennamen steht im Verkehr mit Ausländern oft St für »Street« oder Sq für »Square«, oft beginnen Straßennamen auch mit *pho* oder *duong* (beides heißt »Straße«). Die Adresse »120/5 Nguyen Trai« bedeutet: Man gehe zu Haus Nr. 120 in der Nguyen Trai-Straße und suche von dort Haus Nr. 5 in der nächsten Seitengasse. Die Nummerierung beginnt neu, sobald eine Straße einen neuen Distrikt erreicht.

Auf einen Blick

Nützliche Nummern

Ferngespräche Inland Telefonvermittlung
Tel. 101.

Internationaler Service
Tel. 110.

Talking Yellow Pages
Tel. 1080.

Kurierdienste

DHL
3 Nguyen Van Binh, Distrikt 1, HCMC. **Stadtplan** 2 E3.
Tel. (08) 3823 1525.
10 Le Thach, Hanoi.
Stadtplan 2 E4.
Tel. (04) 3825 7124.
W **dhl.com.vn**

Federal Express
6 Thang Long, Distrikt Tan Binh, HCMC. Tel. (08) 3984 0370.
5B Le Vien Thiem, Distrikt Thanh Xuan, Hanoi.
Tel. (04) 3557 8899.
W **fedex.com**

UPS
18A Cong Hoa, Distrikt Tan Binh, HCMC.
Tel. (08) 3811 2888.
26 Pham Van Dong, Distrikt Tu Liem, Hanoi.
Tel. (04) 3514 2888.
W **ups.com**

Vorwahlen

- Bei internationalen Anrufen wählt man 00, dann die Länder- und Ortsvorwahl (ohne 0) sowie die Teilnehmernummer.
- Länder-Vorwahlnummern: Deutschland: 49; Österreich: 43; Schweiz: 41.
- Bei Anrufen aus Deutschland nach Vietnam wählt man die 00, die 84, gefolgt von der Ortsvorwahl (ohne 0) sowie der Teilnehmernummer.
- Die internationale Vermittlung erreicht man über 00.
- Die Telefonauskunft hilft unter 1080 weiter.
- Um mit der nationalen Vermittlung zu sprechen, wählt man die 0. Kundenservice gibt es auf Vietnamesisch und Englisch, wobei letztere Sprachoption mit Wartezeiten verbunden ist.

Handy-Telefonkarte von VinaPhone

Reiseinformationen

Die meisten Besucher reisen per Flugzeug nach Vietnam. Das inländische Flugnetz ist solide, sicher und wird stetig verbessert. Die meisten Flüge sind pünktlich und verbinden alle wichtigen Urlaubsziele im Land. Europäische Besucher reisen oft über Bangkok oder Hongkong nach Vietnam. Über Kambodscha kann man auf dem Mekong eine landschaftlich reizvolle Anreise genießen. Dank der Einrichtung neuer Grenzübergänge reisen immer mehr Besucher auf dem Landweg per Bahn, Auto oder Bus aus China, Laos und Kambodscha ein. In Vietnam selbst sind die Fernbusse und Open-Tour-Busse das preiswerteste und bequemste Verkehrsmittel, um das Land zu bereisen. Wer auf eigene Faust unterwegs ist, kann für wenig Geld Wagen und Fahrer mieten. In den Städten bieten sich Taxis und die preiswerten Motorradtaxis an.

Ankunft am Tan Son Nhat Airport in Ho Chi Minh City

Anreise per Flugzeug

Unter den drei internationalen Flughäfen Vietnams ist der Tan Son Nhat Airport von Ho Chi Minh City mit Abstand der größte, der zweitgrößte ist Hanois Noi Bai Airport, Danang International spielt eine untergeordnete Rolle. Nach Tan Son Nhat fliegt die internationale Fluggesellschaft **Vietnam Airlines** von zahlreichen Städten, u.a. direkt von Frankfurt am Main, Paris, Moskau, Peking, Siem Reap, Sydney, Bangkok und Singapur. Auch nach Hanoi gibt es mehrmals die Woche Direktverbindungen von Frankfurt am Main. Nach Vietnam fliegen auch Airlines wie **Lufthansa**, **Air France**, **Cathay Pacific**, **Thai Airways**, **Malaysia Airlines**, **Qantas** und **Singapore Airlines**. Die Flugzeit ab Mitteleuropa beträgt rund elf Stunden.

Flugpreise

Die Flugpreise nach Vietnam variieren je nach Airline und Jahreszeit. Linienflüge von Deutschland nach Vietnam können zwischen unter 500 und über 4000 Euro kosten. Am stärksten gebucht ist die Zeit zwischen Dezember und Februar, wenn viele Familien reisen, um das Tet-Fest *(siehe S. 32f)* zu feiern. Sonderangebote findet man eher in der Nebensaison *(siehe S. 270)* und wenn man sehr früh bucht.

Ankunft

Die Einreise nach Vietnam ist relativ einfach. Bereits im Flugzeug erhält man Einreise- und Zollformulare zum Ausfüllen. Diese legt man zusammen mit dem Reisepass (mit Visum; *siehe S. 270f*) dem Grenzbeamten bei der Einreise vor. Der gelbe Durchschlag des Zollformulars für die eigenen Unterlagen muss nicht mehr wie früher bei der Ausreise erneut vorgelegt werden.

Flughäfen

Der Tan Son Nhat Airport (IATA-Code: SGN) in Ho Chi Minh City ist einer der bestausgestatteten Flughäfen Vietnams mit schneller und unkomplizierter An- und Abreise. Bei Ankunft und Abflug muss man hier durch die Sicherheitsschleusen. Der Flughafen liegt etwa fünf Kilometer vom Stadtzentrum entfernt.

Der Bus Nr. 152 fährt vom Flughafen zur Busstation Ben Thanh-Markt im Zentrum. Am offiziellen Taxistand in der Nähe des Geldwechselschalters kann man ein Taxi (mit Taxameter) nehmen. Fahrer, die einen Pauschalpreis anbieten, sollte man besser meiden. Andere Wege in die Stadt sind Minibusse und Shuttlebusse der Hotels. Vor dem Terminal stehen oft riesige Menschentrauben. Viele Vietnamesen holen hier nicht nur Angehörige oder Freunde ab, sondern kommen einfach hierher, um dem Trubel zuzusehen.

Flughafentaxi – ein bezahlbares Verkehrsmittel

Flughäfen	Information	Entfernung zum Stadtzentrum	Durchschnittlicher Taxipreis	Durchschnittliche Fahrtdauer
Tan Son Nhat, Ho Chi Minh City	(08) 3848 5383	5 km	6–8 US-$	20 Minuten
Danang International	(0511) 382 3391	1,6 km	2 US-$	5 Minuten
Noi Bai Airport, Hanoi	(04) 3886 5047	35 km	15–18 US-$	45–60 Minuten

Besucher mit Gepäck vor einem der gelben offiziellen Vina Taxis

Der neue Noi Bai Airport (IATA-Code: HAN) von Hanoi ist am weitesten vom Stadtzentrum entfernt. Die Fahrt mit dem Taxi dauert etwa 45 Minuten. Alle Verkehrsmittel, Minibusse und Taxis stehen vor dem Terminal bereit. Die Taxis sind das bequemste und durchaus bezahlbare Transportmittel in die Stadt. Man sollte aber unbedingt vor Fahrtantritt den Preis aushandeln, da die meisten Taxifahrer ohne Taxameter fahren. Eine Fahrt in die Altstadt kostet ca. 15 bis 18 US-Dollar. Nehmen Sie sich auch vor Taxifahrern in Acht, die Sie in ein bestimmtes Hotel »locken« wollen. Die »Taxi-Mafia« von Noi Bai ist berüchtigt dafür. Am preiswertesten kommt man mit der Buslinie 7 oder 17 ins Zentrum, die alle 15 Minuten abfährt und rund eineinhalb Stunden zum Hoan Kiem-See *(siehe S. 164)* benötigt. Der Bus hält unterwegs auf Wunsch. Fast ebenso günstig ist der Shuttlebus der Vietnam Airlines, der für rund zwei US-Dollar Passagiere zum Airline-Büro an der Trang Thi-Straße bringt. Manche Fahrer setzen Gäste auf Wunsch auch am Hotel ab. Auf dem Weg vom und zum Flughafen fallen keine Maut- oder andere Gebühren an!

Danang International am westlichen Rand von Danang in Zentralvietnam ist der kleinste der drei internationalen Flughäfen. Hier gibt es nur einen Terminal mit einem kleinen Bereich für die internationalen Flüge (nur nach Bangkok, Hongkong und Singapur). Mit dem Taxi kommt man zu einem sehr günstigen Festpreis in die Innenstadt.

Anreise auf dem Land- oder Seeweg

Vietnam hat drei Landgrenzen zu Nachbarländern: Zu China gibt es gegenwärtig drei Grenzübergänge, zu Laos und zu Kambodscha jeweils sieben.

Von China kann man per Auto, Bus oder Zug nach Vietnam reisen. Der Friendship Pass bei Dong Dang für Bahn- und Straßenverkehr ist der meistfrequentierte Übergang zwischen den beiden Ländern. Zweimal in der Woche fährt ein Zug von Beijing mit kurzen Stopps über den Pass nach Hanoi. Die beiden anderen Übergänge (ruhiger und nur für Straßenverkehr) sind Lao Cai *(siehe S. 201)* und Mong Cai.

Die Grenzübergänge von Laos heißen Lao Bao (westlich von Dong Ha), Cau Treo, Nam Can, Sop Hun, Na Meo, Tay Trang und Bo Y. Die ersten drei sind nur für den Straßenverkehr geöffnet. Der Grenzübertritt mit einem Reisebus ist zeitaufwendig, sodass man aus Laos besser per Flugzeug anreist.

Ein Flughafenbus schiebt sich durch den Verkehr in Ho Chi Minh City

Der Grenzübertritt aus oder nach Kambodscha gestaltet sich unkompliziert *(siehe S. 226f)*. Der Übergang Moc Bai ist wegen seiner Nähe zu Ho Chi Minh City (zwei Stunden) am verkehrsreichsten. Täglich fahren viele Busse zwischen beiden Ländern hin und her. Der Grenzübergang Vinh Xuong (bei Chau Doc) präsentiert sich reizvoll, man kann die Ein-/Ausreise auf dem Mekong erleben und die Landschaft genießen. Die anderen Übergänge sind weniger frequentiert.

Auf einen Blick

Airlines

Air France
1 Ba Trieu, Hanoi. **Stadtplan** 2 E4.
(04) 3825 3484.
airfrance.com.vn

Cathay Pacific
49 Hai Ba Trung, Hanoi. **Stadtplan** 2 D4. (04) 3826 7298.
cathaypacific.com

Lufthansa
19–25 Nguyen Hue, Distrikt 1, HCMC. **Stadtplan** 2 F4.
(08) 3829 8529.
lufthansa.com

Malaysia Airlines
49 Hai Ba Trung, Hanoi.
Stadtplan 2 D4.
(04) 3826 8820.
malaysiaairlines.com

Qantas
186–188 Le Thanh Ton, Distrikt 1, HCMC. **Stadtplan** 2 E4.
(08) 3910 5373.
qantas.com

Singapore Airlines
17 Ngo Quyen, Hanoi.
Stadtplan 2 F4.
(04) 3826 8888.
singaporeair.com

Thai Airways
28 Thanh Nien, Distrikt Tay Ho, Hanoi. (04) 3826 7921.
thaiairways.com

Vietnam Airlines
25 Trang Thi, Hanoi. **Stadtplan** 2 E4. (04) 3832 0320.
vietnamairlines.com
(069) 297 2560 (in Frankfurt).
(01) 581 892 285 (in Wien).
(044) 286 9925 (in Zürich).
vietnam-air.de

In Vietnam unterwegs

Dank der raschen Entwicklung der Infrastruktur Vietnams wird das Reisen bequemer und preiswerter. Zwischen Ho Chi Minh City und Hanoi fahren Züge mit Stopps in verschiedenen Städten (und weiter bis nach China). Die ziemlich komfortablen und günstigen Züge sind das effizienteste Transportmittel. Fernbusse sind bei Rucksacktouristen beliebt, können aber unbequem werden. Expressbusse sind recht luxuriös, haben aber ihren Preis. Am populärsten bei Besuchern und Vietnamesen ist das Open-Tour-Bussystem zwischen den Großstädten. Für rasche Verbindungen zwischen Städten ist das Flugnetz ideal. Fähren und Tragflächenboote steuern die Hafenstädte an. Fast überall kann man Motorräder oder einen Wagen mit Fahrer mieten.

Im Bahnhof von Ho Chi Minh City

Inlandsflüge

Die vier Inlandsfluglinien sind **Vietnam Airlines** *(siehe S. 281)*, **Jetstar Pacific Airlines**, **Vietnam Air Service Company (VASCO)** und **Vietjet Air**. Vietnam Airlines und VASCO sind staatlich. Erstere ist die größere Airline mit einem landesweiten Streckennetz. VASCO operiert in Südvietnam. Jetstar Pacific Airlines steuert die sechs größten Städte an. Vietjet Air, die erste private Fluglinie des Landes, fliegt ebenfalls mehrere große Städte an. Die Flüge von Vietjet Air sind zwar günstig, aber es kommt oft zu Verspätungen.

Flugtickets und -preise

Tickets kann man online, in den Stadtbüros der Airlines und am Flughafen kaufen. In der Regel spricht das Personal auch Englisch. Auch fast jedes Reisebüro kann einen Flug in Vietnam buchen. Die Preise liegen meist nicht höher als die Tarife der Fluggesellschaften. Außerdem kann man über bessere Hotels Flüge buchen lassen. Auch via Internet lassen sich Flüge buchen.

Inlandsflüge kosten in der Regel unter 150 US-Dollar. Wenn Sie mit Vietnam Airlines von Europa nach Vietnam fliegen, bekommen Sie bei Inlandsflügen oft Ermäßigungen. Wer in der Hochsaison (Mitte Nov–Mitte März) innerhalb Vietnams fliegen möchte, sollte seinen Flug unbedingt einige Zeit im Voraus buchen.

Eisenbahnnetz

Das Eisenbahnnetz folgt ungefähr dem Küstenverlauf von Ho Chi Minh City nach Hanoi, mit Haltepunkten in größeren Städten. Von Hanoi fährt man zur Bucht von Halong *(siehe S. 186–188)*, nach Sapa *(siehe S. 200f)* sowie nach China.

Die Fahrzeiten variieren stark, die schnellste Bahnverbindung zwischen Ho Chi Minh City und Hanoi dauert zwischen 30 und 33 Stunden. Viele Züge sind verspätet, andere erreichen ihr Ziel zu früh. Züge in Nord-Süd-Richtung haben gerade Zugnummern, Züge von Süd nach Nord ungerade Nummern. Hanoi und Ho Chi Minh City sind durch den »Reunification Express« verbunden – dies bezeichnet die Strecke und nicht einen spezifischen Zug.

Züge

Die meisten Zugfahrten sind recht preiswert. Die Züge sind neu, sauber und relativ bequem, wenn auch nicht luxuriös. Einige der Waggons sind klimatisiert. Verkauft werden vier Ticketkategorien: Hard Seat (Holzbank), Soft Seat (gepolsterter, verstellbarer Sitz), Hard Sleeper (Abteil mit sechs Schlafliegen) und Soft Sleeper (eigenes Abteil mit vier Betten und abschließbarer Tür).

Alle Fernzüge verfügen über einen Speisewagen. Während der Fahrt gehen auch Verkäufer mit Getränken und Snacks durch den Zug. Auch an Bahnhöfen kann man von fliegenden Verkäufern leckere Snacks erwerben.

Eisenbahntickets und -preise

Fahrkarten kann man an Bahnhöfen, in Reisebüros und gehobenen Hotels kaufen. Einige Reisebüros dürfen nur Tickets für ausgewählte Ziele verkaufen, andere Reiseveranstalter haben wiederum mehr Möglichkeiten. Über aktuelle Fahrpläne informiert man sich am besten im Bahnhof, auf der Website von **Vietnam Railways** oder im Reisebüro. Ticketpreise reichen von ein paar Dollar bis über 100 Dollar. Die teuerste Fahrt ist die mit dem privaten Victoria-Zug von Hanoi nach Sap. Rund um vietnamesische Festtage sollte man unbedingt ein Ticket im Voraus buchen.

Ein Fernbus vor der Abfahrt, Busbahnhof Mien Tay, HCMC

Ticketkauf im Busbahnhof Mien Tay, Ho Chi Minh City

Busse

Die Einführung von modernen, sauberen Expressbussen hat dieses Transportmittel für Reisen zwischen Großstädten zum bevorzugten Verkehrsmittel aufsteigen lassen. Expressbusse sind teurer als herkömmliche Fern- und regionale Minibusse, dafür schneller, sicherer und bequemer. Einen Nachteil gibt es aber: Viele haben eine Karaoke-Maschine an Bord. Neben den fahrplanmäßigen Bussen kann man auch einen Minibus buchen, den Reisebüros oder Hotels für bis zu 16 Passagiere reservieren können.

Sogenannte Open-Tour-Busse zwischen wichtigen Reisezielen sind eine beliebte und schnelle Alternative – auch für Besucher. Viele Cafés wie Sinh Tourist *(siehe S. 273)* vermitteln diesen Service. Die billigen, flexiblen Tickets gelten für je eine Fahrt und gestatten beliebig viele Zwischenstopps.

Bustickets und -preise

Die Busfahrpreise sind niedrig. Eine Fahrt von Ho Chi Minh City nach Hanoi kostet zwischen 20 und 25 US-Dollar. Tickets kauft man im Busbahnhof am Abfahrtstag. Das Ticket- und Fahrplansystem kann wegen seiner Unübersichtlichkeit frustrieren, zumal ein Schalter Tickets nur für bestimmte Ziele verkauft. Am besten lässt man sich Bustickets vom Hotel oder Reisebüro besorgen.

Auto- und Motorradvermietung

Wer ein Auto mietet, muss auch einen Fahrer mit vietnamesischem Führerschein dazubuchen. Wagen und Fahrer kosten zwischen 90 und 120 US-Dollar pro Tag. Der Preis variiert je nach Länge der Strecke. Der Fahrer kümmert sich selbst um seine Mahlzeiten und bei mehrtägigen Reisen um die Unterkunft.

Ein Motorrad kann fast jeder anmieten, der offiziell erforderliche Führerschein wird selten verlangt. Wer allerdings kein sehr geübter Motorradfahrer ist, tut gut daran, ein Motorradtaxi zu nehmen. Die Gefährte werden *xe om* oder *Honda om* genannt und kosten je nach Strecke ab zehn US-Dollar am Tag. Auch in Vietnam gilt Helmpflicht.

Kreuzfahrtschiff im Hafen des Saigon River

Schiffe und Fähren

Schiffe fahren von Ho Chi Minh City auf dem Mekong bis nach Chau Doc an der Grenze zu Kambodscha und weiter nach Phnom Penh. Die Flussfahrt dauert auf einem langsamen Schiff zwei Tage, auf einem schnelleren acht Stunden. Zur Insel Phu Quoc *(siehe S. 105)* kommt man mit der Fähre ab Rach Gia. Zu vielen Inseln in der Bucht von Halong fahren Fähren. Tragflächenboote von zuverlässigen Reedereien wie **Vina Express** verkehren zwischen Ho Chi Minh City und Vung Tau *(siehe S. 80)*.

Auf einen Blick

Airlines

Jetstar Pacific Airlines
W jetstar.com

VASCO
W vasco.com.vn/en

Vietjet Air
W vietjetair.com

Bahnhöfe

Bahnhof Danang
202 Haiphong, Danang.
T (0511) 382 3810.

Bahnhof Hanoi
120 Le Duan. **SP** 1 C4.
T (04) 3942 3697.

Bahnhof Saigon
1 Nguyen Thong, Distr. 3.
Stadtplan 1 A3.
T (08) 3343 6528.

Vietnam Railways
W vr.com.vn/en

Busbahnhöfe

Cholon (Mekong-Delta)
86 Trang Tu, Cholon, HCMC. **SP** 3 C5.
T (08) 3855 7719.

Gia Lam (Norden)
Gia Thuy Long Bien, Hanoi.
T (04) 3827 1569.

Giap Bat (Süden)
6 Giai Phong, Hanoi.
T (04) 3864 1467.

Kim Ma (Halong)
Ecke Nguyen Thai Hoc und Giang Vo, Hanoi.
Stadtplan 1 A3.
T (04) 3845 2846.

Mien Dong
(Norden, Vung Tau)
292 Dinh Bo Linh, Distrikt Binh Thanh, HCMC.
T (08) 3877 6593.

Mien Tay
(Süden, Mekong-Delta)
395 Kinh Duong Vuong, Binh Chanh, HCMC.
T (08) 3825 5955.

My Dinh (Sapa)
My Dinh, Distrikt Tu Liem, Hanoi.
T (04) 3768 5549.

Schiffe und Fähren

Haiphong
6 Cu Chinh Lan, Distrikt Hong Bang, Haiphong.
T (31) 382 3102.

Rach Gia – Phu Quoc
14 Tu Do, Vinh Thanh.
T (77) 3877 742.

Vina Express
5 Nguyen Tat Thanh, Distr. 4, HCMC. **SP** 2 F5.
T (08) 3825 3333.
W vinaexpress.com.vn

Reisebüros

Kangaroo Café
18 Bao Khanh, Hanoi. **SP** 2 E3. T (04) 3828 9931.
W kangaroocafe.com

Sinhbalo Adventure Travel
283/20 Pham Ngu Lao, Distr. 1, HCMC.
Stadtplan 2 D5.
T (08) 3837 6766.
W sinhbalo.com

In Städten unterwegs

Der öffentliche Nahtransport Vietnams steckt noch in der Entwicklung und variiert von Stadt zu Stadt. Das für Besucher bequemste Verkehrsmittel sind Taxis. Das örtliche Busnetz wird jedoch immer besser und ist in vielen Städten mittlerweile eine gute Alternative für Besucher. Am schnellsten und preiswertesten sind Motorradtaxis, die *Honda om* oder *xe om* genannt werden. Ausländische Besucher können problemlos Motorräder und Autos mieten. Cyclos, lange das beherrschende Verkehrsmittel in Vietnams Städten, wurden per Gesetz abgeschafft, sind aber vielerorts noch auf den Straßen von Ho Chi Minh City und Hanoi unterwegs.

Tam Hanh ist eine Intercity-Busgesellschaft, die in Südvietnam fährt

In Hanoi und Ho Chi Minh City unterwegs

Ho Chi Minh City und Hanoi erkundet man am besten zu Fuß. Zwar ist Ho Chi Minh City eine sehr weitläufige Metropole, aber die einzelnen Stadtviertel selbst kann man ganz gut zu Fuß bewältigen. Hanois Altstadt ist dagegen so überschaubar, dass man sie leicht an einem Tag durchqueren kann.

Die bequemen Cyclos, rikschaähnliche Fahrzeuge, die einen oder auch zwei Fahrgäste auf dem Sitz vor dem Fahrer transportieren, wurden ab 2009 offiziell verboten. Zunächst sollte dieses 2008 beschlossene Gesetz vietnamweit gelten, derzeit gilt ein Verbot zumindest während der Stoßzeiten oder für einzelne Straßen in den Großstädten. Gegen das Gesetz gab es heftige Proteste der Cyclo-Fahrer, denn in der Regel haben sie keine Möglichkeit, den Lebensunterhalt für ihre Familien auf andere Weise zu verdienen. Falls bei Ihrem Aufenthalt in Vietnam noch Cyclos unterwegs sind, sollten Sie sich eine Fahrt mit diesem traditionellen, preiswerten Gefährt nicht entgehen lassen.

Schneller und dennoch preiswert ist vor allem für Ho Chi Minh City ein Gefährt, das *Honda om*, in Hanoi *xe om* genannt wird. Bei diesen Motorradtaxis fährt der Fahrgast hinten als Beifahrer mit. Motorradtaxis findet man in Städten und Urlaubsregionen an jeder Straßenecke, man bekommt sie angepriesen und kann auch an der Straße eines heranwinken. Der Fahrpreis beträgt unter einem US-Dollar pro Kilometer. Allerdings variieren die Preise von Stadt zu Stadt, von Distrikt zu Distrikt und oft je nach Tageszeit. Bei längeren Fahrten hängt der Preis nicht zuletzt auch von Ihrem eigenen Verhandlungsgeschick ab.

Busse und Minibusse

Die Stadtbusse in Vietnam sind oft ziemlich unbequem und überfüllt, wobei in immer mehr Städten auch moderne und klimatisierte Busse fahren. Das ist oft eine günstige Option, umherzufahren.

Minibusse mit Fahrer kann man für wenig Geld über das Hotel oder ein Reisebüro mieten – ideal für Familien oder kleine Gruppen, besonders für Ausflüge und mehrtägige Fahrten in die Umgebung der Städte.

Taxis

Lange Zeit waren Taxis eine Seltenheit – meist private gemietete oder geliehene Wagen, deren Fahrer die Fahrpreise frei aushandelten. Heute findet man in fast allen Städten Taxis mit Taxameter. Verschiedene Unternehmen bieten einen soliden Taxiservice, die Fahrer können ein paar Brocken Englisch. Eine Fahrt in der Stadt kostet heute mindestens ein bis zwei US-Dollar. Viele Taxameter sind allerdings manipuliert, wie selbst die Regierung einräumt.

In der Altstadt von Hanoi gibt es wahrlich keinen Mangel an Taxis

Unterwegs in den verstopften Straßen von Ho Chi Minh City

Dennoch: Selbst wenn der Fahrer einen Pauschalpreis anbietet, sollten Sie auf das Einschalten des Taxameters bestehen.

Alternativ kann man auch über die Uber-App ein Taxi rufen, die es seit 2015 in Vietnam gibt.

Verhalten im Verkehr

Der Verkehr in Vietnam ist teilweise sehr chaotisch. Autofahren ist jetzt auch Ausländern erlaubt, trotzdem macht es in Großstädten keine Freude. Besonders preiswert ist die Anmietung eines Motorrads, aber dafür sollten Sie einige Erfahrung auf Zweirädern mitbringen. Achten Sie außerhalb des Zentrums auch auf Tiere auf der Straße.

Für den normalen Besucher ist schon das Überqueren von Großstadtstraßen eine Herausforderung. Es gibt nur wenige Ampeln und Zebrastreifen – und die meisten Autofahrer beachten sie nicht unbedingt. Am besten wartet man die vorbeifahrenden Autos ab und bewegt sich dann vorsichtig, aber konstant mit gleichmäßigem Tempo durch den Verkehrsstrom der Autos, Motor- und Fahrräder. Vermeiden Sie es unbedingt, abrupt stehen zu bleiben oder zu zögern – das führt leicht zu einem Unfall, da die Zweiradfahrer Ihr Verhalten nicht einschätzen können.

Für Motorradfahrer besteht eine gesetzliche Helmpflicht, aber die meisten Fahrer halten sich nicht daran. In Städten sind auf einem Motorrad nur maximal zwei Personen erlaubt, aber auch diese gesetzliche Regelung wird von Vietnamesen eher locker gehandhabt.

Ein *Honda om* oder *xe om* ist an vielen Stellen zu mieten

Touren und Ausflüge

Organisierte Tagesausflüge sowie ein- bis zweitägige Touren kann man überall in Vietnam buchen. Sie sind recht bequem und mitunter (je nach Gruppengröße) auch preiswerter als Fahrten auf eigene Faust. In Hanoi und Ho Chi Minh City finden Sie zahlreiche Reiseveranstalter – vergleichen Sie jedoch die Angebote, bevor Sie buchen. Die meisten Ausflüge ab Ho Chi Minh City führen zu den Cu Chi-Tunneln *(siehe S. 77)* und in das Mekong-Delta. Von Hanoi werden oft Touren in die Bucht von Halong *(siehe S. 186–188)* und nach Sapa *(siehe S. 200f)* angeboten.

Ein Sightseeingbus macht halt am Wasserpuppen-Theater Thang Long

Auf einen Blick

Taxis in Hanoi

Airport Taxis
(04) 3886 6666.
airporttaxi.vn

Hanoi Group Taxi
(04) 3856 5656.

Mai Linh Taxis
(04) 3861 6161.

Taxis in Ho Chi Minh City

Mai Linh Taxis
(08) 3833 3333.

Vina Taxi
(08) 3811 1111.
vinataxi.vn

Tourveranstalter

Buffalo Tours
Siehe S. 267.

Kim Travel
270 De Tham, Distrikt 1, HCMC. **SP** 2 D5. (08) 3836 5489.
thekimtourist.com

Queen Travel
65 Hang Bac, Hanoi. **SP** 2 E3.
(04) 3826 0860.
queentravel.vn

Saigon Tourist
Siehe S. 273.

The Sinh Tourist
Siehe S. 273.

TNK Travel
Siehe S. 273.

Vietindo Travel
S-239/71 Bo De, Distr. Long Bien, Hanoi. (04) 3872 7754.
vietindo-travel.com

Textregister

Fett gedruckte Seitenzahlen beziehen sich auf Haupteinträge.

E

F

G

N

T

U

V

Danksagung und Bildnachweis

Dorling Kindersley bedankt sich bei allen, deren Arbeit und Unterstützung dieses Buch ermöglicht haben.

Autoren

Andrew Forbes hat einen Bachelor of Arts in Chinesisch und promovierte über chinesische Geschichte. Er lebt seit 20 Jahren als Redakteur für CPA Media (www.cpamedia.com) in Chiang Mai, Thailand, und besucht Vietnam jedes Jahr.

Richard Sterling ist ein langjähriger, renommierter Reiseautor und lebt bei San Francisco in den USA. Er ist u. a. Preisträger des Lowell Thomas Award für Reiseliteratur und hat umfassend über Vietnam geschrieben. Sterling reist jedes Jahr durch die Region.

Managing Editor Aruna Ghose
Design Manager Priyanka Thakur
Project Editor Shahnaaz Bakshi
Project Designer Kavita Saha
Editors Arunabh Borgohain, Jyoti Kumari, Jayashree Menon, Asavari Singh
Designer Shipra Gupta
Cartography Manager Uma Bhattacharya
Senior Picture Manager Taiyaba Khatoon
Picture Researcher Sumita Khatwani
DTP Designer Vinod Harish
Consultants Claire Boobbyer, Dana Healy
Research Adam Bray, Nam Nguyen, Nick Ray
Correction Shahnaaz Bakshi
Register Hilary Bird, Jyoti Dhar

Dorling Kindersley London

Publisher Douglas Amrine
Publishing Manager Jane Ewart, Scarlett O'Hara, Kate Poole
Managing Editor Kathryn Lane
Project Editor Ros Walford
Art Director Gadi Farfour, Kate Leonard
Fact Check Judith Bamber, Ron Emmons, Alexandra Farrell, Emer FitzGerald, Fay Franklin, Anna Freiberger, Rhiannon Furbear, Camilla Gersh, Kaberi Hazarika, Jacky Jackson, Claire Jones, Bharti Karakoti, Sumita Khatwani, Priya Kukadia, Maite Lantaron, Anwesha Madhukalya, Hayley Maher, Bhavika Mathur, Alison McGill, Vikki Nousiainen, Catherine Palmi, Susie Peachey, Marianne Petrou, Khushboo Priya, Rada Radojicic, Ellen Root, Lokamata Sahoo, Azeem Siddiqui, Sands Publishing Solutions, Priyansha Tuli, Janis Utton, Ajay Verma, Charles Young
Kartografie Casper Morris
DTP-Design Natasha Lu
Assistenz Bildrecherche Rachel Barber
DK Bildarchiv Romaine Werblow
Digitale Medien Fergus Day
Produktionsüberwachung Louise Daly

Zusätzliche Fotografien

Simon Bracken, Adam Bray, Demetrio Carrasco, Eric Crichton, Tim Draper, Robin Forbes, Ken Findlay, Frank Greenaway, Colin Keates, Dave King, David Mager, Ian O'Leary, David Peart, Rough Guides / Tim Draper, Roger Smith, Kavita Saha, Kim Taylor, Álvaro Velasco, Jerry Young.

Mitarbeit und Unterstützung

Dorling Kindersley möchte sich bei den folgenden Personen für ihre Unterstützung bedanken: Ton Sinh Thanh und Nguyen Luong Ngoc, Botschaft der Sozialistischen Republik Vietnam in New Delhi, Indien; Pham Ngoc Minh, Buffalo Tours Vietnam.

Außerdem bedankt sich Dorling Kindersley bei allen Museen, Kirchen, Hotels, Restaurants, Geschäften, Galerien und Sehenswürdigkeiten, die hier nicht einzeln aufgeführt werden können.

Kartennachweis

Die Karten für die Stadtpläne von Ho Chi Minh City und Hanoi basieren auf Material von Netmaps.

Bildnachweis

l = links; m = Mitte; o = oben; r = rechts; u = unten.

Dorling Kindersley bedankt sich bei folgenden Unternehmen, Personen und Bildarchiven für die freundliche Erlaubnis zur Abbildung ihrer Fotografien:

AKG-Images Ltd: 53m; Amelot 6–7; François Guénet 259mr.

Alamy: A. M. Corporation 5ol, 134ul, 185or; Arco Images 22ul; Bill Bachmann 69om; Oliver Benn 109ur, 118ml; Blickwinkel 22mu, 101mru, 205mru; Tibor Bognar 94ol, 235ur; Renato Bordoni 160or; Jon Bower 219or, 220mo, 224ul; Rachael Bowes 49ul; Paul Carstairs 27ur; Rob Cousins 3m, 17u; FLPA 186ol; Glow Images 28ol, 30mlu, 259ur; Alex Griffiths 27mr, 196mlu; Gavin Hellier 209o; Henry Westheim Photography 24or, 205mlo; Hornbil Images Pvt Ltd 23mlu; Jeremy Horner 99mo; Imagebroker 103mro, 218mru; ImageState 43o, 150–151; Index Stock 170mlo; Ingo Jezierski 36mr; Jon Arnold Images 16, 18ol, 156, 206–207, 208ul; Elmari Joubert 186um; E. J. Baumeister Jr 29ur; Ei Katsumata 160um; Christian Kober 29or; Serge Kozak 67ur; Kevin Lang 29ul, 32ul, 54mru, 103mru, 124, 170ur; Barry Lewis 33ul; Mary Evans Picture Library 44ur, 207m; Neil McAllister 131mru, 132ur, 164ol, 171ol; Chris McLennan 163m, 164mr; Nic Cleave Photography 218ul; David Osborn 22mlu; Papilio 101mlu; Edward Parker 196or; Nicholas Pitt 105ul; Paul Thompson Images 233ul; Photobyte 203ul; Photofrenetic 23mo, 102m; Photoz.at 133ul; Pictorial Press Ltd 63mru; Christopher Pillitz 268–269; Nicholas Pitt 265or; Popperfoto 48or, 49mru; Royal Geographical Society 54mlo; Dave Stamboulis 262ol; Marcus Wilson-Smith 23mro; Stephen Frink Collection 194ul; The Photolibrary Wales 94ul; Tribaleye Images/J. Marshall 183u; Ian Trower 28um; Visual Arts Library (London) 41ur; Andrew Woodley 118or, 200ul; World-Foto 196mlo.

Ardea.com: Jean Paul Ferrero 205m; Masahiro Iijima 205ul; Jean Michel Labat 23ur.

Asian Explorers: Timothy Tye 219ol.

Adam Bray ©2008: 120or, 178mo, 284ur.

The Bridgeman Art Library: Archives Charmet/Private Collection »Die Ankunft französischer Truppen in der Bucht von Haiphong im Juni 1884« (Farblithografie), Vietnamesische Schule (19. Jh.) 46ol; Archives Charmet/Bibliothèque Nationale, Paris, Frankreich »Der Kongress von Tours, Ho Chi Minh« (1890–1969) aus »L'Humanité«, Dezember 1920 (Schwarz-Weiß-Foto) 173mro.

Juliet Bui: 102or.

Corbis: 23um, 265ml; Asian Art & Archaeology, Inc 41m; Bettmann 47ur, 48ml, 48um, 48ul, 49ol, 49or, 49m, 49mlu, 49mru, 50ul, 50ur, 155mru, 173mr, 173ul; Christophe Boisvieux 32ur, 33mro, 34ul, 247m; Corbis Sygma/J. P. Laffont 50mlu, Jacques Langevin 50or, Les Stone 271ur, Orban Thierry 173ur; Natalie Fobes 24ur, 37ol; Owen Franken 78mlo, 187mr; Michael Freeman 108ml, 136ml; Philippe Giraud 160mlo; Robert van der Hilst 247ol; Jeremy Horner 103mlu; Hulton-Deutsch Collection 46mu, 173ml; Catherine Karnow 24–25m, 32ol, 186mlo, 190–191, 261mu; Charles & Josette Lenars 42om; Luong Thai Linh/Epa 260mo; Christophe Loviny 219mr; Wally McNamee 49ur; Kevin R. Morris 213ol, 222ur; David A. Northcott 23m; Tim Page 35ul, 36ol, 123ur; Papilio/John R. Jones 24mlo, 29mlo, 29mro, 45om; Steve Raymer 25ol, 25or, 29mr, 34om, 170mro, 171mlo, 271ol; Reuters/Dien Bien Phu Museum 47mru; Roman Soumar 76ol; Keren Su 23fmro; Luca Tettoni 267or; Brian A. Vikander 67ol; Nevada Wier 28mro, 31mru, 34mr, 35ol; Alison Wright 202mlu; Michael S. Yamashita 103ul; Zefa/Gary Bell 194mlo.

CPA Media: 26ul, 42mlu, 44m, 46um, 47om, 48mru; Jim Goodman 28or, 28ur, 33mr; David Henley 26ol, 27ml, 27mlu, 33mlu, 139ml, 139m.

David J. Devine: 48ol.

Dreamstime.com: Biserko 274m; Chuotnhatdesigner 17u; Lakhesis 2–3; Michalakis Ppalis 188u; Rolf52 274ul.

Frank Lane Picture Agency Limited: Colin Marshall 182.

Fusion Maia Da Nang Resort: 232ul.

Getty Images: AFP 284ur; AFP/Hoang Dinh Nam 28mlo; Asia Images/Martin Puddy 196or; Eternity in an Instant 51mru; Iconica/John W. Banagan 107u; Photographer's Choice/John W. Banagan 101ml; Planet Observer/Universal Images Group 15or; Riser Astromujoff 14ul; Robert Harding World Imagery 22mro, Robert Francis 115mru, 246ml, Occidor Ltd 203ur; The Image Bank/Peter Adams 20ul; Time Life Pictures/Larry Burrows 48–49m, Stringer 48mlu; Stone/Simeone Huber 214–215.

Hotel Continental Saigon: 61or, 232mr.

Tran Linh: 36ur.

Lonely Planet Images: John Banagan 4ur, 96–97, 106, 116–117, 230–231; Anders Blomqvist 52–53, 157u, 210ul; Alain Evrard 23mlo; Mason Florence 88, 168ol; Kraig Lieb 122ol; Craig Pershouse 197ul; Peter Ptschelinzew 44ol; Patrick Ben Luke Syder 27mlo.

Mary Evans Picture Library: 7m, 26or, 26mlu, 40, 47ul, 231m, 269m.

Masterfile: Pierre Arsenault 22mlo, 89u.

Naturepl.com: Jeff Foott 22m; David Kjaer 140m; Pete Oxford 205mr.

Ngoc: 33mlo.

Ngoc Dong Ha Nam Co. Ltd: 259mlu, 259mu, 259mlu, 259um.

Phong T. Nguyen: 28mlu, 28mru, 29ml.

Mick Palarczyk: 9ur.

Peter Pham: 202ur.

Photographersdirect.com: Images & Stories 202or; Jamie Marshall Photography 203ol; Peter Schickert 197ol; Steve MacAulay Photography 203or; tanchouzuru.com 55mr; Tanya D'Herville Photography 9ml.

Photolibrary: Oxford Scientific Films/Mary Plage 81ur.

Red Bridge Restaurant: 243ur.

Reuters: Larry Downing 51om, 51um; Kham 82om; Nguyen Huy Kham 24mlu.

Rex Hotel: 64ol.

Stars & Stripes: Fotografie von John Olson – »Cu Chi, Südvietnam, November, 1967«: Colt .45 und Taschenlampe in der Hand, mit Gasmaske, »Tunnelratte« Sp4 Richard Winters, 2. Bataillon, 27. Infanterieregiment, 25. Infanteriedivision, lässt sich vorsichtig in einen 330 Meter langen Tunnel des Vietcong im »Eisernen Dreieck« Vietnams hinab 77mro.

Sun Group Corporation: 137o.

swright.smugmug.com: Steven L. Wright 99ul.

Terra Galleria Photography: Q. T. Luong 69ur, 155or.

Louis Vuitton: 61ol.

Wikipedia.com: Public Domain 43 um.

Vordere Umschlaginnenseiten

Alamy: Jon Arnold Images m, or; Kevin Lang mlo.

Frank Lane Picture Agency Limited: Colin Marshall ol.

Lonely Planet Images: John Banagan mr; Mason Florence ul.

Umschlag

Vorderseite: **Getty Images:** Chan Srithaweeporn.
Buchrücken: **Gerry Images:** Chan Srithaweeporn.

Sprachführer Vietnamesisch

Vietnamesisch gehört zu den Mon-Khmer-Sprachen innerhalb der austroasiatischen Sprachfamilie. Neben dem Standard-Vietnamesisch im Großraum Hanoi gibt es zahlreiche andere Dialekte, vor allem in Zentral- und Südvietnam. Sie weichen in ihrer Phonetik (u. a. haben sie weniger Tonlagen als das Standard-Vietnamesisch) und dem Wortschatz ab, nicht jedoch in der Grammatik. Jahrhundertelang war Chinesisch *(chu han)* die offizielle Beamten- und Bildungssprache, da es kein geschriebenes Vietnamesisch gab. Später entstand eine Schriftform namens *chu nom* für die Landessprache. Im 17. Jahrhundert entwickelten katholische Missionare aus Europa eine einfache vietnamesische Transkription mit lateinischen Buchstaben. Mit den ersten Franzosen wurde *quoc ngu* eingeführt. Trotz anfänglicher Widerstände gegen die neue Schriftsprache, die als Instrument kolonialer Herrschaft galt, verbreitete sie sich dank ihrer Erlernbarkeit rasch und überzeugte auch die Kritiker.

Die sechs Tonfälle

Vietnamesisch ist eine komplexe tonale Sprache, d. h., Wörter werden in unterschiedlichen Tonlagen ausgesprochen. Das im Alltag gesprochene Vietnamesisch weist sechs Tonfälle auf, die durch verschiedene Zeichen, meist über dem Vokal, unterschieden werden. Der Tonfall kann die Bedeutung eines Worts entscheidend verändern, z. B. hat das Wort *ma* je nach Tonlage sechs verschiedene Bedeutungen. In der folgenden Übersicht markieren Akzente die Tonlage einer jeden Silbe:

Ma (Geist)	Mittlerer, gleichmäßiger Ton
Mà (aber)	Fallender, gleichmäßiger Ton
Mã (Pferd)	Aufsteigender, unterbrochener Ton mit Knacklaut
Mả (Grab)	Aufsteigend-absteigender Ton
Má (Wange)	Aufsteigender Ton
Mạ (Reissetzling)	Schroff fallender Ton, starker Knacklaut

Familienbezeichnungen

Begriffe zur Bezeichnung von Familienzugehörigkeit, die »Verwandtschaftswörter«, werden bei der persönlichen Anrede verwendet. Die Wortwahl hängt vom Geschlecht, Alter, gesellschaftlichen Status und dem Grad der Verwandtschaft sowie der Vertrautheit ab. Die häufigsten Begriffe sind:

Anh (älterer Bruder) als Anrede für einen jungen Mann.

Chị (ältere Schwester), weibliche Entsprechung von **anh**.

Em (jüngere Geschwister) als Anrede eines jüngeren Gegenübers.

Ông (Großvater) als Anrede eines älteren Herrn; formal und voller Respekt, dem englischen »Sir« vergleichbar.

Bà (Großmutter) bei Anrede einer älteren Frau, sehr respektvoll und formal.

Cô ähnlich wie »Madam« im Englischen.

Ausspracheregeln

Die meisten Konsonanten werden ähnlich wie im Deutschen ausgesprochen – mit folgenden Ausnahmen:

c	wie **k**
ch	am Silbenanfang wie in **tj**a
d	im Süden wie **j**, im Norden stimmhaftes **s** wie in **S**ahne
đ	**d** wie in **D**orf
gi	im Süden wie **j**, im Norden stimmhaftes **s** wie in **S**ahne
kh	wie **ch** in Da**ch**
ng, ngh	wie **ng** mit geschlossenen Lippen
nh	**nj** wie in Ke**ni**a
th	stark aspiriertes **t**
tr	stimmloses **tsch**
x	scharfes, stimmloses **s**

Vokale werden in etwa so ausgesprochen:

a	wie in fr**a**gen
â, ă	wie in h**a**tte, Tendenz zum **o**
e	wie in j**ä**h
ê	wie in L**e**ben
i	wie in T**i**nte
o	wie in v**o**r
ô	ähnlich dem engl. **a** in b**a**ll
ơ	ähnlich dem engl. **o** in w**o**rst
u	wie in K**u**ss
ư	zwischen **u** und **ü**
y	wie in T**i**nte

Grundbegriffe

Hallo!	**Xin chào!**
Auf Wiedersehen!	**Tạm biệt!**
Ja/nein	**Vâng/không**
Ich verstehe	**Tôi hiểu**
Ich verstehe nicht	**Tôi không hiểu**
Ich weiß es nicht	**Tôi không biết**
Danke	**Cám ơn!**
Sprechen Sie Englisch?	**Anh/chị có biết tiếng Anh không?**
Ich spreche nicht Vietnamesisch	**Tôi không biết tiếng Việt**
Entschuldigung!	**Xin lỗi!**
Keineswegs	**Không dám**
Kommen Sie bitte rein!	**Mời anh/chị vào!**
Notfall	**Cấp cứu**
Polizei	**Công an**
Krankenwagen	**Xe cấp cứu**
Feuerwehr	**Cứu hỏa**

Nützliche Redewendungen

Ich heiße …	**Tên tôi là …**
Wie heißen Sie?	**Tên anh/chị là gì?**
Guten Tag/ angenehm	**Rất hân hạnh được gặp anh/chị**
Wie geht es Ihnen?	**Anh/chị có khỏe không?**
Welchen Beruf haben Sie?	**Anh/chị làm nghề gì?**
Wie alt sind Sie?	**Anh/chị bao nhiêu tuổi?**
Aus welchem Land kommen Sie?	**Anh/chị là người nước nào?**
Was ist das?	**Đây là cái gì?**
Gibt es … hier?	**Ở đây có … không?**
Wo ist …?	**… ở đâu?**
Wie teuer ist das?	**Cái này giá bao nhiêu?**
Wie viel Uhr ist es?	**Bây giờ là mấy giờ?**
Glückwunsch	**Chúc mừng**
Wo sind die Toiletten?	**Phòng vệ sinh ở dâu?**

Nützliche Wörter

ich	**tôi**
Mann	**đàn ông**
Frau	**đàn bà**
Familie	**gia đình**
Eltern	**bố mẹ/cha mẹ/ ba má**
Vater	**bố/cha/ba**
Mutter	**mẹ/má/mạ**
jüngerer Bruder	**em trai**
älterer Bruder	**anh trai**
jüngere Schwester	**em gái**
ältere Schwester	**chị**
groß/klein	**to/nhỏ**
hoch/niedrig	**cao/thấp**
heiß/kalt	**nóng/lạnh**
gut/schlecht	**tốt/xấu**
jung/alt	**trẻ/già**
alt/neu	**cũ/mới**
teuer/preiswert	**đắt/rẻ**
hier	**đây**
dort	**kia**
Was?	**gì?**
Wer?	**ai?**
Wo?	**(ở) đâu?**
Warum?	**(tại) sao?**
Wie? Wie ist das?	**thế nào?**

Geld

Ich möchte 100 US-$ in vietnamesisches Geld umtauschen.	**Tôi muốn đổi 100 đô la Mỹ ra tiền Việt.**
Wechselkurs	**tỷ giá hối đoái**
Ich möchte gern diese Reiseschecks einlösen.	**Tôi muốn đổi séc du lịch này ra tiền mặt.**
Bank	**ngân hàng**
Geld/Bargeld	**tiền/tiền mặt**
Kreditkarte	**thẻ tín dụng**
Dollar	**đô la**
Vietnamesischer Dong	**đồng (Viêt Nam)**

Postamt und Banken

Ich möchte gern ein Telefonat führen.	**Tôi muốn gọi điện thoại.**
Ich möchte gern ein internationales Telefonat führen.	**Tôi muốn gọi điện thoại quốc tế.**
Mobiltelefon	**máy điện thoại di động**
Telefonauskunft	**chỉ dẫn điện thoại**
öffentliche Telefonzelle	**trạm điện thoại công cộng**
Vorwahl	**mã (vùng)**
Postamt	**bưu điện**
Briefmarke	**tem**
Brief	**thư**
Einschreiben	**thư bảo đảm**
Adresse	**địa chỉ**
Straße	**phố**
Stadt	**thành phố**
Dorf	**làng**

Shopping

Wo kann ich … kaufen?	**Tôi có thể mua … ở đâu?**
Wie viel kostet das?	**Cái này giá bao nhiêu?**
Darf ich das anprobieren?	**Tôi mặc thử có được không?**
Wie viel?	**Bao nhiêu?**
Wie viele?	**Mấy?**
teuer/preiswert	**đắt/rẻ**
handeln	**mặc cả**
Größe	**số, cỡ**
Farbe	**màu**
blau	**xanh da trời**
braun	**nâu**
gelb	**vàng**
grau	**xám**
grün	**xanh lá cây**
rot	**đỏ**
schwarz	**đen**
weiß	**trắng**
Apotheke	**hiệu thuốc**
Buchhandlung	**hiệu sách**
Holzstatue	**bức tượng gỗ**
Kaufhaus	**cửa hàng bách hóa**
Lackgemälde	**tranh sơn mài**
Markt	**chợ**
Seidenmalerei	**tranh lụa**
Seidenschal	**khăn lụa**
Souvenirladen	**cửa hàng lưu niệm**
Souvenirs	**đồ lưu niệm**
Supermarkt	**siêu thị**
Tablett	**khay**
Tischtuch	**khăn trải bàn**
Vase	**lọ hoa**

Sehenswürdigkeiten

Reisebüro	**công ty du lịch**
Wo ist der internationale Ticketschalter?	**Phòng bán vé máy bay quốc tế ở đâu?**
Vietnam Airlines	**Hãng hàng không Việt Nam**
Berg	**núi**
Bucht	**vịnh**
Ethnische Volksgruppe	**dân tộc ít người**
Festival	**lễ hội**
Fluss	**sông**
Höhle, Grotte	**hang**
Insel	**hòn đảo**
Landschaft	**nông thôn**
Museum	**bảo tàng**
Pagode	**chùa**
See	**hồ**
Strand	**bãi**
Tempel	**đền**
Wald, Dschungel	**rừng**

Unterwegs

Auto	**xe ô tô**
Autovermietung	**thuê xe ô tô**
Bahnhof	**nhà ga**
Busbahnhof	**bến xe búyt**
Cyclo	**xích lô**
Einfaches Ticket	**vé một lượt**
Fahrkarte	**vé**
Fahrrad	**xe đạp**
Flughafen	**sân bay**
Flugticket	**vé máy bay**
Flugzeug	**máy bay**
Hin- und Rückfahrticket	**vé khứ hồi**
Motorrad	**xe máy**
Taxi	**tắc xi**
Zug	**xe lửa**
Wie lange dauert es bis nach …?	**Đi … mất bao lâu?**
Kennen Sie den Weg nach …?	**Anh/chị có biết đường … không?**
Ist das weit?	**Có xa không?**
geradeaus	**đi thẳng**
wenden	**rẽ**
links	**trái**
rechts	**phải**
Reisepass	**hộ chiếu**
Visum	**thi thực**
Zoll	**hải quan**

Im Hotel

Hotel	**khách sạn**
Gästehaus	**nhà khách**
Zimmer (Einzel-, Doppel-)	**phòng (đơn, đôi)**
Klimaanlage	**máy lạnh**
Reisepassnummer	**số hộ chiếu**

Im Restaurant

Ich möchte einen Tisch für zwei Personen reservieren.	**Tôi muốn đặt trước một bàn Cho hai người.**
Kellner	**người phục vụ**
Kann ich die Karte sehen?	**Cho tôi xem thực đơn.**
Haben Sie heute ein besonderes Tagesgericht?	**Hôm nay có món gì đặc biệt không?**

Was möchten Sie bestellen?	**Anh/chị muốn gọi gì?**
Kann ich die Rechnung haben, bitte?	**Anh/chị cho hóa đơn?**
Ich bin Vegetarier.	**Tôi ăn chay.**
lecker/ausgezeichnet	**ngon/ngon tuyệt**
scharf (würzig)	**cay**
süß	**ngọt**
sauer	**chua**
bitter	**đắng**
Frühstück	**bữa ăn sáng**
Stäbchen	**đôi đũa**
Messer	**dao**
Gabel	**nĩa**
Löffel	**thìa**
trinken	**uống**
essen	**ăn**
hungrig/durstig	**đói/khát**
Restaurant	**hiệu ăn, nhà hàng**
westliches Essen	**món ăn Âu**
Vietnamesische Spezialitäten	**đặc sản Việt Nam**

Auf der Speisekarte

Aal	**lương**
Apfel	**táo**
Bambussprösslinge	**măng**
Banane	**chuối**
Birne	**đào**
Bohnensprösslinge	**giá**
Brot	**bánh mì**
Butter	**bơ**
Dessert	**(món) tráng miệng**
Ei	**trứng**
Eis	**đá**
Eiscreme	**kem**
Ente	**vịt**
Fisch	**cá**
Fischsauce	**nước mắm**
Fleisch (gut durch, medium, roh)	**thịt (tái, vừa, chin)**
Frosch	**ếch**
Frucht	**hoa quả, trái cây**
Frühlingsrolle	**nem rán (chả giò)**
Garnele	**tôm**
Gemüse	**rau**
Hähnchen	**(thịt) gà**
Hummer	**tôm hùm**
Ingwer	**gừng**
Kartoffel (Süßkartoffel)	**khoai tây (khoai)**
Klebreis	**gạo (cơm) nếp**
Kokosnuss	**dừa**
Krebs	**cua**
Kuchen	**bánh ngọt**
Mandarine	**quít**
Mango	**xoài**
Milch	**sữa**
Nicht-Klebreis	**gạo (cơm) tẻ**
Nudeln	**mì, miến**
Nudelsuppe mit Rind/Hühnchen	**phở bò/gà**
Papaya	**đu đủ**
Pfeffer	**hạt tiêu**
Pilze	**nấm**
Rambutan	**chôm chôm**
Reis	**gạo**
Reis (gekocht)	**cơm**
Rindfleisch	**thịt bò**
Rindfleisch mit Pilzen gebraten	**bò xào mấm**
Salat	**xà lách**
Salz	**muối**
Schnecke	**ốc**
Schwein	**thịt lợn**
Sojasauce	**tương**
Speisekarte	**thực đơn**
Suppe	**xúp**
Vietnamesische Nudelsuppe	**phở**
Vorspeise	**(món) khai vị**
Zitrone	**chanh**
Zitronengras	**xả**
Zucker	**đường**
Zwiebel	**hành**

Getränke

Bier	**bia**
Kaffee (mit Milch)	**cà phê (cà phê sữa)**
Milch	**sữa**
Mineralwasser	**nước khoáng**
Obstsaft	**nước quả, nước trái cây**
Softdrink	**nước ngọt**
Tee	**trà, chè**
Wasser	**nước**
Wein	**rượu vang**
Glas	**cốc**
Flasche	**chai**

Gesundheit

Was ist mit Ihnen los?	**Anh/chị bị làm sao?**
Akupunktur	**châm cứu**
Allergie	**dị ứng**
Ambulanz	**xe cấp cứu**
Antibiotika	**thuốc kháng sinh**
Apotheke	**cửa hàng thuốc**

Arzt	**bác sĩ**
Blut	**máu**
Blutdruck (hoch/niedrig)	**huyết áp (cao/thấp)**
Diabetes	**bệnh đái đường**
Durchfall	**đi ngoài**
Fieber	**sốt**
Grippe	**cúm**
Halsentzündung	**viêm hỏng**
Herz	**tim**
Husten	**ho**
Hygiene	**vệ sinh**
Injektion	**tiêm**
Kopfschmerzen	**đau đầu**
Krankenhaus	**bệnh viện**
Krankheit	**bệnh**
Lebensmittelvergiftung	**ngộ độc thức ăn**
Malaria	**bệnh sốt rét**
Medikament	**thuốc**
Ohr	**tai**
Operation	**mổ**
Rezept	**đơn thuốc**
Schlaflosigkeit	**mất ngủ**
schwindelig	**chóng mặt, hoa mắt**
Temperatur	**sốt**
Tetanusimpfung	**tiêm phòng uốn ván**
Traditionelle vietnamesische Medizin	**thuốc Nam**
Unfall (Verkehr)	**tai nạn (giao thông)**
Zahn	**răng**
Zahnschmerzen	**đau răng**

Zeit und Jahreszeiten

Minute	**phút**
Stunde	**giờ**
Tag	**ngày**
Woche	**tuần**
Monat	**tháng**
Jahr	**năm**
Montag	**(ngày) thứ hai**
Dienstag	**(ngày) thứ ba**
Mittwoch	**(ngày) thứ tư**
Donnerstag	**(ngày) thứ năm**
Freitag	**(ngày) thứ sáu**
Samstag	**(ngày) thứ bảy**
Sonntag	**Chủ nhật**
Jahreszeit	**mùa**
Frühjahr	**mùa xuân**
Sommer	**mùa hè/mùa hạ**
Herbst	**mùa thu**
Winter	**mùa đông**
Trockenzeit	**mùa khô**
Regenzeit	**mùa mưa**
Regen (es regnet)	**mưa (trời mưa)**
Wind	**gió**
sonnig	**nắng**
Wetter	**thời tiết**
warm/kalt	**ấm/lạnh**
Mondkalender	**Âm lịch**
Sonnenkalender	**Dương lịch**
Vietnamesisches Neujahr	**Tết Nguyên đán**
Wie viel Uhr ist es?	**Bây giờ là mấy giờ?**
8.30 Uhr	**tám giờ rưỡi**
8.45 Uhr	**tám giờ bốm mươi lăm phút/chín giờ kém mười (phút)**
10.15 Uhr	**mười giờ mười lăm phút**
12.00 Uhr	**mười hai giờ**
Morgen	**buổi sang**
Mittag	**buổi trưa**
Nachmittag	**buổi chiều**
Abend	**buổi tối**
Nacht	**đêm**

Zahlen

1	**một**
2	**hai**
3	**ba**
4	**bốn**
5	**năm**
6	**sáu**
7	**bảy**
8	**tám**
9	**chín**
10	**mười**
11	**mười một**
12	**mười hai**
15	**mười lăm**
20	**hai mươi**
21	**hai mươi mốt**
24	**hai mươi bốn/ hai mươi tư**
25	**hai mươi lăm**
30	**ba mươi**
40	**bốn mươi**
50	**năm mươi**
100	**một trăm**
101	**một trăm linh (lẻ) một**
105	**một trăm linh (lẻ) năm**
200	**hai trăm**
300	**ba trăm**
1000	**một nghìn/ một ngàn**
10 000	**mười nghìn/ mười ngàn**
1 000 000	**một triệu**

Straßenkarte Vietnam

Entfernungstabelle

Angaben in Kilometern

	Can Tho	Chau Doc	Dalat	Danang	Dien Bien Phu	Haiphong	Halong City	Hanoi	Ho Chi Minh City	Hoi An	Hue	Mui Ne	Nha Trang	Qui Nhon
Chau Doc	116													
Dalat	477	593												
Danang	1141	1257	746											
Dien Bien Phu	2418	2534	1979	1233										
Haiphong	1971	2087	1532	826	573									
Halong City	2026	2142	1587	881	635	55								
Hanoi	1948	2064	1509	763	470	103	165							
Ho Chi Minh City	169	285	308	972	2180	1733	1788	1710						
Hoi An	1111	1227	716	30	1263	856	911	793	942					
Hue	1229	1445	854	108	1128	718	773	658	1097	138				
Mui Ne	379	495	257	762	1995	1548	1603	1525	210	732	870			
Nha Trang	617	733	205	541	1774	1327	1383	1304	448	511	649	238		
Qui Nhon	855	971	453	303	1536	1089	1144	1066	686	273	411	979	417	
Sapa	2271	2388	1833	1087	253	427	489	324	2034	1117	979	1849	1628	1390